纪念'98抗洪十周年学术研讨会

优 秀 文 集

湖北省水利学会　编

黄 河 水 利 出 版 社
·郑州·

图书在版编目(CIP)数据

纪念'98抗洪十周年学术研讨会优秀文集/湖北省水利学会编.—郑州:黄河水利出版社,2008.11

ISBN 978－7－80734－531－2

Ⅰ.纪… Ⅱ.湖… Ⅲ.抗洪救灾－工作－中国－文集 Ⅳ.D632.5－53

中国版本图书馆CIP数据核字(2008)第174709号

策划组稿:马广州　电话:13849108008　E-mail:magz@yahoo.cn

出 版 社:黄河水利出版社

地址:河南省郑州市金水路11号　邮政编码:450003

发行单位:黄河水利出版社

发行部电话:0371－66026940、66020550、66028024、66022620(传真)

E-mail:hhslcbs@126.com

承印单位:武汉鑫艺丰彩色印务有限公司

开本:880 mm×1 230 mm　1/16

印张:18.25

字数:487千字　印数:1—1 100

版次:2008年11月第1版　印次:2008年11月第1次印刷

定价:48.00元

《纪念'98抗洪十周年学术研讨会优秀文集》
编辑委员会

前　言

1998年长江发生了自1954年以后又一次全流域型特大洪水，长江湖北段遭遇了恶劣的洪水组合。首先是1998年6月中旬至7月上旬为洪水形成阶段。湘、赣及鄂南反复出现强降雨过程，洞庭湖、鄱阳湖入江汇流剧增。到6月24日，境内长江自下而上陆续突破设防水位和警戒水位，部分江段超过保证水位。其次是1998年7月上旬至7月下旬为洪水发展阶段。川、黔、湘、赣再次发生大到暴雨，局部特大暴雨，洞庭湖澧水、沅水和鄱阳湖水系相继发生大洪水或特大洪水，导致长江宜昌至九江持续超过警戒水位，大部分江段超过保证水位或历史最高水位。最后是1998年8月初至9月初为洪水恶化阶段。川水、黔水、湘水、汉水、赣水、三峡区间及清江“七水”多次恶劣遭遇，长江中游长期处于上压下顶、居高不下的僵持状态，出现了1954年以来最为恶劣的组合型大洪水。’98长江湖北段大洪水的主要特点：一是入汛早。1998年长江湖北段进入汛期比一般年份早20 d左右；汉口以上河段进入警戒水位时间也早于特大洪水的1954年。二是来势凶猛。7～8月份，长江上游来水量超过1954年，频率为80～100年一遇，宜昌段来水量比1954年多128亿 m^3，中游洪水量略小于1954年。长江宜昌站8月7～17日10 d之内先后出现61 500 m^3/s、62 800 m^3/s、63 600 m^3/s的三次超过60 000 m^3/s的大洪峰，长江洪水汹涌而来，使荆江河段超高水位不断攀升。三是水位高。长江沙市（文中均指沙市水文站）以下江段各站最高洪水位，除汉口、黄石仅次于1954年最高水位外，其他9站均超过1954年0.55～1.85 m。四是高洪水位历时长。监利、九江水位从6月下旬进入警戒，至9月30日，沙市超警戒水位52 d，以下各站超警戒水位达78～92 d之久，其中9个站点超过1954年最高水位长达8.5～56.2 d。

面对滔天洪水，湖北省党政军民发扬“万众一心、众志成城，不怕困难、顽强拼搏，坚韧不拔、敢于胜利”的伟大抗洪精神，以连续作战、不怕疲劳、压倒一切、决战决胜的英雄气势，与大洪水展开了殊死搏斗。湖北全省投入解放军官兵、武警战士近10万人，地市级领导干部324人，县级以上领导干部7 000多人，上堤人数一般在100万人左右，高峰时超过230万人。湖北全省抢筑子堤长达1 147.32 km，子堤最高达2.5 m；处理各类险情4 974处，重大险情540处，溃口性险情34处。依靠党中央、国务院、中央军委的亲切关怀和坚强领导，依靠全国人民的大力支持，在国家防总和长江防总的具体指导下，充分发挥水利工程的抗灾作用和广大科技人员的聪明才智，战胜了一次又一次洪峰，夺取了抗洪抢险的全面胜利，保护了荆江大堤、长江干堤、重要连江支堤的安全，保住了武汉等重要城市的安全，保护了人民群众生命财产安全，实现了江泽民同志提出的“三个确保”的目标。1998年抗洪斗争胜利创造了抗洪史上的奇迹。

大洪水过后，全国人民进行了深刻反思。党中央提出了“封山植树、退耕还林，退田还湖、平垸行洪，以工代赈、移民建镇，加固干堤、疏浚河道"的指导原则，投巨资在长江上游开展封山植树、退耕还林，中下游加固长江堤防、退田还湖和平垸行洪工作，实现了长江治水的历史性跨越。与此同时，水利部党组提出了以人水和谐为核心的治水新理念，并进行了卓有成效的实践。1998年抗洪胜利的实践在中国水利发展史上有着里程碑意义。

2008年是1998年长江抗洪胜利10周年。为了组织广大科技人员纪念10年前那场波澜壮阔的抗洪斗争，重温那些惊心动魄的日日夜夜，激励大家发扬抗洪精神，热爱水利、献身水利，促进湖北省抗洪减灾技术进步，为水利事业发展和江河安澜作出新的更大的贡献。湖北省水利学会根据湖北省委、省政府的统一部署，将于2008年11月下旬组织召开"纪念'98抗洪胜利十周年学术交流会"。这次学术交流会得到了国家防汛抗旱总指挥部、湖北省水利厅、长江水利委员会、中国水利水电科学研究院、武汉大学等在鄂高等院校、湖北省气象学会等兄弟学会的大力支持，得到了广大科技人员的热烈响应。会议收集论文80余篇，经过专家审查和编委会审定把关，本论文集收录了其中56篇优秀论文。我们希望本论文集的出版能够抛砖引玉，有更多的人来共同关注湖北的防洪减灾事业，推动防洪减灾技术进步。

编　者

2008年10月

目　录

'98 抗洪的启示与思考

王忠法

（湖北省水利厅 430071 武汉）

摘 要：战胜'98 长江大水是人类抗洪斗争史上的奇迹。在总结'98 抗洪斗争的主要经验后，分析认为'98 抗洪实践成为推动我国从传统水利向现代水利转变的重大契机，带给人们启示，同时提出新时期湖北长江防洪要充分发挥好三峡水库的防洪减灾作用，进一步完善分蓄洪区建设，建立长江崩岸应急抢护机制等对策。

关键词：长江；洪水；水利工程；堤防

1 '98 抗洪胜利的主要经验

1998 年的长江大水是长江流域在 20 世纪发生的第二大全流域型洪水。'98 抗洪斗争是人类与自然灾害的一场殊死搏斗，这场斗争的胜利是人类抗洪斗争史上的奇迹，彪炳千古，永载史册。夺取这场斗争胜利的经验主要有以下几个方面。

1.1 党中央、国务院英明决策坚强领导是夺取抗洪斗争胜利的政治保障

'98 抗洪斗争自始至终都是在党中央、国务院的坚强领导下进行的。入汛之初，中央领导同志就十分关注长江的防汛问题，多次对防汛抗洪工作作出明确指示。江泽民同志提出，严防死守，确保长江大堤安全，确保重要城市安全，确保人民生命安全，指明了抗洪斗争的方针。他命令解放军全力支持抗洪抢险，作出军民协同作战的重要决策。在抗洪抢险斗争的关键时刻，他亲临第一线，就决战阶段的抗洪抢险工作进行总动员，要求广大军民坚定信心，坚持坚持再坚持，夺取抗洪斗争的最后胜利。李鹏、朱镕基、李瑞环、温家宝等中央领导同志到抗洪抢险第一线指导抗灾，慰问军民。

在党中央、国务院和各级党委、政府的领导下，各级防汛指挥部门具体部署和指挥防汛抗洪工作。根据对水文、气象等各方面资料的科学分析，提早作出了长江可能发生 1954 年型大洪水的判断；提前召开了防汛工作会议，作出全面部署；组织检查组到各地检查防汛的准备工作，落实防汛工作各项措施；修订了江河、水库洪水调度方案，增加抢险物料储备。由于准备工作充分，争取了防汛抗洪的主动。在抗洪抢险极为复杂的情况下，根据中央确定的方针，始终把严防死守、确保大堤安全作为重中之重，把保护人民生命安全作为第一位的任务，果断决策，正确部署，把握重点，使整个抗洪工作紧张而有序地进行。

人民解放军和武警部队官兵发扬"一不怕苦、二不怕死"的大无畏革命精神，充分发挥了突击队作用。人民解放军和武警部队遵照江泽民主席和中央军委的命令，先后出动近 10 万兵力，日夜奋战在湖北省抗洪抢险第一线。他们以对国家和人民无限忠诚和高度负责的精神，用承担危急险重任务的英雄壮举，向党和人民交上了合格的答卷。他们以严守死保、决战决胜的英雄气概，与人民群众一道战胜了一次又一次的洪峰，在坚守荆江大堤、抢救遇险群众等一系列重大战斗中发挥了关键作用。

各地、各部门通力合作，全国人民万众一心，全力支持抗洪抢险斗争。气象、电力、通信、

财政、发改委和民政等部门按照党和政府的要求，及时作出具体部署，坚持急事急办、特事特办，服从和服务于抗洪抢险工作。财政、民政等部门及时拨付应急资金，调拨大批物资，组织干部到第一线，有力地支援了湖北省的抗洪抢险斗争。一方有难，八方支援，全国其他地区的党委、政府主动为湖北省灾区运送物资，派遣医疗等队伍。全国各族人民都非常关心湖北省的抗洪抢险，纷纷捐款捐物，支援抗灾。香港特别行政区各界人士、澳门同胞、海外侨胞也为湖北省灾区踊跃捐助。这些都显示了社会主义制度的优越性和中华民族的强大凝聚力。

1.2 水利工程体系是夺取抗洪斗争胜利的物质保障

1998年的大洪水，水位之高、防洪战线之长、抗洪历时之久均为历史之最。但是，洪灾死亡人数和受淹面积却远小于1954年。取得这样的成绩，应该说水利工程是物质基础。1954年大水后，在党中央、国务院和湖北省历届党委、政府的高度重视下，以1954年实际洪水位为设计防御标准全面加高加固了长江堤防，使得1998年长江堤防比1954年高1~2 m，在抗洪斗争中发挥了关键作用。与此同时，在长江干支流上兴修的葛洲坝水库、隔河岩水库、丹江口水库、漳河水库等发挥了拦洪错峰作用。排涝泵站和排水涵闸抢排积水，极大地减少了涝灾损失。

1.3 充分发挥广大科技人员的作用，广泛运用先进科学技术是夺取抗洪斗争胜利的技术保障

'98抗洪，从根本上说，是依靠科学技术与洪水作斗争的一场智慧仗。在整个抗洪工作中，各级指挥部门充分听取专家的意见，对雨情、水情、工情、险情和防守情况进行全面的科学分析和论证，依靠科技人员解决抗洪抢险中的技术问题。在分洪与不分洪等重大决策、民乐闸等重大险情的抢护、清江隔河岩等水库调度中，科技人员发挥了关键作用，提供了强有力的技术支撑。特别是，各级气象、水文部门加强天气和水情监测，比较及时准确地提供了天气、汛情预报，为各级领导决策和指挥提供了依据，为抢险救灾和人员安全转移争取了时间。

1.4 群防群守是夺取抗洪斗争胜利的基础保障

'98抗洪既是一场智慧仗，也是一场人民战。全省抗洪高峰投入230万人，经常性投入100万人左右，地市级领导干部324人，县级以上领导干部7 000多人。在危急时刻和生死关头，各级党组织充分发挥战斗堡垒作用，带领广大党员和人民群众投入抗洪抢险。广大共产党员发挥先锋模范作用，在人民群众中树立了榜样。各级干部以身作则，身先士卒。广大群众日夜坚守大堤，舍小家、保全局，查险、抢险、守险，是抗洪斗争的主力军。把数百万人组织起来，进行这场规模空前、气壮山河的抗洪斗争，充分表现出了党和政府的高度动员能力和非凡的组织能力。

2 '98抗洪的启示

'98抗洪斗争是我国抗击洪涝灾害史上具有里程碑意义的实践活动，带给我们诸多的深刻启示，成为推动我国从传统水利向现代水利转变的重大契机。

2.1 必须妥善处理人与自然的辩证关系

发生'98大洪水的根本原因是气候异常，暴雨频繁、笼罩面积大、历时长、强度大。但是，不可否认，人类的不当行为加大了灾害程度。一是上游的过度砍伐森林，掠夺性开发，人与林草争地，减少了森林植被对雨洪的拦蓄作用。有研究表明，一块千公顷的茂密森林相当于一个蓄水量20万~100万 m^3 的水库。而20世纪上游森林覆盖率已由50年代初的30%~40%减少到80年代中期的10%。二是中游的江湖围垦和湿地造田，人与水争地。新中国成立以来，长江中下游的天然水域面积减少了1.2万 km^2，丧失调蓄洪能力622亿 m^3。三是河湖淤积。洞庭湖每年淤积1亿 m^3。城陵矶以下河段1972~1987年累积淤积泥沙约11亿t，使城陵矶以下河段河床断面缩小4 000~6 000 m^2，减少泄流量4 000~6 000 m^3/s，造成

同流量下水位抬高0.8～1.0 m。随着人口的增加和经济社会的发展，在未来较长的一个时期内，人与林草争地、人与水争地可能会时有发生，难以完全避免，同时，随着经济规模的增大和人们生活水平的提高，越来越“不能淹”和越来越“淹不起”又是一个大趋势，显然这是一对矛盾体，如何解决，笔者认为：首先，要结合工程抗灾能力，确定一个人与自然平衡的“度”，既不能简单地说退田还湖还河，退耕还林还草，更不能以为退了就万事大吉。事实上，废田与垦植之争自古就有，洪涝灾害也与人类文明进步相伴随。其次，要提高人们对洪涝灾害的心理承受能力。必须认识到洪灾是不可避免的，是人类开发利用自然必然要付出的成本或代价。最后，走社会化顺应自然的防洪之路。要把防洪减灾内化到人类社会的生存与发展的一切活动中去，探索对洪涝灾害适应能力强的经济发展模式和生活方式。

2.2　必须进一步完善长江防洪工程体系

’98抗洪全面暴露了长江防洪工程体系的薄弱环节。一是干堤。’98大水，湖北省靠抢筑子堤挡水1 147.32 km，其中135.5 km的洪湖长江干堤，抢筑子堤134.93 km，占99.6%，子堤挡水高达2.5 m。与此同时，由于堤防基础和堤身隐患，全省江河堤防累计出险4 974处，其中重大险情540处，溃口性险情34处。二是连江支堤。’98抗洪的主战场是干堤，’98洪灾的主要损失是连江支堤。根据“十一五”规划，湖北省长江防洪按防御1954年实际洪水需要加高的连江支堤2 040 km。三是分蓄洪区。分滞蓄洪是长江防御特大洪水必不可少的措施，也是人类理性对待洪水、理性看待洪灾的重要体现。但是，目前湖北省分蓄洪区基本不具备分洪运用条件，由此极大地加大了’98抗洪的决策风险，也加大了抗洪抢险的投入。四是干支流水库。长江防洪的突出问题是长江上游的洪水来量巨大，而中游河道安全泄量有限。因此，长江防洪必须采取上游干支流拦蓄，中游河道加大泄洪能力，并辅以分蓄洪的综合措施。’98抗洪时，规划中的干支流水库特别是三峡水库没有建成，加大了中游的防洪压力。

2.3　必须更加重视防洪非工程措施的运用

防洪必须坚持工程措施与非工程措施并举的策略，应该说，这是很早就有的认识。非工程措施的提法开始于20世纪50年代，它涉及立法、政策、行政管理、经济、技术等各方面，包括洪泛区的管理、分蓄洪区的运用和管理（含人口控制、土地利用和生产结构改革）、洪泛区内建筑物的各种防御洪水的措施、政府对洪泛区的政策和法令、河道管理、洪水保险、洪水预报和预警系统、防洪预案等。但是，’98抗洪实践充分暴露了非工程措施是防洪的突出薄弱环节。一是认识误区，导致决策的非理性。主要表现是，在“全保全守”的思想指导下对一些洲滩民垸的死防死守，加大了抗灾的难度和投入。当然，这里有时代的局限性，但回头看确实有非理性的成分。二是气象、水文预测预报。预见期短，准确率也有待提高。三是现有工程的调度也需要研究。比如说，隔河岩水库防御第三、四次洪峰时发挥了很好的拦洪错峰作用，但是，在防御更大的洪水，即第五次和第六次洪峰时却被迫泄洪。四是分洪补偿政策缺失和洪水保险没有建立。这也是分洪决策难以作出的原因之一。

2.4　必须加快防洪减灾科技进步

科学技术是第一生产力。人类抗灾能力的增强从根本上说依赖科技进步。一是中长期灾害气象预测研究。这是一项复杂和困难的研究工作，但从长期看，它是最为有效、最为经济、最为根本的防洪措施。二是水系演化规律研究。这是防洪工作的基本依据，目前，这方面的研究非常薄弱，如主要河流的纵横断面资料大多沿用30～40年以前的资料，这对防洪工程规划、设计、建设及运用等极为不利。三是高新技术的运用。为增加防洪实时应变能力，应充分应用现代信息、遥感、模拟技术，对不同洪水组合进行多种防洪调度的计算机虚拟演练，以寻求最佳的防洪实时调度方案。此外，在堤坝隐患探测和防汛抢险技术等方面都要加强研究。在防洪非工程措施方面科学研究也大有可为。

3 新时期湖北长江防洪对策思考

'98大水后,党中央提出了"封山植树,退耕还林;平垸行洪,退田还湖;以工代赈,移民建镇;加固干堤,疏浚河湖"的重建工作方针。与此同时,随着三峡工程建成受益,湖北省长江防洪形势发生了根本性的变化,但是,远未过关。从工程上说,还存在荆南四河的问题、连江支堤的问题、分蓄洪区安全建设问题等。从非工程措施上说,要做的工作更多。而且,随着三峡工程建成后清水下泄还带来了河势变化问题、江湖关系调整问题等。因此,我们必须要按照已变化的新形势,针对出现的新问题制定出相应的新对策。

3.1 充分发挥好三峡工程的防洪减灾作用

三峡工程是长江防洪的骨干工程,在防御长江发生稀遇大洪水中具有不可替代的作用。应该说,三峡工程的调度方案首先是要满足防御稀遇洪水的要求,同时也要研究如何更好地发挥其在防御中小洪水中的作用。

3.2 进一步完善分蓄洪区建设,加大安全建设力度

一是要根据分蓄洪区分洪运用的几率不同,对分蓄洪区实行分级管理。对分洪几率较小的要放宽经济社会发展的限制程度。二是要加大分蓄洪区安全建设力度,并把安全建设的重点转移到安全转移的道路建设上来,保障人员转移迅速、顺畅、安全。三是要在分蓄洪区推行并形成与当地水环境条件相适应的生产、生活模式,减少一旦分蓄洪运用时的损失。与此同时,大力推行洪水保险,建立社会化救助机制。

3.3 建立长江崩岸应急抢护机制

针对长江上游建库引起清水下泄导致的崩岸险情频发的实际,要建立崩岸应急抢护机制,按照"谁影响、谁治理"的原则,要从上游水库电站发电收入或国家建立的重大水工程建设基金中,拿出部分资金,设立长江崩岸整治基金,实行报账制。地方及时组织抢护,按整治进度和开支据实报账。对库区地质灾害应急整治,也要采取类似方法,建立库区地质灾害防控体系。

3.4 采取更加严格的措施,保护好河流湖泊

'98大水后,通过"平垸行洪、移民建镇"工程的实施,湖北省双退刨堤128处,移民56.71万人,新增蓄水容量65亿 m^3。这是非常了不起的成果。今后,一是要巩固这个成果,严禁移民回流,真正做到还道于水。二是要采取最严格的措施,禁止任何形式的围湖和侵占行洪河道,特别是城市湖泊、河流的保护。同时,要加大力度搞好河流、湖泊水生态修复试点工作。目前,正在开展的有武汉大东湖生态水网建设、神农架大九湖湿地保护、咸宁淦河流域水生态修复、十堰马家河流域水生态修复等试点工程。要大力宣传维护河流、湖泊健康生命的理念,大力推广近自然和多自然型河流建设技术、生态水工学技术等。三是四湖地区恢复白露湖已列入"四湖综合整治规划",要研究其可行性和退的方式。

参考文献

[1] 温家宝. 关于当前全国抗洪抢险情况的报告[R]. 1998.

[2] 陈国阶. 长江上游洪水对中下游的影响与对策[M]//长江流域洪涝灾害与科技对策. 北京:科学出版社,1999.

[3] 夏汉平. 试论长江流域洪灾与综合治理对策[M]//长江流域洪涝灾害与科技对策. 北京:科学出版社,1999.

[4] 张万萍,等. 对长江中下游洪灾治理的思考[M]// 长江流域洪涝灾害与科技对策. 北京:科学出版社,1999.

'98 长江大洪水对水利发展产生的影响

郭志高

(湖北省河道堤防建设管理局 武汉 430071)

摘 要:简要回顾了1998年大洪水对湖北的影响,提出了调整治水思路,加大水利建设投入,转变水利建设管理模式,提高水利信息化水平和管理水平的对策。

关键词:洪水;水利;发展;湖北;1998年

1 引言

今年是1998年长江抗洪胜利10周年。10年前那场波澜壮阔的抗洪斗争,是人类历史上人与自然的一次殊死较量,在党中央、国务院的坚强领导下,广大军民众志成城,顽强拼搏,不怕疲劳,不畏流血牺牲,夺取了抗洪斗争的全面胜利,不仅保护了千百万人民的生命财产安全,而且孕育了伟大的抗洪精神。它所产生的巨大防洪效益和精神动力,将彪炳千古,永载史册。

笔者既是当年抗洪的参加者,也是1998年后水利发展的见证人。1998年长江大洪水暴露出来的问题令人深思,对水利发展产生的影响也十分深远。

2 大洪水后的反思

1998年仲夏,长江出现了自1954年以来流域型特大洪水,其汛期之早、洪水来势之猛、洪峰水位之高、防洪战线之长、高水位持续时间之久均为历史之最。长江上游八次洪峰首尾相连,湘江、资水、沅江、澧水四水和清江洪水先后发难,甚至恶劣遭遇,使得长江堤防险象环生,危如累卵。

一是防洪工程标准普遍偏低。1998年汛期,湖北省长江干流宜昌至九江全线超警戒水位,荆州市沙市至螺山、武穴至九江超保证水位和历史最高水位,超高水位运行河段之长仅1954年属此类情况,从工程方面来看,全省江汉干堤及连江支堤超警戒水位挡水长度4 134 km,其中超保证水位3 041 km,超历史水位2 745 km,长江宜昌至九江干堤超警戒水位挡水长度1 297 km,超保证水位961 km,超历史水位894 km,为历史仅见。从险情来看,全省江河堤防累计出险4 974处,其中长江干堤出险3 124处;在540处重大险情中,长江干堤发生了390处,占72.2%;而在34处溃口性险情中,长江干堤就有31处,占91.2%。为了防御超历史水位,全省抢筑子堤长达1 147.32 km,其中135.5 km的洪湖长江干堤,抢筑子堤134.93 km,占99.6%,子堤最高达2.5 m。

分析1998年长江大洪水特点及暴露出来的险情,可以看出,洪水不仅峰高量大,八次洪峰是峰上叠峰,仅宜昌站8月7~17日,10 d之内就先后出现61 500、62 800、63 600 m^3/s三次超过6万m^3/s的大洪峰,而该站有历史记录122年以来仅出现23次超过6万m^3/s的洪峰。加上清江和沮漳河汇入,洪峰流量大大超过荆江河段安全泄量,而城陵矶以上干流洪峰和洞庭湖四水汇合在螺山站的洪峰流量也超过9万m^3/s,而该河段安全泄洪能力也仅有6万m^3/s左右。加上当年长江干流堤防普遍没有达到“长流规”的设计标准,不仅堤防的“三度”没有达标,更重要的是千百年来人民群众肩挑人扛做堤,既未做基础处理,碾压也不密实,而且取土很近,破坏了堤内的地表覆盖层,一遇高洪水位,堤身漏洞、堤基管涌频发。

二是人水争地的矛盾十分尖锐。据1998年汛后统计,湖北省长江、汉江干流及主要支流共有洲滩民垸299处，面积2 128.77 km^2。其中长江干流洲滩民垸204处，面积1 254.68 km^2，其荆江河段处数最多、面积最大。从洲滩民垸形成的历史看，可以说，长期以来人水争地，是导致洲滩民垸增多的主要原因。据史料记载，南宋时期，长江流域曾出现大规模围垸，以解决北宋兵败金人后人口大量南迁及战争所带来的粮食问题。新中国成立以后，由于人口的大量增长，人与水争地的矛盾日益突出，民垸发展十分迅速。据不完全统计，长江干流的204处洲滩民垸中，就有101处是1954年以后围垦的。人不给水出路，水就不给人出路。人水争地造成江河过洪断面缩小，蓄洪面积锐减，防洪压力加大。1998年大洪水，长江中游来水量略小于1954年实际过洪量，而长江沙市以下有9个水文站的最高水位都超过1954年最高洪水位，幅度高达0.55～1.85 m。持续高水位，使湖北境内长江干流及支流尾闾、连江湖泊的民垸，有163处破口蓄洪，蓄水面积989.23 km^2，其中漫溃85处、自然溃决40处、主动扒口进洪38处，民垸进洪量57.5亿 m^3。

三是全防全保加大了防汛工作难度。1998年，湖北党政军民浴血奋战，响应党中央"确保长江大堤安全、确保武汉等城市安全、确保人民生命财产安全"的号召，全防死保，终于夺取了长江抗洪的全面胜利，这场胜利来之不易。但在胜利的背后，沿江人民也为之付出了沉重的代价。

在80多d的长江抗洪斗争中，耗费了巨大的人力、物力资源。投入解放军官兵、武警战士近10万人，地市级领导干部324人，县级以上领导干部7 000多人，上堤人数经常在100万人左右，高峰时超过230万人。仔细分析，这些巨大投入，有相当数量耗费在洲滩民垸的抢护中，个别地方将洲滩视为长江干堤防守，不惜人力、物力消耗，长江干堤出险时再仓促应对。在7月份超过分洪水位的情况下，仍有部分洲滩民垸在坚守，这样不仅形成了局部的阻水，加重了长江整体的防洪压力，同时，造成在抢险无效的情况下，仓促撤离，群众损失倍增。据统计，1998年汛期，长江沿线有163处民垸破口蓄洪，属于主动扒口蓄洪的不到1/4。簰洲湾合镇垸、孟溪大垸的溃口，更是损失惨重。簰洲湾合镇垸在溃口前已经组织部分群众转移的前提下，仍造成44人死亡，直接经济损失15.85亿元；孟溪大垸溃口也造成3人死亡，直接经济损失高达32.9亿元。

四是非工程措施的普遍滞后。尽管早在1985年就经国务院批准了《长江防御特大洪水方案》，但在防汛调度的执行和洪水测报预警、水利信息化建设、分洪补偿机制、涉水法律法规等方面还十分欠缺。尤其是防汛指挥决策支持系统和水文站网预报系统还比较落后，大多靠人工采集和传输，其实效性和准确性都比较差。1998年的8次洪峰虽然都作出了预报，但预见期较短，对于防汛指挥的决策和防守的部署都带来了一定困难。

3　对水利发展产生的影响

战胜1998年长江大洪水的实践，不仅锤炼出"万众一心、众志成城，不怕困难、顽强拼搏，坚韧不拔、敢于胜利"的伟大抗洪精神，而且对水利事业的快速、健康发展产生了深远的影响。党中央、国务院不仅对水的认识达到了新的高度，对水利的重视也达到了前所未有的程度。首次把水利放在能源、交通、通信等基础设施建设的首位，并把水利作为国民经济建设的战略重点，提出以水资源的可持续利用保障经济社会的可持续发展，实现人与自然的协调与和谐的新的治水理念。认识上的新飞跃，带来了水利建设的大投入，促进了水利事业的大发展。

一是带来了治水思路的重新调整。1998年大水以来，也是水利系统持续探索治水新思路、为新世纪水利事业发展进行理论奠基的重要时期。大水还没退尽，党中央就提出了"封山植树，退耕还林；退田还湖，平垸行洪；以工代赈，移民建镇；加固干堤，疏浚河道"的"32字"指导原则。水利部党组按照党中央、国务院确定的治水方针，认真总结治水经验，深入分析宏观形势，大胆创新治水理论，提出从传统水利向现代水利、可持续发展水利转变的治水思路，并进行了卓有成效的实践。2001 年，进入新世纪，湖北省水利厅按照可持续发展的要求，提出了“坚持走以安全可靠的防洪保安屏障支持经济社会可持续发展的路子，坚持走以水资源的可持续利用支持经济社会可持续发展的路子，坚持走以建设秀美山川为目标支持经济社会可持续发展的路子”的治水思路。2003 年，湖北省水利厅又从人与自然和谐的角度，提出了“五个同时抓”、“两个转变”和构筑“三大保障体系”的思路，即：坚持防汛与抗旱、水资源开发利用与节约保护、建设与管理、依法治水与科学治水、服务社会与发展自身同时抓，促进传统水利向现代水利和可持续发展水利转变，实现人与自然和谐，进一步构筑具有湖北特色、服务小康社会的防洪减灾保障体系、水资源供给保障体系和水环境保护体系。

随着科学发展观和以人为本理论的确立，一个以科学发展观为统领，坚持以人为本、坚持人水和谐、坚持可持续发展、坚持统筹兼顾、坚持又好又快，着眼于饮水安全、着眼于环境安全、着眼于生态安全、着眼于人民群众生命财产安全，更加注重民生、更加注重环境保护的新的治水理念不断完善。

在防汛抗旱的理念上，也与时俱进，不断深化。逐步提出以人为本，按照蓄泄统筹、城乡统筹、区域统筹、防洪与抗旱统筹的原则，积极实践人水和谐的治水新理念和减灾方略，努力推进由洪水控制向洪水管理转变，由单一抗旱向全面抗旱转变。使过去的单纯“抗”水，逐步向“抗”、“管”、“用”结合转变。

按照这一新的治水理念，湖北省在长江防洪工程建设中，大力实施移民建镇和平垸行洪工程，移民 56.71 万人，双退刨堤 128 处，可新增蓄水容量 65 亿 m^3。一大批原在江滩伴水度日的农民，搬进了堤内宽敞的新房，很多地方都在原来的垸内种上了经济林，这样既可以改善生态环境，又能增加农民收入，更重要的是给了洪水以出路。

二是带来水利建设投入的大幅增加。1998 年，一场罕见的特大洪水给我国造成了巨大的经济损失。大水过后，党中央、国务院及时作出了灾后重建、整治江湖、兴修水利的重大决策，举国债、投巨资建设以防洪为重点的水利工程。据有关资料显示，大水后的 5 年，中央水利基本建设投资高达 1 786 亿元，相当于 1949 ~ 1998 年中央水利基建总投资的 70%。用于防洪工程的投资为 1 040 亿元，占中央水利基建总投资的 58%。其中堤防工程投资 774 亿元，病险水库加固工程投资 111 亿元。平均年度投资强度是上一个 5 年平均投资强度的 4.2 倍。而且根据目前国家经济形势和水利发展需求分析，今后一个时期水利投资有望继续保持较高水平。就湖北而言，1998 ~ 2007 年的 10 年，全省水利投资达到 425 亿元，其中中央、省级就达到 275 亿元，年均 27.5 亿元。仅长江干堤 16 个建设项目就投资 148.47 亿元，占长江中下游四省堤防建设总投资的 48.4%。其强度之大、额度之高前所未有。而此前 1993 ~ 1997 年的 5 年间，中央、省级水利投资仅 22.67 亿元，年均 4.5 亿元。1998 年后的水利年度投资强度是 1998 年前的 6.1 倍，并且随着科学发展观的提出，水利投资重点逐步从以防洪工程为主转到灌区建设、泵站的更新改造、小型水库的整险加固以及人饮安全等民生水利为主，水利的社会效益得到全面显现。

三是带来了水利建设管理模式的彻底改变。在国家大投入的前提下，工程建设管理模式也日臻完善。以项目法人制、工程招标制、建设监理制、合同管理制为主要内容的建设管理模式在各项水利工程中广泛推广。湖北长江堤防建设结束了过去以行政指挥为主体的建设管理模式，逐步向“四制”过渡，从无到有、不断完善、不断规范、不断创新，进而提出了符合湖北长江堤防建设实际的项目法人制与地方行政首长负责制相结合的建设管理体制，并得到了国家有关部门的充分肯定。建管模式的彻底转变，带来的不仅仅是对工程建设质量的显著提高，更重要的是把人民群众从千百年来肩挑人扛修大堤的沉重劳务负担中解放出来，极大地解放了生产力，发展了生产力，同时也体现了政府的执行力，保障了工程安全、资金安全、人民安全。

四是带来了水利信息化建设的全面提速。国家在加大水利建设投入的同时，把水利信息化建设作为带动水利现代化的根本措施来抓，从而促进水利信息化建设全面提速。

湖北省在继续加强水利工程建设的同时，把水利信息化工作摆在优先发展的位置，在统筹规划的基础上，走工程带信息化的路子，加快了水利信息化建设步伐。最近几年，依托国家防汛抗旱指挥系统工程，实施水情分中心建设，使全省145个中央报汛站和138个省级报汛站实现了自动测报，水情信息在20分钟内传到市州防办，30分钟内可传送到湖北省防洪抗旱办公室和国家防汛抗旱总指挥部，时效性和可靠性大大提高；通过立项建设防汛抗旱指挥系统工程，建立覆盖全省市县水利单位和厅直单位的计算机广域网、会议电视系统、VOIP语音系统，提高了防汛抗旱调度指挥的实效性；借助长江堤防整险加固工程，全面实施堤防信息化建设，兴建了分布湖北长江堤防两岸的通信工程，开发了堤防工程管理信息系统和险情监测系统；在大中型水库建设了水雨情遥测系统，与专用水雨情测站配合，为水库防洪调度提供了及时可靠的信息；通过湖北水利网站提供的平台，开展大中型水库和大型泵站运行信息的收集处理；利用水保监测站网，开展了水土保持监测和水土流失遥感普查；结合电子政务建设，逐步使政务信息电子化，并建立相应的数据库。这些工程的全面实施，初步形成了全省水利信息化框架，并在防汛抗灾和水利工程建设与管理以及水资源的合理配置、开发、保护、节约等方面发挥了不可替代的作用，有力地推动了水利现代化建设。

五是带来了管理水平的普遍提高。随着防洪工程建设的逐步展开和人水和谐理念的建立，几年来依法依规拆除了一大批历史遗留的临河阻水建筑物，并把防洪工程建设和城市的美化绿化有机地结合起来，打造了一批以武汉江滩、黄石市城区堤防为代表的亮点工程，使昔日的险点变成了今日的景点。2002年9月，《国务院办公厅转发国务院体改办关于水利工程管理体制改革实施意见的通知》，一个旨在初步建立符合我国国情、水情和社会主义市场经济要求的水利工程管理体制和运行机制，全面提高管理水平的水管体制改革工作在全国展开，湖北省610家水管单位相继开展改革工作。按照定性、定编，落实人员经费、维修养护经费，逐步推行管养分离，大力加强内部改革的要求如期完成改革后，将从根本上理顺管理体制，改善管理条件，为提高管理水平打下良好基础。

随着依法行政的全面推行，依法治水、依法管理水利工程成为必然。2002年度，湖北省水利厅在防洪工程管理上适时推出了前置审查制度，行政许可先过法律关。对涉及到河道堤防等工程管理范围内的建设项目，重点审查是否符合法律、法规和规章的规定，是否影响防洪安全，是否符合法定程序，有效加强了工程建设管理。

4 结语

1998年抗洪的经验和启示弥足珍贵。10年后的今天，湖北长江堤防已按设计标准全部建成；三峡工程也已全部投入使用，发挥它巨大的防洪效益；长江防洪能力有了显著提高。但切不可高枕无忧、掉以轻心。当前，连江支堤的建设还没有完成，长江防洪保护圈还没有完全形成；分蓄洪区的建设和山洪灾害的防治刚刚起步，病险水库整险加固正在实施之中，湖北防汛抗灾任重道远。我们一定要警钟长鸣，未雨绸缪，时刻把保护人民生命财产安全放在水利工作的首位，为国民经济又好又快发展提供安全保障。

湖北省分蓄洪区建设与管理思考

聂世峰[1] 关洪林[2]

(1. 湖北省防汛抗旱指挥部办公室 武汉 430071;2. 湖北省水利水电科学研究院 武汉 430070)

摘 要:概述了湖北省分蓄洪区工程现状及运用情况,总结了分蓄洪区建设与管理中存在的主要问题,分析了分蓄洪区运用几率及变化,提出了分蓄洪区建设与管理建议。

关键词:分蓄洪区;建设;洪水保险;湖北

1 分蓄洪区概况

到1995年,湖北省经国务院和省人民政府划定并建设的分蓄洪区共42处,其中长江干流13处,汉江干流14处,沮漳河6处,汉北河6处,府澴河3处。分蓄洪区总面积11 559.12 km^2,有效蓄洪容积470.078亿m^3,1995年统计耕地面积47.23万hm^2,人口587.443万人。湖北省分蓄洪区基本情况统计见表1。

表1 湖北省分蓄洪区基本情况统计

序号	分洪区	县别	分蓄洪区总面积(km^2)	有效容积(亿m^3)	耕地面积(万hm^2)	人口(万人)
	全省合计		11 559.12	470.078	47.23	587.443
一	长江干流		9 043.22	411	38.53	482.32
1	荆江分洪区	公安	921.34	54	3.34	50.4
2	涴市扩大分蓄洪区	江陵、松滋	96	2	0.57	6.35
3	虎西预备分洪区	公安	92.38	3.8	0.36	3.44
4	人民大垸分洪区	石首、监利	341	21.1	1.86	20.25
5	上百里洲行蓄洪区	枝江	178.46	5.6	1.18	10.14
6	洪湖分蓄洪区	洪湖、监利	2 782.84	160	8.85	111.4
7	西凉湖分蓄洪区	咸安、赤壁、嘉鱼、江夏	1 095	47	5.87	57.23
8	白潭湖分洪区	团风、黄州	204	8.8	1.71	43
9	杜家台分洪区		614	24	2.51	14.51
10	东西湖分洪区	东西湖	444	18	2.15	18
11	武湖分洪区	黄陂、新洲	331.6	18.1	1.59	13.4

续表1

序号	分洪区	县别	分蓄洪区总面积（km^2）	有效容积（亿 m^3）	耕地面积（万 hm^2）	人口（万人）
12	涨渡湖分洪区	新洲	524	10	2.67	36
13	华阳河分蓄洪区	黄梅、武穴	1 418.6	38.6	5.88	98.2
二	汉江中下游		1 995.2	44.32	6.20	75.34
1	襄东	宜城	91.6	1.24	0.64	6.92
2	襄西	宜城	154.7	2.79	0.97	12.01
3	关山	钟祥	162.8	10.8	0.23	3.45
4	潞市	钟祥	80	1.42	0.36	4.6
5	大集	钟祥	28	0.3	0.13	1.32
6	丰乐	钟祥	76	0.8	0.16	1.96
7	黄庄	钟祥	198	3.9	0.70	11.96
8	联合	钟祥	63.9	0.8	0.11	1.36
9	中直	钟祥	65	1.32	0.24	2.11
10	文集	钟祥	79.5	1.4	0.34	4.5
11	大柴湖	钟祥	229.7	8.62	0.71	10.3
12	石牌	钟祥	249	1.6	0.43	6.2
13	邓家湖	沙洋	391	2.97	0.58	3.99
14	小江湖	沙洋	126	6.36	0.59	4.66
三	沮漳河		97.5	3.478	0.54	4.27
1	观基垸	当阳	19.6	0.74	0.09	0.52
2	芦河垸	当阳	15.3	0.768	0.03	0.19
3	夹洲垸	当阳	8	0.268	0.07	0.88
4	木闸湖	当阳	5.8	0.38	0.06	0.545
5	众志垸	当阳	30	1.09	0.21	1.7
6	谢古垸	江陵	18.8	0.232	0.08	0.435
四	汉北河		285.9	7.02	1.21	19.77
1	龙骨湖和沉底湖	天门	51.8	1.29	0.33	4.22
2	老观湖	应城	26.4	0.77	1.00	2.46
3	龙赛湖	应城	26.4	1.71	0.01	3.14
4	东西汊湖	应城、汉川	76.3	1.63	0.54	8.17
5	南垸	应城	17.2	0.36	0.12	0.71
6	汈汊湖	汉川	87.8	1.26	0.07	1.07
五	府澴河		137.3	4.26	0.75	5.743
1	东风垸	孝南、黄陂	118.9	3	0.67	4.97
2	幸福垸	孝南	12.4	0.83	0.07	0.75
3	童家湖	孝南	6	0.43	0.01	0.023

2 分蓄洪区的运用情况

荆江分洪区于1953年建成,1954年,长江流域发生了有记录以来的特大洪水,为确保荆江大堤的安全,荆江分洪区先后3次分洪,累计分洪总量122.6亿m^3,为保护荆江大堤、减轻洞庭湖区防洪压力做出了巨大贡献。

杜家台分洪区于1956年建成,先后于1956年、1957年、1958年、1960年、1964年、1974年、1975年、1983年、1984年及2005年运用,累计分洪20次、累计分洪总量194.9亿m^3,为汉江下游广大平原地区防洪安全发挥了巨大作用。

为确保汉江遥堤安全,汉江中游的邓家湖、小江湖分蓄洪民垸分别于1954年、1964年、1983年3次炸堤扒口分洪,仅1983年即分蓄洪水9.65亿m^3,为战胜汉江多次发生的洪水做出了巨大贡献。

3 分蓄洪区建设与管理中存在的主要问题

(1)人口激增。平原区人口增长率高于全国平均水平,蓄洪区的人口增长率又高于平原区的平均水平。以荆江分洪区为例,1952年初建成时,区内人口约为17万人。1954年分洪后,直到1956年尚无明显增加,20世纪50年代末至60年代初,超过30万人,70年代末达到37万余人,目前已达到50多万人。

(2)分洪损失日益增大。由于分蓄洪区运用频率并不高,对人口增长、土地利用和经济发展未加以严格控制,其发展水平与保护区相同或相近,分洪一次淹没损失很大。调查资料显示,1980年(以1980年价格水平计),淹没损失约达15 000元/km^2;1990年(以1990年价格水平计),淹没损失则达到68 000元/km^2。分蓄洪区经济的不断发展,是社会发展的必然,分洪损失也必然日益增大。

(3)多数分蓄洪区工程建设不配套、不具备分蓄洪条件。除荆江分洪区、杜家台分洪区有较完整的分洪运用设施外,其他分蓄洪区基本无分洪运用设施,基本靠临时扒口进洪、吐洪,影响分洪区的运用;围堤防洪标准不够、未按要求建设分隔堤,有些分蓄洪区甚至还没有围堤,影响着分蓄洪区的正常运用。

(4)分蓄洪区的运用调度困难。除荆江分洪区、杜家台分洪区的运用程序比较明确外,其他分蓄洪区大多只有宏观规划而无具体运用调度安排,有的还涉及到不同地区的利益协调。因此,分洪调度困难。

(5)分蓄洪区运用保障体系缺乏。分蓄洪区运用的损失是巨大的,对分蓄洪区内居民的生产与生活都会产生巨大影响。从分蓄洪区的运用实践来看,缺乏完善的运用补偿机制、救助机制,也是分蓄洪区主动运用困难的重要原因。

4 分蓄洪区运用几率及变化

据长江流域防洪规划报告,三峡工程建成后,荆江河段分蓄洪区的运用几率将由现状的约10年一遇提高到100年一遇,城陵矶河段分蓄洪区的运用几率将由现状的约15年一遇提高到1931年、1935年、1998年、1954年型洪水才分洪,武汉河段、湖口河段分蓄洪区的运用几率将由现状的约20年一遇提高到1954年型洪水才分洪。对比《防洪标准》(GB 50201—94),三峡工程建成后,荆江河段分蓄洪区达到了Ⅰ等乡村防护区或Ⅲ等城市的防洪标准;城陵矶河段、武汉河段、湖口河段分蓄洪区的防洪标准也有了很大的提高。

据汉江夹河以下干流河段综合利用规划报告,汉江中游14个民垸的现状运用几率约20年一遇,丹江口水库达到后期规模后,汉江中游民垸仅需分蓄洪1.43亿m^3,加上科学调度,其运用几率基本可达到100年一遇;杜家台分洪区的运用几率将由现状的7~10年一遇提高到20年一遇。丹江口水库达到后期规模后,汉江中游民垸达到了Ⅰ等乡村防护区或Ⅲ等城市的防洪标准;杜家台分洪区仅为Ⅳ等乡村防护区的防洪标准。

据沮漳河防洪规划简要报告,沮漳河分蓄

洪区现状运用几率为10年一遇，仅为Ⅳ等乡村防护区的防洪标准。

据湖北省府澴河干流防洪规划报告，府澴河分蓄洪区现状运用几率为20~50年一遇，达到了Ⅲ等乡村防护区或Ⅳ等城市的防洪标准。

上述运用几率均为理论上的运用几率，随着水库的进一步建设，加上科学调度，运用几率会进一步降低。

湖北省分蓄洪区运用几率见表2，城市、乡村防护区、工矿企业的等级和防洪标准见表3。

表2　湖北省分蓄洪区运用几率

序号	河段	分蓄洪区名称	分蓄洪区运用几率	
一	长江中下游		现状	三峡工程建成后
1	荆江河段	上百里洲、荆江、涴市、虎西、人民大垸	10年一遇	100年一遇以上 100年一遇不分洪
2	城陵矶河段	洪湖	10~15年一遇	1931年、1935年、1998年、1954年型洪水分洪
3	武汉河段	西凉湖、东西湖、武湖、涨渡湖、白潭湖、杜家台	20~30年一遇	1954年型洪水分洪
4	湖口河段	华阳河	20年一遇	1954年型洪水分洪
二	汉江中下游		现状	丹江口后期规模
1	中游民垸	襄东、襄西、大集、丰乐、关山、潞市、中直、联合、皇庄、文集、大柴湖、石牌、邓家湖、小江湖	20年一遇	约100年一遇 100年一遇分洪量1.43亿m^3
2	杜家台		7~10年一遇	20年一遇
三	沮漳河		现状	规划
	分蓄洪民垸	观基垸、芦河垸、夹洲垸、木闸湖、众志垸、谢古垸	10年一遇	20年一遇
四	汉北河		现状	规划
	分蓄洪民垸	龙骨湖和沉底湖、老观湖、龙赛湖、东西汊湖、南垸、汈汊湖		20年一遇
五	府澴河		现状	规划
	民垸	东风垸、幸福垸、童家湖	20~50年一遇	30~50年一遇

表3　城市、乡村防护区、工矿企业的等级和防洪标准

	等级	重要性	非农业人口(万人)	防洪标准[重现期(年)]
城市	Ⅰ	特别重要的城市	≥150	≥200
	Ⅱ	重要的城市	150~50	200~100
	Ⅲ	中等城市	50~20	100~50
	Ⅳ	一般城镇	≤20	50~20
乡村防护区	等级	防护区人口(万人)	防护区耕地面积(万亩)	防洪标准[重现期(年)]
	Ⅰ	≥150	≥300	100~50
	Ⅱ	150~50	300~100	50~30
	Ⅲ	50~20	100~30	30~20
	Ⅳ	≤20	≤30	20~10
工矿企业	等级	工矿企业规模		防洪标准[重现期(年)]
	Ⅰ	特大型		200~100
	Ⅱ	大型		100~50
	Ⅲ	中型		50~20
	Ⅳ	小型		20~10

注：摘自《防洪标准》(GB 50201—94)。

1亩=1/15 hm^2，后同。

5 分蓄洪区建设与管理建议

5.1 尽快开展分蓄洪区建设与管理规划

由于三峡工程和丹江口水库加坝即将完成,长江干堤的加固,长江干流和汉江干流的分蓄洪区运用条件将发生很大的变化,加上分蓄洪区经济社会的发展,原有分蓄洪区的格局应有相应的调整。因此,建议尽快开展分蓄洪区建设与管理规划,在规划中调整分蓄洪区格局;根据运用几率大小将分蓄洪区划分为不同的等级。对位于武汉市郊的分蓄洪区,如东西湖分蓄洪区,由于经济发展水平高,其经济价值可能高于部分保护对象;更由于武汉市发展的需要,应研究不作为分蓄洪区的可能性。

5.2 对分蓄洪区按不同等级进行分类建设与管理

尽管三峡工程、丹江口水库加坝及长江干堤的加固等极大地改善了湖北省江河防洪形势,但上游洪水来量大而下游河道泄洪能力小,蓄泄矛盾十分突出的格局难以得到根本的改变,牺牲局部保全大局利用分蓄洪区处理超标准洪水的防洪策略,依然是长期需要的。因此,克服麻痹思想,大力进行分蓄洪区的建设与管理,仍是十分紧迫的。

分蓄洪区的建设与管理,应贯彻“全面规划、突出重点、分期实施、分类建设与管理”的原则。

运用几率为20年一遇及以下的分蓄洪区、城陵矶河段分蓄洪区是近期建设的重点,完善围堤、控制闸、隔堤、安全设施、转移道路、通信设施,预警系统以及与“移民建镇”配套的生产、生活基础设施的建设,使其具备分蓄洪条件。区内人民尽可能移出或集中居住,以便于形成保护圈。通过行政手段,禁止分洪损失率大的企业发展,控制人口增长,发展避灾农业。各级财政要对该区有更好的惠农政策。

对运用几率为100年一遇及以上的分蓄洪区,完善围堤、隔堤、安全设施、转移道路、通信设施,预警系统的建设,使其基本具备分蓄洪条件。不鼓励、不提倡分洪损失率大的企业发展。对汉江中游部分民垸,可不作分蓄洪区建设。

对其他分蓄洪区,完善围堤、控制闸、隔堤、安全设施、转移道路、通信设施,预警系统的建设,使其具备分蓄洪条件。提倡农民建设架空楼房,第二层要高于分蓄洪水位,以便分蓄洪时农民转移财产及临时避洪。通过经济手段,如提高企业防洪保护费等,限制分洪损失率大的企业发展。

5.3 完善分蓄洪区运用补偿、救助制度

完善分蓄洪区运用补偿、救助制度,是保证分蓄洪区正常运用的重要措施。补偿是分蓄洪区运用补偿、救助制度的主体,救助可以作为一种补充措施。通过补偿、救助制度,确保分蓄洪区人民在灾后得到充分、合理的补偿,以免让他们“流血又流泪”。

5.4 启动洪水保险制度

与保险公司合作,测算不同分蓄洪区的保险费率,引导分蓄洪区的企业和人民购买洪水保险,使分蓄洪区人民灾后,在得到补偿的基础上,得到商业赔偿,增强他们抵抗风险的能力。

5.5 制定明确的调度预案,建立预警系统

针对各分蓄洪区的情况,分别制定明确的、可操作的调度预案,建立分蓄洪预警系统。

5.6 加强立法

《中华人民共和国水法》、《中华人民共和国防洪法》缺乏对分蓄洪区全面的管理规定,如工程运用问题,淹没损失负担问题,分蓄洪区内的建设、发展问题等。因此,通过立法来加强管理已经刻不容缓。

参 考 文 献

[1] 长江水利委员会. 长江流域防洪规划报告[R]. 2003.

[2] 长江水利委员会. 汉江夹河以下干流河段综合利用规划报告[R]. 1993.

[3] 湖北省水利水电勘测设计院. 沮漳河防洪规划简要报告[R]. 1999.

[4] 湖北省防汛抗旱指挥部办公室. 湖北省防汛预案汇编[G]. 1997.

[5] 湖北省水利水电勘测设计院. 湖北省府澴河干流防洪规划报告[R]. 1998.

[6] 湖北省水利志编纂委员会. 湖北水利志[M]. 北京:中国水利水电出版社,2000.

[7] 徐乾清. 加强大江大河分蓄洪区建设和管理是当前防洪的迫切任务[J]. 中国水利,1997(4).

[8] 刘振胜,徐元明. 加强大江大河分蓄洪区建设和管理是当前防洪的迫切任务[J]. 人民长江,2000(11).

’98 抗洪以来我国治水思路调整的实践与反思

程晓陶

（水利部防洪抗旱减灾工程技术研究中心　北京　100011）

摘　要：1998 年的抗洪，在我国当代治水史上是一个重要的转折点。大灾之中，我国已有的防洪体系经受了严峻考验，既发挥了很大效益，也暴露出发人深省的问题。大灾之后，国家成倍增加了治水的投入，全社会开始从社会、经济、生态、环境、人口、资源和国土安全等更为广阔的视野探讨防洪减灾问题，形成了促进人与自然和谐、可持续发展的治水新思路。10 年来的实践与探索，既有经验，也有教训，值得认真分析与反思。

关键词：治水；中国；洪水；1998 年

1　重温’98 抗洪的若干启示

1998 年的抗洪，在我国当代治水史上是一个重要的转折点。大灾之中，我国已有的防洪体系经受了严峻考验，既发挥了很大效益，也暴露出发人深省的问题。’98 抗洪带给我们许多深刻的启示，成为推动我国从传统水利向现代水利转变的重大契机。

1.1　严防死守，1998 年防汛抗洪中具有现实意义的抉择

’98 抗洪，最突出的特点是严防死守。在我国堤防标准与可靠性尚不够高的条件下，靠着充分发挥人力资源的优势和多年抢险经验的积累，采取临时加高、加固、查险、抢险等措施，死保堤防安全，最大限度地发挥河道、湖泊的行洪与槽蓄能力，以尽可能减少淹没范围，减轻水灾损失。1998 年洪水淹没面积不到 1954 年的 1/5，因溃堤而分滞的洪水水量不到 1954 年的 1/10，因灾死亡人数仅为 1954 年的 1/25，成效可谓显著。

分洪水量减少，河湖水位必然抬高，又加大了严防死守的难度。万里长堤，险象环生，没有不断强化的严防死守，难免发生更多的毁灭性灾难。因此，严防死守，在当时是符合我国国情与群众意愿的抉择。

然而，严防死守，效益大，风险也大。因此，’98 大洪水的一个重要启示是我国的堤防建设必须加强。没有近 50 年水利建设的基础，1998 年的严防死守难以取得那样的成功；如果多年来水利投入能够稳定一点、充裕一点，堤防建设搞得再好一点，1998 年严防死守的压力就不会那么大。

1.2　在洪水风险中谋生存、求发展，是我国的基本国情

在特有的地理气候与社会经济条件下，我国近半数的人口、2/3 的资产都处于受洪水威胁的区域中，而且洪水往往峰高量大，持续时间长，危害严重。’98 抗洪虽然取得伟大的胜利，但是大洪水依然造成数以百万计的群众无家可归，数以千亿计的资产损失，数以万计的人员伤亡；从中央到地方，正常的工作和生产秩序全被打乱；数十万军队、武警和数百万沿江群众，以血肉之躯筑起了抗洪的长城；全国人民情系灾区，全力支援，忧心忡忡。

在巨大的人口与粮食需求的压力之下，我国洪泛区土地的开发和利用，已是客观存在的

现实。只有加强水利建设,才可能抵消自然环境演变以及人类活动加剧的不利影响。

然而,尽管1991年我国就已经提出"要把水利作为国民经济的基础产业,放在重要战略地位",1995年又建议"把水利列在国民经济基础设施建设的首位",但是,统计资料表明,1991~1997年水利累计完成投资仅占全社会投资比例的1%,远低于能源(12.4%)、交通(7.85%)、邮电(4.2%)的投入。

'98大洪水的严峻局势启示我们,为了在洪水风险中求生存、谋发展,水利作为我国国民经济基础产业的首位,必须有名有实,各行各业在发展中,也决不可忽视了洪水风险的影响。

1.3 社会经济的可持续发展,呼唤更高层次的防洪安全保障体系

'98抗洪实践表明,随着温饱问题的解决,安全保障已经成为人们最为基本的需求,且要求越来越高。

在市场经济逐渐占据主导地位的情况下,经济实体性质多样化,以往低水平的灾民救济模式已经难以满足维持社会安定与恢复再生产的需求。由于现代社会对交通、通信、供电、供水、供气等生命线网络系统的依赖性不断增大,其面对水灾的脆弱性也日趋显现,一旦重大水灾发生,灾难性影响远远超出受灾区域本身。

世纪之交的这场大洪水告诫我们,随着21世纪16亿人口高峰的到来,我国的防洪体系还将面临更严峻的考验。全方位加强高层次防洪安全保障体系的建设,采取综合措施,回避风险、降低风险、分担风险、提高风险的承受能力、提高风险的预见能力、提高风险的应急能力、避免人为加重风险,既是社会经济发展到新阶段的客观需要,也是支撑社会经济可持续发展的重要基础。

1.4 防洪减灾将依赖于科技进步

'98抗洪,轰轰烈烈。在这波澜壮阔之中,人们在寻找水利科技的影子,呼唤水利科技的名字,期待水利科技发挥更大的作用。

严防死守,必须增加科技含量,不仅堤防防渗、加固、查险、排险、堵口等硬技术的发展需要加强,堤防风险评价等软技术也需要大力发展;防洪体系的规划与防洪标准的提高需要全面研究和论证;要加强洪水风险的研究,绘制全国的洪水风险图,为决策科学化提供依据;要探讨灾后重建家园的合理化模式,体现以人为本、人与自然和谐的精神;要全面加强城乡防洪除涝安全保障体系的研究等。

'98大洪水帮助我们更清醒地认识了我国严峻的防洪形势,认识了在洪水高风险中求生存谋发展的基本国情。如何借此机遇,明确长远的发展目标,全面而分阶段地推动我国现代化防洪体系的建设,促进依法治水、计划治水、科学治水,是'98大洪水留下的核心议题。

2 '98抗洪以来我国治水思路的调整与实践

2.1 大灾之后图大治,国务院及时出台"32字"方针,全面加大治水力度

'98大洪水之中,针对超历史纪录的高水位现象以及严防死守的巨大压力,各界舆论纷纷谴责围湖造田、毁林开荒等人类的盲目行为。

大灾之后,国务院提出了"封山植树、退耕还林,退田还湖、平垸行洪,以工代赈、移民建镇,加固干堤、疏浚河道"的"32字"政策措施,我国防洪体系的建设再次形成了新的高潮,各级政府成倍增加了治水的投入,在治水方略上前所未有地加大了调整人与自然关系的力度,人们开始从社会、经济、生态、环境、人口、资源和国土安全等更加广阔的视野上广泛探讨防洪减灾的问题。

1998~2002年,中央水利基建投资1 786亿元,是1949~1997年累计投资的2.36倍。年度平均投资357亿元,是1991~1997年平均投资强度的4.2倍,体现了大灾之后有大治的特点。经过5年努力,长江中下游干流堤防3 578 km基本达标,可大大减轻千军万马上堤抗洪的压力,为沿江地区经济社会发展和人民群众安居乐业提供了有力的防洪保障。长江干流、洞庭湖、鄱阳湖平退圩垸1 461个,移民62

万户,242 万人,共还江还湖 2 900 km^2,增加蓄洪容积 130 亿 m^3。“这是我国历史上自唐宋以来第一次从围湖造田、与水争地,自觉主动地转变为大规模的退田还湖,给洪水以出路”(汪恕诚,2003)。

然而,这种以行政与经济为主要推动手段的疾风暴雨式的治水模式也遗留下一些问题。由于缺乏有足够资质的施工队伍与监理队伍、建管体制不顺、相关政策不配套等,部分堤段干堤加固工程的质量与进度一度受到不利的影响;一些退田还湖的圩垸,由于阻力很大,从原定的“双退”又调整为“单退”,等等。

2.2 新世纪伊始,水利部提出促进人与自然和谐与可持续发展的治水新思路

进入新世纪以来,我们在为经济与社会的快速发展而欢欣鼓舞的同时,也在为水灾害加剧、水资源短缺、水质污染以及生态环境的恶化而焦虑。经济社会与生态环境的“这些变化对水利工作提出了新的更高的要求,促使我们必须转变观念,及时调整治水思路。思路的调整,就是要坚持人与自然和谐共处,实现经济社会的可持续发展”(汪恕诚,2000)。

在受洪水影响较大地区,以防洪保安为重点,统筹解决水资源问题。将工程措施与非工程措施相结合,提高防洪能力,使之与经济社会发展水平相适应。同时,要求城镇发展和生产力布局必须符合防洪规划要求,严禁盲目围垦、设障、侵占河滩及行洪通道。对洪水实施风险管理,尽最大可能变害为利,充分利用洪水资源。作为防洪法的配套法规,2000 年出台的《蓄滞洪区运用补偿暂行办法》,在 2003 年淮河大洪水中,对于减少行蓄洪区运用阻力发挥了重要的作用。

“十五”期间开展的全国防洪规划修编工作,是在新时期治水新思路的指导下,总结以往的经验与教训,针对各大流域片防洪存在的问题以及流域防洪面对的新形势与新要求,从工程措施、非工程措施以及两者的结合方面,提出了完善流域防洪减灾体系和保障措施的规划。

2.3 国家防总与水利部大力推进防汛抗旱工作的“两个转变”

2003 年,国家防总秘书长、水利部分管防汛抗旱工作的鄂竟平副部长在全国防办主任会议上提出,今后一个时期防汛抗旱工作的总的指导思想是“坚持防汛抗旱并举;实现由控制洪水向洪水管理转变,由以农业抗旱为主向城乡生活、生产和生态全面主动抗旱转变;促进人与自然和谐”。5 年来,各地结合实际,对“两个转变”进行了一系列理论和实践探索。在防汛工作中,注重实施洪水风险管理、依法科学防控、规范人类活动、推行洪水资源化。

各级政府和防汛抗旱指挥部门不断完善防汛抗旱体制、机制,抓好责任制体系建设;法规建设取得新突破,完成了对《防汛条例》的修订,制订了《国家防汛抗旱应急预案》,发布了《关于加强蓄滞洪区建设与管理的若干意见》、《抗旱条例》、《洪水影响评价管理条例》,《蓄滞洪区管理条例》的立法工作正在抓紧进行;加强了防汛抗旱应急管理体系建设,不断完善防汛抗旱预案体系,陆续编制和印发了城市防洪、山洪灾害防御、蓄滞洪区运用、水库防洪抢险、防台风、抗旱等一批预案编制的规范性文件;《全国山洪灾害防治规划》通过了国务院审议和批复,《全国蓄滞洪区建设与管理规划》已完成初稿。

国家防汛抗旱指挥系统项目已建成了大量水情、工情和旱情等信息的采集系统,建成了连接国家防总与 7 个流域机构、31 个省(自治区、直辖市)的计算机骨干网络和异地视频会议会商系统,防汛抗旱信息处理更加方便快捷,洪水预报、预警与决策支持系统的功能不断加强。

各级防汛抗旱指挥部门加强防汛抗旱组织保障、队伍保障和物资保障建设,在全国七大江河、重点水库和重点海堤组织建设了 100 支重点防汛机动抢险队、44 支省级防汛机动抢险队、250 多支市县级防汛机动抢险队,解放军建立了 19 支抗洪抢险专业应急队伍,各地还建立了大量防汛专业队伍、预备队伍和基层抗旱服务队伍,形成了专群结合、军民结合的防汛抗旱

队伍。

为推动减灾社会化,国家加强了宣传与培训工作。采用广播、电视、宣传栏、知识手册、图册、挂图、明白卡等形式,广泛宣传相关水旱灾害防御常识和预案;举办了两期地市级防汛抗旱行政首长培训班,对近百名地市级行政首长进行培训。

大力加强了基础研究。通过国际合作,完成了中国洪水管理战略研究;水库汛限水位动态控制试点工作稳步推进;洪水风险图制作在试点工作的基础上,正全面展开推广前的准备工作;全国三维电子江河系统已顺利完成一期开发,等等。

实践证明,"两个转变"符合科学发展观的要求,适应我国经济社会发展的新形势,是对我国防汛抗旱方略的总结和提升,必须在实践中进一步坚持并不断丰富和发展(陈雷,2008)。

2.4 为保障安全、支撑发展、促进和谐,水利建设把解决民生问题放在更加突出的位置

党的十七大以来,水利部将解决好直接关系民生的水利问题放在更加突出的位置,强调要以保障人民群众生命安全、生活条件、生产发展、生态改善等基本的水利需求为重点,突出解决好人民群众最关心、最直接、最现实的水利问题,形成保障民生、服务民生、改善民生的水利发展格局,让广大人民群众共享水利发展成果(陈雷,2008)。在近期水利工作的安排中,认真做好防汛抗旱工作、加快实施病险水库除险加固、全力抓好农村饮水安全、继续加强重点工程建设、大力加强农田水利基础设施建设、全面推进水资源节约保护、积极推进水土保持工作、进一步加快农村水电建设步伐等被列为突出的重点。

3 两点重要的反思

世纪之交,我国正处于计划经济向市场经济转轨、传统农业社会向现代社会发展的过渡过程。正是在这样的变革之中,我国启动了"从传统水利向现代水利、可持续发展水利转变"的艰难历程;在防汛抗旱工作中,开始了"从控制洪水向洪水管理转变"、"从单一抗旱向全面抗旱转变"的实践与探索。为了积极应对经济社会快速发展中面临的大量治水新问题,水利系统自身正在积极转变观念、完善体制、调整机制、大力增强能力建设。我们只有不断认真总结经验教训,有所继承、有所扬弃,才能为支撑经济社会的快速平稳发展提供更好的安全保障。

3.1 建立有法律保障的稳定的投入机制

传统的治水活动,往往表现出"大灾之后图大治"的特点,'98抗洪也不例外。从世界各国的实践来看,"大灾之后图大治"的模式很难摆脱一个怪圈:大洪水发生—造成损失、困苦、破坏、伤亡、疫病等—痛定思痛—投资增加—风险降低—若干年无大洪水发生—水患意识淡漠—投资减少—风险增加—大洪水又来。

为了满足生存与发展日益提高的防洪与供水安全保障需求,人们常常希望水利建设能与社会经济同步发展,甚至希望"治水先行"。但是事实上,人类往往是在遭遇严重的水旱灾害之后,才痛定思痛,形成一阵水利工程投入与建设的高潮。虽说也算亡羊补牢,但是由于水利建设从勘测、设计到施工、管理,无论人才、队伍还是技术、设施,都有一个能力建设的过程,长期投入不足,这种能力就会萎缩;而猛然加大投入,则必然会出现一个难以适应的过程;而好不容易扩展了能力之后,再遭遇投资锐减,则又陷入新的紊乱。因此,缺乏与经济发展同步增长的稳定的投入,不仅不利于水利队伍的自身建设,也不利于水利与国民经济的协调发展,使得经济发展与水利建设不得不付出较大的代价。

日本在明治时期、大正时期和昭和初期,曾经3次制订治水计划,每次都是大灾之后有大治的模式,但是,3次计划历经波折,均未能如愿完成。其原因或者是由于计划过于庞大,治水投资增加过猛,几年之后,与其他行业发展的矛盾加剧,国家财力不支,计划难以为继;或者是由于社会政治因素的冲击,治水计划被迫暂停或终止。1959年,以伊势湾水灾惨案为契机,加之战后国民经济已经复苏,治山治水才重

新提到了议事日程之上。这次虽然仍是大灾之后才有大治的模式，但日本人已经聪明起来。先立法，确定河川分级管理的体制与治山治水投资的来源及比例，再以 1953 年《纲要》作为长远目标，提出近期实施的目标有限的 10 年计划，以后改成 5 年计划，并连续不断地实施下来。同时，在国家的科研计划中，灾害研究被提升到最高等级。随着管理体制的不断完善，日本终于走上了依法治水、计划治水、科学治水的正道。近 50 年来，尽管日本政坛风云变换，经济上也遭遇过 20 世纪 70 年代全球性能源危机一类的重大打击，但治水事业有法律的保护，始终未出现大的波折。按照国家长期有计划按比例推进的方针，日本国土保全事业投资每年占国家一般公共事业投资预算的比例一直保持在 20% ~25%，其中治水事业费始终占据主导地位，比例在 60% 左右。

可以说，能否真正认清我国水利事业的长期性、艰巨性与复杂性，建立起稳定的投入机制，是衡量我国是否转向现代水利、可持续发展水利的标志之一。

3.2 洪水风险管理，关键在于把握适度

我国的水患已是延续数千年的“慢性病”，而在当前快速发展的进程中，人与自然之间微弱的平衡必然要被打破，使得水患又显现出一些“急性病”的特征。

对于“慢性病”，越是“特效药”，越要长期坚持服用，任何急于求成、一蹴而就的解决方案，都有可能因违背自然的演进规律而招致报复，或者因违背经济社会的发展规律而导致劳民伤财的后果。

对于快速发展中出现的“急性病”特征，只有构建更高层次的安全保障体系，并适度调整自身的发展模式，才可能重构新的平衡，满足可持续发展的需求。

传统的治水模式中，追求的是如何通过消除洪水来尽可能减少水灾损失。而在现代的洪水风险管理模式中，不仅要考虑如何增强调控洪水的能力（包括削弱洪水与人造洪水两个方面），如何以综合的手段来减轻水灾的损失，而且要考虑如何化解水灾的不利影响（或者说如何争取最有利的影响）。评价水灾影响的指标与水灾损失的指标不同，其包括：政府威信、执政党地位、社会安定、经济发展、环境保护、生态修复等。

如果我们的治水政策与投入的结果，是加大了人与自然的矛盾，则人与自然之间就会陷入恶性互动的关系，这样的治水最终将是没有出路的；如果我们的治水政策与投入的结果，是加大了人与人之间的矛盾，则治水的后果很可能只是风险的转移，并可能加剧社会的不公平与不安定；如果我们的治水政策与投入的结果，是将人与自然的矛盾转变成了人与人之间的矛盾，或者进一步是将人与人之间的矛盾转变成了群众与政府的矛盾，则更是得不偿失、事与愿违。

我国清代以前，人口一直在 1 亿上下波动，清代之后人口迅速增长，人与水争地愈演愈烈，“围湖垦殖”与“废田还湖”之争也随之而起。直到人口超过了 4.5 亿的 20 世纪初期，有学者提出了“蓄洪垦殖”的主张：大水年退田还湖，中小水年与水争地，“估计可有四、五年之收，而可能有一年之失（淹），仍有利可图”（洪庆余，1999）。现在，我国的人口比历史时期和今天的美国高出了一个数量级，比提出“蓄洪垦殖”时的人口又增加了 2 倍，未来我国人口可能达到 16 亿，再增加的 3 亿人，生存空间在哪里？因此，轻言“人不与水争地”，则可能导致人与人争地、人与林争地，由此引起的社会问题、环境问题会更为尖锐。“在我国土地资源相对较少的情况下，平均几年受淹一次的土地也应该是可以利用的，但要合理利用，承担风险”（文伏波等，2002）。

20 世纪中，人类治水活动的根本教训之一，是懂得了治水必须要因地制宜，把握适度。无论怎样好的治水措施，怎样先进的治水理念，一旦实施过了头，效果都会走向反面。不同区域的河流，洪水特性有着明显的不同。同一区域的河流，处于社会经济的不同发展阶段，治水的目标、要求与能力还有很大的差别，因此治水

的方略不可能千篇一律。今天,人类的经济技术实力已经大为增强,推动一项治水措施,若仍采用单向的鼓励政策,不仅在不适宜的地方会导致失败,即使在适宜的地方,也可能引出社会、经济、生态、环境方面的麻烦。

我国'98大洪水后,大力推动平垸行洪、退田还湖、移民建镇的工作无疑是必要的。但是,国家按每户1.5万元的标准给予建房补助,是一个单向的鼓励政策。为了更多争取国家资金,地方上自然是报的户数越多越好。然而,"迁得出、稳得住"的关键,在于生存条件,而与此相关的基础设施建设恰恰是个体农户无力承担的。如果国家的投资用于做好基础设施的规划与建设,群众通过参与基础设施建设挣到钱后,自主决定何时搬迁、建什么标准的房,则国家一分投入不仅达到双重的目的,并且可以大大缓解一些不必要的矛盾。

洪水风险管理成败的关键在于把握适度,这就要求我们的政策必须具有双向调控的特点(程晓陶,2003)。因此,必须探求适合我国国情的、体现人与自然良性互动关系的治水模式。只有适度承受一定的风险,以不同形式合理地分担风险,才可能寻求到人与自然相和谐的、区域及部门之间相合作的、水利与国民经济相协调的发展之路。

显然,国家治水政策的设计及投入,只有形成双向调控的特点,才有利于缓解区域之间、人与自然之间基于洪水风险的利害冲突。因此,推行洪水风险管理,可按其推进政策是否体现了双向调控的特点,实施效果是缓解还是激化了矛盾,作为评价其成败的一个指标。而在洪水风险管理中把握适度的能力,也是体现一个国家现代水利成熟程度的标志之一。

4 结语

'98抗洪以来,我国的水利事业进入了一个新的发展阶段。由于经济社会的快速发展,我们面临许多关系民生的治水新问题。只有从我国国情出发,在实践中不断总结经验与教训,以改革促发展,通过体制机制的创新与治水方略的调整,依赖科技与管理的进步,提高自身业务素质,增强公众服务意识,水利的发展才能赢得最广泛的社会理解与支持,为保障公共安全、支撑可持续发展、促进社会和谐与进步作出应有的贡献。

参考文献

[1] 陈雷. 坚持以人为本,依法科学防控,全力做好新时期的防汛抗旱工作. 在全国防汛抗旱工作会议上的讲话. 2007年12月.

[2] 陈雷. 深入贯彻落实党的十七大精神,为全面建设小康社会提供水利保障. 在全国水利厅局长会议上的讲话. 2008年1月.

[3] 程晓陶. 98洪灾启示录[J]. 中国水利水电科学研究院学报,1998(2).

[4] 程晓陶. 风险分担,利益共享,双向调控,把握适度——三论有中国特色的洪水风险管理[J]. 水利发展研究,2003(3).

[5] 鄂竟平. 认真贯彻十六大精神全力做好新时期的防汛抗旱工作. 在2003年全国防办主任会议上的讲话. 2003年1月.

[6] 洪庆余. 长江防洪与'98大洪水[M]. 北京:中国水利水电出版社,1999.

[7] 汪恕诚. 在庆祝中国水利杂志创刊50周年暨面向21世纪中国水利发展战略研讨会上的讲话. 2000年8月.

[8] 汪恕诚. 努力推进水资源可持续利用,为全面建设小康社会作出贡献. 在全国水利厅局长会议上的讲话. 2003年1月.

[9] 文伏波,洪庆余,谭培伦. 长江流域防洪减灾对策研究[M]//徐乾清. 中国防洪减灾对策研究中国可持续发展水资源战略研究报告集第3卷[C]. 北京:中国水利水电出版社,2002.

国内外防洪模式的比较分析与我国防洪模式的转变

王光谦

（清华大学水沙科学与水利水电工程国家重点实验室　北京　100084）

摘　要：在总结分析世界洪水灾害特点和影响因素的基础上，比较分析了国际上目前主要的防洪模式。结合我国洪水灾害的特点和防洪减灾面临的新挑战，分析了我国防洪模式的转变趋势和途径，说明我国"工程与非工程措施并重、防洪工程与抗洪抢险相结合"的新型防洪模式正逐步形成。现代科学技术的应用，将大大提高我国防洪减灾水平。

关键词：洪水；灾害；防洪；工程措施；非工程措施

洪水灾害是世界上影响范围最广、发生次数最频繁、损失最严重的自然灾害之一。据统计，全球 1987 ~ 1997 年的 11 年中，共发生 5 730次重大自然灾害，造成 7 000 亿美元的国民经济损失，其中洪水次数占 31%、洪灾损失占 33%；自然灾害中丧生人口 39 万人，有 58% 死于洪水灾害。

洪水灾害具有全球性特点。虽然存在一定的地区差异，但不管是发达国家还是发展中国家，都连续发生洪水灾害。在美国，洪水是最严重的自然灾害，受洪水威胁的国土面积占 7%、家庭 960 万个、财产 3 900 亿美元。在亚太地区，由于受热带气旋和台风的影响，日本、印度、孟加拉国、马来西亚、印尼、澳大利亚和新西兰等都洪灾频繁。在欧洲，英国、法国、荷兰、德国、俄罗斯等国家都是洪水灾害的多发地区。在南美洲，巴西、阿根廷、哥伦比亚的洪灾次数和灾害损失都位居世界前列。在非洲，苏丹虽然干旱缺水，却也遭遇洪水袭击不断。

我国地处东亚大陆，地形地势情况复杂，气候地区差异很大，东部受季风气候和热带气旋影响，使得我国成为世界上洪涝灾害发生最频繁的国家之一：约有 10% 国土面积、5 亿人口、0.33 亿 hm^2 耕地、100 多座大中城市、全国 70% 的工农业总产值受到洪涝灾害的威胁。据不完全统计，新中国成立 50 多年来，每年因自然灾害造成的年平均损失一般为 500 亿 ~ 600 亿元（1990 年不变价），洪水灾害占近 60%。在全球受洪水灾害影响的国家中，无论是发生次数、受灾人口，还是受灾损失，我国都位居前两位。洪水灾害的巨大威胁和频繁发生，严重制约了我国社会经济的发展。

1　洪水灾害的影响因素

洪水是一种复杂自然现象，需要在一定的自然或人为条件下才会形成灾害。一般地，洪水灾害的形成过程，包括致灾的气象要素、孕灾的地域环境要素和承灾的人类社会经济要素，涉及到全球尺度上的气候变化、流域尺度上的水域环境和城域（城市）尺度上的水文变化等不同时空尺度上的影响因素。

全球气候变化是主要控制因素，影响到多个国家和地区的洪水形成过程。例如，全球许多地方的降水、气温等气候要素的异常与 ENSO 联系密切，1991 年、1998 年和 2003 年全球每月的 El Nino 现象特别明显，从而引起当年重大洪水灾害频繁发生。人类活动则通过改变下垫面特征、大气成分和热污染 3 个途径，也加剧了全球气候的变化。大气中 CO_2 等温室气体含量的增加使得全球变暖;大气污染,特别是 SO_2 分布不均匀,使变暖趋势具有明显的地区差异,从而通过改变降水分配和强度变化影响洪水形成,使局部地区的洪水灾害加剧。

流域尺度上的水域环境是孕育洪水灾害的自然环境。在气象因素决定降水强度及其持续时间后,流域下垫面状况就决定了洪水过程长短、洪峰大小和洪水出路。在雨量充沛、降雨集中的地区,山高坡陡、行洪不畅或者河湖淤塞、水系紊乱,都容易触发洪水、形成灾害。人类过度的流域开发、开荒围垦等活动,造成的流域内植被破坏、水土流失,不仅减少与破坏了水源涵养能力、易于诱发洪水,还将由于河湖淤积、河床抬高、水系紊乱、调蓄库容减少等原因而影响洪水出路,造成巨大的洪水威胁或灾害。

城市化发展和人口增长不仅改变了洪水致灾过程,也使得洪水灾害承灾体的易损性不断增大。由于城市的发展,地面不透水层迅速扩大,加大了地表径流量,缩短了汇流时间,使得洪峰出现时间提前。同时,城市的"热岛效应"也使城区暴雨频率与强度有所提高,加大了出现洪水的可能性。近半个世纪以来,"涨水快、水位高、退水慢"已成为我国长江三角州地区城市水文变化的显著特征,也是城市建设发展对洪涝灾害影响的突出表现。另外,城市是社会经济发达、人口密集地区,往往积聚了大量的人口、经济和社会财产,由此也大大增加了洪水所可能造成的损失。

在洪水灾害不同尺度的影响因素中,气候变化因素涉及到世界各国,是全球人类活动影响长期积累的结果,人们对其规律性认识还十分有限。流域地理环境因素与流域开发和治理关系密切,农牧业生产到江河水系治理,深刻改变了洪水形成与传输的自然过程,体现了人类活动与自然洪水的长期互动过程。与全球气候和流域地理环境等因素相比,城域水文因素变化要快得多,人类活动的影响也最为快速直接。在城市化、工业化飞速发展的现今社会,城域洪水灾害的形成规律和防治策略正逐渐受到各国政府和研究人员的重视。

2 国外的典型防洪模式

洪水灾害是全球所面临的共同问题。在持续不断的洪水威胁和灾害损失面前,各国政府根据自身特点和条件,在认识洪水形成与致灾规律的基础上,逐步形成了各国的防洪减灾模式。目前,这些防洪模式大致可归纳为两大类型:以工程措施为主和工程措施与非工程措施并举。其中,日本、荷兰、中国、埃及等以工程防洪措施为主,美国、法国、英国、印度、澳大利亚等以工程与非工程措施并重。表1列出了世界部分国家的洪水特征与防洪策略。

工程措施是世界各国基本的防洪措施,包括堤防、水库、河道整治、分洪区、水土保持工程等,体现了人类通过对一定流域地理环境的改变来实现对洪水灾害的主动防御。发达国家开发江河历史长、城市化早,较早地形成了防洪工程体系,各项工程措施得以较为综合地运用,防洪效益显著。非工程措施则是通过约束人类自身行为,以改善、协调人与洪水之间关系,缓解洪水灾害影响,体现了人类主动适应洪水以规避洪水威胁,包括组建防洪组织体系、建立洪水预报预警系统、洪泛区管理、洪水保险、生态环境保护以及健全和完善相应的法律政策等。与工程措施相比,非工程措施在人类防洪历史上出现尚不足百年,是人类对防洪经验不断总结、对洪水形成及洪水—人类社会经济作用规律不断认识的基础上逐渐形成的。

美国是工程与非工程措施并重的典型国家。所有适于建坝的河流上都建有水库,堤防防洪标准也相对较高,普通堤防为50年一遇,重要堤防为100~200年一遇,重要城市的防洪标准达到300~500年一遇。在洪水灾害严重的密西西比河,形成了包括150座水库、7 860 km堤防、4个分洪道以及河道整治工程的完善防洪体系。1968年,美国推行《全国洪水保险计划》,标志着工程措施与非工程措施并重的防洪模式形成。1993年,在创纪录的大洪水发生后,美国修订国家洪泛区管理综合规划,“制定更全面、更协调的措施,保护并管理人与自然构成的系统,以确保长期的经济与生态环境的可持续发展”。相应地,在全美 2 万多个洪水多发区域,3 000 个在国家气象局的洪水预报范围内,1 000 多个具有当地洪水预警系统,其余的则设有县级预报系统,为洪水预测和预警提供了有效的技术服务。

表 1　世界部分国家洪水特征与防洪策略比较

国家	洪水特点	洪泛区面积（万 km^2）	损失、投入（亿美元）	防洪策略
美国	洪峰:数万每秒 立方米过程:相对平缓	约 52	损:约 50 投:约 20	注重非工程措施; 工程与非工程措施并举
日本	洪峰:数千每秒 立方米过程:陡峭	约 3.8	损:约 50 投:>100	主要依靠高标准防洪工程体系
中国	洪峰:数万每秒 立方米过程:相对陡峭	约 80	损:约 90 投:约 15	防洪工程与抗洪抢险
英国	洪峰:< 2 000 m^3/s 过程:平缓		损:约 1	注重非工程措施; 工程与非工程措施并举
法国	洪峰:数千每秒 立方米过程:相对陡峭	约 2	损:1 ~ 10	非工程措施为主; 工程措施由地方自行决定
荷兰	洪峰:数千每秒 立方米过程:平缓	约 25	损:<1 投:约 30	主要依靠高标准防洪工程体系

日本是以工程措施为主的典型国家。为了保护洪水风险区的密集人口和资产,日本已建成堤防 1.05 万 km,已建和在建水库 500 余座,另外还有数目众多的贮水池、堰、闸等,形成了完整的防洪工程体系。通过大量的防洪建设投入,日本河流的防洪标准较高。在 109 条重要河流中,有 8 条河流的防洪标准达到 200 年一遇,37 条河流达到 150 年一遇,64 条河流达到 100 年一遇。通过持续的防洪工程建设,1960 年后,日本洪水灾害损失占国民收入的比例在逐年降低,洪灾死亡人口数目也明显减少,摆脱了世界上许多国家洪水损失随经济发展增大的规律。同时,日本的非工程防洪措施也不断发展,体现在自动化程度高、信息量大的防洪信息系统、109 条重要河流的防洪风险图以及对洪水灾害的危机管理。

3　我国防洪模式面临的转变趋势

我国暴雨多、强度大、季节变化明显。由于降水量丰沛且分布不均匀,容易形成高峰洪水。同时,我国山地丘陵面积占国土面积 70% 以上,急骤的暴雨所产生的洪水径流由山区河流倾注入江河湖泊,极易成灾。总体上,我国洪水灾害呈现出 3 个特点:①发生频率高,平均每两年发生一次较大洪水;②受灾范围广,70% 的国土存在不同程度的洪涝灾害;③一旦受灾,损失严重,长江、黄河等 7 大江河中下游是我国经济最发达地区,约有全国 1/2 的人口受到洪水的威胁。

经过长期的不懈努力,我国已初步建立起综合防洪减灾体系。目前,全国重要江河具备了防御 20 世纪 50 年代以来最大洪水的能力,一般中小河流具备了防御 5 ~ 10 年一遇洪水的能力,能够有效应对较为严重的洪涝灾害。但是,随着人口增长、经济快速发展和城镇化建设的加快,我国的防洪减灾形势并不乐观,新的挑战十分严峻。例如,虽然洪水防御标准得到不断提高,但洪水灾害的经济损失占同期全国 GDP 仍居高不下(约为 1.8%,分别是美国的

60多倍和日本的8~9倍),洪水灾害的经济损失也呈逐渐增加的态势。究其原因,我国人口众多、经济尚处发展当中,洪水与人类社会经济的互动关系复杂:①人水争地矛盾突出,江河行洪能力与湖泊调蓄能力萎缩;②洪水灾害高发区域与人口高密度区域、经济财富集中区域相互重合,洪水风险大;③洪涝灾害与干旱缺水、水污染、水土流失等问题相互交织、相互转化,使得防洪问题变得更为复杂。

现阶段,我国的防洪工程标准及防洪管理水平显著滞后于社会经济的发展水平。这种防洪模式与防洪减灾需求的不适应,必然推动我国以防洪工程与抗洪抢险相结合的传统防洪模式向新的模式转变。一方面,作为洪水灾害特别严重的发展中国家,我国防洪工程建设在相当长的时期内都要受到经济发展的制约,单纯依靠提高防洪标准实现防洪减灾很不现实。另一方面,我国的洪水—人类社会经济互动关系复杂,洪水灾害的防御也不是简单的工程问题。和美国、日本等发达国家类似,我国防洪模式必然要从"工程措施为主"向"工程与非工程措施并重"转变。这也是在"人水和谐"的理念上,对洪水—人类社会经济互动规律的认识转变;是在防洪工程标准不断提高的基础上,逐步考虑社会经济及环境等约束,实现由防御洪水到管理洪水、由控制洪水到适应洪水、由消除洪水影响到减轻洪水影响的转变。

4 我国防洪模式的转变途径

在长期防洪实践及借鉴国外防洪先进经验的基础上,我国已逐渐重视防洪非工程措施建设,"人水和谐"和"可持续发展水利"的理念已逐渐成为防洪政策制定的出发点。改革开放近30年来,我国在防汛指挥调度通信系统、洪水预报预警、洪泛区管理、蓄滞洪区管理、洪水保险、防洪抢险和救灾预案、洪灾救济等防洪非工程措施建设方面已经取得了显著的成绩。我国"工程与非工程措施并重、防洪工程与抗洪抢险相结合"的新型防洪模式正逐步形成。

洪水是一种自然现象,它既能致灾也是资源。洪水灾害之所以形成,是因为一定的致灾因素作用下,承灾的人类社会经济与孕灾的自然地理环境的不协调;归根结底,是由于人类对洪水形成、传输与致灾规律的认识不充分。例如,人类对全球气候变化的规律、对城域洪水运动的研究时间并不长,很多规律尚不清楚,人类目前甚至还不能准确预测山区突发洪水及其伴生的滑坡、泥石流的形成过程,对于江河中超常洪水也难以预计。在科学技术特别是信息技术飞速发展的当今社会,增加洪水管理中的科技作用,不仅能够提高洪水预报的水平,还能够增加非工程措施的时效性,从而大大提高防洪工程规划和建设的科学性、非工程措施的合理性以及应急抢险措施的有效性。

现代信息技术的发展为提高洪水管理的科技水平提供了助推力,3S(GIS、RS、GPS)技术、网络传输技术、高性能计算技术、虚拟现实技术等为气象、流域等大范围信息的快速获取、处理及可视化展示提供了保证。而现代水文学的发展和水文气象预报技术的进步,使得流域洪水预报、预警的时空范围不断扩大,精度也不断提高。这些技术在防洪减灾中的应用,无疑将提高洪水风险区规划管理的科学性,提高对洪水灾害事件的预报预警、险情监测、抗洪抢险、灾情评估、防汛调度、应急预案编制与执行等的效率,充分发挥工程措施与非工程措施联合运用的价值。

5 结语

洪水灾害是全球的主要自然灾害之一,具有广泛性和连续性的特点,是人类社会经济活动与自然洪水过程不协调的产物,其影响因素涉及到气象、流域地理环境、人类社会经济等不同时空要素。

防洪减灾作为全球面临的共同问题,工程防洪措施是世界各国基本的防洪措施,体现了人类通过对一定流域地理环境的改变来实现对洪水灾害的主动防御;防洪非工程措施是通过约束人类自身行为,以改善、协调人与洪水之间关系,体现了人类主动适应洪水以规避洪水威胁、缓解洪水灾害影响。

世界发达国家防洪模式发展的共同趋势，是在一定的防洪工程措施的基础上，采取非工程措施，实现“人水协调、人与自然和谐”的目的。我国是洪水灾害严重的发展中国家，“工程与非工程措施并重、防洪工程与抗洪抢险相结合”的新型防洪模式正逐步形成。现代科学技术的应用，将大大提高我国防洪减灾水平。

参 考 文 献

[1] 洪水灾害：以往的教训和对未来的担忧[EB/OL].[2008-05-15] http://www.hwcc.com.cn/newsdisplay/newsdisplay.asp? Id=40353.

[2] 陈秀万. 中国洪水灾害分析[J]. 海洋地质与第四纪地质，1995,15(3)：161-168.

[3] 蒋卫国，李京，王琳. 全球1950～2004年重大洪水灾害综合分析[J]. 北京师范大学学报(自然科学版)，2006，42(5)：530-533.

[4] 陈家其. 全球变暖与中国旱涝灾害大势的初步研究[J]. 自然灾害学报，1996，5(2)：28-35.

[5] 陈家其. 长江三角洲城市建设发展与城市水害[J]. 长江流域资料与环境. 1994,4 (3)：202-208.

[6] 向立云. 中外防洪策略比较研究[J]. 水利发展研究，2003 (5)：12-18.

[7] 程光明. 中外防洪标准与防洪措施[J]. 水利技术监督，1998，6(5)：10-12.

[8] 黄保国，夏冰. 美国洪水预报及预警系统发展概况[J]. 中国水利，B刊，2003(5)：56-57.

[9] 杨名亮. 日本的防洪现状及发展趋势[J]. 东北水利水电，1996 (9)：22-24.

[10] Kuniyoshi Takeuchi. Floods and society: a never-ending evolutional relation. In Wu et al. (eds.), Flood Defence' 2002, Beijing.

[11] 鄂竟平. 经济社会与水旱灾害[J]. 中国水利，2006(6)：9-14,8.

控制洪水与洪水管理的思考

何少斌[1] 徐少军[2]

(1.湖北省防汛抗旱指挥部办公室 武汉 430071;2.湖北省水利水电勘测设计院 武汉 430070)

摘 要:简要分析了单纯控制洪水不可能解决所有防洪问题,加强控制洪水向洪水管理转变是大势所趋,提出了建立科学合适的工程体系、科学规范的管理体系、科学有效的保障体系、科学健全的法规体系和科学先进的支撑体系的洪水管理对策。

关键词:洪水;防洪;洪水管理;洪水保险

1998年的夏秋之际,湖北长江发生了1954年以来最严重的洪水,其来势之猛、时间之长、水位之高、洪量之大,均为有水文纪录以来所罕见。在党中央、国务院的直接领导和关心下,湖北省委、省政府组织百余万军民严防死守、团结奋战、顽强拼搏,8战长江大洪峰,取得了伏波安澜的伟大胜利,在抗洪史上写下了不朽的篇章。

1931年发生的同样是全流域大洪水,最终堤防溃决、洪水泛滥、尸横遍野,江汉平原死亡6.5万多人。1954年洪水虽然取得了胜利,但只是除武汉主城区及荆州部分地方保住外,分洪、蓄洪1 000多万 m^3,南北大动脉京广铁路被迫中断100余天,损失惨重。而1998年的特大洪水,湖北省江河堤防虽然发生了4 974处险情(34处溃口性险情),除少数支民堤溃决外,长江干流(湖北境内)无一溃口发生,取得了全局性的胜利,因而产生了"万众一心、众志成城、不怕困难、顽强拼搏、坚韧不拔、敢于胜利"的抗洪精神。回顾这10年,我们有几点思索。

思考一:单纯控制洪水不可能解决所有防洪问题

1998年大水之前,防汛工作基本遵循了以控制洪水、消除洪水灾害为目标的原则,突出强调洪水入海为安,因此防洪保护主要强调防洪工程措施,初步形成了水库、堤防、分蓄洪区组成的较为完善的防洪工程体系。依靠这个工程体系,加上少量非工程措施的运用,我们战胜了历次暴雨洪水。但是,随着经济社会的发展,特别是生态环境问题的日益突出,单纯的控制洪水方略在执行过程中暴露出不少问题,越来越难以适应以人为本科学发展观的新要求,越来越难以适应构建和谐社会的新要求。

主要表现在:一是堤防工程的负面影响。修建堤防抵挡洪水的同时,可能会助长对土地不合理的开发利用,盲目缩窄河滩和围垦湖泊,挤占河湖调蓄洪水的天然空间,加剧未受堤防保护区域的洪涝灾害风险;尤其是以粮为纲的"大跃进"时代,向荒滩进军、要河水让路、向河滩要粮的影响,促使部分河道被围垦;同时部分老城区沿河而建也从一定程度上成为分洪障碍,有的甚至改变并恶化沿河、滨湖地区的生态环境和自然景观。二是水库工程的负面影响。水库的兴建虽然提高了下游的防洪标准,但在库区诱发地震和地质灾害,破坏原有的生态平衡,同时还存在溃坝风险,一旦溃决会在短时间内对下游造成毁灭性的破坏;水库改变了下游河道天然径流状态,对自然生态环境造成不利影响,不按规程规范调度运用甚至会造成下游河道人为洪峰或断流。三是蓄滞洪区的负面影响。蓄滞洪区的设立,导致外界在蓄滞洪区不敢投入和建设,农民自身也不敢多投入,造成经济发展速度缓慢,与非蓄滞洪地区形成明显对比。除上述一些负面影响外,还应该看到,不论兴建什么样的防洪工程,都只能防御一定量级或频率的洪水,加上财力所限,湖北省防洪工程能力尚不适应经济社会发展需求,防洪标准不高,必须改变过分依赖工程防洪的传统理念和做法。

战胜 1998 年大洪水之后,党中央、国务院适时调整了治水思路和防洪战略,这些都体现在中央确立的“32 字”原则上,即“封山植树、退耕还林,退田还湖、平垸行洪,以工代赈、移民建镇,加固干堤、疏浚河道”。这个原则具有鲜明的特点,由过去的单一强调加强工程设施建设,转变到既重视工程设施建设,又强调全方位治水。治水的思路更加开阔,防洪的措施更加多元,这是大灾之后反思的结晶,体现了与时俱进的新特点,十分珍贵。

思考二:控制洪水向洪水管理转变是大势所趋

由控制洪水向洪水管理转变,是我国历史发展到今天的必然选择。它既是对我国当前抗洪方略深层次的提升,也是对国内外抗洪减灾先进经验的总结,更是防汛工作适应我国经济社会发展新形势,为全面建设小康社会提供支撑,保障经济社会可持续发展的必由之路。

正确把握洪水管理要认识 5 个方面。一是以人为本。人是构成社会的基本单元,保障人民群众的生存权、发展权是保障经济社会发展的首要任务。因此,水灾的防御必须着眼于满足人民群众的需要,尤其要把保障人民生命安全放在工作的首位。二是全面、协调、可持续发展。要求用发展和改革的办法解决水灾防御工作中的问题,坚持“五个统筹”,走经济发展与人口、资源、环境相协调的永续发展道路。既要建设标准高、配套全、功能完善的防洪工程体系,又要提高社会管理水平,全面提高湖北省防御水灾的能力。三是人与自然和谐相处。这是构建和谐湖北的基础。因此,既要考虑防御水灾,又要考虑对大自然的负面影响;既要考虑洪水对经济社会的影响,又要考虑经济社会发展对水害防御的新要求;既要确定合理的防洪标准,科学安排洪水出路,又要合理利用雨洪资源,实现人与自然的和谐发展。四是建设资源节约型、环境友好型社会。一方面,要求不断提高水资源利用的经济、社会、生态效益,遏制浪费资源、破坏资源的现象,实现资源永续利用;另一方面,要求必须理性地对待洪水,树立洪水也是资源的新理念,防汛抗旱统筹调度,尽可能地利用雨洪资源,化害为利,送走多余的水,留住有用的水,留足经济社会发展需要的水。五是社会主义新农村建设。这是党中央审时度势提出的新时期重大历史任务。服从和服务于这个重大历史任务,要求在工程上,重点加强农村中小河流治理、中小水库加固、山洪灾害防治和分蓄洪区建设,不断提高防洪能力;要求在目标上,保证标准洪水内不溃堤、不垮坝、不出涝灾,营造防洪安全环境;要求在工作上,加强应急管理,加强防汛巡查,加强机动抢险队的建设,做到有序应对洪水,有险能抢,使广大农民群众得以安居乐业。上述五大特征,环环相扣,必须从理念思路上、工程建设上、体制机制上、工作措施上,不断提高防御水灾的能力,以适应新时期的需要。

实现从控制洪水向洪水管理的转变是经济社会发展的必然,但是我们也应该清醒地认识到,控制洪水和洪水管理并不是两个对立的概念,二者之间存在着千丝万缕的联系,洪水管理其实是对控制洪水理念的继承与发展。这种继承与发展的关系主要体现在以下 5 个方面:一是控制洪水主要考虑保证防洪安全,而洪水管理追求保证防洪安全与维系良好生态之间的协调。二是控制洪水重视受保护重点地区利益,而洪水管理除此之外还重视蓄滞洪区、滩区等的利益保护,注重寻求风险转移和利益补偿的平衡。三是洪水管理更加注重洪水的资源化。目前,三峡工程修建后,就已经有局部地方反映出诸如松滋市城市供水保障率下降、长江航运以及沿堤春灌自流能力减少等水资源供需矛盾。四是洪水管理强调修建防洪工程要适度,不仅工程标准要适度,还要注意区域之间利益的协调与平衡,这种新理念在过去是完全没有的,如武汉市江滩建设与利用就是人与自然协调、人水和谐的典范。五是控制洪水要注重工程措施的运用,而洪水管理注重工程措施与非工程措施的综合运用,重视非工程体系的建设和完善,重视防洪法律法规体系、社会保障体系等建设,强调提高承受适度洪涝风险和灾后自我恢复的能力。

思考三:实现由控制洪水向洪水管理转变任重道远

总的来说,实现洪水管理就是要综合运用法律、规范、工程、技术、社会、经济等手段,形成工程措施与非工程措施优化组合的防洪体系,减轻洪水灾害,实现经济效率和社会公平,保障社会的可持续发展。现提出如下建议供大家批评指正。

对策一:建立科学合适的工程体系。传统的控制洪水主要是不断提高防洪工程标准,这种单纯依靠工程手段的治水模式,难以避免地陷入人与自然对抗的恶性循环。因此,应转向适度确定防洪工程标准及合理确定工程功能,划分洪水风险等级,合理承担洪水风险;要按洪水管理的要求,规划设计和修建新的防洪工程,同时也要按此要求对已建的防洪工程进行反思和调整,使之能达到标准适度、功能合理的目标,实现对水资源的合理开发、高效利用、优化配置、全面节约、有效保护和综合治理,实现人与自然和谐相处,保障人口、社会、环境与资源的协调发展。目前,还有长江支流沮漳河、汉江、四河堤防等相当一部分江河防洪工程体系还不完善的,要加快建设步伐;已建的防洪工程,其标准与功能需尽快明确调整完善。

对策二:建立科学规范的管理体系。防汛抗洪工作涉及全社会的方方面面,是一项系统性、社会性和政策性极强的工作。防汛抗洪的有效管理包括对社会相关行为的管理和防汛部门的内部管理。推进管理科学规范化,一要加快防汛抗洪现代化建设和加强各级防汛机构的能力建设;二要进一步健全和完善以行政首长负责制为核心的各项责任制,依法明确和细化社会各部门的防汛责任,做到统一指挥、各负其责;三要加强防汛抗洪的基础工作,如洪水调度方案、防汛预案等,为规范化管理提供依据;四要加强防洪抗洪的社会化管理,规范人类社会活动,增强风险意识。例如,建立洪水风险公示制度,增强人类活动的风险意识;建立洪水影响评价制度,规范人类活动;通过税收政策调节,使经营性行为尽可能避开防洪高风险区;通过价格政策,促使社会公众节约用水,提高水的利用率等。

对策三:建立科学有效的保障体系。随着社会主义市场经济体系的不断完善,社会组织、人员结构、管理模式等都发生了深刻变化,抗御洪涝灾害越来越需要全社会的广泛参与,共同承担防洪的责任和风险。要通过体制和机制创新,提高化解和承受洪水风险的能力。因此,要明确和落实政府及各部门、社会各行业承担的防汛责任,在依法完善各级政府行政首长负责制、加强政府社会管理、公共服务职责的同时,整合利用社会资源,建立有效的防汛抗洪社会保障体系,尤其要鼓励、扶持开展洪水灾害保险研究,引进国外已经成熟的洪水保险机制,通过保险手段实现风险共担,增强公众抗御灾害的能力。

对策四:建立科学健全的法规体系。我国的防汛抗洪法制建设起步较晚,配套法规还很不完善,人们的法制意识还比较淡薄。要根据工作实际需要,从法律、行政法规、部门规章和技术标准4个层次上,抓紧制订立法和制度建设的计划,并积极开展工作。要通过修订或制定《中华人民共和国防洪法》、《中华人民共和国防汛条例》、《洪水影响评价管理办法》、《蓄滞洪区管理条例》等防汛抗洪法规,进一步明确和规范各级行政首长和相关政府部门在防汛抗旱工作中的管理权限、职责、任务和分工,建立工作评价和责任追究制度;推动洪泛区、蓄滞洪区、河道和防洪规划保留区的管理,规范经济社会发展的各项活动,减轻可能造成的灾害损失;规范汛期的工程抢险、防洪调度、救灾救助、防洪补偿、物资调运、宣传动员、灾害评价等行为，明确各类突发事件的处理工作程序；进一步规范台风和山洪灾害的防御工作；对已经正式实施的法律法规，要加强执法检查，维护法律的权威性和严肃性。

对策五：建立科学先进的支撑体系。长期以来，防汛调度主要是凭借人的经验，改革创新动力和接受新事物的能力还不够，从而使防汛抗洪新技术研究与应用总体上滞后，更缺乏国际交流合作。必须加大新技术、新材料和新设备的研究应用，努力提高灾害预测预报、信息处理、调度指挥和灾后评价等方面的科技水平。要从防汛抗洪的实际出发，把指挥系统建设作为实现防汛抗洪指挥决策现代化的重要支撑，作为培养防汛抗洪高级人才的重要平台。要不断引进更新防汛抗洪应用技术，实现气象、水文监测预报现代化，实现信息资源共享，信息准确，反应灵敏，传输迅捷，以防汛抗洪基础信息的数字化为防汛抗旱调度决策科学化提供支撑，提高指挥决策科学水平。尤为重要的是要提高中长期预报水平和精度，避免出现1998年时没有前期抗洪思想和组织准备造成的一系列被动的局面。要利用先进技术，制定洪灾评价指标体系和制度，对洪水的影响进行科学的评价，以技术设备的现代化推动防汛抗洪指挥调度决策的现代化。

长江中下游护岸工程技术与防护效果研究*

姚仕明　卢金友

（长江科学院　武汉　430010）

摘　要：结合长江中下游护岸工程实践，运用水槽试验与理论分析等相结合的方法对不同材料与结构型式的护岸工程效果、破坏机理及适应条件等进行了研究，结果表明，散粒体材料护岸能很好地适应河床变形，可用于复杂的水流条件与河道边界条件，在满足抗冲性条件下，石料粒径愈小，适应河床变形能力愈强；排体护岸的整体性较好，但适应河床变形能力有限，影响排体的护岸效果，若将排体与散粒体护岸有机结合，可有效提高排体护岸效果与适应河床变形能力；对于适应河床变形能力差的刚性护岸材料则不宜用于长江中下游水下护岸工程中。

关键词：长江中下游；护岸工程；破坏机理；新技术

1　引言

除少部分滨江山丘和阶地为基岩或更新世沉积外，长江中下游干流河道两岸组成大多为全新世松散冲积层，上部为黏性土，下部主要为中细砂。在自然情况下，受河道水沙运动的影响，长江中下游两岸常发生崩塌现象。据不完全统计，长江中下游干流河道沿江崩岸长度达1 500 km余，严重影响沿江两岸工农业生产与人民生命财产安全。为了有效控制河势、稳定岸线以及保证防洪安全等，需对两岸实施护岸工程。护岸工程的实施限制了河道的横向变形，加剧了河床纵向冲淤变化，特别是护岸工程与周围未护河床交界处，其冲刷强度与深度均较自然情况下大，引起护岸工程跟着发生调整，对于不同材料与结构型式的护岸工程，其调整能力存在明显差异。然而，护岸工程的稳定与守护效果和其调整能力直接相关，调整能力愈差，其护岸效果也愈差，护岸工程也越容易遭到破坏。因而，开展护岸工程形式与防护机理研究是非常有必要的。

以往针对抛石护岸进行过较多的研究，取得了较为丰富的研究成果，并成功应用于护岸工程设计与实践。然而，对长江中下游新材料、新技术护岸工程的破坏机理、适应条件及护岸效果进行系统研究的很少，因此本文结合长江中下游护岸工程实践，通过室内大型水槽（长40 m、宽2.5 m、高1.5 m）对不同护岸材料与结构型式进行了较系统的试验，深入研究了护岸工程的效果、破坏机理及适用条件等，取得了新的研究成果与进展。

2　护岸工程技术与防护效果

2.1　抛石及小颗粒石料护岸

抛石护岸历史悠久，在长江中下游护岸工程中被广泛采用，对控制长江中下游的河势与稳定岸线起到了关键性的作用。以往针对均匀抛石护岸效果、块石位移及落距等进行过较多的研究，取得了较丰富的成果，对指导抛石护岸工程的设计、施工与运行管理起到了十分重要的作用。

然而，实际施工过程中，水下抛石很难达到

* 国家科技支撑计划项目资助（课题编号：2006BAB05B03）。

均匀,因此需研究块石及小颗粒石料在不均匀铺护条件下的护岸效果与破坏机理等,本次研究针对块石及小颗粒石料不均匀铺护方案进行了不同覆盖率的多组次试验。研究结果表明,块石及小颗粒石料为典型的散粒体护岸材料,能随河床水流与泥沙的运动而不断自行调整,调整的幅度和强度与坡面覆盖率有关,覆盖率愈高,调整的幅度与强度愈小。抛石护岸工程经过水流与泥沙的相互作用调整后,对该工程效果起负面作用的主要位于护岸工程边缘位置与坡面上层,其中护岸工程边缘位置主要是由于水流加剧对未护位置泥沙的冲刷,使坡度变陡,且变幅也较大,从而使附近块石发生调整,在边缘附近位置,调整后的局部坡面特别是在备填石方量不足的条件下未必能由块石较好地覆盖,而且在有些位置甚至会出现陡于 1∶1.5 的坡度,因此护岸工程边缘附近的调整变化影响护岸工程的效果,是需考虑加固的;坡面上层则是由于坡面块石的调整及空白区的发展形成的空当,坡面上层空当的大小与坡面覆盖率有直接关系。若坡面覆盖率高,坡面上层可通过加抛适量接坡石调整使其达到稳定,反之,可能使坡面上层出现破坏,严重情况下会出现水流"抄后路"现象,因此该位置也是需考虑加固的。根据抛石护岸工程的变形过程及对工程效果起负面作用位置的分析,不难看出,对抛石护岸工程的加固应集中在工程的边缘附近与坡面上层。

文献[2]从理论分析、水槽试验及现场试验等方面对小颗粒石料护岸工程技术进行了较深入研究,结果表明,在长江中下游平顺护岸工程中和水流相对平缓($v \leq 3.0$ m/s)的河段,采用小颗粒石料特别是卵石(粒径在 0.15 m 左右,岸坡缓于 1∶2.5)进行护岸是可行的;小颗粒石料护岸最大的优点是对近底水流干扰小,与块石相比,其适应河床变形能力更强,在调整过程中更容易密实,可有效保护守护区域的泥沙免遭冲刷。

大量开采山石会对自然生态环境产生一定的负面影响。然而,取自于天然河流的卵石,应用于河流护岸工程中,有利于水下生物的栖息与环境改善,是比较理想的生态与环保型的护岸材料。考虑到小颗粒卵石的抗冲性有限,对于急弯段或流速较大、流态复杂的河段采用散抛小颗粒卵石可能难以取得预期的护岸效果,因此可结合土工合成材料或网垫一起构成网膜卵石排或雷诺护垫,以增强护岸工程的抗冲性与整体性,这样可用于条件复杂河段的护岸工程。

2.2 铰链混凝土沉排护岸

铰链混凝土沉排(简称铰链沉排)是通过钢制扣件将预制混凝土块连接并组成排体的护岸结构型式,实际工程中,又有土工织物作垫层与无土工织物作垫层两种形式。铰链沉排的显著优点是属平顺护岸形式,整体性较好,一定范围内能适应河床变形,对水流阻力小,基本不改变近底水流结构,增强河岸的抗冲能力,且适应迎流顶冲河段的护脚护底工程,工程效果较好。

试验研究与工程实践表明,当直接采用铰链沉排护岸时,排体头、尾部及前沿冲刷严重,相应位置变形较大,由于排体具有一定的柔性,可适应一定范围内的河床变形。但若冲刷过于严重,一方面会使排体的平均坡度变陡,排体会出现下滑甚至被拉断的现象;另一方面,由于排体前沿冲刷过重,局部岸坡较陡,有的甚至出现吊坎状,因吊坎状局部水流结构复杂,对局部排体的扰动较大,容易使其翻卷或造成局部破坏,同时,排体上下游两侧也发生冲刷变形,对局部排体的稳定性及护岸效果会产生不利影响。当在排体头、尾及前沿加裹头石与镇脚石时,排体头、尾及前沿受水流冲刷变形后,有相应的块石来填补,形成由块石覆盖的相对稳定坡度,从而可有效保护排体的稳定及具有较好的护岸效果。研究结果还表明,对于混凝土铰链排中混凝土块之间间距较大的情况,需加土工布作为垫层,以防止其间的泥沙被淘刷而影响排体的稳定与护岸效果,对于间距较小(小于 5 cm)的情况,可不加土工布垫层。

另外,排体压载重量的大小直接关系到排体的稳定,一般情况下,在平均流速为 3 m/s 的情况下，排体的压载重量大于100 kg/m² 时，排体可保持稳定，但对于水流条件复杂或流速大于3 m/s的位置，排体需加大压载重量，以避免排体移位与翻转。铰链沉排对岸坡要求较高，在不采取阻滑措施的情况下，岸坡一般不宜陡于1∶2.5，否则铰链沉排护岸是不够稳定的。

根据室内试验研究和工程实践经验，铰链混凝土沉排护岸适用于岸线比较平顺、岸坡较缓且比较平整的河段，并对排体头尾部需进行裹头处理，前沿需加抛块石镇脚。在岸线变化大、岸坡陡而地形变化大的河段，以及在已有大量抛石守护的岸段不宜采用；若需在这些岸段采用，应在沉放排体前先将岸坡加以全面平整。

2.3 模袋混凝土护岸

模袋混凝土护岸是将流动混凝土或砂浆用泵灌入由合成纤维制成的模袋内形成混凝土护面层，是现代混凝土技术与合成纤维技术相结合的产物。

试验结果表明，当直接采用模袋混凝土护岸时，模袋前沿和上、下游两侧在水流作用下冲刷严重，由于模袋为大块体刚性护岸材料，基本不能适应河床的变形，当在水流的作用下，其前沿及两侧的局部位置会出现明显的淘刷，其淘刷坑逐渐向模袋下层内部发展，随着冲刷坑的不断增大，在水流作用力与其自身重力作用下，模袋混凝土会出现断裂与滑移现象。当模袋断裂后，其附近的局部冲刷更为剧烈，淘刷坑不断向模袋下层内部发展，严重影响模袋混凝土的护岸效果。

当在模袋混凝土头、尾部两侧及前沿加裹头与镇脚石时，试验发现，模袋上、下游两侧及前沿受水流冲刷变形后，有备填的块石来填补，形成有块石覆盖的坡度，排体前沿及两侧形成的稳定坡度与铰链沉排护岸形成的坡度是一致的。模袋周围有了块石的保护，岸坡上的模袋较为稳定，基本无变形，护岸效果明显增强，但试验中也发现，只要在其周围存在薄弱环节，仍易遭水流淘刷而形成局部冲刷坑。

模袋混凝土作为大块体刚性护岸材料，整体性较好，但不能随河床的冲刷变形而自动调整，相反，河床的冲刷变形对其产生破坏作用，且这种破坏多由下向上发展，一般不容易发现，待发展到近岸时，其破坏性与危害性更大。若在模袋周围加抛块石裹头、镇脚，会对模袋的护岸效果及稳定性起到积极的作用，但由于模袋混凝土自身没有变形调整能力，即便在模袋周围加抛块石裹头、镇脚，在河床冲淤变幅较大的位置，一旦在其周围出现薄弱环节，也会遭受水流的淘刷，形成淘刷坑，影响模袋混凝土的护岸效果与稳定性，另外，模袋混凝土的导滤作用比其他材料要差，这对岸坡的稳定也会有一定的影响。因此，模袋混凝土护岸适用于岸线比较平顺、河床冲淤变化不大、岸坡较缓且比较平整的河段，在岸线变化急剧、水下地形起伏大、河床冲淤变形剧烈的迎流顶冲的地段不宜采用。模袋混凝土整体性好，抗风浪和水流的冲击能力强，适合水上护坡。

2.4 六边四面透水框架护岸

六边四面透水框架（简称"四面体"）的杆件尺寸为，长1 m，横截面为0.1 m×0.1 m。四面体护岸的水槽试验研究表明，当垂线平均流速达到2.5 m/s（原型）时，四面体就失去稳定，少量四面体发生位移，当流速继续增大到3 m/s（原型）以上时，大面积四面体发生位移，并且多数表现为成串运动。坡面四面体运动情况主要表现为：水深流速大的位置，四面体流失较快，水浅流速小的位置开始时很少流失，但随岸坡底部失去四面体保护后，岸坡冲刷变陡，从而引起岸坡坍塌而导致四面体向下滑移，被水流带走。由于四面体的大量流失，使已护岸坡失去保护，在水流作用下，会出现自然河岸的变形特点，因此在流速较大的位置不宜采用四面体进行护岸。

为了研究四面体的促淤机理及起动流速大小，专门又在宽0.6 m、高0.7 m、长30 m的水槽中进行试验。试验结果表明，当水流流速小于四面体的抗冲流速时，其促淤效果明显；根据四面体起动流速试验资料整理可知，在水深为0.21 m、0.32 m、0.42 m的情况下，其对应原型起动的垂线平均流速分别为2.5～2.6 m/s、

2.58～2.65 m/s、2.62～2.7 m/s，群体与单个四面体起动流速相差不大。

为了比较分析透水体与实体材料的抗冲性，假设实体护岸（块石）材料与四面体的重量相等，可算得块石的粒径，求出其起动流速，即可比较其抗冲性。四面体的结构为由六条棱边组成，总长为6 m，截面由0.1 m×0.1 m的正方形组成，比重为2.4，因此，换算为等重块石（比重为2.65）的粒径为23.5 cm。根据块石起动流速公式可算得，在水深为16.8 m的情况下，其起动流速为3.93 m/s，而在同样水深条件下，而四面体的起动流速仅为2.7 m/s，由此可看出透水体的抗冲性明显低于实体材料，主要原因是透水体的部分杆件突出床面的高度明显高于实体材料，因河道垂线流速分布一般表现为上大下小，其杆件突出床面的高度越高，受水流的作用力越大，在水流作用下越易失稳。

根据以上试验成果分析认为，在水深不大于20 m，垂线平均流速大于2.5 m/s的情况下，采用现有六边四面透水框架护岸是不稳定的。但它是治理崩窝与缓流促淤的较好材料。四面体的促淤机理主要表现为受组成四面体杆件的阻水绕流和挤压，使四面体保护区内的流速重新分布与调整，结果使四面体保护区内的近底流速小于投放四面体前的流速，从而引起局部流速减小，起着增阻减速的作用，有利于泥沙落淤，与实体材料相比，使用透水体材料促淤的最大优点是可以节省材料，同时可加速护岸区的淤积。

2.5 砂枕袋护岸

砂枕袋护岸与抛石类似，均为散粒体材料护岸，其最大特点是取材较容易，个体尺寸大，长宽比例悬殊。试验研究表明，砂枕袋护岸遭破坏的主要原因是坡脚前沿河床的冲刷以及坡面砂枕空隙间泥沙的淘刷引起的，其破坏过程是逐时逐层向上发展，结果在岸坡上层形成无砂枕袋保护的空当，在水流的进一步作用下，会不断冲刷后退，最终破坏已有护岸工程；对于单层砂枕均匀铺护、两侧及前沿有裹头与镇脚石，在水流作用下，块石在砂枕的两侧及前沿形成新的坡度，保护砂枕前沿免遭冲刷而引起砂枕下滑，对砂枕护岸效果起积极作用，砂枕能起到保护河岸的目的，但在实际护岸工程中，由于受施工技术的限制，砂枕很难做到在床面上均匀分布。对于单层不均匀铺护，即使在两侧及前沿加裹头与镇脚石，在水流作用下，因砂枕之间空隙的泥沙被水流淘刷，引起砂枕在坡面的重新调整，最终在守护区上层仍会出现空当，在水流的持续作用下也会出现破坏现象。

根据对砂枕不同护岸工程方案试验研究，认为砂枕作为护岸材料，可随河床的冲刷变形而发生局部调整，但由于其尺寸较大，调整能力明显比块石差，且调整后的砂枕袋在床面上的形态比较杂乱。根据在水槽中进行的砂枕投抛试验，可看出砂枕在床面上的分布是纵横交错，形态散乱，这反映了在实际施工过程中，要使砂枕达到相对均匀分布比块石的难度更大。另外，在砂枕护岸区，船舶不宜抛锚，否则，钩破砂袋会影响砂枕护岸效果，因此砂枕护岸不宜用在船舶经常抛锚处与码头区。

3 结论

本文在室内试验研究和理论分析的基础上，开展不同材料护岸效果研究，取得的主要结论如下：

（1）块石与小颗粒石料均为散粒体护岸材料，能较好地适应河床变形能力，能适应复杂的水流条件与边界条件，其遭破坏的主要原因是前沿冲刷与坡面空隙泥沙的淘刷引起坡面块石或小颗粒石料的调整，使坡面上的空白区逐渐向上发展，若上层无块石补给，最终导致河岸遭到破坏；抛石护岸工程加固的重点应位于近岸区与抛石前沿冲刷较严重的部位；江河卵石是一种较为理想的生态与环保型护岸材料。

（2）混凝土铰链排护岸的整体性较强，基本能适应河床变形，但前沿冲刷严重会影响铰链沉排的稳定性；对于铰链沉排中混凝土块之间间距较大的情况，如下面无土工布垫层，空隙中的部分泥沙会被水流淘刷，对铰链沉排的护岸效果会产生一定的影响，因此为了提高铰链沉排的护岸效果及稳定性,需加土工布垫层,且在前沿需加抛块石镇脚,上下游两侧应裹头,这样有助于排体的稳定与坡脚前沿能更好地适应河床变形。

(3)模袋混凝土护岸的整体性较强,但适应河床变形能力差,在前沿冲刷严重情况下,易使其折断与滑移,从而严重影响护岸效果,在前沿加抛块石镇脚,可有效改善其护岸效果。对于河床冲淤幅度较大地段的护岸工程中水下部分,不宜采用模袋混凝土护岸。模袋混凝土可应用于各种水流条件的水上护坡工程。

(4)六边四面透水框架是一种较好的促淤材料,在流速小的位置用来促淤有显著效果,可用来治理崩窝及缓流促淤;但其抗冲性较差,在水深不大于20 m,垂线平均流速大于2.5 m/s的情况下,六边四面透水框架自身并不稳定,因此不宜用在流速较大位置的护岸工程中。

(5)砂枕护岸机理同抛石类似,均是散粒材料护岸,破坏也均是由于坡脚冲刷与坡面空隙淘刷双重作用引起的,但砂枕袋在河床上的调整能力以及施工过程中在床面上分布的均匀密实程度不如块石;在砂枕袋下加土工布垫层以及前沿加块石镇脚对砂枕护岸有积极作用,护岸效果较好。

参 考 文 献

[1] 姚仕明,卢金友.抛石护岸工程试验研究[J].长江科学院院报,2006,23(1):16-19.

[2] 姚仕明,卢金友,岳红艳.小颗粒石料护岸工程技术研究[J].泥沙研究,2007(3):4-8.

[3] 姚仕明,卢金友,罗恒凯.长江中下游护岸工程新材料新技术试验研究[J].人民长江,2006,37(4):79-80.

[4] 姚仕明,卢金友.两种护岸新材料的应用技术试验研究[J].泥沙研究,2006(2):17-21.

三峡工程建成后再遇’98 大洪水长江中下游防洪形势

仲志余 宁 磊

（长江水利委员会长江勘测规划设计研究院 武汉 430010）

摘 要：三峡工程是长江中下游防洪体系的骨干。回顾了1998年长江大洪水，简要介绍了三峡工程建设进展情况和三峡工程防洪调度方式，通过计算，研究了三峡工程建成后再遇’98大洪水的防洪形势。

关键词：长江中下游；防洪；三峡水利枢纽

1 1998年长江洪水回顾

1998年，由于受厄尔尼诺的影响，气候异常，长江发生继1954年以来又一次全流域性大洪水，长江宜昌7~8月先后出现8次洪峰，来势凶猛的洪水虽经数百万军民英勇拼搏并有数十年建设的防洪工程发挥作用，使灾情控制在最小范围内，但仍导致长江流域遭受严重的灾害。

1.1 水情

1998年6月11日长江中下游入梅以后，洞庭湖、鄱阳湖两湖水位迅速上涨，两湖洪水汇入长江，长江中下游干流各站从6月13日起水位急剧上涨，6月24日九江率先突破警戒水位。

6月27日~7月15日，长江上游出现2次暴雨过程，宜昌站分别于7月2日和7月18日出现第一次和第二次洪峰，洪峰流量分别为54 500 m^3/s和55 900 m^3/s，7月4日干流监利、武穴、九江三水文站水位均超过历史最高水位，汉口站5日洪峰水位达28.17 m。

7月16~31日，长江中下游再度梅雨，洞庭湖水系的沅江和澧水、鄱阳湖水系的信江和乐安河、鄂东北再次发生大洪水，其中澧水石门水文站洪峰流量为19 900 m^3/s，突破实测最大记录。7月24日上游宜昌站出现第三次洪峰，流量为51 700 m^3/s。上游洪峰向下游传播中与清江、洞庭湖洪水遭遇，长江中下游各站水位迅速回涨，石首、监利、莲花塘、螺山、城陵矶（七里山）、湖口等站水位于26~27日超历史实测最高水位，汉口、黄石、安庆、大通4站水位跃居历史第二位。

8月份，长江上游至汉江，暴雨频繁，宜昌站出现了5次洪峰，其中在8月7~17日的10 d内，连续出现3次洪峰，且流量均超过60 000 m^3/s，致使中游水位不断升高。8月16日宜昌出现第六次洪峰，流量为63 300 m^3/s，为1998年的最大洪峰。中游各水文站于8月中旬相继达到最高水位。干流荆州市沙市、监利、莲花塘、螺山等站洪峰水位分别为45.22 m、38.31 m、35.80 m和34.95 m，均超过历史及实测最高水位。汉口站20日出现了1998年最高水位29.43 m，为历史实测记录的第二位。随后，宜昌出现的第七次和第八次洪峰均小于第六次洪峰。

1998年洪水洪峰高，洪水持续时间长。1998年沙市自7月11日超过警戒水位43.00 m，至9月3日，其间有长达48 d水位在警戒水位以上；城陵矶超警戒水位32.50 m的时间长达82 d，超34.40 m水位的时间长达46 d，有37 d水位超过35.0 m；汉口超警戒水位27.30 m的时间也长达75 d。

1.2 洪灾损失

1998年抗洪斗争,在中央的正确决策、数百万军民的严防死守下,取得了全面的胜利。但由于洪水大,持续时间长,中下游洪灾损失仍然较大。湖南、湖北、江西3省受灾最重。其中,湖北省共有73个县市、1 357个乡镇受灾,14个城镇进水。被洪水围困232万人,紧急转移242万人,死亡528人,倒塌房屋50.41万间;停产和部分停产企业14 616个;铁路中断1条次2 h;公路中断1 217条次;冲毁铁路路基0.3 km、公路路基3 506 km;损坏输电线67 636杆、50 051 km;损坏通信线路45 873杆、34 866 km。在长江持续高水位情况下,湖北省长江、汉江沿线洲滩民垸因自然漫溢,溃决和扒口行蓄洪共141个。

据长江中下游湖南省、湖北省、江西省、安徽省、江苏省资料统计,受灾范围遍及334个县(市、区)5 271个乡镇,倒塌房屋212.9万间,死亡人口1 562人。湖南、湖北、江西、安徽4省溃决堤垸总数1 975座,淹没耕地23.91万hm^2,受灾人口231.6万人。其中667 hm^2以上57座,淹没耕地12.31万hm^2,受灾人口94.7万人;67~667 $hm^2$414座,淹没耕地7.68万hm^2,受灾人口86.9万人。

2 三峡工程建设进展情况

三峡工程采用"一级开发、一次建成、分期蓄水、连续移民"的建设方案。按照三峡工程初步设计施工工期安排,总工期为17年,其中施工准备和一期工程5年,二期工程6年,三期工程6年。

三峡主体工程于1993年开始施工准备,1997年11月大江截流,2002年11月导流明渠截流,2003年6月水库蓄水至135 m水位,双线五级船闸试通航,2003年7月左岸首批机组发电,2006年5月大坝全线浇筑至坝顶高程185 m,2006年汛后水库蓄水至156 m水位,工程较初步设计提前一年进入初期运用期。2007年4月双线船闸完建、全部导流底孔封堵完成,三峡枢纽工程挡水一线的施工形象全部达到设计规模。随着船闸的完建,2007年三峡水库汛期防洪限制水位已从135 m调整为144 m运用。三峡泄洪表孔2007年汛前已恢复11孔运用,2008年3月底前完成了全部22孔的恢复施工。目前,施工进展顺利,2008年汛期三峡枢纽所有泄洪设施基本全部具备运用条件,枢纽泄洪能力将基本达到设计能力。

3 三峡工程对1998年洪水防洪作用

3.1 三峡工程蓄洪拦峰对1998年洪水防洪作用

3.1.1 三峡工程防洪调度方式

《长江三峡水利枢纽初步设计报告》中,三峡工程的防洪调度方式主要考虑以控制沙市水位为标准的对荆江河段进行防洪补偿调度(简称"对荆江补偿调度方式"),也研究了既考虑对荆江河段也考虑对城陵矶河段进行防洪补偿调度(简称"对城陵矶补偿调度方式")。两种调度方式分述如下:

(1)对荆江补偿调度方式。

遇100年一遇及其以下洪水时,三峡工程按枝城流量不大于56 700 m^3/s与宜昌—枝城区间洪水进行补偿调节,使沙市水位不超过44.5 m。

遇100年一遇至1 000年一遇洪水,控制枝城最大流量不超过80 000 m^3/s,并采取分洪措施控制沙市水位不超过45 m,三峡水库调洪控制最高水位175 m。达到175 m后则以保证大坝安全为主,对洪水适当调节下泄。

该调度方式适应以长江上游来水为主的典型洪水,对防止历史上出现过造成毁灭性灾害的1860年、1870年特大洪水效果显著,调度方式简单,可操作性好,能达到规划的防洪目标,但对减少城陵矶地区的分洪量的作用不够理想。

(2)对城陵矶补偿调度方式。

为了既保证荆江地区的防洪安全又尽可能减少城陵矶附近的分洪量,设想将三峡221.5亿m^3的防洪库容划分为三部分。第一部分库容用做既对城陵矶补偿也对荆江补偿;第二部

分库容仅用做对荆江补偿;第三部分库容留做对荆江特大洪水进行调节,具体调度规则如下:

当三峡库水位低于第一部分库容相应的水位时,三峡水库的下泄流量为 $q=\min(q_1,q_2)$,但不小于26台机组发电流量25 000 m³/s,其中:$q_1=56\ 700\ \mathrm{m^3/s}-Q_1$($Q_1$ 为当日宜昌—枝城区间流量);$q_2=60\ 000\ \mathrm{m^3/s}-Q_2$($Q_2$ 为第3日宜昌—城陵矶区间流量)。

当三峡库水位高于上述水位而低于第一和第二部分库容相应水位时,三峡允许泄量为:$q=56\ 700\ \mathrm{m^3/s}-Q_1$。

当三峡库水位高于上述相应水位时,三峡水库当日下泄量 $q=80\ 000\ \mathrm{m^3/s}-Q_1$,但不大于当日实际入库流量。

当三峡库水位达到175 m,则以保证大坝安全为主,对洪水适当调节下泄。

对城陵矶进行补偿调度的方式,目的是在保证荆江河段遇特大洪水防洪安全前提下,尽可能提高三峡水库对一般洪水的防洪作用。这种调度方式比较适应以长江中下游来水为主的洪水典型及全流域型洪水典型,例如1931年、1935年、1954年、1983年、1996年、1998年洪水,调度方式稍复杂,但可操作性也很好,能达到防洪目标,特别是减少城陵矶地区分洪量的效果要显著优于前述荆江补偿方式,但也可能使荆江地区防洪标准稍有降低。

3.1.2 1998年洪水三峡工程蓄洪拦峰后中游水位变化

三峡工程的防洪作用与其调度方式密切相关,按照三峡工程初步设计阶段拟定的对荆江补偿和对城陵矶补偿调度方式,对1998年洪水,三峡水库分别需蓄水27亿m³和110亿m³。若采用对荆江补偿调度方式,沙市水位可控制在44.50 m,监利、城陵矶(莲花塘)、螺山、汉口、湖口的水位可分别降至38.03 m、35.69 m、34.84 m、29.33 m、22.50 m,可降低中游各站水位0.09~0.72 m。若采用对城陵矶补偿调度方式,沙市水位可控制在44.50 m,监利、城陵矶(莲花塘)、螺山、汉口、湖口的水位可分别降至37.74 m、35.03 m、34.18 m、28.99 m、22.34 m,可降低中游各站水位0.25~0.72 m(见表1)。

表1 1998年洪水三峡工程蓄水前后中游各站水位对比

最高水位(吴淞:m)						备注
沙市	监利	城陵矶(莲花塘)	螺山	汉口	湖口	
45.22	38.31	35.80	34.95	29.43	22.59	三峡水库蓄水前
44.50	38.03	35.69	34.84	29.33	22.50	三峡水库对荆江补偿
44.50	37.74	35.03	34.18	28.99	22.34	三峡水库对城陵矶补偿

3.2 三峡工程建成后中下游河湖冲淤对1998年洪水防洪作用

三峡工程建成后,改变了水库下游河道的来水来沙条件,坝下游河道水流输沙能力处于不饱和状态,河道将发生长时期长河段的冲刷,冲刷从上段向下段逐步发展。

随着中下游河湖冲刷的发展,各河(湖)段泄流能力、槽蓄能力及三口分流分沙能力等江湖关系均将发生改变。由于中下游沿程河床组成各异,坝下游各段河床冲刷在时间和空间上均有较大的差异,各站的水位流量关系随着水库运用时期不同而出现相应的变化,各站同流量的水位呈下降趋势,各段泄流能力会有不同程度的增加。由于长江中下游干流河道冲刷,荆江三口口门水位下降,三口分流分沙能力将进一步减少。长江由三口入洞庭湖泥沙大幅度减少,洞庭湖淤积速度趋缓,长江中下游干流各段同水位条件下槽蓄能力增加,洞庭湖槽蓄能力持续减少。

计算分析表明,三峡工程蓄水运用后,再遇

1998年洪水,各地区最高水位降低,分洪量减少。如果城陵矶按34.40 m水位进行分洪运用,则长江中下游分洪量将由三峡蓄水运用前的170亿m^3减少为137亿m^3或66亿m^3(三峡水库按不同调度方式)。随着三峡水库的蓄水运用,中下游河湖冲淤、江湖关系改变,各河(湖)段最高水位将进一步降低,分洪量将进一步减少。

4 结语

4.1 三峡工程建成后遇'98大洪水长江中下游防洪形势大为改善

三峡工程蓄水运用初期,遇1998年洪水,长江中下游各处水位较三峡工程建成前均有不同程度的降低。三峡工程无论采用何种调度方式,沙市水位均可控制在44.50 m以下。三峡工程如采用对城陵矶补偿调度方式,可将城陵矶水位控制在35.0 m左右,汉口及湖口水位可分别控制在29.0 m和22.5 m以下。若三峡蓄水运用一段时间后,随着河湖冲淤,江湖关系发生改变,各处水位将进一步下降。

'98大洪水过后,中央加大了防洪工程建设的投入力度。大规模进行了堤防工程建设,长江中下游干流堤防已达到设计标准,城陵矶附近长江干流堤防还按堤顶高程在《长流规》基础上再增加0.5 m的标准进行了加高加固。此外,还大规模进行了河道整治、湖区治理及清淤疏浚工程,水库工程,蓄滞洪区安全建设工程,平垸行洪、退田还湖工程,城市防洪工程,除涝工程,防洪非工程措施及水土保持工程等建设。

三峡工程蓄水运用后再遇1998年洪水,荆江地区将无须启用荆江地区蓄滞洪区,沙市以下长江干流也无须再加筑子堤挡御洪水,中下游干流防洪形势将大为改观。

4.2 三峡工程建成后长江中下游防洪建设仍需加强

三峡工程蓄水运用后再遇1998年洪水,长江中下游干流防汛形势会有明显改善,但长江中下游干支流仍将较长时间维持高水位运行。由于连江支堤、湖堤的建设相对滞后,大部分支堤及湖堤堤防标准较低,如果连江支堤及湖堤等建设维持现状,即使在三峡工程建成后,遇1998年洪水,中下游支流及洞庭湖、鄱阳湖地区防洪形势仍然紧张。

1998年洪水在城陵矶附近仅约为30年一遇。三峡工程建成后,若遇长江中下游防御标准洪水1954年洪水(在城陵矶附近约200年一遇),长江中下游干流仍将维持较高水位。按照三峡工程初步设计拟定的对荆江和城陵矶地区进行补偿的调度方式,长江中游仍有398亿m^3和336亿m^3的超额洪量需要安排。因此,即使在三峡工程建成后,长江中下游部分地区的防洪形势仍然严峻,长江防洪仍然要依靠综合措施,防洪建设需进一步加强。另外,三峡工程建成以后,将会引起中下游河道冲淤变化,长江干流的蓄泄关系、江湖关系及长江中下游河势都将发生新的变化,这些都需认真研究。

长江中下游江湖关系变化及对防洪的影响

胡维忠[1] 洪 卫[2]

(1. 长江水利委员会长江勘测规划设计研究院 武汉 430010;
2. 长江水利委员会江务局 武汉 430010)

摘 要:从荆江四口分流分沙和四口河道的冲淤变化、洞庭湖的淤积变化、城陵矶至汉口河段的泄流能力变化等方面分析了江湖关系的变化,阐述了三峡工程建成后江湖关系的变化趋势及对长江中下游防洪的影响。

关键词:河湖关系;长江;洞庭湖;长江中下游;防洪

1 江湖关系的复杂性和研究的重要性

长江中游干流枝城至城陵矶河段,亦即荆江河段,贯穿于江汉平原与洞庭湖平原之间。1860 年和 1870 年两次特大洪水,相继冲开藕池、松滋两口,形成了荆江四口分流的格局。荆江四口分流入洞庭湖,与湘江、资水、沅江、澧水四水汇合,经过洞庭湖的调蓄后再从城陵矶汇入长江,形成了庞大的、十分复杂的河湖水网区,水流复杂、泥沙冲淤变化复杂、河道演变复杂。

由于江湖环衔,长江水沙条件与河床变化会导致洞庭湖的连锁反应,洞庭湖的变化又会再反馈于长江,两者之间的互动,影响到江湖蓄泄能力、河湖生态系统的完整性与稳定性、水生生物多样性、湿地功能以及水资源的开发与保护。

洞庭湖是长江中游最重要的洪水调蓄场所,荆江四口分流流量虽有逐步减少的趋势,但仍相当于枝城高洪流量的约 1/4,这对荆江防洪有决定性的意义。对于城陵矶以下,洞庭湖多年平均削峰值为 11 400 m^3/s,约为平均入湖洪峰的 28%。可见,维持这一调蓄能力对防洪至关重要,但由于受泥沙淤积、围垦等影响,洞庭湖调蓄能力日渐衰退。

科学认识、正确处理江湖关系,是维护健康长江的重点和关键,主要体现在两个方面:一是长江中游是长江防洪的重点之一,而洞庭湖区的防洪治理一直是长江中游防洪治理的难点;江湖关系是影响长江中下游防洪策略的主要因素之一,处理好江湖关系,做到江湖两利,是长江防洪的关键。二是长江与洞庭湖之间的互动会引起江湖复合生态系统生态过程的变化,对水资源利用、湿地生态系统的稳定性等方面产生影响,对调节长江中下游江湖水系肌体功能、维护长江健康至关重要。

洞庭湖区水网复杂、水沙关系复杂,加之还会受上游来水来沙的变化、上游水利工程的兴建、中下游防洪建设等自然和人类活动的影响,江湖关系变化非常复杂,是长江防洪研究的重点。

2 江湖关系的变化

江湖关系是影响长江中下游治理、开发与保护策略的重要因素,认真研究江湖关系演变历史,分析江湖关系变化对长江中下游及洞庭湖区的影响,科学预测三峡工程建成后江湖关系的变化趋势,是维护健康长江的重要基础工作。下面分别从荆江四口分流分沙和四口河道的冲淤变化、洞庭湖的淤积变化、城陵矶至武汉河段的泄流能力变化等方面,阐述江湖关系的变化情况。

2.1 荆江四口分流分沙和四口河道冲淤变化

2.1.1 荆江四口分流分沙变化

荆江四口分流分沙量大，占干流比重也较大。1955～2005年多年平均情况统计分析，四口多年平均分流量为900亿m^3，占枝城来水量的18.3%；分沙量1.2亿t，占枝城来沙量的23.2%。

1956～2005年长江干流多年平均径流量无趋势性的变化，荆江四口分时段多年平均径流量有沿时程递减的趋势。1999～2002年与1956～1966年相比，四口年均径流量由1 331.6亿m^3减少至625.3亿m^3，减少706.3亿m^3；分流比由29%减少至14%。三峡工程蓄水运用后的2003年、2004年和2005年四口分流比分别为13%、12%和14%。

1999～2002年和1956～1966年比较，四口分沙由1.959亿t减少至0.567亿t，合计减少1.392亿t，减幅71%；分沙比由35%减少至16%。三峡蓄水后，2003年、2004年和2005年四口分沙比分别为16%、18%、21%。

造成四口分流分沙递减的主要原因是四口口门和四口分洪道逐年淤积且受下荆江裁弯的影响。前者使同水位下过水面积减小，后者则降低了口门水位。藕池口距裁弯河段上游较近，受裁弯影响最大。由于四口分流比减小，分沙比相应减小。三峡工程建成后由于河床冲刷，干流同流量下水位降低，荆江四口分流、分沙将会进一步减少。

2.1.2 荆江四口洪道冲淤变化

四口分流道纵横交错，属河网型河道。其河道多为顺直，间有分汊。因河道淤积，入湖段多具河口三角洲特点，河口下延，但亦有部分河段冲刷较剧烈，如藕池东支的注滋口河，尽管藕池各支多呈淤积态势，注滋口河仍保持上中段冲刷态势，入湖段淤积下延。表1为藕池河淤积情况，由表可见，随着分沙量的减少，淤积量也减少，而淤积百分数增加，河道向萎缩方向发展。由四口各水文断面面积变化表（见表2）可见，松滋分流河道的新江口站断面呈冲刷扩大趋势，1980年后略有回淤。沙道观站、弥陀寺站、康家岗站、管家铺站水文断面均呈淤积趋势。

表1 藕池河淤积情况统计

（单位：万t）

时段	年来沙量	年均淤积量	淤积百分数（%）
1959～1966年	11 008	2 797	25.4
1967～1972年	7 696	1 719	22.3
1973～1980年	4 431	1 169	26.4
1981～1996年	3 314	1 163	35.1
1959～1996年	5 861	1 596	27.2

表2 四口各水文断面面积变化统计

（单位：m^2）

年份	松滋口		太平口	藕池口	
	新江口	沙道观	弥陀寺	管家铺	康家岗
1957年	1 270	1 170	1 470	4 880	1 150
1966年	1 740	1 080	1 450	4 340	1 020
1973年	1 740	910	1 440	3 300	810
1980年	1 830	860	1 370	3 250	880
1991年	1 720	800	1 240	2 800	640

注：松滋口、太平口为40 m高程以下面积；藕池口为39 m高程以下面积。

三峡工程建成后，进入四口分流道的水沙减少，四口分流道各段河床相应发生冲淤变化。

2.2 洞庭湖的淤积变化

在不考虑湖区本身来沙量的情况下，1956～2005年荆江四口和洞庭湖四水共计入湖悬移质输沙量72.2亿t，年平均入湖沙量1.44亿t，其中四口入湖泥沙占81.2%，四水入湖泥沙占18.8%；城陵矶出湖悬移质输沙量为19.4亿t，年平均出湖沙量0.39亿t；湖区共淤积泥沙52.8亿t，年均淤积泥沙1.05亿t。

受荆江四口入湖沙量减小等因素影响，洞庭湖区泥沙年均淤积量有减小的趋势。1999～2002年年平均入湖沙量0.68亿t，年平均出湖沙量0.20亿t，洞庭湖区年均淤积泥沙0.48亿t，为多年均值的46%；2003～2005年年平均入湖沙量0.31亿t，年平均出湖沙量0.21亿t，洞庭湖区年均淤积泥沙0.10亿t，为多年均值的

9.4%。

三峡水库运用后，四口分流量减少，分沙量与建库前比大幅度减少，进入湖区含沙量减小，经湖区调蓄后，湖区仍以淤为主，淤积趋缓，说明三峡水库修建后对减少洞庭湖区泥沙淤积，维持洞庭湖区调蓄能力有利。

2.3 城陵矶至武汉河段泄流能力的变化

城陵矶至武汉河段在下荆江裁弯后的1970～1976年和连续大沙年的1981～1986年这两段时期出现淤积，而其他年份基本上处于冲淤平衡状态，1986年以后螺山断面出现了冲刷，1995年又恢复到1954年的断面状况。这两年的过水断面之差已不足2%。

根据对水文资料的分析，淤积减小流量的效应主要在中低水时，高水时影响缩小。螺山站在裁弯后的20世纪八九十年代同流量的水位比裁弯前的五六十年代有所抬高，低水抬高0.5～0.7 m，中水在2万～4万 m^3/s 时抬高0.3～0.5 m，高水在5万 m^3/s 以上时抬高0.1～0.2 m。

根据河道实测地形资料，2001年10月～2005年10月城陵矶至汉口河段主要表现为冲刷，平滩河槽冲刷量为0.71亿 m^3，以枯水河槽冲刷为主，其冲刷量为0.51亿 m^3，占总冲刷量的72%。据相关研究成果，三峡工程建成后该河道河床以冲刷为主。

3 江湖关系变化对长江中下游防洪的影响

三峡工程建成投入使用后，长江中游地区防洪能力将有较大的提高，特别是荆江地区防洪形势将发生根本性变化：荆江地区遇100年一遇及以下洪水可以不分洪，遇1 000年一遇或类似1870年洪水，可避免可能发生的毁灭性灾害；减少城陵矶附近地区的分洪几率和分洪量；提高武汉洪水调度的灵活性。因此，三峡工程是长江防洪治理的关键工程，是长江中下游防洪系统的骨干。

三峡工程的蓄水运用，改变了长江中下游的来水来沙条件，江湖关系将发生长时期的调整。首先，由于三峡工程拦蓄大量的泥沙，中下游近坝段长江干流在径流量变化不大的情况下，水流含沙量急剧减少，河道冲刷、泄流能力增加，同流量水位下降。由于荆江四口口门水位降低，四口分流分沙将减少，进入洞庭湖的泥沙减少，洞庭湖的淤积得以减缓。与此同时，对于四口洪道，一方面水面比降调平，水流挟沙能力减小；另一方面水流含沙量减小，随着两者在量变上的不同程度，四口洪道将有冲有淤。对于下荆江河段，一方面由于四口分流减少而径流量增加，另一方面水流泥沙含量减小，另外，进入洞庭湖的水沙减少，洞庭湖对下荆江的顶托作用减小。三者共同作用，加之下荆江河床中沙层较厚，下荆江河道将冲刷并且冲刷严重。而对于城汉河段，三峡水库蓄水运用后，径流量变化不大，其水流含沙量受两方面因素的影响：一是三峡下泄水流含沙量减小，二是水流流经下荆江河段将挟带冲起的泥沙。因此，在下荆江冲刷不太严重、进入城汉河段的水流含沙量的增加还不足以抵消因三峡拦蓄减少水流的含沙量时，城汉河段将表现为冲刷。随着三峡水库蓄水运用时期的延长，长江中下游的江湖关系也将进一步调整。

三峡工程对长江中下游的防洪作用是其他工程不可能替代的。但由于三峡水库改变了长江中下游天然的来水来沙条件，清水下泄引起江湖关系的变化，将对中下游的防洪带来影响，主要表现在：

（1）由于长江中下游河道各河段在各个时期冲淤程度不同，各河段泄流能力可能发生不同的变化，从而引起长江中下游各地区超额洪量的调整。

（2）水沙变化、三口分流分沙变化会在较长时期影响荆江、洞庭湖区的防洪形势。由于河床冲刷，干流同流量下水位降低，松滋口、太平口、藕池口等三口分流、分沙将会减少。一方面，荆江干流河道过流量增大，将会加剧荆江河段河床的冲刷；另一方面，相应减轻了长江洪水对三口水系及洞庭湖区的威胁，且洞庭湖区的严重累积性淤积量将大幅度减少。

(3)由于清水下泄,长江中下游河道沿程冲刷,引起局部河势变化,对已守护险工险段产生影响,还可能会产生新的堤防险工险段。三峡水库蓄水运用以来的观测资料及研究成果表明,荆江河段河道冲刷发生的时间早、幅度大,对河势、河岸的影响大。河床冲刷过程中,两岸坡脚受到淘刷,对荆江大堤、荆南长江干堤、三口洪道部分堤防等堤防工程、已建护岸工程和河道整治工程的稳定产生不利影响;部分河段水流顶冲部位有所调整,引发新的崩岸和险情。

(4)长江上游干支流水库的修建和水土保持工程的实施,将改变三峡水库入库水沙条件,从而进一步改变长江中下游的水沙条件,中下游河道冲刷历时将比仅有三峡水库时显著加长,冲刷强度增大,同流量水位降低值也将增大,对江湖关系、防洪的作用和影响将进一步加强。

三峡水库蓄水运用后,四口分流分沙减少,将使进入洞庭湖的水沙减少,为改善和调整江湖关系,争取实现江湖两利,提供了极好的机遇。应深入分析江湖关系变化对长江中下游防洪的影响,加强改善江湖关系的重大措施研究,制定针对性的防洪治理对策措施。

河道崩岸机理研究

余明辉　段文忠　窦身堂

（武汉大学水资源及水电工程科学国家重点实验室　武汉　430072）

摘　要：在总结以往长江河道崩岸问题研究成果的基础上，重点分析了不同河型河道崩岸的特点及机理，提出了岸坡滑动的计算模式、稳定岸坡的坡降、河道崩岸的预测方法等。

关键词：崩岸机理；抗滑稳定；稳定岸坡；崩岸预测；长江

崩岸是河道水流与河岸土体相互作用的结果，水流作用于河岸，使河岸岸坡变陡失稳；河岸土体的结构与土质组成的物理特性决定了河岸的抗冲、抗淘能力而保持河岸的稳定。水流作用与河岸土体的结构与土质组成的物理特性是矛盾的两个方面，在研究崩岸问题时，应着重关注以下几个方面：①崩岸前夕的河岸状况及附近河势与流场，探求崩岸的临界条件与水流及河岸物理特性参数的关系；②崩岸发生后的堆积体状况及附近的河势与流场，探求崩岸强度、崩岸形态与水流及河岸物理特性参数的关系；③崩岸终止时新河岸的物理特性及附近的河势与流场，探求堆积体的搬运过程及其对附近河势与流场的变化的影响。

河床与河岸物质组成复杂，它们与水流相互作用，构成一个错综复杂的系统，因而在不同河流或同一河流的不同河段上，造成崩岸的形式及强度不同。近年来，该领域的研究成果主要包括：①根据崩岸河段的河岸土体物理力学性质、水流参数对崩岸原因、类型、崩岸强度等探求理论分析；②从河岸边坡稳定性分析出发，建立崩岸的数学模型；③从水动力学－土力学方法出发进行分析研究。

唐日长等根据荆江河道实测资料，认为作用于河床的水流强度、河岸土质组成、河床形态等是影响弯曲河道中凹岸崩塌强度的主要因素。荣栋臣针对荆江姜介子河段，认为地质基础差、河势发展接近地貌临界条件、水下石堆下腮的局部冲刷等是姜介子发生崩岸的主要原因。李宝璋在分析长江南京河段窝崩成因时，提出形成窝崩的动力是大尺度纵轴螺旋流。美国学者西蒙斯（D. B. Simons）等认为水力参数、河床与河岸物质组成的特性、河岸土体的物理特性、风浪、气候、生物、人类活动等是影响河岸侵蚀的主要因素。米勒（R. G. Milliar）等认为河岸泥沙压实、与细沙掺混及与底部大量的泥沙黏结都会增加河岸的稳定，提出河岸泥沙的中值粒径和摩擦休止角是河岸稳定性分析的关键参数。奥斯曼（A. M. Osman）和索尼（C. R. Thorne）等从河床冲深与河岸侵蚀两个方面来分析黏性河岸，认为引起崩岸最常见的原因是：河岸侧向侵蚀过程使河道宽度增加并使岸坡变陡，或者是河床下切增加河岸高度。哈杰提（D. J. Hargerty）等认为河岸由多元结构组成、河流中的水位与地下水位经常不一致，会引起渗漏与管涌；渗漏和管涌均可带走渗漏层的泥沙，使其垫层变薄，上层土体失去或减小支撑力，从而引发崩岸。拉格特（N. Nagata）等提出了一种数值分析的方法，通过建立非平衡输沙数学模型研究平面上崩岸岸线的变化速率及河床变形的过程。美国土木工程协会通过研究河宽调整模型，认为黏性与非黏性河岸的坍塌机理有着明显的区别，黏性河岸比非黏性河岸的稳定性高一些。

边坡稳定性分析方法主要分为两大类，即极限平衡方法和数值分析方法。

极限平衡方法是工程实践中最常见的、使用最广泛的边坡稳定计算方法。常见有瑞典条分法、Bishop、Janbu、Spencer、Sarma 和 Morgentein 方法，这些都是建立在二维平面应变问题基础上的方法。而事实上土坡的失稳破坏是一个三维空间问题。三维极限平衡法将滑动土体分为土柱，使用类似于二维领域的处理方法进行土坡稳定性分析，但三维极限平衡计算方法远比二维复杂。在国内许多学者对此进行了研究，1987 年 O. Hung（香港）把 Bishop 简化法推广到三维情形，1988 年张欣等将 PRICE 方法推广到三维情况，1999 年冯树仁等提出了一种边坡稳定性计算的三维极限平衡计算方法。

数值分析方法由于能够直接得出岩土体的应力、应变，能够模拟土体的破坏。特别是随着计算技术和商业软件的迅猛发展，数值分析方法逐渐受到人们的青睐。常见的有：有限元法、离散单元法、快速拉格朗日方法（FLAC）等。另外，随着数值分析方法的不断发展，出现了不同数值分析方法结合使用，如有限元、边界元、无限元、离散元与块体元等的相互结合；数值解与解析解的相互结合以及非确定性的数值方法，如随机有限元、模糊有限元、概率数值分析等方法相互结合使用能充分发挥各自的特性，解决复杂的边坡问题。如张季如（2002）对边坡开挖作非线性有限元分析，获得边坡变形的大小和分布、塑性区的扩展状态、滑移面的形成、发展直至整体破坏的演变过程，并以此确定合理的滑移面位置，再用极限平衡法计算边坡的安全系数。

由于与边坡稳定有关的因素非常复杂，确定性计算方法无法概括其复杂性，一个经过抽象的数学模型所求得的确定性解与实际情况相比会有一定的出入，为此，发展了许多不确定性方法。用于地质体的神经网络方法也得到应用研究。如卢金才（1999）结合前人的研究成果对神经网络的 BP 算法进行综合改进，并将其运用于岩质边坡稳定性评判，并建立了评判模型。李章明等（1996）开发了露天矿边坡实用的专家系统，用于边坡问题的智能化研究；冯夏庭（2000）对影响边坡稳定性的因素进行分析，提出了边坡稳定性分析的综合集成理论和方法。

目前，用于河岸稳定性计算的水动力学—土力学方法有：

（1）非黏性河岸的稳定性判断方法与崩塌量计算。非黏性河岸由于土体内部没有凝聚力的作用，因而其边坡稳定与否主要根据河岸坡度与泥沙水下休止角的对比关系来确定。若河岸坡度大于泥沙水下休止角，则河岸不稳定并发生一定的崩塌。非黏性土体崩塌量计算目前主要集中在崩塌强度（常以岸顶冲刷后退的距离来表示）的计算方面。目前非黏性河岸崩塌强度主要有两种计算方法：一是沙量守恒法，认为在计算断面上，从河岸崩塌下来的土体面积与堆积体在岸坡上的土体面积相等。Hasegawa 通过室内试验发现，河岸崩塌以后的边坡角度与原河岸坡面形态相似，而且边坡角度均为泥沙水下休止角。采用这种方法，并假定河岸高度与崩塌宽度间成正比关系，可以计算出河岸崩塌强度。另一种非黏性河岸崩塌强度计算方法是输沙平衡法，Duan 等认为河岸淤长的泥沙可能来自于河岸崩塌的土体，河岸崩塌后退的强度可由水流及横纵向输沙率之间的关系式确定。在天然情况下，由于孔隙水压力、植被等作用，可以使非黏性河岸产生表观的黏结力，因此天然河道中，应用非黏性河岸的稳定性方法来判断河岸稳定并进行计算的情况并不常见。

（2）黏性河岸的稳定性判断方法及崩塌量计算。最早成功地将水动力学与边坡稳定理论结合，严格按力学规律进行推导，并运用黏性土河岸稳定计算的是 Osman 等。他们认为河岸失稳是床面冲刷和坡脚淘刷共同作用的结果。河岸稳定与否可以由稳定安全系数来判断，当安全系数大于 1 时，河岸稳定；当安全系数等于 1 时，河岸处于临界状态；当安全系数小于 1

时,河岸失稳破坏。在 Osman 早期提出的黏性土河岸稳定性计算模型中,假定在同一模型中只发生平面滑动和圆弧滑动的一种,并假定河岸失稳破坏面通过河岸趾部。对于圆弧滑动,Osman 采用条分法进行计算,定义河岸的安全系数为滑动圆弧面上的抗滑力矩与滑动力矩之比,得到安全系数可以由土体特性、孔隙水压力、条分宽度等的表达式进行计算。崩塌后退的强度可由其他河岸形态特征数据计算得到。对于平面滑动,Osman 等同样假定崩塌面通过河岸趾部,考虑了河岸发生一次以上崩塌的可能,假定河岸发生初次崩塌后,河岸以平衡后退的方式进行崩塌。计算中没有考虑孔隙水压力的作用。定义河岸的安全系数为滑动圆弧面上的抗滑力与滑动力之比,河岸初次崩塌的倾角可以由土体特性、河岸高度及拉伸裂缝深度等值计算得到,安全系数可以由土体特性、土体表面拉伸裂缝深度、崩塌后的岸坡倾角等的表达式进行计算。崩塌后退的强度可由河岸高度、拉伸裂缝深度、未侵蚀河岸高度及河岸倾角值计算得到。

在 Osman 等的模型的基础上, Darby 和 Throne 模型在河岸的稳定计算中,同时考虑了河岸发生平面滑动失稳和圆弧滑动失稳两种情况,并考虑了孔隙水压力、静水压力对河岸稳定性的影响,而且放宽了滑动面通过坡脚的限制条件。对于给定的河岸,分别计算出平面滑动失稳和圆弧滑动失稳的安全系数,取安全系数较低的失稳形式为实际发生情况。同时考虑这两种崩岸的破坏情况,标志着首次考虑多种失稳形式的可能,这是非常重要的,因为河岸崩塌破坏的形式决定了失稳破坏面的形状,也就决定了崩塌破坏后河岸的几何形态,这样才能正确预测河岸的稳定性及崩塌破坏的强度。该预测河岸崩塌的精度较高,但计算复杂,并且该方法只适合于预测没有垂直分层的河岸,运用于实际工程问题还有一定的差距。

(3)混合土层河岸的稳定性判断方法及崩塌量计算。混合土层河岸最容易发生悬臂崩塌的现象,Fukuoka(日本)考虑了混合土冲刷可以分为底部非黏性土冲刷后退和上部黏性土河岸崩塌破坏两个阶段,根据模拟试验参数(见图 1)先计算底部非黏性土冲刷后退的距离,再根据悬臂力矩平衡原理,算出黏性土悬臂临界挂空长度,当黏性土悬臂挂空长度小于黏性土悬臂临界挂空长度时,河岸上部的黏性土层稳定;当黏性土悬臂挂空长度大于黏性土临界挂空长度时,河岸上部的黏性土层发生崩塌,顶部崩塌宽度为黏性土悬臂挂空长度减去黏性土临界挂空长度。

冲积平原河流两岸普遍存在河道崩岸现象,河道崩岸常常毁坏农田,危及城镇、交通设施、工矿企业、人民生命财产安全,影响生态系统平衡。因此,研究崩岸机理与防治措施在河道治理中具有重要的意义。

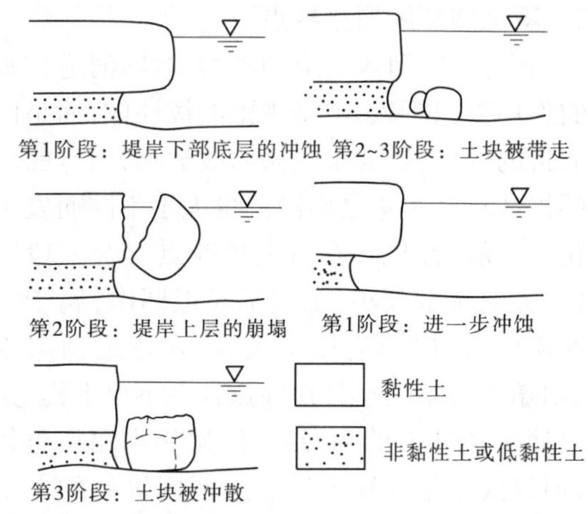

图 1 自然堤岸的冲蚀过程

1 崩岸现象

1.1 崩岸的一般情况

河道崩岸将直接影响河床变形,一般发生在主流靠岸、土质抗冲能力较弱的河岸。主流顶冲的弯道凹岸(部分分汊河道江心洲的洲头)崩岸最为严重。

由于长江处于北半球受柯氏力的影响水流偏向右岸,河道长期处于向右摆动,左岸形成台地,右岸出现山矶,山矶挑流强烈,造成左岸台(阶)地崩塌。城陵矶至河口段右岸(南岸)崩岸长度占江岸总长的 12.78%。左岸(北岸)崩岸长度占江岸总长的28.78%，大大超过右岸的百分比。从河岸土质组成上看，全河段崩岸总长589.42 km，占江岸总长的21.0%。其中，黏土质、亚黏土质、亚砂土质和粉、细砂质河岸分别占崩岸总长的3.7%、28.4%、14.5%和53.4%。从河岸岸坡组成上看，陡坡崩岸长、中等坡度崩岸长及缓坡崩岸长分别占崩岸总长的69.5%、28.3%和2.2%。从水流条件上看，弯道环流作用崩岸段长占崩岸总长的50.0%；沙洲段长占崩岸总长的13.9%；水流汇合段长占崩岸总长的6.1%；风浪冲刷段长占崩岸总长的28.2%；地下水冲刷段长占崩岸总长的1.8%。从崩岸分布部位上看，分汊河段长449.92 km，占崩岸总长的76.3%；单一河段长139.50 km，占崩岸总长的23.7%。

1.2 不同河型的崩岸特点

由于河岸、河床组成的不均匀性，河道在水流的作用下，其形态不是规则的棱柱体，而是凹凸曲折的外形，造成水流做曲线运动，而弯曲水流的顶冲点在一年之内随流量大小不同而发生变化。一般情况下，在弯道顶冲点下游一段距离内，无论流量大小，主流都靠近凹岸，属于常年贴流区，河岸年崩塌率最大；在弯道顶点附近，则随着流量大小其顶冲点存在下挫上提，这一段属于顶冲点的变异区，河岸年崩塌率也较大，但仅次于常年贴流区。这两区以外的上下游弯道进出口段年崩塌率较小，但随着崩岸的发展，河势、水流顶冲点、新的崩岸情况都会发生变化，见图2。

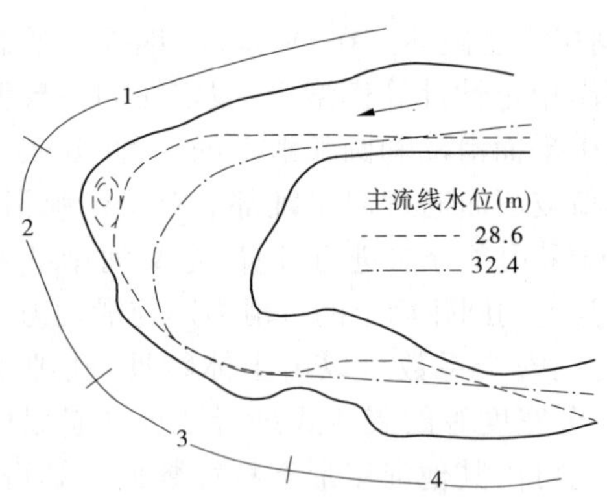

图2 弯道分区图

1—进口区；2—顶冲点变动区；
3—常年贴流区；4—出口区

在正常发展的河湾内，凹岸崩塌过程是：在年初涨水之前，由上游过渡段冲刷下来的泥沙和前期崩岸未完全被水流搬走的泥沙都沉积在深槽内，这时岸坡平缓，较为稳定。涨水时期，流量增大，凹岸深槽内的环流强度和水流挟沙力逐渐加强，原来沉积在深槽中的泥沙开始被带走，随着水位的继续上涨，近岸深槽不断刷深，岸坡越变越陡，当河底冲刷和河岸变陡到一定程度之后，河岸土体失去支撑，崩岸就会发生。崩下的土体逐渐被水流冲走，大汛峰顶稍后，深槽冲深到达最大程度，崩岸现象最为严重。落水时期，由于前期形成的深槽陡坡，再加上岸坡地下水的外渗作用，有时河岸仍继续崩塌并出现大崩岸现象。

分汊型河段水流、泥沙运动的特点决定的河床演变规律是：平面的横向和纵向移动，洲头和洲尾的冲淤，主支汊的移位。分汊型河段又可分为顺直分汊型、弯曲分汊型和鹅头分汊型三种。这三种汊道不管是双汊还是多汊，都要视其汊道形态来决定其平面变形的特征。当汊道为顺直型时，则它与顺直单一河道的平面变化特点类同，即主要表现为深槽与边滩的交错分布和平行下移。当汊道为微弯或曲率适度的弯道时，则与弯曲河道的平面变形类同。在以上三种河型中，显然顺直型河道变形速度较小，即崩岸的强度较小；弯曲河道受水流冲刷岸线长，环流强，平面变形速度大，崩岸强度则大；分汊型河道因江心洲发育，河段中受水流冲刷的部位也较多，其崩岸情况取决于水流顶冲情况。在分汊河道中江心洲洲头及主支汊弯道凹岸顶冲段内，河岸崩塌最为严重，见图3。

顺直型河段水流、泥沙运动的特点决定的河床演变规律是：中水河槽顺直，与弯曲水流和河床泥沙输移相应的犬牙交错边滩分布于河道两岸，并在水流作用下向下游移动。当两侧可冲河岸段没有边滩掩护时，深泓靠近河岸，河岸崩塌，河道可能呈现出周期性展宽的特性。在河床平面变化过程中，由于顺直型河段的环流

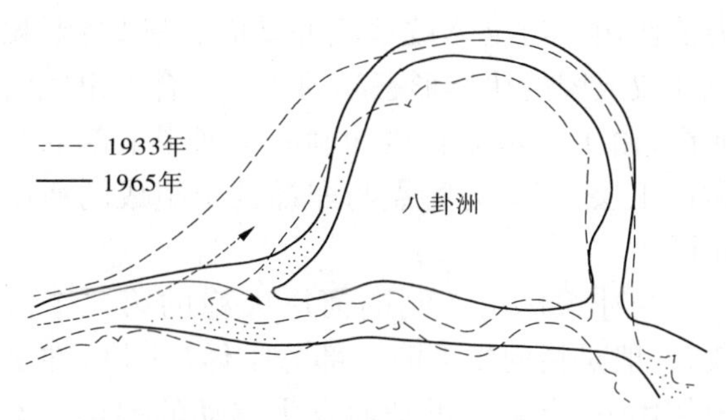

图3 分汊河道崩岸位置

强度较弱，泥沙横向输移的强度较弱，故泥沙输移主要表现为纵向水流输沙。由此可见，顺直型河段平面变化过程崩岸是与犬牙交错的边滩的运动息息相关的。也就是说，当河岸处于有边滩的部位，岸坡受到边滩掩护而不受水流冲刷，岸坡就稳定；当河岸处于顺直段深泓近岸部位时，岸坡受水流冲刷而发生崩岸。

2 崩岸类型

长江上主要的崩岸形式有洗崩、条崩和窝崩。

2.1 洗崩

洗崩指水面线附近及以下的河岸在水流的冲击下，河岸组成物质以小块体形式被水流冲刷带走而使河岸逐步后退的现象。其崩岸强度取决于水流强度和河岸土体的抗冲能力，一般发生在水流的直接顶冲段，而且较易从岸边直接观察到。这类崩岸的冲刷幅度较小，发展速度较慢，稍加重视一般不会造成太大的危害。

2.2 条崩

条崩指河岸在水流冲刷下，岸坡变陡超过其临界稳定岸坡，土体失稳，以块状崩塌的方式塌入水中。这是一种间断性并带有一定突发性的崩岸方式，因此其危害比洗崩大得多。崩岸强度主要取决于主流靠岸程度及主流流速的大小、土体的层次结构。当河岸下层比上层结构更易冲刷，或浸泡的土体抗剪强度极低与土壤液化等原因，以及深泓靠近河岸，坡度就越来越陡，直至上层土体失稳倒塌。崩岸后的土体一部分被水流直接带走，另一部分堆积在岸脚形成新的或较为稳定的岸坡或停止崩岸。如果此处崩塌下来的土体继续被水流冲走，逐渐使河岸坡脚变陡，直至又一次河岸崩塌，这样循环往复直到水流条件减弱或者岸坡变缓而河岸崩塌才趋于停止（见图4(a)）。

2.3 窝崩

河岸崩塌后，缺口的平面形态类似半窝状的崩岸，其外形特征是窝体的平面宽度接近或大于窝口的长度，形成窝状或鸭梨状，常发生在河岸为由黏性土及沙土组成的二元结构，且下层沙土层较厚，范围较宽。主流靠岸处存在矶头或突出物下游的强大回流区。这是因为水流直接淘沙抗剪强度极低、被河水浸泡成为饱和沙土或液化沙土，上层河岸悬空失稳而形成坐崩。窝崩是指大块体积的土（可达百万吨级），在很短的时间突然发生一次或几次坐崩的现象（若干小时内）。

资料分析表明，其崩岸过程为：首先，二元结构的河岸沙层遭水流淘刷，出现较狭窄的深槽楔入河岸；其次，楔入的深槽将较大范围的沙层淘空，使河岸上方那部分土体失去支撑而塌落，在塌落时引发强烈的冲击水流，急剧冲刷周围河岸坡脚，较大块的土体会激起巨大的冲击水流能量，在这股水流的冲击下，周围的土体也会随后崩塌（见图4(b)）。

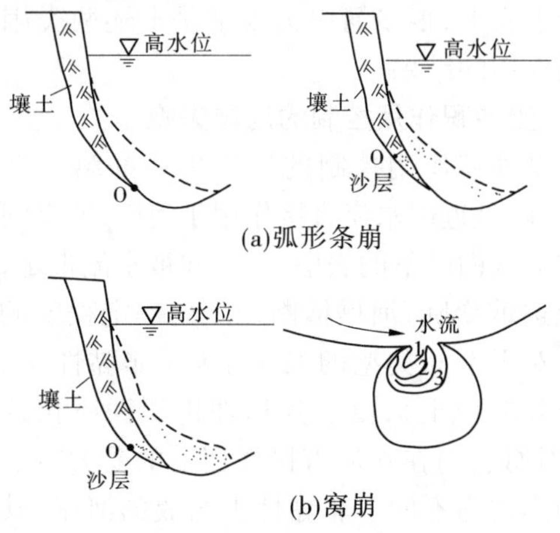

图4 崩岸形式示意图

上述三种崩岸形式，虽有各自的变化特点，但它们又是相互关联的。例如，条崩之前，肯定在一定水深范围内发生洗崩淘刷，而较剧烈的条崩有时与窝崩也很类似,但它们的发生过程和决定因素又确实存在差异。洗崩是一个局部的过程,对周围影响很小,而条崩的影响范围则要大得多,窝崩则是各种因素的集中暴发,其能量之大、范围之广、影响之剧烈都与一般崩塌有数量级上的差别。

3 崩岸机理分析

河岸失稳破坏的过程通常是深泓逼近河岸,近岸水流直接冲蚀河岸表面土体使岸坡变陡,或者由于床面冲刷使河岸高度增加及河岸底部被水流淘空使其上部河岸失稳,河岸上一部分土块会在重力作用下发生滑动、崩塌,造成岸顶向后退却。因此,河岸崩塌过程一般可概括为河岸土体的塌落与堆积、塌落体的冲刷与输移。

河岸失稳破坏的机理按其控制条件来分,可以分为两大类:第一类为受冲积作用控制的河岸失稳,主要是水流直接冲刷河岸及重力作用下的河岸崩塌;第二类为不受冲积作用控制的河岸失稳,主要是外界条件引起河岸土体强度降低造成的河岸崩塌,包括渗流、管涌引起的河岸崩塌、风浪淘刷引起的河岸崩塌、河道内水位变化引起的河岸崩塌、植被影响的河岸崩塌等。事实上,很多河岸失稳都是上述两类因素共同作用的结果。

3.1 受冲积作用控制的河岸失稳

受冲积作用控制的河岸失稳的第一个阶段,一般是近岸水流直接作用于河岸,冲动河岸边坡上水面以下的表层土体,并被水流带走,从而使边坡变陡,河槽横断面产生一定程度的拓宽。对于不同类型的河岸土体(非黏性土、黏性土和混合土),由于其物理化学性质相差较大,因而它们在水流直接作用下的受力特点和运动形式均不同。非黏性土组成的河岸,其岸坡上的泥沙颗粒主要受到水流作用于岸壁的推力、上举力以及有效重力的作用。当土体被水流冲动时,主要以单个颗粒的运动形式起动。黏性土组成的河岸,其岸坡上的土体,起动时除了受到上述的三个力作用,还受到颗粒间黏结力的作用。当土体被水流冲动时,是以多颗粒成片或成团的块体形态起动的。混合土组成的河岸,由于受水流直接冲刷的是河岸下部的非黏性土层,其受力特点与非黏性土组成的河岸相同。

受冲积作用控制的河岸失稳的第二个阶段,一般是指河岸上的一部分土体(土块)在重力作用下,沿某一滑动面发生移动的崩塌。不同类型的河岸土体,河岸发生滑动和崩塌的条件、方式及位置各不相同。对于非黏性河岸来说,当河岸的实际坡度大于泥沙的水下休止角时,表层土体便会沿某一平面发生滑动。而对于黏性河岸,当土体内部的剪切应力大于其抗剪强度时,河岸上部分土体会在重力作用下发生滑动、崩塌。因此,确定黏性河岸土体在重力作用下是否会发生滑动、崩塌,主要取决于滑动力(或力矩)与抗滑力之间的对比关系。不同类型的河岸土体,发生崩塌的方式和位置也不相同。非黏性土河岸崩塌通常表现为单个颗粒的崩塌或移动,或者沿略微弯曲的浅层滑动面发生剪切破坏。在天然情况下,由于受到孔隙水压力、岸边植被等其他因素的影响,往往会使非黏性河岸的土体产生表观的黏结力,使上述的崩塌方式几乎不可能发生。黏性河岸的土体崩塌一般表现为大块扰动土体沿弯曲的破坏面滑入河槽,破坏面较深。主要有以下两种情况:一是对于较缓的河岸坡面,发生圆弧滑动,河岸崩塌时的破坏面为曲面,崩塌土体以旋转滑动的方式向下运动;二是对于较陡的河岸坡面,发生平面滑动。混合土河岸,可以发生圆弧滑动、平面滑动和悬臂崩塌三种情况。由于下部的非黏性土层比上部的黏性土层更易受到水流的冲刷,因此最容易发生悬臂崩塌现象。其中,最为常见的悬臂崩塌常发生于具有二元结构的弯曲型河段。

3.2 不受冲积作用控制的河岸失稳

除水流直接冲刷河岸,或者河岸崩塌导致的河岸失稳破坏外,还有一类不受冲积作用控制的河岸失稳,如渗流、管涌,风浪对河岸的淘刷作用、河道内水位的变化、植被、家畜践踏、沙土被液化等都可能引起或影响河岸的崩塌。

冲积河流的河岸土体,一般由上细下粗及二元夹层的垂向分层结构组成。由于沙质土层透水性较好,因此地下水流动主要集中在该层。当河道内水位上涨时,水流由河道内渗入到河岸土体内,地下水位升高。当河道内水位下降时,渗流方向逆转,水流由河岸内部渗出到河道中。在这个过程中,渗出的水流能挟带走沙质土层中的泥沙颗粒,并将它们搬运外移,这样的过程被 Hagerty 定义为管涌。一方面,管涌使沙层中的沙粒起动并搬运外移;另一方面,管涌侵蚀可以导致沙质土层中形成裂缝,使土体的拉伸应力超过土体强度。管涌的结果可以使沙质土层被淘空,最终导致河岸的崩塌。尤其当河道内水位突然下降时,极易引起河岸的崩塌。

此外,风浪对河岸的淘刷,也可以引起河岸的崩塌,这种情况多出现在大江大河的汛期台风季节,大风引起的水面波浪容易引起河岸的崩塌。另外,当发生地震或河水和地下水相互补给产生渗流条件,河岸沙土被液化到一定程度时,便会发生大块河岸土体的整体崩塌现象。

植被覆盖于河岸,对河岸稳定性产生的影响有利与不利并存。一方面,植物根系可以使土体强度增加,从而使岸壁的稳定性增强,它取决于植物的种类和密度情况;另一方面,植物根系可能侵入河岸土体的裂隙中,植物的自重也可大大增加植物的重力,高大植物上的风荷载等都可能导致河岸稳定性降低。

4 抗滑稳定计算及有关参数选择

4.1 崩岸的受力分析

取崩岸段的一脱离体进行受力分析,见图5。河岸在水流的作用下,河岸表面受到水流的冲击力及顺水流方向的切应力,河岸土体在水中的有效重力,河岸地下水的作用力等,这些力最后构成促使河岸崩塌的下滑力和阻滑力。

4.2 抗滑稳定分析法

影响崩岸的因素是多方面的,崩岸过程也十分复杂。为了简化分析,在这里对河道崩岸的过程进行如下处理:①河岸土壤组成为黏性

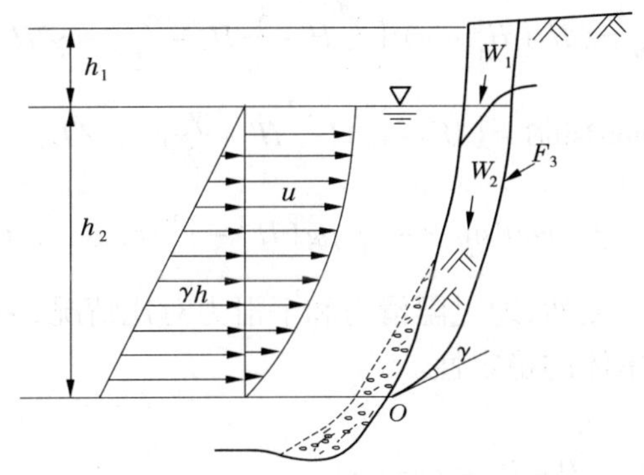

图5 崩岸体的受力分析图

均质土,崩塌面经过岸脚;②暂不考虑植被、土壤径流、地下水位及渗流的影响;③河流岸坡较陡,夹角 $i>60°$。河流冲刷崩塌,天然河流的边坡一般存在变化,上部较陡,接近直立状态(见图6)。河岸表层实际上经常会出现涨裂缝,其深度 y 一般表示为:

$$y=\frac{2c}{\gamma'}\tan\left(\theta+\frac{\phi}{2}\right) \tag{1}$$

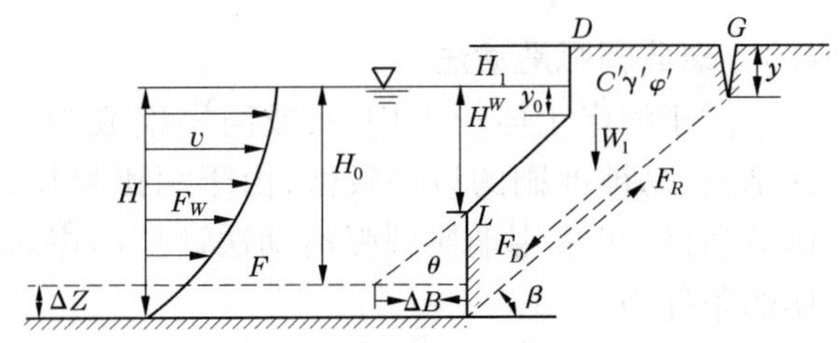

图6 岸坡滑动受力分析图

在水流作用下,河道冲刷或拓宽,河岸形态如图6所示。其中,ΔB 为侧向冲刷宽度,ΔZ 为冲刷深度,H_0 为初始河深,H 为冲刷后的河深,H^W 为图6中 L 点以上的高度。崩体的阻滑力可以表示为:

$$F_R=\frac{(H+H_1-y)c}{\sin\beta}+(H+H_1-y)\left(\frac{\gamma'}{2}H-\frac{\gamma'}{2}H_1+\frac{\gamma'}{2}y+\gamma''H_1\right)\cot\beta\cos\beta\tan\phi-(H'-y_0)\left(\frac{\gamma'}{2}H'+\frac{\gamma'}{2}y_0+\gamma''H_1\right)\cot\theta\cos\beta\tan\phi+\frac{1}{2}\rho g\left(\alpha\frac{v^2}{2g}+H^2\right) \tag{2}$$

式中:γ'、γ''分别为河岸饱和土、非饱和土容重;c 为土壤凝聚力;ϕ 为内摩擦角。

崩体下滑力 F_D 为:

$$F_D=(H+H_1-y)\left(\frac{\gamma'}{2}H-\frac{\gamma'}{2}H_1+\frac{\gamma'}{2}y+\gamma''H_1\right)\cot\beta\sin\beta-(H'-y_0)\left(\frac{\gamma'}{2}H'+\frac{\gamma'}{2}y_0+\gamma''H_1\right)\cdot\cot\theta\sin\beta+\frac{1}{2}\rho g(H'^2-y_0^2)\cot\theta \tag{3}$$

显然,通过阻滑力和下滑力对比情况,来判断岸体的稳定性。

令

$$F_s=F_R-F_D \tag{4}$$

且用 F_s 作为判断崩体失稳与否的标准。当 $F_R>F_D$,则 $F_s>0$,崩体处于稳定状态;当 $F_R<F_D$,则 $F_s<0$,崩体处于失稳状态;当 $F_R=F_D$,则 $F_s=0$,崩体处于临界状态。把 F_R 和 F_D 代入 F_s 后,得:

$$F_s=\frac{(H+H_1-y)c}{\sin\beta}+\left[(H+H_1-y)\left(\frac{\gamma'}{2}H-\frac{\gamma'}{2}H_1+\frac{\gamma'}{2}y+\gamma''H_1\right)\cot\beta-(H'-y_0)\left(\frac{\gamma'}{2}H'+\frac{\gamma'}{2}y_0+\gamma''H_1\right)\cdot\cot\theta\right](\cos\beta\tan\phi-\sin\beta)+\frac{1}{2}\rho g\left[\alpha\frac{v^2}{2g}+H^2-(H'^2-y_0^2)\cot\theta\right] \tag{5}$$

另外,文献[6]给出崩体滑动面倾角 β 的表达式:

$$\beta=\frac{1}{2}\left\{\arctan\left[\left(\frac{H}{H'}\right)^2(1-K^2)\tan\theta\right]+\phi\right\} \tag{6}$$

其中,$K=\frac{y}{H}$,$H=H_0+\Delta z$,$H'=H_0-\Delta B\tan\theta$

4.3 瑞典圆弧滑动法

对于河岸土体较为均一,或河岸组成为二元结构、易被冲刷的沙层较薄,由于深泓靠岸,岸坡较陡,可采用瑞典圆弧滑动法计算河岸塌崩的条件为:

崩岸起点 O 为河岸土体抗冲能力极弱的夹沙层部位,或河岸陡于其稳定岸坡的最低点。自这点起,河岸以夹角 γ 为圆弧向上发展而形成的滑裂面滑动,见图7。

岸坡稳定计算方法由于对土体抗剪强度计算方法的不同,分为总应力法和有效应力法:

(1)总应力法

$$k=\frac{\sum(Cub\sec\beta+W\cos\beta\tan\varphi_u)R}{\sum(W\sin\beta)R} \tag{7}$$

或

$$k=\frac{\sum[Cub\sec\beta+W\cos\beta\tan\varphi_u]}{\sum W\sin\beta} \tag{8}$$

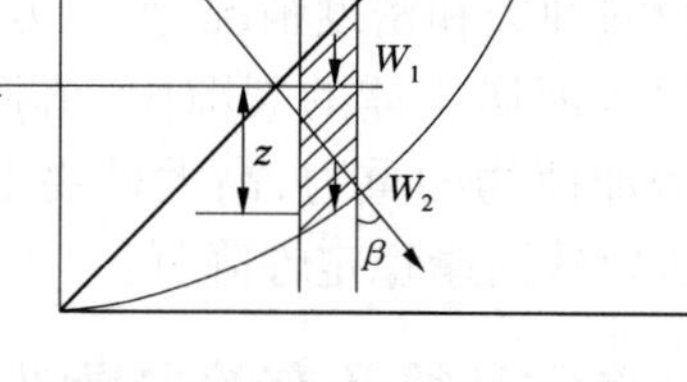

图7 岸坡滑动受力分析

(2)有效应力法

稳定渗流期抗滑稳定安全系数可以按下式计算:

$$k=\frac{\sum\{C'b\sec\beta+[(W_1+W_2)\cos\beta-(u-z\gamma_w)b\sec\beta]\tan\varphi'\}}{\sum(W_1+W_2)\sin\beta} \tag{9}$$

式中:b 为条块宽度,m;R 为滑动条块圆弧半径,m;W 为条块重力,kN,$W=W_1+W_2+\gamma_w z\cdot b$;$W_1$ 为在岸坡外水位以上条块重力,kN;W_2 为在岸坡外水位以下条块重力,kN;z 为岸坡外水位高处条块中点的距离,m;u_i 为水位降落前河岸的孔隙压力,kPa;β 为条块的重力线与中心线夹角;γ_w 为水的重度,kN/m^3;C_u、φ_u、C_{cu}、φ_{cu}、C'、φ'为土的抗剪强度指标,kN/m^3,应按有关规范确定，$S = W \cdot \tan\varphi + cL$；$c$、$\varphi$ 为软弱土层的凝聚力以及内摩擦角(°)。

4.4 长江中下游岸坡土体物理力学参数

经统计分析长江中下游岸坡土体物理力学，孔隙比范围为0.61～1.15；凝聚力为0～35 kPa；内摩擦角从10°～32°不等；渗透系数从 $2.2\times10^{-7}\sim1\times10^{-2}$cm/s不等。

对于河岸土体为二元结构的易冲刷的沙层较厚时，发生窝崩的条件同样采用式(7)～式(9)计算，崩岸起点 O 应为沙层淘空后的最深点，见图4。

5 河岸稳定岸坡

研究表明，河岸的稳定岸坡不仅与水流条件相关，还与河岸组成有关。经综合分析可以看出，长江中下游沿岸，黏土、亚黏土与细沙土夹层河岸的稳定坡度均缓于1∶2.5。岸坡的陡缓与深泓靠岸的距离有关，各崩岸段深泓离岸距离与平均河宽之比一般为0.07～0.3，也就是说，崩岸段绝大部分都是位于深泓靠岸的这一边的。一些强烈的崩岸段，深泓离岸距离与河宽之比都要小于0.1。为此，可以采用 $h/\Delta b$ 的值进行估算，Δb 指深泓到水边的距离，h 为深泓水深。如果岸坡的边坡坡度 $h/\Delta b$ 陡于1∶2.5，且深泓又迫近河岸，该处河岸又存在夹沙互层，抗冲性差，则该处河岸应该视为重点关注的崩岸地段。枯水位以上河岸类型划分的具体指标，大类是河岸物质组成中粉粒含量和黏粒含量之比，以及粉粒加沙粒含量和黏粉粒含量之比，分别以符号 A_1 和 A_2 值表示。每个大类中各亚类之间的 A_1 和 A_2 值相对比较接近，而大类与大类之间的 A_1 和 A_2 值则相差较大。亚类的划分则更多考虑各层次的组合结构。

6 河道崩岸预测

在具体的操作过程中，我们主要从以下两个方面入手。首先，了解河岸组成特别是沙层分布确定河岸的当前稳定坡度。然后，在每年汛前，查勘河道，测定河道深泓距离河岸水边的距离和水深，确定当前河岸坡度，与其当前稳定坡度相比较，分析其崩岸发生的可能性，并根据分析结果，从提高河岸的当前稳定坡度和降低当前实际坡度出发，采取必要防护措施。

7 结语

河道崩岸是冲积平原河流两岸普遍存在的一种自然现象。长江中下游河道左岸崩岸比右岸强烈，多发生在弯道凹岸与江心洲洲头。造成河岸崩塌的根本原因是河岸岸坡陡于其河岸土体的稳定坡度或河岸底部被水流淘空使其上部河岸失去稳定。可采用瑞典圆弧滑动法与本文提出的抗滑稳定法进行估算。根据长江中下游的实际情况，黏土、亚黏土与细沙土夹层河岸的稳定坡度均缓于1∶2.5，各崩岸段深泓离岸距离与平均河宽之比一般为0.07～0.30。

参 考 文 献

[1] 唐日长，贡炳生，等. 荆江大堤护岸工程初步分析研究[G]//长江河道研究成果汇编. 1987.

[2] 水利部长江水利委员会. 长江中下游护岸工程论文集：第4集[C]. 1990.

[3] 李宝璋. 浅谈长江南京河段窝崩成因及防护[J]. 人民长江，1992，11.

[4] Simons D. B., Run_ming Li (1982). "Bank Erosion on regulated rivers." Gravel_bed rivers, R. D. Hey, J. C. Bathurst, and C. R. Thorne, eds., John Wiley & Sons, Inc., Chichester, U. K., 717-754.

[5] Millar, R. G., and Quick M. C. (1993) "Effect of bank stability on geometry of gravel rivers." J. Hydr. Engrg., ASCE, 119(12), 1143-1163.

[6] Osman, A. M., and Thorne, C. R. (1988). "Riverbank stability analysis. Ⅰ: Theory." J. Hydr. Engrg., ASCE, 114(2), 134～150 Thorne, C. R., and Osman, A. M. (1988). "Riverbank stability analysis. Ⅱ: Application." J. Hydr. Engrg., ASCE, 114(2), 151-171.

[7] Hagerty, D. J., Spoor, M. F., and Kennedy, J. F. (1986), "Interactive merchanisms of alluvial_stream bank erosion." Third Int. Symposium on River Sedimentation, 1160-1168.

[8] N. Nagata, T. Hosoda, Y. Muramoto (2000),

"Numerical Analysis of River Channel Processes With Bank Erosion", J. Hydr. Engrg., ASCE, 126(4), 243-251.

[9] The ASCE Task Committee on Hydraulics, Bank Mechanics, and Modeling of River Width Adjustment (1998) "River width adjustment Ⅰ: Processes and Mechanisms." J. Hydr. Engrg., ASCE, No.9, 881-902.

[10] The ASCE Task Committee on Hydraulics, Bank Mechanics, and Modeling of River Width Adjustment (1998) "River widthadjustment Ⅱ: Modeling." J. Hydr. Engrg., ASCE, No.9, 903-917.

[11] [日本]Shoji Fukuoka. 自然堤岸冲蚀过程的机理[J]. 水利水电快报,1996(2)

[12] 中国科学院地理研究所. 长江九江至河口段河床边界条件及其与崩岸的关系[G]. 长江中下游护岸工程经验选编. 北京:科学出版社,1978.

[13] 陈志清,尤联元,等. 长江城陵矶—河口段崩岸及其影响因素初步分析,地理集第13号[G]. 北京:科学出版社,1981.

[14] 岳红艳. 长江河道崩岸机理的初步探讨[D]. 武汉:长江科学院硕士学位论文,2001.

[15] 长江流域规划办公室水文局,长江中下游河道基本特性,1983.10.

[16] 金腊华,石秀清,王南海. 长江大堤窝崩机理与控制措施研究[J]. 泥沙研究,2001(1).

[17] 朱伟,刘汉龙,山村河也. 河口崩岸的发生机制及其治理方法[J]. 水利水电科技展,2001,21(1).

[18] 欧阳履泰,王强,陈敏. 长江中下游干流河道崩岸治理[J]. 人民长江,2000(8).

[19] 王家云,董光林. 安徽省长江护岸损坏及崩岸原因分析[J]. 水利管理技术,1998(1).

[20] 王永. 长江安徽段崩岸原因及治理措施分析[J]. 人民长江,1999(10).

[21] 冷魁. 长江中下游窝崩形成条件及防护措施初步研究[J]. 水利科学进展,1993,12.

[22] 吴玉华,苏爱军,崔政权,等. 江西省彭泽县马湖堤崩岸原因分析[J]. 人民长江,1997(4).

[23] 别必熊,徐卫亚,谢守益,等. 长江宜都河段茶店崩岸机理与防治研究[J]. 工程地质学报,2000(8).

[24] 张力忠,王利达,曹辉. 漳河险工崩岸及丁坝护岸的设计[J]. 海河水利,1995(1).

[25] 胡正选,杜佐道,罗立平. 汉江中下游崩岸及整治措施[J]. 水利管理技术,1997(4).

[26] 马海顺,长江六合圩大窝崩的原因分析与治理意见[J]. 安徽水利科技,1990(2).

[27] 荣栋臣. 下荆江姜介子河段崩岸原因分析与整治意见[C]//长江水利委员会. 长江中下游护岸工程论文集.

[28] 夏细禾,路彩霞. 河岸窝崩灾害与治理措施的研究[J]. 长江科学院院报,2001,18(6).

[29] 李冬田. 长江下游淤积与崩岸灾害及其预测[J]. 河海大学学报,1992(9).

[30] 黄本胜,李思平,等. 冲积河流岸滩的稳定性计算模型初步研究[J]. 河流模拟理论与计算,1998(10).

[31] 罗浩. 长江崩滑忧思录[J]. 中国环境管理,1998(4).

[32] 孙梅秀,吴道文,李昌华. 长江八卦洲洲头控制工程及江岸崩窝的试验研究,1989,7.

[33] 乔建平. 滑坡减灾理论与实践[M]. 北京:科学出版社,1997.

[34] 长江勘测规划设计研究院. 长江重要堤防隐蔽工程同马大堤防渗护岸工程单项初步设计报告[R]. 2000.

[35] 长江勘测规划设计研究院. 长江重要堤防隐蔽工程枞阳江堤防渗护岸工程单项初步设计报告[R]. 2000.

[36] 长江勘测规划设计研究院. 长江重要堤防隐蔽工程铜陵河段崩岸治理工程初步设计报告[R]. 2001.

[37] 长江勘测规划设计研究院. 长江重要堤防隐蔽工程无为大堤应急工程初步设计报告[R]. 2000.

[38] 长江勘测规划设计研究院. 长江重要堤防隐蔽工程芜裕河段崩岸治理工程初步设计报告[R]. 2000.

[39] 中国科学院地理研究所,长江水利水电科学研究院,长江航道局规划设计院. 长江中下游河段特性及其演变[M]. 北京:科学出版社,1985.

[40] 长江水利委员会. 长江中下游护岸工程论文集(第4集. 1978~1989)[C].

[41] 长江水利委员会. 长江中下游河道整治和管理经验论文集(第5集)[C]. 1995.

[42] 王延贵,匡尚富,黄永健. 河道冲淤对冲积河流岸边崩塌的影响[G]//长江护岸工程及堤防防渗工程技术经验交流会论文汇编,2001.

[43] 张光斗,王光纶. 水工建筑物(下册)[M]. 北京:水利电力出版社,1994.

长江中上游14个流域面雨量灰色预测的检验分析

顾永刚　李才媛

(武汉中心气象台　武汉　430074)

摘　要:以数值预报产品为基础,应用灰色预测方法建立了长江中上游14个流域面雨量预报模型,2004年3月开始投入业务运行。通过对2004年汛期5~9月的运行结果进行检验,分析表明,14个流域面雨量的灰色预测24、48、72 h预报准确率分别达82%、80%和77%,其中强降水面雨量预报准确率分别为50.1%、36.5%和28.1%。为长江中上游防汛抗洪及三峡工程提供了良好的气象保障服务。

关键词:数值预报;面雨量;灰色预测;检验分析

1　引言

流域面平均雨量(简称面雨量)是洪水预报与水库调度中一个非常重要的参数,准确的流域面雨量预报,可为三峡工程建设、长江防汛抗洪等提供可靠的气象决策依据。

将灰色系统理论引用于气象学科,应用灰色预测方法制作了降水预报、温度预报,在此项工作中,我们以T213、MAPS等数值预报产品为基础,用灰色关联度分析了预报因子与预报对象的相关程度,初步了解了不同数值预报产品的可信度。采用灰色系统理论的GM(0,h)模型,建立了长江中上游14个流域面雨量预报方程。2004年3月投入业务运行,2004年5~9月的面雨量预报平均准确率分别达82%、80%和77%,其中强降水面雨量预报准确率分别为50.1%、36.5%和28.1%。为长江中上游防汛抗洪及三峡工程提供了良好的气象保障服务。

2　有关说明

2.1　长江中上游14个流域

长江中上游14个流域分别为泯沱江、嘉陵江、乌江、宜宾—重庆、重庆—万县、万县—宜昌、汉江上游、汉江中下游、唐白河、洞庭湖、湘江、资水、沅江和澧水流域,区间范围大致为99°~116.5°E、24.5°~35°N,分布在四川、贵州、湖北、陕西、河南、湖南省及重庆市境内。

2.2　面雨量计算

14个流域共选取了381个气象站点,各流域站点数依次为57、29、38、19、9、10、35、47、20、19、40、11、41和6。降水量资料时段为08时到次日08时,面雨量计算以各流域气象测站为基准,采用算术平均法,即:

$$某流域面雨量 = \frac{1}{m}\sum_{i=1}^{m} R_i$$

式中:m为某流域总气象测站数,$R_i(i=1,2,\cdots,m)$为i测站降水量。

2.3　数值预报产品

T213为北京数值预报产品,格距分别为1°×1°。MAPS为武汉区域中心细网格数值预报产品,格距为0.5°×0.5°。将各数值预报产品的降水预报场权重插值到气象测站,再计算面雨量,从而得到预报因子。

3　建立灰色预测模型

预报因子序列为:

$$\{X_i\} = \{X_1, X_2, \cdots, X_h\}$$

对预报量序列$\{Y(k)\}$与预报因子序列

$\{X_i\}(i=1,2,\cdots,h)$作一阶累加生成，即：

$$Y^{(1)}(k)=\sum_{j=1}^{k}Y(j) \quad (1)$$

$$Y_i^{(1)}(k)=\sum_{j=1}^{k}X(j) \quad (2)$$

则灰色预测 GM(0,h)模型为：

$$\hat{Y}^{(1)}(k)=A_0\sum_{i=1}^{h}B_iX_i^{(1)}(k) \quad (3)$$

式中：A_0、B_i 为待辨识参数，$X_i^{(1)}$、$\hat{Y}^{(1)}(k)$为预测值生成数。

令向量 $A=[B_1,B_2,\cdots,B_h,A_0]$

其值可由最小二乘法求得：

$$A=(B^TB)^{-1}B^TU$$

$$B=\begin{bmatrix} X_1^{(1)}(2) & X_2^{(1)}(2) & \cdots & X_h^{(1)}(2) \\ X_1^{(1)}(3) & X_2^{(1)}(3) & \cdots & X_h^{(1)}(3) \\ \vdots & \vdots & & \vdots \\ X_1^{(1)}(n) & X_2^{(1)}(n) & \cdots & X_h^{(1)}(n) \end{bmatrix}$$

$$U=[Y^{(1)}(2),Y^{(1)}(3),\cdots,Y^{(1)}(n)]^T$$

对$\hat{Y}^{(1)}(k)$需作累减还原处理，即令：

$$\hat{Y}(k)=\hat{Y}^{(1)}(k)-\hat{Y}^{(1)}(k-1) \quad (4)$$

可得预测值序列$\{\hat{Y}(k)\}$。

4 业务运行

4.1 预报量

预报量 Y 分别为 14 个流域面雨量，预报时效为 24 h、48 h 及 72 h。自 2004 年 3 月份开始收集每日全国气象站点 08 时到次日 08 时 24 h 降水量实况资料，通过提取各流域包含站点的降水量实况数据，采用算术平均法分别计算出 14 个流域逐日面雨量实况，建立预报量数据库。

4.2 预报因子

以 T213 和 MAPS 两种数值预报 3 h、6 h 及 12 h 格点降水量预报场为基础，采用多点插值算法，分别计算出两种产品对各流域内包含站点三种预报时段的降水量预报。对各流域内站点的降水量预报取算术平均，分别计算出两种产品对 14 h 流域面雨量的三种时段的预报结果，以此建立预报因子。其中，24 h、48 h 预报因子 X_i 为 T213 产品和 MAPS 产品的面雨量预报量。72 h 预报因子为 T213 的面雨量预报量。自 3 月份开始计算逐日两种产品的面雨量预报资料，完成前期样本资料的收集工作，建立预报因子数据库。

4.3 样本积累

从数据库中提取前期时间序列长度为 n 的预报因子和预报量样本资料(3 月份资料)。样本长度采用有限记忆法，即每增加一天新资料，就删除样本第一天资料，保持样本长度为一个定数。根据经验，取样本长度为 30 d 左右即可。在此项工作中，取定数 n 为 31 d。

4.4 模型运行

在工作站中，增加计划任务，将实时更新的样本资料代入灰色预测模型，实现模型的每日定时业务运行。根据项目组要求，2004 年汛期(5～9 月)每天 09:00 之前所有预报结论送武汉区域网，通过网络传输，发往有关单位和部门，供有关领导和预报员使用。

5 检验分析

5.1 综合评定

参照中国气象局《长江三峡二期工程气象保障服务》项目制定的评分标准(见表 1)，对 2004 年 5～9 月 14 个流域预测模型的业务运行结果进行评定。表 1 中实况等级、预报等级均具体划分为，等级 1：0～4.9 mm；等级 2：5.0～14.9 mm；等级 3：15～29.9 mm；等级 4：30～49.9 mm；等级 5：≥50 mm。

表 2 为 2004 年 5～9 月 14 个流域面雨量预报评分结果。从表中可看出，所有成绩均在 75% 以上，24 h、48 h、72 h 平均预报准确率分别达 82%、80% 和 77%；3 种预报时段评分结果差别不大，反映出数值预报产品 72 h 以内预报精度较平均。表中，不同的流域预报准确率有时相差较大，如评分最高的湘水流域与最低的宜宾至重庆流域的预报准确率相差达 12%，

主要原因是流域面雨量为流域所含全部气象站点降水量的算术平均值，因此当流域的站点分布密度越高，通过数值预报格点降水量产品计算的面雨量结果相对较好，反之较差，长江中上游14个流域中湘水流域的站点分布最密集，宜宾至重庆流域站点分布较稀疏，对应结果相差较大；另外不同流域所处的地理位置和地形地貌也相差较大，也导致作为预报因子的数值预报产品对不同流域的预报效果不同。

表1 《长江三峡二期工程气象保障服务》评定标准 (%)

等级	预报等级1	预报等级2	预报等级3	预报等级4	预报等级5
实况等级1	100	60	20	0	0
实况等级2	60	100	60	20	0
实况等级3	0	60	100	80	40
实况等级4	0	20	60	100	80
实况等级5	0	0	20	80	100

表2 2004年5～9月14个流域面雨量预报评分结果 (%)

时段(h)	mt	jl	wj	yc	cw	wy	hs	ed	ht	dt	xs	zs	ys	ls	平均
24	83	76	81	76	80	82	83	80	82	87	89	82	86	79	82
48	81	74	81	74	79	78	83	80	79	83	88	81	82	77	80
72	82	71	77	75	75	71	80	76	73	77	83	78	83	75	77

注：上表中流域代码分别代表：泯沱江、嘉陵江、乌江、宜宾—重庆、重庆—万县、万县—宜昌、汉江上游、汉江中下游、唐白河、洞庭湖、湘江、资水、沅江和澧水流域。

表3为2004年北京T213数值预报产品，武汉MAPS产品和灰色预测模型24～72 h面雨量预报平均评分情况。可看出，经过灰色预测模型再加工，面雨量预报准确率提高1.3%～2.6%。

表3 2004年面雨量预报评分比较 (%)

时间	北京产品	MAPS产品	灰色预测
2004年5～9月	78.7	77.4	80.0

5.2 强降水面雨量评定

参照三峡梯调中心专业气象台《长江上游强降水面雨量预报服务》项目制定的评分标准（见表4），对2004年5～9月14个流域预测模型的业务运行结果进行评定。

准确率计算经验TS评分，即：

TS＝正确分数／（预报次数＋漏报次数） (5)

式中：正确分数由表4计算得到。

表4 《长江上游强降水面雨量预报服务》评分标准 (单位：分)

预报(mm)	实况(mm)				
	<21.0	10.0～19.9	20.0～29.9	30.0～49.9	≥50.0
<20.0	不评	不评	0	0	0
10.0～19.9	不评	不评	80	60	0
20.0～29.9	0	80	100	100	100
30.0～49.9	0	60	100	100	100
≥50.0	0	0	100	100	100

表5、表6中分项评分、总评分均由公式(5)计算得到。

表5为2004年5～9月14个流域强降水面雨量预报评分结果。从表中可见，24 h、48 h、72 h 14个流域平均预报准确率分别为50.1%、36.5%和28.1%；其中24 h强降水面

雨量预报效果较好，48 h、72 h准确率随预报时效的增大而减小明显。

表5　2004年14个流域5~9月强降水面雨量24~72 h评分　(%)

时段(h)	mt	jl	wj	yc	cw	wy	hs	ed	ht	dt	xs	zs	ys	ls	平均
24	40	30	42.5	35.7	48.9	49.1	75	53.9	42.7	71.4	44.3	45.3	65.3	60	50.1
48	0	25	26.2	35	37.5	32.6	26.7	60.9	37.6	44	28	45	29.3	30.4	36.5
72	35	40	28	30	36	26.3	32.5	33.3	23	33.8	31.7	25.3	18.2	18.4	28.1
平均	24	30.8	31.7	33.8	41.2	37.2	46.4	49.7	34.6	50	35.6	38.6	39.5	36.1	38.9

图1为14个流域5~9月强降水面雨量24~72 h评分变化折线图，由图可见，24 h各流域预报准确率均较高，范围为30%~75%，最高为汉江上游流域，达75%；48 h，汉江中下游流域预报准确率最高，为60.9%（沵沱江流域共出现一次强降水过程，漏报）；72 h各流域预报准确率为18.4%~40%，其中嘉陵江流域准确率最高，为40%。

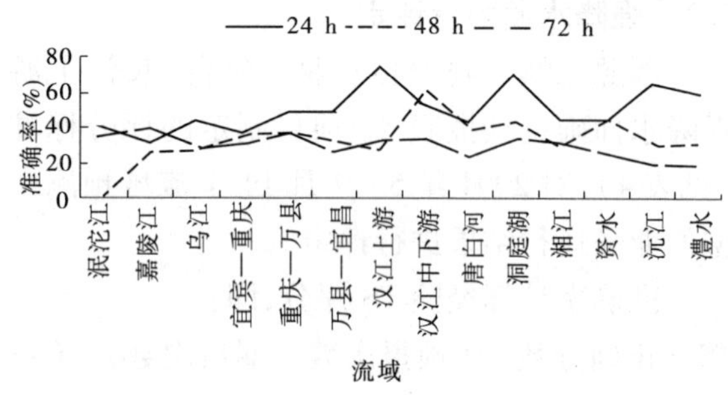

图1　2004年14个流域5~9月强降水面雨量24~72 h评分折线图

表6为2004年5~9月份月强降水面雨量24~72 h评分结果。从表中可见，6月份三种预报时效的平均预报准确率最高，为45.7%，其他月份平均准确率均在30%以上。另外，表中9月份的48 h、72 h预报评分明显偏低，分析原因，主要由于9月份发生了3次强降水过程，对于其中的两次强降水过程（4~5日、20~21日），48 h、72 h时段内没有作出预报，但24 h临近时段内作出了较好预报。

表6　2004年5~9月份月强降水面雨量24~72 h评分　(%)

时段(h)	5月	6月	7月	8月	9月	总评分
24	48.8	60.4	44.6	42.4	50.6	50.1
48	36.7	43	34.2	41.5	20	36.5
72	25.1	33.2	31.7	27.6	13	28.1
总评分	37.6	45.7	36.9	37.3	31.7	38.9

6　结语

（1）应用灰色预测方法制作长江中上游14个流域面雨量预报，通过2004年5~9月业务运行，24、48 h和72 h预报平均准确率分别达82%、80%和77%；≥20 mm的强降水面雨量预报准确率分别为50%、37%和28%，为长江中上游防汛抗洪及三峡工程提供了良好的气象保障服务。

（2）灰色预测方法不需要长的历史资料，计算简便，尤其是资料逐日更新，不随季节变化，能适应数值预报产品更新换代快的变化。

（3）经过对比分析，采用灰色预测模型对多种数值预报产品进行综合应用，提高了预报准确率。

（4）应用灰色预测模型制作流域面雨量预报，实践证明是可行的，但需进一步深入研究，特别是提高强降水面雨量预报的准确率。

参考文献

[1]　邓聚龙.灰色控制系统[M].武汉:华中工学院出

版社,1985.
[2] 涂松柏,李才媛.灰色动力模型在天气预报中的应用[J].大气科学,1990,14(2):188-192.
[3] 李才媛.湖北省梅雨期分级降水预报试验[J].气象,1996,22(1):49-52.
[4] 李才媛.灰色预测方法在制作3~5天中期温度预报中的应用[J].湖北气象,2000,73(2):8-9.
[5] 邓聚龙.灰色预测与决策[M].武汉:华中工学院出版社,1986.
[6] 秦承平,居志刚.清江和长江上游干支流域面雨量计算方法及其应用[J].湖北气象,1999(4):16-18.

加强湖泊保护　提升调蓄功能

——气象环境对湖泊可持续发展的影响及对策

刘志澄

（湖北省气象学会　武汉　430074）

摘　要：以洞庭湖、太湖、梁子湖为例，分析了气象环境对湖泊可持续发展的影响，提出了建设湖北省湖泊气候生态监测网、科学引蓄雨洪资源在重点湖区建人工增雨基地的建设。

关键词：湖泊；调节；湖泊保护；可持续发展；湖北

10年前的'98大洪水，给了人们许多经验、教训和启示。其中重要的一条，就是一定要切实加强湖泊保护，实现湖泊可持续发展，从而保持和增强湖泊调蓄洪水的能力，避免或减轻洪涝灾害的损失。本文通过对'98大洪水的反思，针对气象环境对湖泊可持续发展的影响和当前湖北省湖泊的现状，着重从气象科技的角度提出一些对策性建议。

1　湖泊萎缩、调蓄能力降低是'98大洪水的成因之一

1998年夏天，暴雨、大暴雨、特大暴雨在长江流域轮番反复，江水猛涨，洪水滔滔，长江发生了1954年以来又一次全流域大洪水。连续多日居高不下的水位，一次又一次冲击长江大堤的洪峰，使国家安全和人民生命财产受到严重威胁。特大洪水过后，人们从不同的侧面进行反思。共识之一是：造成这次洪水灾害的原因是多方面的，其直接原因固然是气候异常，雨水过大，而湖泊萎缩、行洪蓄洪区域大幅度减少，也是长江干流水位长时间居高不下的一个重要原因。

众所周知，湖泊不仅在供水、渔业、航运、灌溉、旅游等方面为我们的生产、生活提供多种资源，而且在调蓄洪水、涵养水源、降解污染、调节气候等方面有着显著的生态功能和效益。尤其是湖泊所具有的容纳百川、调节洪峰的功能，在发生长时间降水时对于蓄洪调洪、减轻洪涝灾害的损失发挥着巨大的作用。历史上，长江中下游地区河流纵横，湖泊星罗棋布。但长期以来，由于气候变化、生态环境改变等自然因素，更由于上游树林植被破坏，大量水土流失，导致湖泊泥沙淤积、湖底抬高，尤其是筑堤围湖、填湖造田等人为因素，导致湖泊萎缩、数量锐减、面积缩小，蓄洪调洪能力大大减弱，以至出现连续暴雨时，往往由于湖泊蓄水有限，使得大量的降水汇流入河入江，造成江水暴涨、洪峰猖獗，甚至泛滥成灾。1998年特大洪水，原因之一就是湖泊调节功能下降或丧失。据统计，近30年来，仅湘、鄂、赣、皖、苏5省因围湖垦田而丧失湖泊的面积就达1.2万km^2。其中“北通巫峡，南及潇湘”的洞庭湖早已不复往昔风采，泥沙淤积和人工围垦使洞庭湖的水面面积缩减了一半以上。终于导致在'98大洪水中不仅起不到调节作用，反而向长江泄洪，为洪水推波助澜，加剧了长江的水灾。从洞庭湖区水文站的监测资料中可以看出，在相同的洪峰流量下，20世纪90年代的水位要较60年代高出2~3 m，所以，当1998年最大的一次洪峰以

6.3 万 m^3/s 的速度奔流而下时，武汉的水位迅速跳涨，直到创出接近历史最高（1954 年）。令人后怕的是：如果 1998 年遭遇的是 1954 年那样 8 万 m^3/s 的洪峰，那后果将不堪设想……再拿湖北境内的洪湖来说：据水利专家测算，如果洪湖湖面不缩小，洪湖的洪水位就可以下降 0.8 m；如果江汉湖群不减少，能够保持 20 世纪 50 年代的蓄洪能力，那么近十几年来，尤其是 1985 年、1991 年、1996 年……湖北的防汛形势就不会那么紧张。因此，人们认识到：1998 年的大洪水是给我们再次敲响的警钟，扎扎实实地保护湖泊，实现湖泊可持续发展，提升湖泊调蓄能力，已是迫在眉睫、刻不容缓！

2　号称"千湖之省"、"防汛大省"的湖北，加强湖泊保护尤为重要

万里长江，险在荆江。防汛抗洪历来是湖北省"天大的事"。保护湖泊、实现湖泊可持续发展，保持和提高湖泊调蓄洪水的能力，是湖北防汛抗洪工作中的一项重要内容。

湖北省是长江中游重要的湖泊分布区。荆襄之地古称"云梦大泽"，直至明清之际，湖北省仍享有"千湖之省"的美誉。但是，由于各种自然因素和人类活动的影响，湖北省湖泊数量和总面积明显减少。到'98 大洪水发生的前夕，湖北省大小湖泊只剩 300 个左右，湖泊总面积只剩 23.67 万 hm^2，减少了近 70%！以位居全国第七、湖北省第一的洪湖为例，据史料记载，形成于春秋战国时期的洪湖，1894 年"广 120 里，袤 160 里"，战国初期为 760 km^2。由于自然因素的影响，尤其是 20 世纪 50 年代中期沿湖的洪湖、监利两市县人民群众为了解决温饱问题，大规模筑堤防洪和围湖造田，致使湖泊面积减少到 348.2 km^2，现有面积只占 1950 年的 45.26%。湖北省湖泊面积的减少，使得全省调蓄洪水的能力显著下降，据湖北省水利厅统计，50 年代初期，全省湖泊有效调蓄容积 115.4 亿 m^3，可调蓄省内地表径流量的 12.2%。80 年代，全省湖泊有效调蓄容积为 30.7 亿 m^3，为 50 年代初期的 26.6%。湖泊调蓄能力不断下降是造成湖北省洪水灾害频率越来越高、灾情越来越重的重要原因之一。'98 大洪水就为湖北再次敲响了警钟。

3　气象环境影响湖泊可持续发展的几个实例

充足的水量与良好的水质，是湖泊可持续发展的两个基本要素，保护湖泊必须从这两个方面入手，而这两个要素都与气象环境密切相关。湖泊的变化是自然因素和人类活动综合作用的结果。实践证明：建立完善湖泊气候生态监测网，深入了解气象环境尤其是气候变化对湖泊的影响，科学利用湖泊的气候效应，有针对性地加强湖泊保护和利用，并适时采取人工增雨、引蓄雨洪资源等科技措施缓解湖泊的水危机，是实现湖泊可持续发展的一项重要内容。

3.1　气候变化加剧洞庭湖水域面积减少

八百里洞庭，烟波浩渺。洞庭湖跨湘、鄂两省，位于荆江南岸，是我国第二大淡水湖，承纳湘江、资水、沅江、澧水四水，吞吐荆江洪水，是长江中游重要的调蓄洪湖泊。然而令人忧虑的是：这一水域面积正在明显减少。

受气候变化的影响，洞庭湖水量和面积年内变化显著。正常年份，4 月开始涨水，7～8 月达到高峰，11 月～次年 3 月为枯水期，而 10 月份基本表征当年水面的平均状态。武汉区域气候中心通过卫星遥感观测（见图 1）发现：2006 年 10 月15 日，洞庭湖面积仅有 878.30 km^2，与 2005 年同期的 1 837.32 km^2 相比，减少了959.02 km^2。一年间，洞庭湖水域面积竟减少过半。2007 年洞庭湖面积虽比 2006 年同期有所增加，但仍比 2005 年同期减少了 353.04 km^2。

EOS/MODIS 洞庭湖流域水体面积监测图
2005 年 10 月 10 日

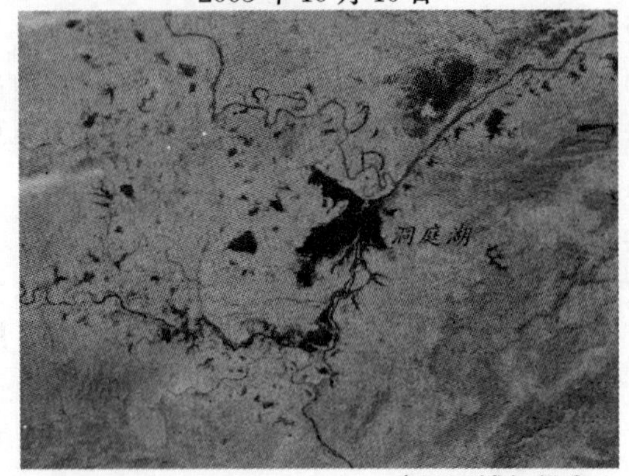

EOS/MODIS 洞庭湖流域水体面积监测图
2006 年 10 月 15 日

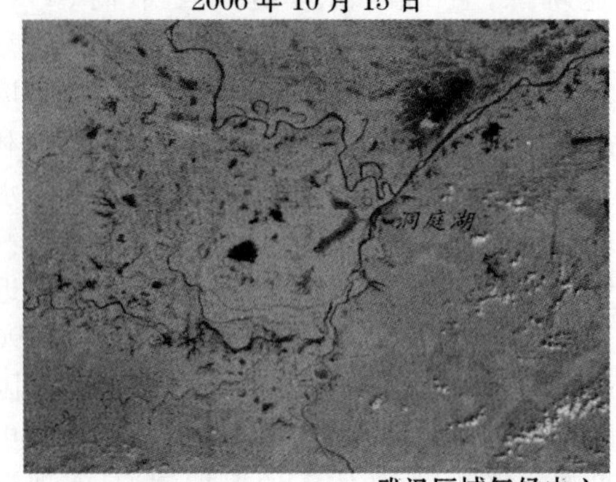

图 1　2005 年、2006 年洞庭湖卫星遥感影像对照图

洞庭湖的水域面积减少引起人们的高度关注。武汉区域的专家深入分析后发现了一组数据:20 世纪 30 年代,洞庭湖最大水域面积曾有近 5 000 km^2;50 年代减少到不足 4 000 km^2;70 年代锐减至2 960 km^2;80 年代至今虽减少速度放缓,但近年来水域面积均不到 2 000 km^2,尤其是 2006 年仅剩下不足 1 000 km^2。

武汉区域气候中心的专家认为,洞庭湖水域面积减少的主因之一是气候变化。20 世纪 50 年代至 70 年代,长江中游旱重于涝,洞庭湖水域面积减少最为显著;而 80 年代至 90 年代,洞庭湖水域面积减少速度放缓,则是与长江中游涝重于旱密切相关。2006 年长江中游的湖北、湖南降水持续偏少,洞庭湖流域 5 ~ 9 月降水总量比历史同期偏少两成,承纳湘江、资水、沅江、澧水四水水量减少,造成水域面积急剧减少。进入 2007 年,湖区前期雨季降水充沛,雨季结束后降水持续偏少,使湖区面积较 2006 年有所增加,较 2005 年仍明显减少。洞庭湖的另一个功能是吞吐荆江洪水。2006 年长江上游川渝等地出现特大干旱,5 ~9 月降水比历史同期偏少 3 ~5 成,上游来水锐减,长江中游监利站 10 月水位仅为 25 ~28 m,比 2005 年明显偏低。2007 年同期则主要集中在 28 ~31 m,也比 2005 年偏低。此外,三峡水库关闸蓄水也在一定程度上减少了长江对洞庭湖的补水。

洞庭湖水域面积减少也有人为因素,泥沙淤积和围湖造田、过度垦殖等活动加剧了洞庭湖水域面积的减少。1998 年长江流域特大洪灾后,国家对洞庭湖实行了退田还湖。从 2001 年开始,洞庭湖水面出现 20 世纪以来首次恢复性增长,湖泊面积比 1998 年增加 554 km^2,蓄洪能力也由原来的 170 亿 m^3 增长到 197 亿 m^3。在气候变化和人类活动的双重影响下,21 世纪的今天,洞庭湖水域面积明显减少,2006 年已减少到有史以来的最小。

洞庭湖水域面积减少会对区域气候造成影响。由于湖泊面积减少,地面对太阳辐射的吸收能力发生变化,对局地气候会造成严重影响。洞庭湖水域面积减少还将影响洪湖和江汉平原湿地生态环境。气象专家认为,气候变化和人类活动影响到洞庭湖水域面积减少,反之,洞庭湖水域面积减少又会影响到气候变化和生态环境。这种相互作用和相互影响是一个长期而缓慢的过程。

3.2　人工增雨缓解太湖水危机

"太湖美,美在太湖水",一曲唱出了太湖波光粼粼、风光旖旎的柔美风情。

然而,由于 2007 年 5 月下旬太湖蓝藻提前暴发,使江苏省无锡市水源地一度受到严重污染,美丽的太湖经历了一场水危机。2007 年春季以来,苏南地区气温持续偏高,雨水偏少,太湖蓄水量减少,5 月份无锡区域水位出现 50 年来最低。入夏以后的东南风把几乎整个太湖水域的蓝藻都刮到太湖无锡水域的梅梁湖和贡湖岸边，而高温天气和阳光的暴晒又导致蓝藻在岸边死亡、腐烂，发出刺鼻的臭味，污染了湖水。在无锡梅梁湖、贡湖等水污染的重灾区，自来水生产厂的取水口受到直接污染，从5月29日起，无锡市区居民生活用水出现异味，无法正常饮用，严重影响了市民的正常生活。

江苏省委、省政府高度重视太湖蓝藻防治问题，要求各有关部门通过调水、引流、关闸、增雨等四项措施加大生态应急处置力度。5月31日至6月1日，江苏省气象部门在太湖周边布设的8个人工增雨作业点连续移动作业，共发射火箭弹39枚，取得了明显的增雨效果，太湖周边普降中雨，局部大雨。6月28日，江苏省气象部门又利用有利天气时机，实施人工增雨连续移动作业，太湖地区普降中到大雨。人工增雨对增加太湖地区降水量、改善太湖水质、降低湖水温度、抑制太湖蓝藻生长、缓解蓝藻造成的影响起到了积极的作用。目前气象部门仍在密切监测天气形势变化，一旦出现有利天气过程，就实施人工增雨作业。

3.3　雨洪资源及时为湖泊补水增水

地处长江南岸、境内湖泊众多的鄂州市，是闻名中外的武昌鱼的家乡。

2005年1～7月，鄂州市降雨比历史同期少一半以上。进入7月份，鄂州市更是晴热少雨，城区7月1日至8月16日总降水量仅119.0 mm，较历史同期偏少55%。严重的干旱，使得众多湖泊萎缩，面积减少，水量不足，生态环境恶化。鄂州市依据气象变化趋势预测，采取空中截水、涵闸引水、水库放水、泵站提水等措施，充分利用雨洪资源，为湖泊补充水源。6月下旬以来，该市抢抓长江上游降水、江水水位较高的有利时机，先后开启沿江7处重点涵闸，累计引江水3.2亿 m^3，开启35座水库放水和700处泵站提水，调度水源2 300万 m^3，及时有效地补水调水，保证了多方用水需求。解决了1.2万人和1.1万头牲畜饮水困难，浇灌农田1.67万 hm^2；抬高长江水位2 m左右，保证了航运畅通；向城区内的洋澜湖补水1 000万 m^3，使之重新成为市民休闲娱乐的场所。该市通过科学地开发和调度雨洪资源，及时为湖泊补水增水，缓解了内湖水产养殖、生态旅游、航运等缺水问题，取得了明显的经济效益。

3.4　调温效应为湖泊的开发利用提供科学依据

湖泊能否可持续发展，关键在于能否科学合理地开发利用。研究和了解湖泊的“调温效应”，是湖泊开发利用的基础性工作之一。

气象专家通过观测和研究发现：湖泊对周边地区白天有降温效应，夜间有增温效应；这种效应晴天大于阴天；夏季白天的降温效应大于夜间的增温效应，冬季的情况则相反；这种效应可抑制极端最高气温，抬升极端最低气温。进一步的研究发现：湖泊对温度的影响，近地层主要发生在上风岸2 km以内和下风岸10 km以内，其中在5 km之内变化最为明显；影响的空间呈“舌状”分布，在下风方向，离岸距离越远，影响的高度越高；在200～400 m高度，影响的水平距离最大，可达几十千米。

气象专家还发现：在有强冷空气或持续高温影响时，长江中下游的平原湖泊可使周边地区的温度增减2 ℃左右，从而对气温起到一定的调节和补偿作用。特别是在强对流天气频发的夏季，湖泊的调温效应减小了气温直减率，增大了大气稳定度，从而使雷暴、冰雹、龙卷风等强对流天气出现的几率和强度有所减少，移动路径也有所改变。

从某种意义上说，湖泊的调温效应是一种宝贵的自然资源。一些地方政府在带领群众进行湖泊的开发利用时，尤其是在安排农业生产、作物布局、水产养殖、生态旅游等项目时，充分考虑了气象环境对湖泊的影响和湖泊的气候效应，取得了良好的效果，也增强了群众对湖泊的了解和保护意识，促进了湖泊的可持续发展。

4　从气象科技角度提几点对策性建议

为了保护湖泊、实现湖泊的可持续发展，必须调动多方面的力量，采取多种措施，实行综合治理。在加强湖泊的水利防洪建设，实施堤防加固、河道疏浚、洲滩整治、平垸行洪、退田还湖等工程建设的同时，还需切实加强生态环境的建设，建立合理的水资源分配、综合开发利用的管理体系。现从气象科技的角度提几点建议。

4.1 抓紧建设全省湖泊气候生态监测网

气象环境尤其是气候变化直接影响到湖泊的发展，而湖泊的变化又会改变下垫面的性质，影响蒸发、湿度、风速以及气温、降水等气象要素的变化，从而影响到局部气候的变化，并有可能诱发或加剧湖泊地区灾害性天气的发生和发展。近百年来，地球的气候正经历着以全球变暖为主要特征的显著变化，这些变化给地球自然生态系统和社会经济系统造成了持续的、多方面、多层次的影响。在全球气候变暖的大背景下，湖泊变化与气候变化之间相互作用、相互影响的关系将会更加突出。因此，必须尽快建设湖北省的湖泊气候生态监测网。

在武汉市政府和省、市气象局的共同支持下，"武汉湖泊气候生态监测站"于2006年基本建成并投入业务运行。该站的任务是对湖泊的主要气候生态要素、水质要素、面积的季节变化及其相互影响、相互作用的机理开展长期定位监测与研究，建立湖泊气候生态环境监测信息系统和资料共享平台，针对突出的湖泊气候生态问题开展深入的研究，从而为政府和有关部门进行生态环境建设和科学保护决策提供服务，为社会公众发布有关信息，促进湖泊的可持续发展。目前，该站已完成了自动气象站、湖面小气候梯度系统、湖泊涡度协方差系统、多参数水质在线观测仪、化学分析实验室、湖泊生态气象资料监控室等设施的建设，并已多次向武汉市政府及相关部门提供武汉湖泊气候生态的第一手资料和监测评估报告。

然而，号称"千湖之省"的湖北，仅有武汉一个站是远远不够的。建议在湖北省重点湖泊地区，选取适当的地点建设一批类似的湖泊气候生态环境监测站，并采用"一站多点"的形式，建成全省湖泊气候生态监测网。湖泊气候生态监测网将与湖北省有关部门、大专院校设立的湖泊生态、水质、水情监测点联网，形成全省完整的湖泊监测网和数据库，及时开展信息评估、预测预警、应急预案等工作，共同为湖泊的可持续发展、为生态环境的保护和建设提供科学的依据和优质的服务。

4.2 科学引蓄雨洪资源，既要防洪保安又要及时为湖泊补水增水

湖北省一方面暴雨频繁，易出现洪涝，另一方面干旱较多，干旱时水资源严重短缺，许多湖泊在干旱时萎缩、干涸以至消亡。因此，湖泊地区既要重视防洪保安全，又要能在干旱时及时补水，从而保持充足的水量和良好的水质，实现可持续发展。针对湖北省在暴雨或洪涝之后往往出现一段相对气候干旱的特点，以及大型湖泊大多在沿长江、汉江一带的状况，建议各级政府和相关部门坚持"人水和谐"的治水理念，高度重视雨洪资源的科学调度。尤其要依据气象预测，把握由"汛"转"旱"的关键天气，充分利用转折前夕的暴雨尤其是"出梅"的最后一场暴雨；或抓住长江、汉江高水位的时机，充分利用上游过境的洪水。要在确保防洪安全的前提下，实行风险管理、动态管理，对雨洪资源进行风险调度和综合利用，变单纯的"泄蓄"调度为洪水和资源结合调度，变汛期调度为全年调度，变水量调度为水量与水质统一调度，充分发挥闸坝等水利工程的作用，做到以动治静、以丰补枯，把多余的水送走，把需要的水留住，提高雨洪资源的利用率，及时向湖泊补水增水，保持湖泊的水量和水质。在湖泊湿地严重萎缩的地区，还可利用雨洪资源重新充盈湖泊湿地，进行生态重建。

4.3 在重点湖区建立人工增雨基地，拦截空中云水，补充湖泊水源

为了切实保护湖泊、实现湖泊可持续发展，必须建立科学合理的长效补水机制。湖北省降水时空分布不均，干旱发生的频率很高。严重的干旱导致湖泊萎缩甚至干涸，生态环境遭受严重影响。特别是近年来受气候变化等多种原因的影响，部分地区严重旱灾的出现频率明显增加，成为不利于湖泊可持续发展的重要自然因素。因此，作为长效补水机制的一项重要内

容，建议省政府在重点湖区建立人工增雨基地，采用科学手段拦截天上水，补充湖泊水源。

江河、湖泊水量的补给来源为大气降水。大气降水来自空中水汽，而大部分空中水汽只是在空中流过（据专家分析大约有 4/5），并未成云致雨降落到地面。根据相关研究，湖北省水汽循环特征明显，空中云水资源极为丰富，仅 6～9 月干旱季节空中水汽总量就超过 30.1 亿 m^3（不包括局地含水量丰富的积云），开发利用的潜力十分巨大。现代的人工增雨就是在适宜的云水条件下，利用飞机、高炮、火箭等工具向云中播撒催化剂，改变云（雾）的微结构，促进水汽和云水向降水转化，使实际降水比自然降水明显增加。经过多年的建设和发展，湖北省人工影响天气现代化业务技术体系已经建立，科技水平、业务能力明显提高，开展人工增雨作业已积累了丰富的经验。例如恩施州气象部门应电力部门的要求，每年在少雨干旱季节为水库进行人工增雨，多年来相继为宣恩的龙洞水库、来凤的新峡水库、恩施的车坝水库、咸丰的朝阳寺水库实施过人工增雨，都取得显著成效，受到当地政府和受益单位的高度赞扬。因此，如果在大型湖泊周边和水源区布设一定数量的人工增雨作业点，在适当的地方建立人工增雨基地，充分发挥湖北省已建成的人工影响天气作业指挥中心的作用，在少雨季节捕捉时机，进行区域联合协同增雨作业，必将在湖区达到最佳增雨效果，为湖泊增加水源，改善湖泊的水量和水质，从而为湖泊的保护和可持续发展起到积极的作用。

湖北省长江堤防1998年溃口性险情整治及其效果后评估

梅金焕

（湖北省防汛抗旱指挥部办公室　武汉　430071）

摘　要：概述了1998年湖北长江堤防出现的34处溃口性险情的情况及除险加固措施等，分析了加固效果，提出了加强堤防管理的意见。

关键词：溃口性险情；跌窝；除险加固；长江；堤防；湖北；1998年

1　引言

1998年，长江发生了自1954年以来的流域性大洪水。从7月上旬至9月上旬，长江干流宜昌至湖口段共产生了8次洪水，其中以第6次洪水的洪峰水位最高，沙市、监利、城陵矶（莲花塘）、螺山等站分别比1954年最高水位超出0.55、1.74、1.85、1.78 m，汉口、黄石等站仅次于1954年最高水位。同时，受长江干流洪水顶托影响，汉江、东荆河、汉北河等中小河流尾闾及荆南四河水位均超过历史最高水位。

全省直接挡御超历史最高水位的堤长共2 745.5 km，其中长江干堤长894.9 km，汉江干堤及东荆河堤长235 km。全省修筑子堤长达1 147 km，子堤直接挡水的有723 km，最大挡水高度达1.8 m。

由于洪水水位高，持续时间长，湖北省堤防共出现各类险情4 974处，其中重大险情540处，而540处重大险情中溃口性险情34处（这类险情如抢护不当，或抢护不及时，可能造成溃口，故称溃口性险情）。为确保来年堤防安全度汛，根据省防汛抗旱指挥部的决定于当年9月中旬，由湖北省防办牵头，组织湖北省水利厅堤防处、水利水电勘测设计院等单位、部门的骨干技术人员，对34处溃口性险情逐处现场查勘，研究制订应急整险方案，并要求在1999年汛前完成整险任务。应急整险工程设计及计划中，除少数穿堤建筑物外，均于1998年10月批准下达，沿江各地迅速掀起施工高潮，在只有补助性投资情况下迅速完成了工程任务，为抗御1999年洪水奠定了良好的物质基础。本文受篇幅所限，只对34处溃口性险情及其整险方案作简要的叙述。整险方案在实施过程中，虽有少数工程设计作了局部调整，但不影响主体工程，在此也不赘述。

本文所采用的高程系统均为吴淞冻结基面。

2　险情整治措施简述

2.1　荆州区长江干堤大口管涌群

由于该险段无地质钻孔资料，为稳妥起见，采取水平防渗措施，即：堤内填塘顺堤长200 m，宽270 m，并填筑内平台30 m；填塘坡脚处设导滤沟；堤外填取土坑顺堤长400 m、宽50 m，并填筑外平台50 m。

2.2　监利县长江干堤上车湾堤内脱坡

首先清除抢险时外帮截渗土体，然后顺滑弧面清除堤内滑坡体，再逐层回填碾压，对堤身加高培厚，并加填内外平台固脚。加固堤长200 m。

2.3　监利县长江干堤南河口管涌群

根据管涌险情分布情况及附近地质勘探资料分析后，决定采用堤外水泥截渗墙及堤内填塘盖重,垂直防渗与水平防渗相结合的措施,加固堤长1 000 m。

2.4 监利县长江干堤下红庙浑水洞

首先在出现浑水洞处进行局部并挖翻筑,然后清除抢险时外帮截渗土体,重新外帮3 m厚黏土,逐层碾压夯实;堤身锥探灌浆,内外平台加高加宽。加固堤长200 m。

2.5 监利县长江干堤杨林港管涌群

根据附近地质剖面图分析及现场地形决定:采取吹填方式回填港塘至地面高程,其上填筑耕植土厚0.5 m;沿塘外侧设排渗导滤沟;堤内加填平台长500 m。

2.6 监利县长江干堤卢家月浑水漏洞

首先拆除抢险时填筑的外帮截渗土体,在堤身循浑水漏洞通道抽槽翻挖,换土回填(原堤身土体为高液限土);堤身锥探灌浆,外帮黏性土体厚3 m;加筑内外平台,降低堤身垂高,工程长度500 m。

2.7 监利县长江干堤三支角管涌群

地勘资料表明,三支角上至杨林港,下迄赵家月,在长约10 km范围内堤基上部黏性土层中夹有浅砂层,采用垂直截渗会有良好的效果。但工期长,造价高,不能满足1999年的安全度汛要求。仍采取水平防渗措施:堤内渊塘填至当地地面高程以上0.5 m;增设600 m长内平台。施工前先排干塘水,清除抢险用的反滤料等,对管涌孔口进行清理后回填黏土并夯实。

2.8 监利县长江干堤姜家门管涌

该处管涌发生在堤脚,采取延长渗径,压、导结合的措施,即堤外填筑铺盖,堤内加设盖重,内平台坡脚处减压排渗沟,沟内设砂井与砂层连通。工程长度300 m。

2.9 监利县长江干堤赵家月管涌群

鉴于地勘资料不充分及工期、投资限制,采取与三支角相似的水平防渗措施:堤内渊塘填平至当地地面高程以上0.3 m;加高加宽内平台,长650 m。填塘前先排干塘水,清除抢险用的反滤料,再清理管涌孔口后回填黏土并夯实。距堤内脚150 m处设减压排渗沟,长650 m,沟中设排渗砂井使减压沟与砂层连通。

2.10 监利县荆江大堤杨家湾管涌

鉴于该处长江侧堤外滩地狭窄,堤基透水层深厚,堤内大面积分布坑塘、沼泽、沟渠,采取垂直防渗(堤基防渗墙)或水平防渗(堤外铺盖、堤内盖重)都费时费资,不能达到确保次年安全度汛的要求。只能采取应急措施:距堤内脚200 m范围吹填盖重;距堤内脚100 m处设置排渗减压沟,沟内设减压井;出险处清除抢险用的物料,再对管涌孔进行清孔后回填封堵,然后将沼泽地填至地面高程。即导压结合的措施。

2.11 洪湖市长江干堤周家嘴清水洞群

工序为:清除抢险时填筑的截渗土料及反滤导渗物料,沿渗流通道或蚁穴蚁道,翻挖换土回填,堤身锥探灌浆(长1 065 m);堤身迎水坡设置固化防渗斜墙(长1 500 m)。

2.12 洪湖市长江干堤田家口管涌群

地质资料表明:从堤内脚至离堤脚250 m范围内黏土层厚5~7 m,下为深厚的细砂层;现场可看到地面存在水沟(距堤内脚70~80 m)和水田(距堤内脚240~250 m),水田与内平台之间为1997年以前的吹填区。仍采取压导结合的措施:堤内顺堤长1 500 m,距堤脚150 m范围内设压浸平台(宽80 m)、二级平台(宽70 m)形成盖重;在距堤脚150 m处设减压沟,沟内设导渗砂井使减压沟与砂层相通。施工前清除管涌孔口杂物。

2.13 洪湖市长江干堤八十八潭管涌群

从地质结构看,该堤基为多层透水地基,下伏深厚的透水砂层向堤内呈上升状,水塘中砂层基本出露。险情均出在塘中。采取措施是压截结合:在堤内渊塘吹填的基础上,机械运土填筑两级内平台,各宽50 m;堤外堤顺堤长1 000 m范围内进行垂直铺塑截渗。

2.14 洪湖市长江干堤王洲管涌

由于管涌孔口离堤内脚仅25 m,首先对孔口处抢险用的反滤料进行清除,然后进行开挖抽槽,摸清局部地质地物情况后黏土封孔回填。同时对顺堤长300 m,距堤脚150 m范围内的坑塘、低洼地进行机械运土填筑,再在其上按两级平台填筑,形成宽150 m盖重层。并在二级平台脚修建导渗沟,沟中设导渗井。

2.15 洪湖市长江干堤套口管涌群

根据该处险情及地质地形条件,采取的措施与上述相似:先清除管涌孔口抢险用的反滤料并用黏土封孔,然后机械运土填筑两级内平台(因该处堤外无滩,无吹填取土场),长240 m,宽170 m,二级平台脚设减压沟,沟中设导渗砂井。

2.16 洪湖市长江干堤中沙角、小沙角管涌群

两处险情相距约500 m,地质地形条件相似。均采用吹填,将渊塘填至地面以上0.5 m,再机械运土填筑两级内平台,长300 m,宽150 m,二级平台脚设减压沟,沟中设导渗砂井。实际施工中,考虑小沙角填方较小,堤外滩有土可取,小沙角填筑全部为机械运土。

2.17 洪湖市长江干堤虾子沟管涌群

该处险情主要出现在离堤内脚170~200 m水沟内,堤内脚与水沟之间曾进行吹填盖重,满足抗渗要求。采取的措施是清除水沟中抢险用的反滤料,按三级配在沟底铺垫反滤层;对顺堤长1 700 m,距堤内脚200 m范围内低洼地带进行局部填筑土方工程。

2.18 洪湖市长江干堤王家潭内脱坡

首先清除抢险时的外截土体和内土撑,清除滑坡体,再换土进行逐层碾压回填,并按设计断面加高培厚堤身,加填内外平台固脚。加固堤长450 m。

2.19 洪湖市长江干堤天门堤管涌

首先清除管涌抢险时的反滤料,对距堤内脚60 m水沟中的孔口进行清孔后填黏土封堵;水塘填筑至地面高程,在顺堤长300 m距堤内脚150 m范围内设两级平台(一级宽50 m,二级宽100 m),二级平台脚设导滤沟。

2.20 洪湖市长江干堤七家垸严重散浸、漫溢

首先对严重散浸形成浑水漏洞部位进行翻挖回填,再对堤身进行锥探灌浆,然后按设计标准断面加高加宽堤身及内外平台,内、外平台宽均为50 m,加固堤长500 m。废除七家垸堤。

2.21 洪湖市长江干堤任公潭管涌群

根据地质、地形及出险情况,对顺堤长500 m,距堤内脚150 m范围内渊塘、低洼地进行吹填,再机械运土覆盖,形成两级平台(一级宽50 m、二级宽100 m),二级平台脚设导渗沟。吹填前先清除管涌孔口杂物及反滤料。

2.22 赤壁市长江干堤八把刀管涌群

根据该处地质条件及1996年整险情况,仍采用压导结合措施:在顺堤长800 m、距堤内脚150 m范围机械吹填,一级平台宽50 m,二级平台宽100 m,并清洗老减压井,增设新减压井。吹填之前进行清基,对较大管涌孔口进行清孔后用黏土封孔。

2.23 赤壁市长江干堤老堵口管涌群

该险情与八把刀同处陆水河左岸,地形地质条件及1996年整险情况均相似,采取的整险措施也相似:在顺堤长1 600 m,距堤内脚150 m范围机械吹填,形成两级平台。

2.24 嘉鱼县长江干堤邱家湾管涌群

该处堤外无滩,堤基渗径短;从仅有1孔钻探资料看,堤内表层砂壤土厚约2 m,下卧粉细砂、粗砂,厚约28 m,在堤后渊塘中可能出露。为确保1999年安全度汛,对顺堤长1 000 m、距堤内脚150 m范围机械运土填筑(该处堤外无滩,附近无吹填土场),分两级平台形成盖重。同时因汛期发现堤身存在白蚁隐患,进行蚁巢翻筑和堤身锥探灌浆。

2.25 武汉市汉口沿江堤丹水池浑水洞

该处防洪墙系由专防单位1956年兴建、1989年加高的,除基础不良之外,防洪墙结构也复杂多样,且墙身多处裂缝,局部钢筋锈蚀、混凝土碳化,结构强度不足。经方案比较后,采取拆除老墙,原地重建新防水墙,根据地质条件挖槽换填黏土处理基础。工程长度3 325 m。

2.26 黄州区长江干堤长孙堤管涌群

针对长孙堤地质地形条件和出险情况,采取前截、后压加导的措施。

前截:受投资及工期限制,仅实施混凝土防渗墙长1 000 m。

后压:实施顺堤长7 750 m,距堤内脚150

m范围填筑平台作盖重,一级平台宽50 m,二级平台宽100 m;修复历次整险留下的减压井、导渗沟。

2.27 浠水县长江干堤五里荒浑水洞

从出险情况看,主要是堤身及内平台存在生物洞穴。采取的措施:沿渗水通道进行翻挖填筑;堤身锥探灌浆,顺堤长1 000 m;堤内填筑平台长1 000 m、宽30 m。

2.28 公安县松东支堤港关浑水洞群

该处堤外无滩。在对沿渗水通道进行翻挖回填后,对堤身进行锥探灌浆,再按堤顶面宽8 m,堤顶高程超设计洪水位1.5 m进行堤身内帮,加筑宽20 m内平台。工程长度1 000 m。

2.29 公安县松东支堤新店浑水洞

该处与港关一样,堤外无滩,堤身单薄,更严重的还存在白蚁隐患。采取的措施与港关相同。工程长度1 600 m。

2.30 蕲春县赤东支堤付草湖漏洞群

该处堤外无滩,堤内地势低洼,堤身白蚁严重危害。采取的措施是沿蚁穴、蚁道翻挖换土回填,填筑堤内低洼地,堤身锥探灌浆并按堤面宽6 m进行内帮。

2.31 监利县长江干堤何王庙闸漏水

针对该闸存在的问题,对该闸实施改建:拆除原闸室,向外江侧延长洞身,在外江侧新建闸室。

2.32 蕲春县长江干堤新港闸渗漏

鉴于原闸基已部分淘空,拱涵及底板结构受破坏,拆除封堵旧闸,在原闸址上游30 m处按原规模建新闸。

2.33 汉川市汉北河民乐闸闸门变形、脱槽

该闸出险原因除内外水位差大、闸门年久失修外,还与闸孔尺寸及闸门结构有关,对该闸闸室进行改建,改单孔为3孔,改桁架钢闸门为平板钢闸门。

3 整险效果评估

3.1 1999年洪水检验

1998年汛后对34处溃口性险情整治,首先是立足于次年的安全度汛,其次是在资金、时间的允许下,对险情进行根治,按照确保次年安全度汛的要求,1999年汛前完成了34处溃口性险情应急整治。而1999年又恰逢长江特大洪水,又称其为1998年的"姊妹水"。这两年中,长江中游干流各主要水文(水位)站发生的洪峰水位、洪峰流量相近,见表1。

表1 长江中游干流1998年、1999年最大洪峰比较

站名	1999年		1998年		两年差值	
	洪峰水位(m)	洪峰流量(m^3/s)	洪峰水位(m)	洪峰流量(m^3/s)	水位(m)	流量(m^3/s)
宜昌	53.68	57 500	54.50	63 300	-0.82	-5 800
枝城	49.64	58 400	50.62	68 800	-0.98	-10 400
沙市	44.74	48 400	45.22	53 700	-0.48	-5 300
监利	38.30	41 200	38.31	46 300	-0.01	-5 100
城陵矶	35.68	34 200	35.94	35 900	-0.26	-1 700
莲花塘	35.54		35.80		-0.26	
螺山	34.60	68 300	34.95	67 800	-0.35	+500
汉口	28.89	68 800	29.43	71 100	-0.54	-2 300
黄石	25.91		26.31		-0.40	
武穴	23.49		24.04		-0.55	
九江	22.43	67 500	23.03	73 100	-0.60	-5 600
湖口	21.93		22.59		-0.66	

从表1中可以看出,1999年洪峰水位和洪峰流量与1998年比较,长江中游干流两端差别略大,中间差别较小,其中城陵矶附近十分接近,因此这两年长江堤防出现的险情具有可比

性。

1999年汛期长江堤防出现的各类险情共1 192处，其中重大险情14处，见表2。

表2所列14处重大险情中有两处溃口性险情，分别为嘉鱼县长江干堤邱家湾管涌，汉南区长江干堤向心潭脱坡，分析其出险原因，邱家湾管涌出现在1998年管涌群旁20余m处，该处已于1999年汛前填筑盖重，但因取土运距远，工期短，二级平台工程未完全达到设计要求；向心潭堤内滑坡，系因该处堤基为软基，在1998年汛后堤身加培土体所产生的荷载作用下，造成土体整体滑动。将表2中所列1999年险情与前面所述1998年险情比较，可以看出：

（1）1999年险情无论数量上还是严重程度上都远低于1998年险情。重大险情前者为14处，后者为540处；溃口性险情前者为2处，后者为34处。

（2）1999年两处溃口性险情，邱家湾系施工未达到设计要求引起的，向心潭系平台未固脚产生的。

（3）在14处重大险情中，只有杨家湾、邱家湾、长孙堤及付草湖等4处险情在1998年34处溃口性险情附近。其中杨家湾、长孙堤、邱家湾两年中发生的险情属同一部位、同一类型。而付草湖出现的险情类型及部位与1998年不一样，1999年为堤基管涌，而1998年为堤身漏洞群。

表2　1999年长江堤防重大险情统计

序号	县别	堤别	地点	险情名称	出险日期月-日	出险水位(m)	险情概述
1	公安	长江干堤	吴量庵	管涌	07-23	40.59	距堤内脚300 m的石油勘探井鼓水冒砂、井口直径15cm
2	监利	荆江大堤	杨家湾	管涌	07-19	37.65	距南侧堤内脚420 m，距西侧堤内脚120 m的吹填区内出现2个孔径分别为15 cm和10 cm的管涌，出险处高程31.40 m
3	监利	荆江大堤	窑圻恼	管涌	07-19	37.52	距堤内脚650 m的鱼塘内出现4个管涌，孔径3～5 cm，孔口周边有砂盘，砂盘高20～40 cm，鱼塘水位28.80 m，水深约0.5 m
4	洪湖	长江干堤	夹堤	管涌	07-20	33.60	距堤内脚70 m处出现1孔径6 cm的管涌，出水量约0.5 L/s。经查，为1998年汛后地质钻孔封堵回填不实造成
5	汉南	长江干堤	向心潭	脱坡	06-16	23.86	在长200 m范围内堤内坡滑矬，坎高0.5 m。至6月28日，发展到长300 m堤内坡，其中长210 m堤身整体下滑，堤内肩最大下滑高度达2.6 m，堤内平台脚鱼塘有淤泥隆起现象
6	汉南	长江干堤	四成闸	管涌	07-28	29.80	距堤内脚188 m的水沟内，在不足2 m^2 的区域内出现6孔管涌，孔径4～15 cm，出砂量约1 m^3。出险处高程24.92 m
7	嘉鱼	长江干堤	邱家湾	管涌	07-03	31.36	距堤内脚95 m出现1孔径约20 cm的管涌，险情发展较快，出水量约100 L/s，孔口周围已形成砂盘，砂盘约6 m^3
8	阳新	长江干堤	棋盘洲	管涌	07-23	24.83	距堤内脚200 m处出现1个孔径为15 cm的管涌。次日又在其附近约2 m处出现3个孔径10～15 cm的管涌
9	阳新	长江干堤	五里荒	管涌	07-12	23.70	距堤内脚200 m渠道内出现2个孔径约10 cm管涌

续表2

序号	县别	堤别	地点	险情名称	出险日期月-日	出险水位(m)	险情概述
10	黄州	长江干堤	长孙堤	管涌群	07-04	25.78	距堤内脚55~200 m,顺堤长3 120 m范围内共出现管涌16孔,孔径一般5~15 cm,最大40 cm
11	浠水	长江干堤	永保堤	管涌	07-25	26.13	距堤内脚200 m处棉花地内出现1孔径为25 cm的管涌,在其附近10 m处出现1孔径为10 cm的管涌
12	石首	联合垸堤	小新口	管涌	07-10	37.69	距堤内脚60 m处出现1孔径为8 cm的管涌,孔口周围砂盘高10 cm出险处高程31.00 cm
13	蕲春	赤东支堤	吐气港	管涌	07-05	23.35	距堤内脚70 m的坑塘中出现1孔径为18 cm的管涌,出险处高程17.50 m,5天后,外河水位达23.60 m,距堤内脚66.5 m的内平台脚出现1孔径为20 cm的管涌,出险处高程20.50 m
14	蕲春	赤东支堤	付草湖	管涌	07-28	24.46	距堤内脚160 m水沟中出现2个孔径分别为20 cm和15 cm的管涌,出险处高程18.00 m

应该说明的是,监利县三洲联垸是长江干堤外垸,垸堤长49.9 km,垸内长江干堤长33.2 km,自1980年以后,垸内长江干堤未挡过洪水,也未进行过整险加固。1998年8月9日三洲联垸扒口行洪后,短短33.2 km堤防出现溃口性险情5处。而1999年三洲联垸未扒口,这段长江干堤未直接挡水,不过1998年汛后对这段堤防进行了全面加固,即使直接挡水也不太可能出现重大险情。

综上所述,可以得出如下结论意见:1998年长江堤防34处溃口性险情,经过应急整治,只有杨家湾和长孙堤在1999年汛期再次发生险情,但险情危险程度降低,表明虽然当年整险投资有限,工期较短,但整险达到了预期的效果,有效减轻了1999年汛期长江防汛压力。

3.2 经验和教训

1998年汛后对溃口性险情应急整治取得成功,主要归功于前期工作的深入、扎实、科学。

(1)深入现场调查研究。工程技术人员自当年9月中旬开始研究整险措施,收集、整理相关资料,提出初步方案。10月6日开始,趁当时长江水位还未全部归槽之际,对34处溃口性险情逐处进行现场查勘,并与当地工程技术人员共同查阅资料,分析出险原因,讨论整险方案。

(2)仔细查阅相关资料。工程技术人员仔细查阅有关勘探测量、历年防汛总结、水利工程志书、河道堤防工程基本情况及部分设计报告等资料,了解此处险情的历史出险情况,分析出险的成因。

(3)充分利用已有的勘探测量资料。在34处溃口性险情中,有22处属洪湖监利长江干堤、荆江大堤,有1处属武汉市堤,有4处为咸宁、黄冈的老险工,有3处为涵闸险情,大都有整险加固或新建工程设计时的勘探测量资料,虽然受当时经济、技术所限,深度、精度都不完全满足要求,但有一定的利用价值。

(4)科学制订整险方案。工程技术人员在现场查勘、室内查阅资料、分析计算的基础上,对整险方案进行研究、比选,结合实践经验,提出切实可行的技术措施。如对管涌险情,采取以填塘固基、增加盖重和铺盖为主,以排渗减压为辅的压导结合的工程,能够消除险情或减轻险情对堤防的危害程度,在局部区域采取垂直防渗与水平防渗相结合的工程措施(当时作为试验段),也取得了同样的效果。

此外,通过1998年和1999年的防汛抢险和应急整险的实践,我们在堤防管理工作方面也取得了一些教训和启示。

(1)干堤外有民垸堤的地方,不能重民垸

堤的建设,轻干堤的建设和管理。监利三洲联垸和洪湖七家垸内干堤均年久失修,遇大水年在外垸堤扒口后直接挡水情况下,就有溃决的危险。

(2)堤防施工不能就近取土,堤脚附近不能开沟挖渠。管涌险情多出现在坑塘、沟渠内,皆因这些地方覆盖层被削弱甚至切穿所致。

(3)堤防安全保护区内钻探应认真封孔,打井应严格禁止。由于钻孔、打井(水井、石油井)而未经认真处理汛期引起堤防管涌险情,不仅增加了防汛压力,而且浪费了大量人力、物力和财力,必须痛定思痛。

(4)堤身险患处理重在平时。由于白蚁等生物一般穴居在堤面以下至堤身浸润线以上,日常不易发现,一般洪水时也不会暴露,到高水位、大洪水时,其巢穴和通道就成了水流通道,极易造成堤防溃决。也有堤身加培施工时因碾压不实,清基不彻底,或施工交接处未交错碾压等留下隐患,高水位时一旦形成渗流通道,险情发展极快。这类隐患要靠平时经常对堤身锥探灌浆才能发现和消除。

江汉—洞庭湖平原区洪灾形成与防治的环境地质研究

陈国金

（湖北省水文地质工程地质大队　荆州　434020）

摘　要：江汉—洞庭湖平原区洪灾的形成发展与地质作用（构造沉降作用、泥沙淤积作用、人类工程作用及管涌崩岸作用）有密切关系，开展该地区洪灾形成与防治的环境地质研究，避免发生区域性重大洪灾是防洪和环境灾害地质科学技术研究领域的一项重大课题。在对江汉—洞庭湖平原区地质环境背景分析的基础上，论述了4种地质作用及其对洪灾形成的影响和控制，采用重复水准测量法、GPS定点监测法得出了现代构造沉降速率的量化数据，提出了地质作用条件下正确处理人与自然的关系，调整水沙重新分配的防洪减灾思路与对策建议。

关键词：江汉—洞庭湖平原区；洪水；灾害；地质条件；地质特征；防洪

1　引言

长江中游洪灾是中华民族的心腹之患，江汉—洞庭平原区又是长江中游洪灾最为严重的地区。该地区高程低于31 m的面积有25 556 km^2，占整个平原面积的79.5%，这些低平原区，平时则涝渍为患，冷浸低产，一旦洪水达平滩以上，则是居高临下之势，全靠一堤相挡，危如累卵，在高水位差下，渗漏、管涌年年加重，江汉—洞庭湖平原因相对于洪水位地势过低而造成的洪涝灾害及相关环境问题，仍将是中游长远的重大隐患。因此，本区的防洪治水工作还不能松懈，洪灾形成与防治的地学研究显得非常重要。’98洪水后，经前期论证，作为国土资源大调查重大项目，中国地质调查局组织中国地质大学、湖北、湖南、江西、安徽省地调院，开展了长江中游洪灾形成与防治的环境地质调查研究。

2　江汉—洞庭湖平原区洪灾形成的地质环境背景分析

平原区的上游为隆升峡谷区，水流直泻；平原区为构造沉降宽谷区，地势低洼，河道曲折；鄂州以下为田家镇隆起和丘陵河谷区，地势狭窄，泄洪不畅，这是本区形成严重洪灾的地质环境背景。

2.1　江汉—洞庭沉降带所属大地构造区

长江中游江汉—洞庭沉降带在大地构造上属于扬子准地台东部的中扬子区域。周边主要涉及华北断拗、桐柏—大别造山带、扬子准地台上扬子台褶带和龙门—大巴缘褶带的东北缘，江南台隆中的雪峰隆起、幕阜—九岭隆起。周边总体处在一个构造隆升的地质背景下，并具有西强东弱、北强南弱的特点。这种构造背景，控制了长江中游水系的空间展布及水灾的形成。西部隆升掀斜、扬子板块与华北板块的碰撞所导致的桐柏—大别与幕阜—九岭两个隆起带在东部的拼接，是江汉—洞庭沉降带水患频发的根本原因。

2.2　江湖盆地基底构造框架与主要断裂特征

2.2.1　江湖盆地基底构造框架

江汉—洞庭盆地是发育在扬子盖层变形带、板溪推覆带和随应推覆带之间的裂谷盆地。侏罗纪末燕山运动主幕使基底产生强烈的南北对冲推覆活动，形成北部近北西向、南部北东和北北东向、西部和东部北东东向褶皱和冲断，总体向东收敛，朝西散开。以近东西向的华容隆起将盆地分隔成江汉和洞庭两部分。

2.2.2 江汉盆地主要断裂特征

晚白垩世构造演化时期，盆地北侧的潜北断裂，东部的沙湖—湘阴断裂，西部的通城河断裂和南部的天阳坪—监利断裂加剧活动，使盆地得到进一步发展，发育了巨厚的白垩—第三系。第四纪以来控制江汉平原强烈沉降区的控制性断裂，其西界为沙市—闸口断裂，北界和东北部边界为潜北断裂和芦市断裂，东界为沙湖—湘阴断裂，南界为石首—朱河断裂。

2.2.3 洞庭湖盆地主要断裂特征

NNE 向临澧—河洑断裂控制洞庭湖盆地西部界线；NNE 向岳阳—湘阴断裂控制洞庭湖盆地的东部界线；NW 向槐湾—明山断裂控制洞庭湖盆地的北部分界；NW 向常德—益阳—长沙断裂控制洞庭湖盆地的南界。

2.3 新构造运动标志及特征

江汉—洞庭盆地及其整个长江中游新构造运动的特征主要表现为：①水患区以构造沉降为主，周边山区以构造隆升为主，周边山区上升幅度 500 ~ 1 400 m，沉降区下降 500 ~ 2 400 m；②构造隆升表现为西强东弱、北强南弱，构造沉降表现为北弱南强、西弱东强的掀斜沉降特点；③新构造运动以断块差异运动为主，不同断块之间的运动性质或强度有所不同，同一断块内部具有相同的运动特征，因此断裂构造常构成新构造分区和单元的边界；④无论是构造隆升幅度，还是构造沉降幅度都有随时间逐渐增大的趋势。

3 江汉—洞庭湖平原区构造沉降及其对洪灾形成的控制作用

3.1 现代构造沉降速率的各种求取方法

现代构造沉降速率的求取，可以分为直接测量和间接求算两种方法。大地重复水准测量和（或）高精度的 GPS 定点测量等，为直接测量方法。通过其他各种手段间接求得，是间接求算方法。

重复水准测量法是目前研究现代地形垂直形变的最为有效的定量方法之一。通过多方收集与购置资料，我们获得了江汉平原与洞庭湖平原周边一等重复水准测量、江汉平原与洞庭湖平原二等重复水准测量，以及部分水文站和电排水站的水尺点高程重复测量资料。目前，我国建立的国家 A 级高程异常控制网，是用国家 A 级 GPS 定位标准施测，用高于二等水准测量精度测定 GPS 点的正常高程，其目的是在全国大跨度的高程精度传递高程异常，以减少误差累积。由于新建的国家 A 级高程异常控制网点仅 30 个，还不能提供有效数据，本次研究自建了有 21 个 GPS 点（B 级网）的控制网（见图 1），还利用了有较长时间（1994 年以来）系列的地震网络 GPS 监测成果资料。

本次研究中应用了两种间接求算方法，即水下地形图比对与输沙量法结合，求取洞庭湖水域现代构造沉降速率；水尺点重复测量。

3.2 江汉—洞庭湖平原现代构造沉降速率确定的阶段性结论

根据上述各种方法的定量和半定量计算结果，以及收集的重复水准测量成果，将江汉—洞庭湖平原现代构造沉降速率的求算结果汇总于表 1 中。

对表 1 结果的分析评价如下：

（1）此次利用多种方法求得的成果，互相十分接近，剔除离散大的值和小值，得出的构造沉降速率多为 5 ~ 10 mm/a。方法不同，资料来源不同，覆盖时段不同，计算范围（指江汉—洞庭湖平原之内）不同，而其结果却很接近。因此，我们有理由认定，此结果基本上可以用来说明盆地现代构造沉降速率。

（2）我国各盆地平原（塔里木盆地、柴达木盆地、辽河平原、河北平原等）第四纪至今构造沉降速率都在迅速增大。第四纪以来，构造活动（构造沉降、构造隆升、火山活动、地震活动）均有显著增强，而平原与盆地的构造沉降速率普遍增大 1 ~ 2 个数量级（张人权等，1998；杨巍然,1997),这从大的空间尺度上支持了江汉—洞庭湖平原求得的现代构造沉降速率。

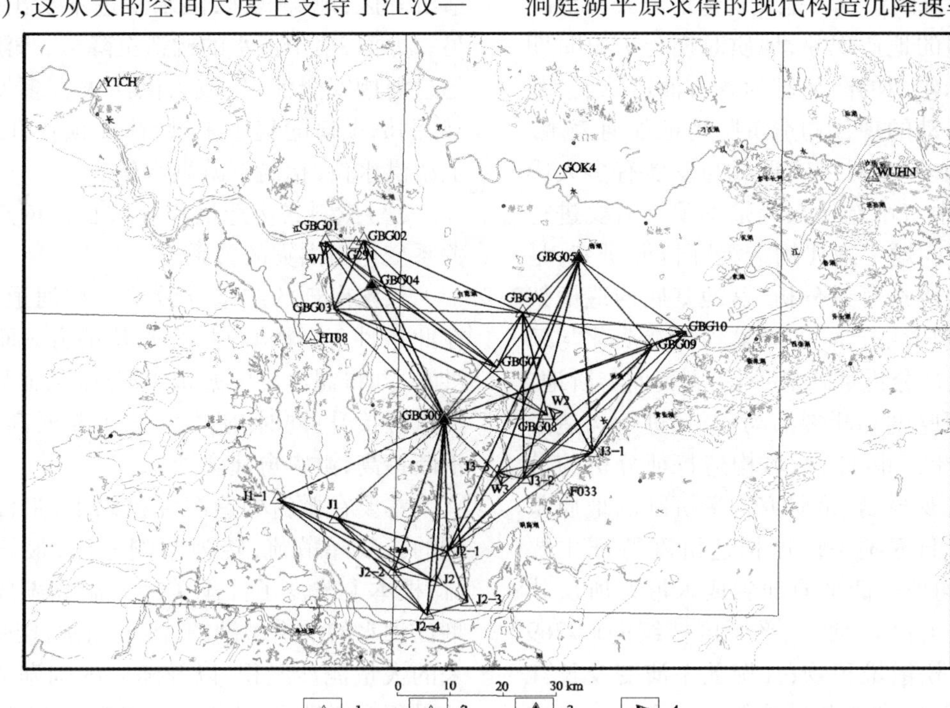

图 1 构造沉降 GPS 监测专门网、地震网、辅助网点颁布图

1—地震监测点及编号;2—专门网监测点及编号;3—两网接合点;4—水准监测点及编号

表 1 不同方法求取的江汉—洞庭湖平原现代构造沉降速率结果

分线(片)范围		(视)构造沉降速率范围(mm/a)	算术平均值(mm/a)	求取方法
江汉平原	江汉平原	6.2~16.9	10.7	GPS 监测结果
	江汉盆地汉江沿线	2~15	9.94	
	江汉盆地中心	2~12	5.3、7.6	一、二等重复水准测量法
	荆江段	3~6	4.6	
	江汉盆地	3.3~7.2	5.03	地震网 GPS 复测结果
	长江干流沿岸地区	6.43~12.5		长江委 1925~1953 年重复水准测量结果
洞庭湖平原	洞庭湖平原	8.8~18.2	12.2	GPS 监测结果
	洞庭盆地阶地丘陵区	2.3~6.1	3.1、4.4	一、二等重复水准测量法
	洞庭盆地(垸地)	6.46~13.25	7.21~8.64	水尺基准重复测量
	东、南洞庭湖水域	6.7~11.4	8.7	水下地形图与输沙法结合
	洞庭湖区	8.56~11.43		长江委 1925~1953 年重复水准测量结果

注:直接法求得的结果称为构造沉降速率,间接法求得的结果称为视构造沉降速率,后者可信度较差。

3.3 现代构造沉降特征研究方法讨论与问题

江汉—洞庭湖平原区洪灾的形成与发展主要受控于构造沉降作用、泥沙淤积作用、人类工程作用及管涌崩岸作用,其中构造沉降作用成为关注和争议的焦点。地质构造的隆升与沉降是一个普遍的地质现象，地质时期与历史时期的构造沉降作用的凸显已为各方面所认同，基于新构造运动的现代构造沉降特征如何表现，沉降量级是多少，对洪灾形成与发展有多大影响，防洪治水对策是什么等是本项目需要进行深入探讨的问题。现代构造沉降特征研究，是在区域大地构造背景分析、盆地基底构造框架与主要断裂特征分析、江湖盆地构造演化与新构造运动特征分析基础上，利用剥夷面与阶地、第四系沉积厚度和断裂活动资料，进行构造隆升与沉降分区。因此，区域构造特征分析与分区是一种宏观控制，是研究构造沉降的地质基础。江汉—洞庭湖平原区构造沉降特征主要是：山丘—岗地—低平原地貌成因形态所反映的地质构造升降运动；低平原区持续的厚269 m的第四系松散堆积物；江湖关系演变及长江河道南迁；洞庭湖调蓄洪功能减弱和长江河道泄洪能力的减弱；江湖洪水位与堤内高差的不断加大等。进行现代构造沉降区域特征研究与进一步做好沉降量级的确定，两者之间是相互关联与验证的。

3.4 构造沉降对洪灾形成的控制作用

3.4.1 构造沉降对江湖演变的控制作用

江汉—洞庭盆地的掀斜式构造沉降对本区江湖演变具有重要的控制作用。这种控制作用主要表现在以下几个方面：云梦泽消亡，荆江南迁，洞庭湖扩大。

春秋战国时期，江汉平原分布着“方九百里”的湖泊沼泽——云梦泽。唐宋时期，云梦泽逐渐解体，荆江统一河床逐渐形成，并向南北两侧分流。洞庭湖扩大，开始有“八百里洞庭”之称。明清之际，荆北大堤连成一体，荆江结束了向北分流的历史，形成向南分流的“四口”——松滋、太平、藕池、调弦。大量江水涌入地势低洼的洞庭湖平原，使洞庭湖水域扩大到有史以来的极盛。

3.4.2 构造沉降对洪灾形成的控制作用

（1）构造沉降强弱与洪灾的关系。构造沉降愈是强烈的地区，洪灾便愈严重。一方面，构造沉降区，地势低洼，洪水易进不易出而成灾；另一方面，集中汇水的构造沉降区，来洪量往往超过河槽安全泄量，成为洪涝灾害多发区。此外，洞庭湖口的集中来洪，往往顶托江水，壅高上游洪水位，抬高下游洪水位。

（2）掀斜式构造沉降导致长江南迁及江湖关系变化与洪灾的关系。

长江南迁的结果导致单一型河道的形成，在此条件下，被迫以抬高水位的方式垂向调蓄洪水，并将泥沙集中淤积于河床，从而导致汛期洪水位抬升；同时，随着河床不断淤高，洪水位不断抬高，洪灾愈演愈烈。

主要在掀斜构造沉降控制下，荆江由向北侧的云梦泽散流，转为两侧分流，最终向南分流，根本上改变了江湖关系。洞庭湖成为调蓄荆江洪水的洪道型湖泊，洪灾加剧；接受洪水带来的大量泥沙淤积，以及随后的围湖造田与泥沙淤积两者结合，使得洞庭湖迅速萎缩，调蓄洪水的功能明显减弱，洞庭湖区洪灾进一步加剧，洞庭湖平原构造沉降中心向东迁移，使城陵矶一带成为长江洪灾最为严重的地区之一。

（3）构造沉降导致堤防高程降低、洪水位与堤内地面高差增大。

根据洞庭湖平原、江汉平原以及荆江的现代构造沉降速率5～10 mm/a，荆江堤防以及洞庭湖区的垸堤顶面高程每百年将下降0.5～1.0 m，同时，构造沉降还将使（缺乏泥沙淤积的）堤内地面高程以每百年0.5～1.0 m的速度不断降低。与此同时，河床由于泥沙淤积速率大于构造沉降速率，使过洪断面缩小，因此在同等洪峰流量下，洪水位不断抬升，洪水位愈来愈逼近堤顶，大堤被迫每百年增高0.5～1.0 m。随着洪水位持续抬升，洪水位与堤内地面的高差不断增大，溃堤成灾的威胁愈来愈大。

由于长期构造沉降缺乏泥沙淤积，江汉平原地势显著低于洞庭湖平原，经计算求得的面积加权平均高程：洞庭平原为29.25 m，江汉平原为26.87 m，两者差值为2.38 m。随着时间的推移，江汉平原与洞庭湖平原的洪水致灾能量均将不断增大，且江汉平原要快于洞庭湖平原,未来江汉平原的洪灾威胁将愈益严峻。

(4)构造沉降与泥沙淤积的对比关系对通江湖泊调蓄洪能力的影响。

洞庭湖是长江中游最大的通江湖泊,它的调蓄洪能力对于调节洪峰起着重要的作用。如果不考虑人为因素,通江湖泊的调蓄洪能力取决于构造沉降与泥沙淤积的对比关系。

天然条件下,湖泊通常为泥沙淤积量和构造沉降量大体接近的平衡盆地。由于围湖造田和筑堤围垸,垸堤将湖泊一分为二:堤内垸地,由于构造沉降缺乏泥沙淤积补偿,成为高程不断降低的人工饥饿盆地;堤外水域,由于泥沙淤积超过构造沉降,成为湖盆不断淤高的人工过饱和盆地。作为人工过饱和盆地的实际水域,湖容不断萎缩;而作为人工饥饿盆地的垸地,成为不断扩大的潜在水域(见图2)。

洞庭湖1981~1995年多年平均年泥沙淤积量为9 079万t/a,折合体积为7 263万m^3/a;而构造沉降量为1 345万~2 691万m^3/a(取湖域2 691 km^2、构造沉降速率5~10 mm/a);构造沉降量远小于泥沙淤积量,因此现状下洞庭湖湖容在不断缩减。

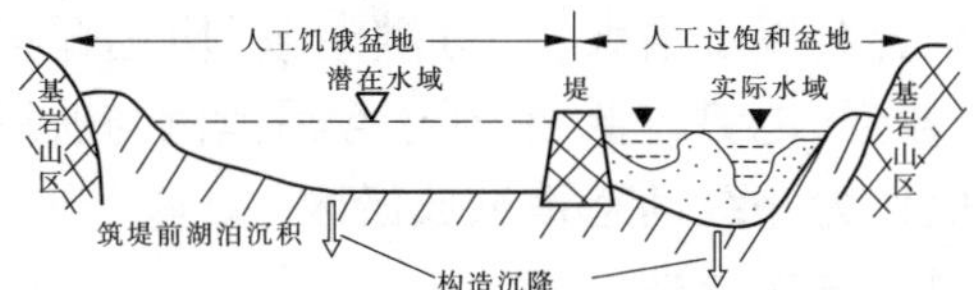

2 筑堤使湖泊分隔为演变趋势相反的两部分——人工饥饿盆地和人工过饱和盆地

(5)构造沉降与泥沙淤积的对比关系对河道泄洪能力的影响。

河道的泄洪能力同样取决于构造沉降与泥沙淤积的对比关系。对历史时期荆江河床容量的变化研究表明,荆江大堤连成一体以来,堤外沙层顶板高出堤内10~13 m,堤外漫滩比堤内漫滩淤高3~8 m,与此相应,洪水位上升约7 m。如果仅仅由于堤防约束洪水而引起洪水位抬升,那么洪水位抬升就只会发生在建堤的初期;建堤后洪水位持续不断抬升的事实,说明泥沙淤积超过构造沉降,从而使河床不断淤高。

4 泥沙淤积作用、人类工程作用对洪灾形成的影响及管涌溃堤致灾作用

泥沙淤积是一种流水动力地质作用,通过代表性河道断面法研究表明:在构造沉降、海平面高程和各种水文条件的控制下,长江中游的泥沙总是淤大于冲,每年约有1.24亿t沉积于中游河湖中;其冲淤的地理分布、时间段分布和河床断面分布不均衡;淤积主要发生在长江干流以武汉为中心的螺山—武汉—黄石段及洞庭湖区;干流断面冲槽淤滩呈深河谷、高漫滩,这种断面在洪水时成为在同等水量下水位不断抬高的原因。

管涌是出现最多的一种溃堤致灾作用。高堤防、高水位易导致管涌等险情,各地管涌的形成条件复杂多样,主要受堤基土体工程地质、水文地质条件的控制。通过调查、统计分析和逼近计算,揭示了管涌的继承性特点,对管涌产生的临界条件分析表明,出险时上覆土体的破坏坡降为0.66~1.55,平均1.26;在同一地点,第二次出险的破坏坡降均低于第一次;随着江水位的不断上升,危险性更大。因此,长江干堤(高12~17 m)不能再加高,防洪只能另寻出路。

江汉—洞庭湖平原在构造沉降、大堤约束、泥沙淤积作用下,总体形成南高北低之势,如果抛开人类工程影响,现今的江湖关系主体应是长江—江汉湖群;长江"四口"向南分流局面的出现,标志着大堤对江河走势的控制,人为地在维持长江—洞庭湖的主体关系。而今形成的高堤防、高洪水位的严峻防洪形势,即是自然—人工系统不和谐相互作用的结果。近代江湖关系的演变对两湖平原防洪形势极为不利,荆北大堤迫使长江向南分流分沙,洞庭湖淤积抬高水位,顶托荆江洪水位不断上升,进而迫使荆北大堤不断加高,大堤—淤积—洪水位上升三者恶性循环,这是人为维持长江—洞庭湖主体关系造成的恶果。通过江湖时序演变规律及演变关系研究,从时间尺度论证了洪灾形成的这种演

化趋势。

综上所述,本区各地洪灾险情是在既有水情的条件下,由构造(地面)沉降、泥沙淤积、管涌崩岸等地质作用和河道弯曲、卡口、节点等地貌条件与筑堤围垸、围湖造田等人类工程活动的综合(不同组合)作用造成的结果。

5 地质作用背景下的防洪减灾思路与对策建议

5.1 江汉—洞庭湖平原区防洪减灾思路与对策建议

针对荆江及洞庭湖湖区防洪的基本问题,从地学角度提出的防洪减灾思路是正确处理人与自然的关系,调整水沙的重新分配;对策建议主要在于变单向的洞庭湖调蓄为双向的江汉(北) 洞庭湖(南)调蓄洪,实现洪水在两湖就地消散与河道沿程及垂向消散,即横、纵、垂向综合调蓄,体现防、蓄、泄、补偿、调节、资源化、保护环境等各种功能的对策体系。具体包括以下七个方面。

5.1.1 开辟分流洪道

荆江沙螺河段,泄洪能力不足,是长江中游防洪的瓶颈。这一河段有必要开辟分流洪道,进行分洪与错峰调洪,有就地消散洪水致灾能量的作用。关于分流洪道,目前提出的有荆北分流、引江济汉分流、嘉鄂分流。

荆北分流:即利用江汉平原近东西向带状分布的最低洼地区分流蓄洪,重新形成江汉湖群的调蓄洪体系和功能。

引江济汉分流:随着南水北调中线工程的启动,因丹江水源不足,引江济汉工程已进入准备和实施阶段,它一方面可以补充由于调水引起的汉江自身水源不足,汛期也应使其具有分流错峰作用。

嘉鄂分流:即长江出嘉鱼潘家湾,过梁子湖,或于鄂州樊口入长江,或经大冶湖入长江。

荆北分流和引江济汉分流是削弱沙市以上长江干流洪峰对下荆江的洪水压力和减小长江干流洪水与洞庭湖"四水"在城陵矶一带的叠加影响;嘉鄂分流属南线分流,旨在疏泄城陵矶以下洪流,避开武汉,以保其平安。分流对分流蓄洪和开发利用洪水资源都具有良好的作用。嘉鄂分流还是实施螺山扩卡工程的配套工程。

5.1.2 调整使用与新建分蓄洪区

江北分蓄洪是一个完整的体系,依据分流特点和对现有分蓄洪区的条件分析,建议规划论证停止使用荆江分洪区、百里洲分洪区、涴市分洪区、嘉鱼西凉湖蓄洪区等江南分蓄洪区,共计面积2 290 km^2,江北新设冯家湖分蓄洪区,扩大杜家台分蓄洪区,改良洪湖分蓄洪区,变高地分蓄洪为低地分蓄洪。

5.1.3 退田还湖

退田还湖要使江汉—洞庭湖域恢复到1949年的规模,即江汉平原在实施荆北分流河道的基础上,首先启用白露湖、排湖、曹市峰口和新滩燕窝4个低洼地区退田还湖,形成新的江北河湖调蓄体系,营造湿地养殖旅游区,变洪水为资源;洞庭湖到2010年将湖域由目前的2 691 km^{2}扩大到4 350 km^2,在三峡水库深切"三口"入流处河槽减少进入洞庭湖的泥沙后,扩大后的洞庭湖构造沉降量将大于泥沙淤积量,湖容会逐步增大。"分洪湖域"应选择构造沉降较强、地势较低、有利于今后泄洪与航运的湖、垸作为一级动态蓄洪放淤区。

5.1.4 平垸行洪

主要是指将长江大堤外的围滩造垸工程平退,地域包括公安的南五洲、江陵的马家寨、监利的小河和三洲等,以利行洪,并可增加约400 km^2 的调蓄水域。

5.1.5 分洪放淤(首先是荆堤后放淤)

有计划地在江汉平原低洼地带开设若干地段,首先是在靠近大堤附近地段圈定范围,进行经常性有序的分洪放淤,能够产生一系列有利的结果:①可以淤高由于构造沉降长期得不到沉积补偿而不断降低的荆北地面高程,减小洪水位与荆北地面势差,缓解构造沉降导致的堤顶不断降低、洪水位不断逼近堤顶的情况,并提高大堤稳定性;②可以消纳部分荆江沙螺河段的超额洪水;③减轻城陵矶—武汉河段的泥沙淤积,与结果②结合,可以降低洪水位;结果④由于结果②和结果③,可缓解城陵矶出流与荆江来洪的顶托,避免城陵矶口门顶托受阻而发生淤积,降低洞庭湖区洪水位。

洞庭湖区也应实施轮流开垸滞洪放淤,这样做,可增加湖区调蓄洪水的能力,淤高垸地地面高程,减少湖区洪水位与垸地的势能差,减小管涌、溃堤的险情发生。

5.1.6 全面建设人地分离的蓄洪垦殖区

为了经常性分洪放淤,为了防御特大洪水,除充分利用已有的分蓄洪区外,在江汉平原和洞庭湖区都应逐步建成人地分离的蓄洪垦殖区,建设可采用不同的运作方式。人地分离蓄洪垦殖区的建设,涉及分洪放淤洪道与渠系建设、高台居民点建立、居民移置、分洪损失经济补偿等一系列社会经济问题。为此,需要立题进行专项研究,探讨其可行性,进行社会经济技术评估,寻求有效的操作机制,制订相应的政策法规。

5.1.7 河道综合整治

按照上述方案,开辟分流洪道,荆江南北实施分洪放淤,则水沙控制就具备了多种手段,在这种情况下,再实施螺山扩卡、田家镇扩卡和簰洲湾裁弯取直,以及相应河段疏浚。以田家镇为中心的构造隆升,将使该范围内的河槽断面因隆升而不断减小,从而使其行洪能力不断降低,因此监测典型断面的减小速度,并及时加以拓宽,很有必要。

5.2 对防洪减灾思路与对策可持续问题的思考

上述以调整水沙重新分配为主的主动防洪治水的构想,如能全面实施,则长江中游江湖蓄泄洪水的能力将显著增大,调度洪水的手段灵活多样,泥沙淤积将得到有序分配,洪水位不断上升的趋势将得到有效控制,水高地低的严峻防洪形势将逐步改善,可持续的防洪治水体系将得以建立。

我们清醒地认识到,开辟分流河道、分蓄洪区的调配、分洪放淤(特别是荆北堤后分洪放淤)等,涉及一系列复杂的社会、经济、技术、环境问题,而且,稍有不慎,将会危及防洪安全。我们的初步构想还很不成熟,仅仅刻画了一个十分粗略的轮廓,这些构想的社会、经济及技术上的可行性与现实性,尚有待慎重研究与分析。因此,建议有关部门,应尽快就此立项进行预研究。

防洪是综合性极强的系统工程,涉及的知识面很广,涉及的问题十分复杂。由于洪灾的产生与发展,乃至防洪对策的制订与地质作用和地质环境的演变息息相关,因此地学研究需要涉足这一新的领域。我们的立论,更多地是从地质角度出发的,因此对问题的理解与提出的看法,难免存在许多疏漏,乃至错误。我们衷心地期待各方的批评与指正,通过讨论,共同寻求长江中游防洪治水的思路与对策。

6 主要结论

(1)江汉—洞庭湖平原区洪灾的形成发展与地质作用(构造沉降作用、泥沙淤积作用、人类工程作用及管涌崩岸作用)有密切关系,从地学角度探寻人、地、水相互协调的综合防洪减灾思路与对策具有十分重要的意义。

(2)荆江河段险情不断加重的根源在于随着地面不断沉降(构造沉降引起的),大堤不断加高,洞庭湖底和荆江河滩不断淤高,同流量水位不断升高,河水位与堤内地面的势差不断加大的恶性循环。

(3)洞庭湖的萎缩和调蓄功能减弱主要是由围湖造田和泥沙淤积造成的,如果没有围湖造田,地面沉降提供的新增空间足可容纳同期入湖的泥沙淤积,而保持湖容不变。

(4)防洪治水应将“一江两湖”地区作为一个统一的防洪体系予以考虑,提出以下对策建议:加强荆江洪水向江南和江北的横向分流、调整使用与新建分蓄洪区、退田还湖、平垸引洪、分洪放淤、全面建设人地分离的蓄洪垦殖区、河道综合整治。

(5)通过采用多种方法对比研究显示,江汉—洞庭湖平原的构造沉降速率整体在不断增大和两者有互为消长的发展过程。其值虽然仅以 mm/a 计,但从人类 1 600 多年修筑堤防的历史过程看,其加积作用是很大的;基于长江中游沿岸地区对洪灾的承受力越来越弱的情况,在长时间持续超高水位作用下,构造沉降因素对堤防险情的加积影响是很大的。对人类长期加积于河道的能量进行有序的释放,才能满足人地水关系的和谐发展。

参考文献

[1] 刘广润,殷鸿福,陈国金,等. 长江中游主要水患区环境地质调查评价报告[R]. 2003.

[2] 陈国金,等. 长江中游荆江及江汉平原水患区环境地质调查评价报告[R]. 2003.

[3] 梁杏,张人权,等. 长江中游主要水患区新构造运动对水患形成的控制作用专题研究报告[R]. 2003.

[4] 皮建高,等. 长江中游洞庭湖水患区环境地质调查评价报告[R]. 2003.

[5] 陈国金,朱干章,等. 江汉—洞庭湖平原区构造沉降 GPS 监测与专题研究报告[R]. 2004.

[6] 殷鸿福. 从地学角度谈长江中游防洪[J]. 科技导报,1999(6).

[7] 李长安,殷鸿福. 长江中游防洪减灾方略谈. 1998 年长江大洪水的启示[M]//民进中央议政调研部. 对长江防洪体系建设的思考. 北京:开明出版社,1999.

[8] 张人权,梁杏,杨巍然,等. 中国大陆第四纪以来构造活动加剧及其环境影响[J]. 水文地质工程地质,1998(5):1-6,51.

[9] 梁杏,张人权,皮建高,等. 构造沉降对近代洞庭湖区演变的贡献[J]. 海洋与湖沼,2001(9).

[10] 洪庆余. 长江卷中国江河防洪丛书[M]. 北京:中国水利水电出版社,1998.

[11] 许厚泽,赵其国,等. 长江流域洪涝灾害与科技对策[M]. 北京:科学出版社,1999.

[12] 水利部长江水利委员会. 长江防洪地图集[M]. 北京:科学出版社,2001.

'98 抗洪胜利 10 年来水利进展及存在问题

洪　林

（武汉大学水资源与水电工程科学国家重点实验室　武汉　430072）

摘　要：'98 抗洪胜利接近 10 周年，我国在水利工程建设和管理特别是大江大河治理方面有了突飞猛进的进展，但是也存在着很多问题。对 10 年来水利科技进步进行了分析，充分肯定这 10 年的成就。在此基础上，分析水利事业中的问题，并提出解决问题的对策和思路。

关键词：防洪；水利；发展；1998 年

1998 年我国从南到北都发生了大洪水，除广为报导的长江、嫩江和松花江大水之外，在西江、闽江也出现了百年一遇大水。经过广大军民的共同努力，取得了抗洪胜利。本文值此'98抗洪胜利将近 10 周年之际，对 10 年来水利事业的进展进行回顾，同时找出问题和不足，以更好地促进水利发展。

1　10 年来的水利建设成就

1.1　现代化的防洪技术

'98 抗洪胜利 10 年来，由于政府的重视和经济实力的不断增强，水利事业取得迅速的发展，在防洪工程等方面的投入大大加强，全国各大江河基本抗洪能力有了很大提高，而且防洪标准在不断提高。与此同时，根据我国的经济实力，不断增加对水利的投入，并且保持逐年稳定的投入，使我国的水利事业有了突飞猛进的发展。同时，利用现代科学技术中的新成果，使其不断溶入我国古老的防洪技术，创造出适合我国国情的现代防洪技术。目前在我国防洪工程中已逐渐广泛应用的新兴技术包括以下几种。

（1）数字水利技术。目前，数字化技术在水利工程建设和管理中得到广泛的应用。数字流域、数字省（市、区）、数字城市等数字化工程正在得到不断的完善。功能强大的数字化平台为防洪减灾提供了强有力的支持。

（2）水情预报技术。要准确预报水情，必须正确预报降雨。对降雨预报分为长期、中期、短期预报和实时预报。长期预报是跨年度预报，中期预报是跨月预报，短期预报一般是指近 1 ~ 3 d内的预报，实时预报是近 1 ~ 2 h 内的预报。目前，全世界都还没有解决长期预报问题，中期预报的可靠性也很差，短期预报的精度不断提高，实时预报已有较高的精度。但是随着雷达测雨、卫星云图、全球气象数值模型等新技术的应用，降雨预报的预见期逐渐加长，精度不断提高。

雷达测雨在欧美及日本已广泛应用，它可以精确地预报数小时后流域内降雨强度、分布、移动方向及移动速度等，是实时降雨预报的有力工具。利用卫星云图通过对云层厚度、温度等方面的分析，辅以其他气象因素的判断，可以较好地进行短期降雨预报。利用全球气象数值模型，对全球水、汽输移进行计算模拟，可以进行全球气象形势分析，再与历史上类似年份的气象形势对比分析，可以进行中、长期降水预报。在雨情预报的基础上，由于现代计算机技术的迅速发展，河道洪水演进，即洪水预报以及洪水灾情预报技术都有很大提高。流域产汇流模型、水文学预报模型、水力学预报模型、人工神经网络预报模型等都在不断完善。针对黄河含砂量高，河床冲淤变化激烈的水沙预报模型也投入使用。江河洪水预报技术将日臻完善。

(3)现代化的信息管理技术。在防洪抢险中，洪水预报、水情及灾情的迅速传达是十分重要的环节。直到20世纪80年代，大部分防洪信息还要靠电话、电报、对讲机来传达。通讯速度慢、可靠性差，服务范围小，一遇汛期恶劣天气，常造成通讯中断。'98洪水过后，随着现代通讯技术的进步，光缆通讯、微波通讯、卫星通讯、移动通讯、流星追踪通讯等广泛在防洪中应用，保证了信息的及时传递。

在信息管理中还广泛地应用了地理信息系统、卫星定位系统、多媒体等新技术。在北京可以及时获得全国各地的水情、灾情及有关的各类信息。

(4)3S技术得到广泛应用。在洪水发生时，对洪水的举动、灾情等实行大范围的监测是十分必要的。而利用卫星遥感、机载遥感对灾情进行实时监测已取得十分重要成果，已实现在多云天气、夜间的成功监测。监测的画面可从现场直接向北京传送。不仅可准确判断淹没范围，还可以判断淹没水深，以及淹没农田的减产幅度等，水利部遥感中心已成功地对辽河、淮河、长江洪水进行了有效的监测。与地理信息系统、全球定位系统相结合，还可以通过遥感技术准确地判断洪水灾害所造成的经济损失及受灾人口等。

(5)先进的防洪决策技术。集通讯、信息管理、洪水预报、灾害监测、洪水优化调度等新兴技术为一体的防洪决策支持系统已在各大流域内逐渐形成。黄河、长江、淮河等都已初具规模，目前国家防洪抗旱总指挥部正集中全国专家在制订全国防洪决策指挥系统的实施方案。防洪科学决策已指日可待。

(6)非工程的防洪减灾技术。利用数值模拟技术可以准确地预见各江河遭遇超标准洪水或工程失事情况下可能发生的洪涝灾害，包括可能发生的淹没范围、水深、持续时间、洪水流速等。据此可推断各地域遭遇洪涝灾害的危险程度。以此为依据，可制订各地的土地开发利用规划、确定防洪标准、洪水保险收费标准、堤防保护范围等，对洪涝灾害实行有效的风险管理。除上述在管理方面的软科学技术进步之外，在防洪工程建设技术中也取得了较为明显的进步。

1.2 现代化的施工技术

(1)筑坝技术。已初步实现了机械化施工和科学管理。在混凝土重力坝建设中目前成功地发展了混凝土碾压筑坝技术，加快了施工进度，节省了投资。在土石坝方面成功地应用了面板堆石坝技术和无纺布防渗土坝施工技术，都达到了国际先进水平。

在建设超200 m高大坝时，溢洪道下游的消能防冲技术我国已领先于世界水平。近年来在我国广泛应用的宽尾墩消能为代表的收缩式消能工以及掺气减蚀等技术属我国首例。

(2)堤坝防渗及抢险技术。土堤内经常会发生裂缝、动物洞穴，成为堤防的隐患，在洪水期间导致管涌、溃堤等重大事故。近年来，我国成功地开发了堤防劈裂灌浆技术，在打设连续混凝土防渗墙等方面取得多项技术成果。此外，在防洪抢险中应用土工布、模袋混凝土等新材料防冲防渗也都在防洪中发挥了重要作用。

(3)渠道防渗。'98洪水以后，我国启动了大型灌区续建配套与节水改造项目，引进先进的渠道防渗技术，使得大型灌区渠系水利用率有了一定的提高。

1.3 现代化的水管理技术

利用现代化的通讯和信息技术，我国水管理的水平不断提高，全国联网的信息平台正在不断地得到完善。

2 存在的问题和不足

'98抗洪胜利10年来，我国水利工程建设和管理的水平有了长足的进步。但是相对于其他发达国家，相对于我国其他行业，在水利建设中的技术进步较落后。为此，对影响我国水利发展的主要原因加以分析，并提出相应的对策。

'98长江、松花江大水，持续了50余d，投入大量的人力、物力和财力到抗洪第一线。但是,许多人会感觉到,我们的抗洪战士几乎还是在用人拉肩扛的办法与洪涛巨浪拼搏,采用的还是人海战术,我国的防洪抢险技术真的如此落后吗?几千年人类的科技进步到哪里去了?通过这场大水,我们发现如下问题。

2.1 水利投资严重不足

我国水患严重,近年来由洪涝灾害所造成的经济损失每年高达 1 000 亿 ~2 000 亿元,占国民经济总产值的 3% ~5%。但是,真正用于防洪减灾方面的费用比例还很低。我们不妨与日本比较一下:日本的国土面积只有中国的 1/26,其江河的规模也难以与中国江河相比。但日本政府在大江大河上的投资是我们的 10 倍。至今为止,日本政府一直把中国的成语"治国先治水"作为座右铭,积极开展江河的治理,其成效十分显著。

2.2 水利发展机制不够完善

美国的水利投资由联邦、州和地方三级政府承担,而我国水利建设的投资主要依靠中央政府,长期以来水利事业的发展缓慢。此外,在水库除险加固、工程改扩建和灌区改造等方面的融资力度非常有限。

2.3 长期以来,重建轻管

几十年来,我国修建了许多大型水利工程,但是在管理上的投入较少,使得很多工程不能很好地发挥作用。

3 对策和建议

针对上述存在问题,提出如下对策和建议:

(1)加大水利投资。据测算,在 1990 ~1999 年 10 年间,我国在水利方面的每 1 亿元投资,可以增加 7 亿元的 GDP,而对国民经济的拉动作用为 15 亿元。由此可见,水利建设对国民经济的拉动作用是非常显著的。因此,必须加大水利投资,加快水利现代化建设,保障国家现代化的实现。

(2)拓宽融资渠道。允许民营企业和国外资金投资水利建设和管理,形成好的融资体系。

(3)加强水利工程管理。改变重建轻管的局面,充分发挥水利工程的作用。

参 考 文 献

[1] 李纪人. 数字地球与数字水利[J]. 水利水电科技进展,2000 ,20(1):14-16.

[2] 刘树坤. 中国水利现代化初探[J]. 水利发展研究,2002 , 2(12):7 ~13.

荆江洪水管理资源消长变化与管理洪水新方略的探讨*

何广水　姚仕明　朱勇辉

（长江科学院　武汉　430010）

摘　要：三峡水库蓄水运用后，一定程度上削减了荆江河段的洪峰流量，大幅度增加了荆江河段的调洪资源。但是，清水下泄引起荆江河道较剧烈的冲刷调整，在部分已实施的护岸工程段已形成了安全运行隐患，大大增加了荆江河道的防洪风险，一定程度上削减了荆江的防洪资源；同时也进一步加速了三口分流河道的分流量减少，降低了三峡水库对荆江河道的调洪效率，增加了荆江的行洪负担，一定程度上削减了荆江的行洪资源。针对荆江地区防洪安全所面临的问题，提出了荆江洪水管理工程建设和调度方案的设想，拟通过工程措施，控制长江上游的洪水在荆江和松滋河的分配关系，部分恢复三口分流量，减缓或控制荆江河道的冲刷调整，实现从"控制荆江洪水"向"管理荆江洪水"的战略转变，变水患为资源，形成巨大的社会效益和经济效益。

关键词：防洪资源；行洪资源；蓄洪资源；调洪资源；荆江

1　引言

1998年长江大洪水后，中国政府对洪水问题进行了深刻的思考，并针对经济社会发展对水利提出了新要求，明确了治水新思路，加大了长江防洪工程的投入，对防洪工作重新做了战略性调整，提出防洪工作要实现"从控制洪水向洪水管理转变"的战略目标，科学调配洪水，提高防御水旱灾害的能力，实现人与自然和谐相处，保障经济社会的可持续发展。

2　荆江洪水管理资源概况

荆江的洪水构成复杂，以长江上游干流的洪水为主，其间有左岸的玛瑙河、沮漳河和右岸的清江等中小支流入汇，也有右岸的松滋口、太平口和藕池口分流入洞庭湖。荆江洪水管理资源由防洪、行洪、蓄洪、调洪资源组成，主要包括：堤防与护岸工程、涵闸工程，荆江河道、荆南分流河道、洞庭湖，裁弯工程，上游干支流修建的水利枢纽工程、分蓄洪区、人力、防洪设备和物资等。

堤防与护岸工程、涵闸工程、人力、防洪设备和物资等为洪水管理的防洪资源，主要表现为荆江左岸有枝江江堤、荆江大堤、监利长江干堤（部分），右岸有上百里洲江堤、荆南长江干堤、南线大堤、岳阳长江干堤（部分）；荆江两岸42段护岸工程，总长约254.7 km；专业化的河道和防洪管理组织；现代化的通讯、预报设施和防汛决策支持系统等。

荆江河道（见图1）、荆南分流河道为洪水管理的行洪资源，荆江上起枝城下迄洞庭湖口的城陵矶，全长347.2 km；以藕池口为界分上、下荆江。上荆江为微弯分汊河段，长约171.5 km，由江口、沙市、郝穴3个北向河湾和洋溪、涴市、公安3个南向河湾以及弯道间的顺直过渡段组成；下荆江上起藕池口，下迄城陵矶，为蜿蜒型河道，由10个弯曲段组成。荆南分流河

* 国家科技支撑计划项目资助（课题编号：2006BAB05B03）。

道由松滋河、虎渡河、调弦河、藕池河共9条河道组成,河道分汊交错并排南下,其中松滋河的西支、中支、东支和虎渡河分流入西洞庭湖,藕池河的安乡河、团山河、梅田河分流入南洞庭湖,藕池河的鲇鱼须河与华容河分流入东洞庭湖。

洞庭湖和荆江分蓄洪区,以及荆北民垸为荆江洪水管理的蓄洪资源,荆北民垸有人民大垸、合作垸、北碾垸、六合垸、张智垸、三洲联垸等。清江梯级水利枢纽工程、葛洲坝水利枢纽工程和三峡工程的调洪库容为荆江洪水管理的调洪资源。

安全行洪是荆江洪水管理的根本目的,荆江河道演变和江湖关系变化是影响荆江安全行洪的重要因素,防洪和调洪是洪水管理的有效手段,分蓄洪区的使用是为了避免更大的损失所采取的洪水管理应急方案,人力、防洪设备和物资的投入是安全行洪的保障。

3 荆江河道近期演变特点

近几十年来,荆江两岸逐步系统实施了以控制河势和保护堤防与城镇安全为主要目标的护岸工程,基本稳定了荆江河段的总体河势。受下荆江裁弯、葛洲坝、三峡水利枢纽工程蓄水运用的影响,荆江河段发生了较长时期和较长距离的河床冲刷调整,局部河段的河势调整还相当剧烈。

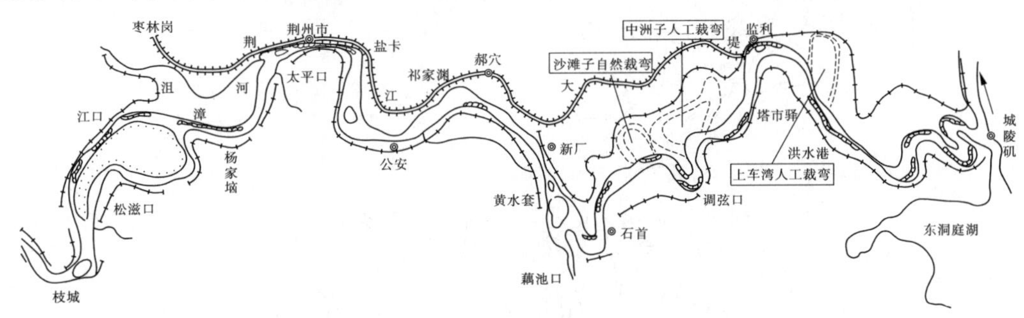

图1 荆江河道示意图

1998年以来,上荆江河段河道演变主要表现:关洲、芦家河分汊段主支汊年内交替易位,汊道及洲面均有所冲刷,关洲左汊进口段左岸(同济垸地段)和芦家河河段的进口段右岸(林家垴地段)近岸河床冲刷较严重,出现了岸坡崩塌险情;江口洲右缘冲刷崩退,洲体大幅度崩失;太平口顺直段主流左右摆动幅度较大,太平口顺直段左岸的学堂洲地段和右岸的腊林洲地段近岸河床明显冲刷,局部段岸线崩退,太平口心滩年际间冲淤消长,总的情况是呈淤积大趋势;三八滩分汊段河势调整较剧烈,主支汊交替易位、老三八滩冲失,新形成的三八滩滩面高程较以前大幅度降低,随新右汊主流线不断向左岸摆动,新三八滩右缘崩失,新右汊已出现了大片淤滩,枯水期出现了三汊分流的现象;金城洲左汊冲刷、右汊(人工促淤)淤积衰亡,主支汊关系稳定;公安河段因其上游顺直段主流线摆动,突起洲左汊文村夹地段与突起洲右汊进口(马家嘴地段)近岸河床此冲彼淤、突起洲洲头左右缘交替消长;郝穴河段除左岸的(南五洲)覃家渊地段因主流线摆动影响出现局部岸坡滑挫外,河势较稳定。

1998年以来,下荆江河段近期河道演变主要表现:受1994年向家洲撇湾切滩的影响,石首弯道段弯道顶冲点大幅度下移,引起北门口、北碾子湾等地段的岸线长范围、大幅度崩塌,并在北碾子湾至柴码头段形成了一个微弯河型,至2002年春季,北门口、北碾子湾地段的护岸工程实施,岸线得到初步控制;茅林口长顺直段主流左右摆动,引起新生滩(倒口窑心滩)冲淤消长频繁和石首湾道段弯道顶冲点上提、下移变化幅度较大,北门口、北碾子湾地段近岸河床冲刷范围扩大、下移,该地段的未护岸段和已护岸段岸坡均出现崩岸或滑挫险情。北碾子湾弯道的形成引起了其下游小河口——金鱼钩、连心垸——调关弯道顶冲点上提，这些弯道的近岸河床冲淤部位相应发生调整。监利河段的乌龟洲右汊主流向左岸摆动，乌龟洲右缘冲刷崩退，乌龟洲左右汊汇流点上提，铺子湾段迎流顶冲，局部地段近岸河床冲刷较严重。盐船套顺直段受监利河湾段河势调整影响较为明显，随主流线的摆动，该段近岸河床冲淤交替。荆江门至城陵矶段为典型的蜿蜒型河道，20世纪80年代开始实施的下荆江河势控制工程，至2002年春季，该河段河势基本被护岸工程控制，已被改造为限制性蜿蜒型河道；受荆江门削矶和上游主流摆动的影响，该河段弯道顶冲点下移，弯道上深槽淤积，下深槽冲刷下移，已护工程段下游末段和未护岸地段出现了局部岸坡滑挫或崩塌现象。

4 荆江与洞庭湖关系变化特点

荆江南岸沿程有松滋口、太平口、藕池口和调弦口（已于1959年建闸控制）分别经由松滋河系、虎渡河、藕池河系、华容河（简称荆南河网）分流入洞庭湖，洞庭湖（见图2）又集湘、资、沅、澧四水经湖区调节后于城陵矶汇入长江。荆江与洞庭湖的关系是以荆南河网分流和江湖汇流为纽带形成了一个庞大而复杂的系统，江湖水沙关系的变化集中反映了江湖关系的调整变化。

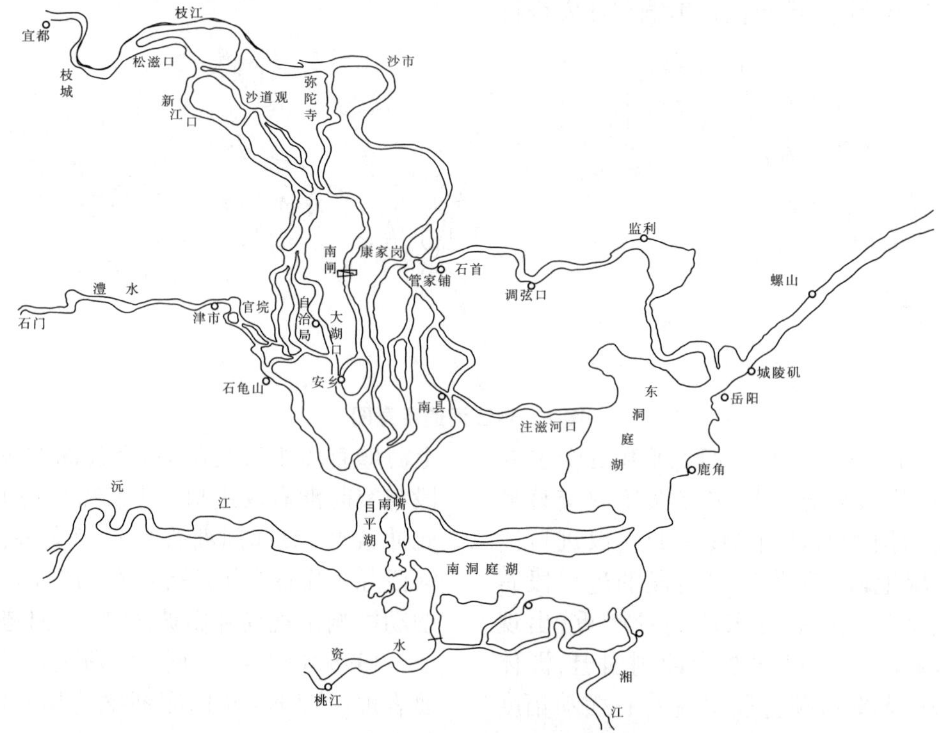

图2 荆江洞庭湖平面位置示意图

4.1 荆江水沙量变化

近几十年来，荆江经历了下荆江裁弯（1967年中洲子人工裁弯、1969年上车湾人工裁弯和1972年沙滩子自然裁弯），1980年葛洲坝水利枢纽工程蓄水运用，2003年6月三峡水利枢纽工程蓄水运用。裁弯工程缩短河道约78 km，使得裁弯上游比降加大，河床发生溯源冲刷；葛洲坝、三峡水利枢纽工程蓄水运用后，下泄水流的含沙量大幅度减少，河床发生自上而下的沿程冲刷；荆江河道冲刷使荆南三口在荆江同来流量下，水位发生不同程度的降低，从而加速了三口分流的递减进程，也引起了荆江水沙条件发生相应变化。

荆江河段进口（枝城站）多年（1955～2006年）平均年径流量和输沙量分别为4 465亿 m^3 和5.11亿t；上荆江沙市站和下荆江监利站多

年平均年径流量和输沙量分别为 3 945 亿、3 575 亿 m^3 和 4.45 亿、3.63 亿 t。按裁弯前(1955 ~ 1966 年)、裁弯期间(1967 ~ 1972 年)、裁弯后(1973 ~ 1980 年)、葛洲坝蓄水运用后(1981 ~ 1995 年)、三峡水利蓄水运用后(2003 ~ 2006 年)时段划分计算:上荆江沙市水文控制站的径流量分别占枝城站 85.8%、86.6%、87.5%、90.5%、93.1%,输沙量分别占枝城站 80.9%、92.2%、91.2%、86.1%、114.6%;下荆江监利水文控制站的径流量分别占枝城站 64.1%、78.1%、81.2%、86.4%、95.4%,输沙量分别占枝城站 55.8%、70.6%、76.8%、81.5%、106.6%。由于三口分流的存在,荆江河段水沙量沿程递减。同时,因三口分流量呈逐年递减趋势,在上游同一来流量下,荆江河段水沙量逐年增加,尤其是下荆江增加较多。从表 1 的统计数据来看:三峡水利蓄水运用后,荆江来沙量较蓄水前有大幅度减少。

表 1 荆江各站径流量与输沙量特征值统计

水文站	径流量(亿 m^3)					输沙量(亿 t)				
	多年平均值	2003 年	2004 年	2005 年	2006 年	多年平均值	2003 年	2004 年	2005 年	2006 年
枝城	4 465	4 232	4 218	4 545	2 928	5.11	1.31	0.804	1.17	0.12
沙市	3 945	3 924	3 901	4 211	2 795	4.45	1.38	0.956	1.32	0.245
监利	3 575	3 663	3 735	4 036	2 718	3.63	1.31	1.06	1.4	0.389

4.2 荆南三口五河水沙关系变化

在自然状态下,荆南三口分流河道的入湖口门三角洲不断向湖区淤积推移,河身逐年延长,水力比降不断降低,分流河道长期的累积性淤积,引起荆江三口分流分沙已不断减少。受下荆江裁弯、葛洲坝和三峡水利枢纽工程蓄水运用的影响,荆江河道出现了较剧烈的冲刷调整,使荆南三口在荆江同来流量下,水位发生不同程度的降低;三口口门段的河势调整,对三口的进流条件也有一定影响,这些因素加速了三口分流的递减进程。

根据表 2,在不同时段,枝城站多年平均径流量变化不大,而三口分流比随时间明显减小,由 1956 ~ 1966 年占枝城站的 29% 减为 2003 ~ 2006 年的 12%,其中减幅较大的时段处于裁弯期间以及裁弯后至葛洲坝水利枢纽蓄水前,由裁弯前多年平均的 1 331.6 亿 m^3 减为 834.3 亿 m^3,下降了 37.3%。三峡工程蓄水运用后与裁弯前相比,三口多年平均径流量共减少 752.9 亿 m^3,占裁弯前枝城站总径流量的 16.7%,其中藕池口减幅最大,为 506.8 亿 m^3,占三口减幅总量的 67.3%;与 1999 ~ 2002 年相比下降了 2.0%。三口分沙比在三峡工程蓄水运用前的不同时段均表现为减小(见表 3),主要是因为分流比减小所致,由 1956 ~ 1966 年占枝城站的 35.4% 降到 1999 ~ 2002 年的 16.4%,其中减幅较大也为藕池口,由 1956 ~ 1966 年的 118.4 万 t 减为 18.0 万 t,占三口减幅总量的 72.1%。三峡工程蓄水运用以来,坝下游河段的来沙锐减,枝城站年平均输沙量仅为 85.1 万 t,然而,此时段三口分沙比与分流比的变化有所不同,与 1999 ~ 2002 年相比增加 2.0%。不过,由于上游来沙的大大减少,三口分沙量的绝对值仍较以前有大幅下降。

表 2 荆南三口五河分时段多年平均径流量与三口分流比 (单位:亿 m^3)

起止年份	枝城	新江口	沙道观	弥陀寺	康家岗	管家铺	三口合计	三口分流比
1956 ~ 1966	4 515	322.6	162.5	209.7	48.8	588.0	1 331.6	29%
1967 ~ 1972	4 302	321.5	123.9	185.8	21.4	368.8	1 021.4	24%
1973 ~ 1980	4 441	322.7	104.8	159.9	11.3	235.6	834.3	19%
1981 ~ 1998	4 438	294.9	81.7	133.4	10.3	178.3	698.6	16%
1999 ~ 2002	4 454	277.7	67.2	125.6	8.7	146.1	625.3	14%
2003 ~ 2006	3 981	229.9	53.4	91.64	4.841	100.0	479.7	12%

表3　荆南三口五河分时段多年平均输沙量与三口分沙比　（单位：亿 m^3）

起止年份	枝城	新江口	沙道观	弥陀寺	康家岗	管家铺	三口合计	三口分沙比
1956~1966	5.53	0.345	0.190	0.240	0.107	1.080	1.959	35%
1967~1972	5.04	0.333	0.151	0.213	0.046	0.676	1.419	28%
1973~1980	5.13	0.342	0.129	0.194	0.022	0.422	1.109	22%
1981~1998	4.91	0.337	0.105	0.164	0.018	0.306	0.930	19%
1999~2002	3.46	0.228	0.057	0.102	0.011	0.169	0.567	16%
2003~2006	0.851	0.060 8	0.018 6	0.021 8	0.002 5	0.047 7	0.151 4	18%

4.3　洞庭湖区水沙量变化

洞庭湖区水沙量主要来自荆江三口和湖区四水，来水组成复杂。入湖最大组合流量多出现在6~7月，历年入湖最大日平均流量62 680 m^3/s（1954年7月30日）。入湖多年（1955~1995年）平均年径流量2 596亿 m^3，其中三口964亿 m^3，占37.13%，四水1 632亿 m^3，占62.87%，说明入湖水量中四水来量是主要的。由于荆江三口分流逐渐递减，入湖水量亦逐渐减少（见表2），而且三口与四水的来量对比发生了较大变化，1955~1966年三口来水量占入湖总量的47.08%，略小于四水来量，而至1981~1995年三口来量占入湖总量的29.74%，不及四水来量的一半。多年（1956~1995年）平均入湖悬移质沙量为1.621 3亿t，其中三口1.318亿t，占入湖总量的81.3%，可见湖区的泥沙主要来自荆江三口。与水量变化类似，入湖沙量亦逐渐减少，1981~1995年年均沙量仅为1956~1966年的52.5%。三峡工程蓄水运用后，来自荆江三口的沙量较蓄水前有大幅度减少。

4.4　江湖关系调整的相互影响

荆江河道冲刷调整对洞庭湖的影响主要表现在以下方面：①入湖水沙量减少，使入湖洪峰流量有较大幅度减小，有利于湖区防洪；②使湖区泥沙淤积减轻，对延缓洞庭湖的萎缩，保持调蓄洪水的能力十分有利；③随着三口分流减少，荆江流量加大，洞庭湖出流减少，荆江出流对洞庭湖出流顶托作用有所加强。

洞庭湖区（含分流河道）淤积萎缩对荆江影响主要表现为对荆江行洪、蓄洪不利。由于人工围垦、洲滩种植和泥沙淤积等原因，1949~1995年洞庭湖湖泊面积和容积分别减小约1 725 km^2和126亿 m^3，致使湖泊调蓄能力大幅度降低，湖区同流量水位抬高，江湖汇流口的水位也相应抬高，下荆江出流比降变缓，对荆江行洪不利。

总之，下荆江裁弯和葛洲坝、三峡水利枢纽工程蓄水运用一定程度上加速了三口分流的递减进程，也加速江湖关系调整变化，引起了荆江水沙条件发生相应变化。由于三口分流减少，使得在上游同流量条件下，荆江流量加大，尤其是下荆江流量增加较多，这一方面使下荆江水位抬高，高水位持续时间有所加长；另一方面抵消了裁弯后水位降低值，降低了裁弯工程的防洪作用。

5　荆江洪水管理资源消长变化特点

5.1　防洪资源消长变化

从荆江防洪工程建设的投资特点来看，可分为3个阶段：1949~1953年为第一个建设阶段，荆江水利工程建设主要是针对已有堤防堤身低矮单薄，残缺不全、隐患险段众多的地段水利工程进行培修加固、清除隐患，建闸控制。1954~1997年为第二个建设阶段，1954年长江发生特大洪水，荆江河段的堤防工程受到严重破坏，汛后根据“堵口复堤，重点加固”的方针，组织人力、物力对水毁工程进行除险、维修加固，至1955年4月底，荆江的堤防工程已恢复到1954年汛前的防洪能力，并逐年岁修加固。1972年以后按防御1954年洪水为标准系统规划建设荆江河段的堤防、护岸工程，确定沙市控制水位45.00 m（吴淞高程，下同），城陵矶（七里山）34.40 m的水面线超高1~1.5 m、堤面宽

6~8 m、内外坡度为1∶3.0为堤防加固标准，对堤外滩较窄和河势调整较剧烈的河岸进行守护。经过40多年的建设，荆江河段的堤防工程可防御20年一遇洪水，运用分蓄洪工程可提高到防御50年一遇洪水。

1998年以后为第三个建设阶段，1998年长江发生全流域性的大洪水，荆江河段部分堤段汛期水位超堤面高程，依靠子堤挡水，局部堤段水位超堤面高程1~2 m，堤身背水坡出现大面积散浸险情，堤脚附近出现众多的管涌险情；汛后退水期，河岸崩塌较为严重。针对1998年大洪水的险情特征，中国政府通过发行国债和世界银行贷款筹集巨额资金对荆江河段进行堤防、护岸工程的整险加固，并投资开发和完善洪水预报系统和防汛决策支持系统软件。按1998年的最高水位线超高2.0 m加高堤防工程，堤身迎水坡面用预制混凝土块护坡，堤顶修建宽6~10 m、厚20 cm的混凝土路面，背水坡脚铺垫20~30 m宽的压浸平台，对有散浸和管涌险情的地段的堤身采用防渗墙处理措施。并对河岸的崩塌险情进行系统整治；对部分通江水闸进行改造。经过1998年后大规模的综合整治建设，荆江河段的水利工程质量和标准均有大幅度提高，可防御50年一遇洪水，运用分蓄洪工程可提高到防御100年一遇洪水。

经过近50年的建设，已形成了专业化的防洪管理团队和组织机构，以及现代化的通讯、预报设施和防汛决策支持系统。至2003年6月，1998年汛后规划设计的荆江两岸堤防、护岸整险加固工程基本完工，荆江防洪资源达到了有史以来的最高水平。但是，2003年6月三峡工程蓄水运用后，荆江河道出现了较剧烈的冲刷调整，大部分护岸工程段的近岸河床出现了一定程度的冲刷，局部地段出现了岸坡滑塌险情。三峡水库蓄水运用引起沿程冲刷是长时期的，冲刷调整的幅度较大，对荆江河道岸坡稳定有着明显的影响，随着护岸工程段险情隐患的积累，可能出险的地段分布较多，如不对现有护岸工程进行适度维护加固，荆江防洪资源将会受到影响。

5.2 行洪资源消长变化

荆江的行洪资源表现在荆江河道和三口分流河道的功能状态。下荆江裁弯工程缩短河道约78 km，使得裁弯段的上游比降加大，泄流量明显增大；河床发生溯源冲刷，使上游同来流量下沿程水位发生不同程度的降低，从而加速了三口分流的递减进程，其中藕池口所受的影响最大；三口分流量的减少，增加了荆江特别是下荆江的行洪负担。葛洲坝、三峡水利枢纽工程蓄水运用后，坝下游河道发生沿程冲刷，引起荆江河道的较剧烈的冲刷调整，使三口分流量进一步减少，荆江河段的过流增加，从而给荆江的行洪带来不利的影响。

三口分流河道的淤积萎缩，三口分流量的大幅度减少，一定程度上抵消了下荆江裁弯所增加的行洪资源；葛洲坝、三峡水利枢纽工程蓄水运用所引起的沿程冲刷，使三口分流量进一步减少和荆江出口水位抬高，增加了荆江的行洪负担，无助于改善荆江河道的行洪条件。总的来说，因三口分流量的减少和荆江冲刷调整所带来的近期影响，荆江的行洪资源逐渐削减。

5.3 蓄洪资源消长变化

荆江的蓄洪资源表现在：洞庭湖区的有效容积，荆江分蓄洪区和荆北民垸的分蓄洪使用状况。按七里山水文站31.5 m的控制水位线计算，1949年、1995年洞庭湖湖泊面积分别为：4 350 km^2、2 625 km^2，湖泊容积分别为：293亿m^3、167亿m^3。1949~1995年洞庭湖湖泊面积和容积分别减小约1 725 km^2和126亿m^3，由于人工围垦、洲滩种植和泥沙淤积等，致使湖泊调蓄能力大幅度降低，湖区同流量水位抬高，对江、湖的防洪均不利。随着三口分流分沙的递减，入湖水沙量减少，一方面使入湖洪峰流量有较大幅度减小，对洞庭湖防洪有利；另一方面则使湖区泥沙淤积减轻，对延缓洞庭湖的萎缩，有利于保持洞庭湖区调蓄洪水的能力。三峡水利枢纽工程蓄水运用后，洞庭湖区的来沙组合结构发生了根本变化，"四水"来沙占主要地位，而"三口"来沙退居其次，洞庭湖区内冲淤分布不平衡，总的情况是淤积，淤积程度相对于以前有大幅度减少。

荆江分蓄洪区设计蓄洪量54亿m^3，1952

年6月建成至今,仅1954年分蓄洪水使用过一次。荆江分蓄洪区现有人口43万人、耕地3.6万 hm^2,分洪时需临时转移人口约28万人。考虑到淹没影响损失巨大,代价太高,1998年特大洪水也没有使用。随着三峡水利枢纽工程建成和完全发挥调洪效益,超1998年型的洪峰流量在荆江出现的概率明显减小,荆江分蓄洪区的使用可能性很小。随着社会经济的发展,民垸分洪的代价将越来越高,1998年扒口分洪的荆北民垸的分蓄洪使用可能性会越来越小。所以,荆江的蓄洪资源有所削减。

5.4 调洪资源消长变化

荆江洪水管理的调洪资源包括:枝城以上长江干支流水利枢纽工程的调洪库容量,其中,主要是三峡工程的调洪库容。根据三峡水利枢纽工程初步设计报告,按对城陵矶防洪较有利的城陵矶防洪补偿调度方式进行调度,将三峡水库的防洪调度库容为221.5亿 m^3 分为3部分:第一部分100亿 m^3 用于对城陵矶和荆江的防洪补偿,第二部分36亿 m^3 用于对荆江的防洪补偿,第三部分85.5亿 m^3 用于对荆江特大洪水进行调节,保障一般洪水年,荆江(枝城)最大流量不超过60 000 m^3/s;特大洪水年,荆江(枝城)最大流量不超过80 000 m^3/s。

根据《长江流域规划报告》,若1954年洪水重现在三峡建成后,按城陵矶补偿调度,城陵矶附近地区要分洪210亿 m^3,其中洞庭湖分105亿 m^3。当荆江河道遇上60 000 m^3/s 流量级洪水,需要将荆江上游来水的部分洪水经三口分流入洞庭湖,并结合平垸分洪才能满足荆江安全行洪。由于三峡水库与洞庭湖蓄洪区间缺乏大容量的泄洪通道,影响荆江上游水利工程对荆江洪峰流量的调节效果,三口分流量的减少,一定程度上削减了荆江的调洪资源。

综上所述,三口分流河道的淤积萎缩,分流量的大幅度减少,增加了荆江的行洪负担,一定程度上削减了荆江的行洪资源和调洪资源;三峡水库的蓄水运用,下泄水流的含沙量大幅度减少,引起荆江河道的较剧烈地冲刷调整,在部分护岸工程段已形成安全运行隐患,大大增加了荆江河道的防洪风险,一定程度上削减了荆江的防洪资源;由于洞庭湖区持续淤积和荆江分蓄洪区、荆北民垸分洪的代价将越来越高,荆江的蓄洪资源有所削减。

6 荆江洪水管理新方略的探讨

荆江地区防洪安全所面临的问题主要表现在:三口分流量大幅度减少、荆江河道的长期较剧烈的冲刷调整以及洞庭湖区(含三口分流河道)持续淤积。三峡水库蓄水运用后,清水下泄为解决荆江地区防洪安全问题创造了十分有利的条件,只需在松滋口门附近建设(径流式低水头)调洪航电枢纽并配套松滋河河道整治,就可以解决荆江洪水管理所面临的主要问题,通过控制荆江上游洪水在荆江和松滋河的分配关系,达到大幅度增加三口分流量、减缓和控制荆江河道的冲刷调整、让洞庭湖区(含三口分流河道)由持续淤积转变为冲刷成为可能。

6.1 荆江洪水管理规划设计方案

荆江洪水管理工程的主体工程由松滋口调洪航电枢纽工程和松滋河河道整治工程组成。松滋口调洪航电枢纽工程分为两个部分(见图3):长江部分调洪航电枢纽工程由6台径流式低水头发电机组、26孔泄洪闸、双线船闸、9孔排沙泄洪底孔等组成,松滋河部分调洪航电枢纽工程由3台径流式低水头发电机组、10孔泄洪闸、双线船闸等组成。

松滋河河道整治工程以松滋河西支为主,采取疏浚、扩卡、理顺河道、护岸、加高培厚堤防工程的措施,保障松滋河西支有6 000 m^2 的过洪断面面积和15 000 m^3/s(1998年最大日平均分流量6 440 m^3/s)的泄洪能力,结合松滋河东支的泄洪能力(1998年最大日平均分流量2 620 m^3/s),松滋河的泄洪最大能力达到18 000 m^3/s(1998年最大日平均分流量9 080 m^3/s)。1954年三口最大日平均分流量27 910 m^3/s,1998年三口最大日平均分流量18 900 m^3/s,荆江洪水调配工程实施后,荆南三口最大日平均分流量可达27 000 m^3/s,基本恢复1954年三口最大日平均分流量水平;松滋河西支河道也将成为一条联通长江上游和洞庭湖区的优良航道和大容量分洪通道。

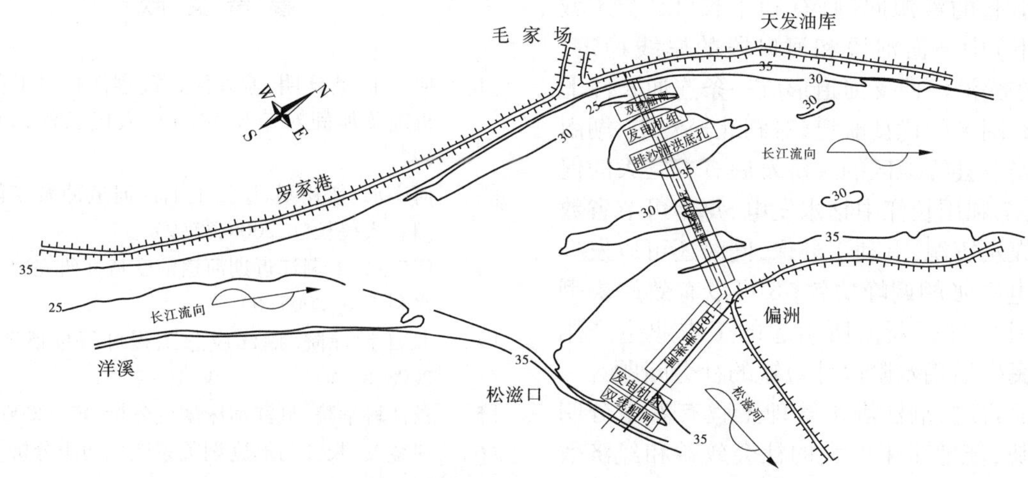

图3 松滋口调洪航电枢纽工程平面布置示意图

6.2 调度规划设计原则

荆江洪水管理工程是集防洪减灾、江湖分流调度、发电、航运于一体的综合性水利工程，按1998年的枝城流量过程规划设计工程调度方案，遵循以下原则：在枝城30 000 m^3/s流量级以上的汛期，以荆江安全行洪为原则；在枝城30 000 m^3/s流量级以下的时期，以尽可能减缓荆江河道冲刷调整，尽可能增大洞庭湖区冲刷量为原则；在枯水期，按满足荆江和松滋河西支两岸工农业和居民生活用水的条件下，分期实施(短期)接近断流条件下的河道检修。

7 结论与建议

7.1 结论

下荆江裁弯、葛洲坝和三峡水利枢纽工程蓄水运用一定程度上加速了三口分流的递减进程，也加速了江湖关系调整和荆江水沙条件变化。由于三口分流减少，使得上游同流量下，荆江流量加大，尤其是下荆江流量增加较多，这一方面使下荆江水位抬高，高水位持续时间有所加长；另一方面是抵消了裁弯后水位降低值，降低了裁弯工程的防洪作用。

三峡水库的蓄水运用，下泄水流的含沙量大幅度减少，引起荆江河道的较剧烈的冲刷调整，在部分有护岸工程的岸段形成安全运行隐患，大大增加了荆江河道的防洪风险，一定程度上削减了荆江的防洪资源；由于洞庭湖区持续淤积和荆江分蓄洪区、荆北民垸分洪的代价将越来越高，荆江的蓄洪资源将大幅度削减。2003年以后，荆江洪水管理资源呈削减趋势，洪水管理的风险成本不断增大。

由松滋口调洪航电枢纽工程和松滋河河道整治工程为主体工程的荆江洪水管理工程，可以通过控制荆江上游洪水在荆江和松滋河的分配关系，达到大幅度增加三口分流量、减缓和控制荆江河道的冲刷调整、让洞庭湖区(含三口分流河道)由持续淤积转变为冲刷成为可能，解决荆江洪水管理所面临的问题。

7.2 建议

荆江洪水管理工程可以实现从“控制荆江洪水”向“管理荆江洪水”的战略转变，变水患为资源，产生巨大的社会效益和经济效益：①可以解决荆江特大洪水年的分洪问题，避免荆北民垸分洪所带来的巨大损失和灾后环境问题；②可以解决三峡水库蓄水运用后，长江宜昌至枝城段河床冲刷下切所引起的航道问题，避免数十亿元人民币的航道整治投资；③可以有效控制或大幅度减缓荆江河道的冲刷调整，大大减轻荆江堤防护岸工程的维护建设负担；④可以冲刷带走洞庭湖区的泥沙，增大可调节洪水的湖泊容积，避免洞庭湖淤积萎缩；⑤带走的洞庭湖区的泥沙可以一定程度上缓解长江干流

(城陵矶以下)中下游河段因三峡水库的蓄水运用所引起的沙源问题,有利于长江干流(城陵矶以下)中下游河段和河口段的岸线稳定;⑥可以在松滋河西支河道形成一条连通长江上游和洞庭湖区的优良航道,对湖北松滋市、湖南津市和安乡县等地区的经济发展有着巨大的促进作用;⑦利用长江中枯水发电,每年可节省数百万吨煤炭资源,有利于环保,同时还可以发挥冬季用电紧张的调峰功效;⑧可以有效解决荆南地区因"三口"断流所引起的工农业生产用水和居民生活用水阶段性短缺的社会问题。

总而言之,荆江洪水管理工程有着十分明显的优势,能够带来巨大的社会效益和经济效益。建议尽早开展工程前期工作,早日实施荆江洪水管理工程,造福荆楚大地!

参考文献

[1] 何广水,姚仕明,黎礼刚,等.荆江护岸工程水毁机理及加固对策研究[J].人民长江,2006,37(7).

[2] 何广水,黎礼刚.长江上荆江河道冲淤变化研究[J].人民长江,2006,37(9).

[3] 何广水.下荆江近期河道演变特性研究[J].湖南水利水电,2005(6).

[4] 长江设计院.荆江应急工程可行性研究[R].2005,8.

[5] 长江科学院.荆江河床演变分析[R].2006,7.

[6] 卢金友.长江与洞庭湖关系变化初步分析[J].人民长江,2006(4).

洞庭湖江湖关系变化对长江防洪的影响与战略思考

邹朝望[1] 徐少军[1] 林德才[1] 常景坤[1] 穆锦斌[2] 陈 建[3] 张 艳[4]

(1. 湖北省水利水电勘测设计院 武汉 430070;2. 浙江省水利河口研究院 杭州 310020;
3. 华北水利水电学院 郑州 450011;4. 湖北省国土资源厅 武汉 430072)

摘 要:阐述了洞庭湖区对长江中下游的调蓄作用,分别从洞庭湖淤积围垦、三口分流比、分沙比的变化、分流河道淤积及荆江裁弯等几个方面进行了论述,分析洞庭湖江湖关系变化对长江中下游防洪的影响。提出了面对江湖关系演变的严酷事实所作出的战略性思考,以期为相关部门提供资料和政策性的参考。

关键词:洞庭湖;分沙比;河道淤积;防洪

1 引言

长江中下游平原地区,是古时候云梦泽、洞庭湖、彭蠡泽、巢湖、振泽等所在地,它承泄了上游和中下游支流的来水来沙,是长江洪水自然调蓄的区域。由于水沙的长期作用和人类活动的干预,几经沧桑演变成今日富庶的平原区和复杂的江湖关系(见图1)。长江中游枝城至城陵矶河段称为荆江,荆江全长约412.0 km,自枝城至藕池口为上荆江,河长约172.0 km;从藕池口至城陵矶河段称为下荆江,荆江北侧为江汉平原,洞庭湖位于荆江南岸,其北面有松滋口、太平口(又称虎渡口)和藕池口(1958年调弦口封堵以前为荆江四口)三口水系,分泄长江水沙入湖,西南面有湘江、资水、沅江、澧水等四水水系,汇入洞庭湖;还有湖区周边直接入湖的中、小河流。这三口、四水及区间的入湖水沙,经湖泊调蓄、沉积之后,由城陵矶(七里山)出湖汇入长江。

20世纪50年代以来江湖关系发生了很大的变化,它改变了江湖水沙的分配,导致了河床淤积和水位流量关系变化,荆江由于洪峰流量的加大而引起水位的抬高,城陵矶以下则因淤积而抬高。江湖关系的调整变化对城陵矶—螺山河段及洞庭湖区的水位抬升具有很大的影响,是造成长江中游及洞庭湖地区同流量下水位抬高的基本原因之一。

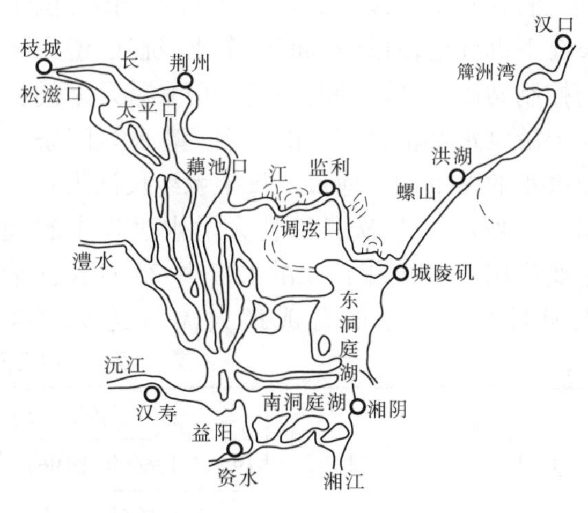

图1 荆江和洞庭湖关系图

本文通过对长江中游荆江洞庭湖江湖关系演变,包括洞庭湖淤积围垦、三口分流比、分沙比的变化、分流河道淤积及荆江裁弯的分析,找出导致长江中游防洪形势严峻的主要原因,提出相应解决办法和建议。

2 洞庭湖区对长江中下游的调蓄作用

我国是一个洪涝灾害频繁发生的国家，灾害损失严重，常见的洪涝灾害多属于暴雨洪灾，造成灾害的根本原因是河道泄量远小于来水量。我国人民在与洪水斗争的过程中不断总结得出，江河防洪必须蓄、泄、排兼顾，所谓“蓄”就是利用水库、湖泊、分蓄洪区等能容纳洪水的场所来调蓄洪水，减小洪峰流量，实现错峰调节，坦化洪水过程、降低洪水水位。因此，水库、湖泊、分蓄洪区等调蓄量的变化对于上下游水位都有影响，当调蓄量变大时，更多的水被拦蓄，相应减少了进入下游河道的水量，对于降低下游水位、减轻下游防洪压力具有重要作用；相反，当调蓄量变小时，下游所要承载的洪量增大，相应洪水位抬升，防洪压力增大。

洞庭湖是我国最大的淡水调蓄湖泊，位于长江下荆江河段以南，湘江、资水、沅江、澧水尾闾控制站以下，跨越湘鄂两省，历来就是承纳长江上游洪水和湘江、资水、沅江、澧水等四条支流洪水的滞洪调蓄地带。每年承纳长江洪水的30%～40%，在历次长江特大洪水过程中起到重要作用。1998年长江洪水，7月25日长江干流和洞庭湖水系的合成最大流量达93 500 m^3/s，而干流城陵矶莲花塘站于7月27日通过第三次洪峰，相应流量为64 700 m^3/s，江湖容积坦化该次洪峰流量达28 800 m^3/s；同年8月19日，长江干流和洞庭湖水系的合成流量为71 600 m^3/s，干流城陵矶莲花塘站于8月20日通过第六次洪峰，出现最高洪峰水位35.80 m，相应最大流量为64 300 m^3/s，江湖容积削减了洪峰流量约7 000 m^3/s，大大减轻了城陵矶以下长江干流河段的防洪压力。由此可见，洞庭湖作为长江中游的调蓄湖泊，对中下游的防洪具有十分重要的意义。

3 江河关系演变的影响

3.1 江湖关系水沙变化

荆江三口（调弦口已建闸控制）是连接长江与洞庭湖的纽带。当三口分流分沙发生变化时，洞庭湖及其出流、荆江河道将发生相应的调整变化，而荆江和洞庭湖的演变又反过来对三口分流分沙产生影响。因此，江湖水沙关系变化集中反映江湖关系的调整变化。

荆江三口多年（1956～1990年）平均年径流量和输沙量分别为310.3亿 m^3 和4 332亿t，分别占其上游枝城同期来量的6.9%和10.4%，荆江三口分流分沙变化见表1。

表1 荆江三口分流分沙变化

测站	项目	多年平均年径流量（亿 m^3）和多年平均年输沙量（万t）									
		1956～1966年		1967～1972年		1973～1980年		1981～1987年		1988～1990年	
		径流	输沙	径流	输沙	径流	输沙	径流	输沙	径流	输沙
枝城	数值	4 538	55 600	4 302	50 300	4 441	51 300	4 533	58 596	4 615	47 136
松滋口	数值	486	5 352	446	4 842	428	4 711	417	5 508	392	4 148
	分流分沙比（%）	10.7	9.6	10.4	9.6	9.6	9.2	9.2	9.4	8.5	8.8
虎渡口	数值	210	2 386	186	2 093	160	1 935	146	2 043	135	1 533
	分流分沙比（%）	4.6	4.3	4.3	4.2	3.6	3.8	3.2	3.5	2.9	3.3
藕池河	数值	641	11 840	390	7 216	247	4 430	227	4 618	144	2 325
	分流分沙比（%）	14.1	21.3	9.1	14.3	5.6	8.6	5.0	7.9	3.1	4.9

从表1可以看出，如果以1956年各口本身分流比为100，到1988年松滋口分流比减少28.9%，虎渡河减少了33.6%，藕池河减少63.2%。如果同1956～1966年比较，1973～

1980年、1881~1987年、1988~1990年四个时段三口入湖总水量分别减少了23.6%、37.5%、40.9%和50.0%；三口分流分沙平均递减率沿时间递增。1956~1988年三口分沙量减少66.4%，分流量减少52.2%，以藕池口减少为最大，分沙量减少占78%，分流量占72.7%。由此可见，枝城同流量下，三口分流流量沿时间逐渐减小。

三口分流减小，对荆江防洪不利。由于三口分流减少，使得上游同流量下，荆江流量加大，尤其是下荆江流量增加较多，这一方面使水位抬高，高水位持续时间较长；另一方面抵消了裁弯后部分水位降低值，降低了裁弯工程的防洪作用。同时，由于江湖流量分配的这种巨大变化，使荆江径流加大，城陵矶至武汉河段淤积，三口分流河道衰退以至萎缩，进入洞庭湖的泥沙和淤积虽然减少，但是口门城陵矶水位却不断抬高，这些构成了长江中游出现新的洪水形式，并且还会继续发展。

3.2 洞庭湖淤积围垦的影响

洞庭湖接纳四水，吞吐长江，形成了自然的泥沙淤积现象。进入洞庭湖的悬移质输沙量约有1/4从城陵矶进入长江，而剩余3/4的泥沙淤积在洞庭湖内。新中国成立以来，洞庭湖平均淤沙约1亿m^3。湖底49年（1949~1998年）以来共淤高1.8 m，年均淤高3.67 cm。湖面从4 350 km^2缩减到2 578 km^2，年均减少36 km^2以上；湖容从293亿m^3减小到150亿m^3以下，年均减少3亿m^3，洞庭湖面积变化趋势见图2。

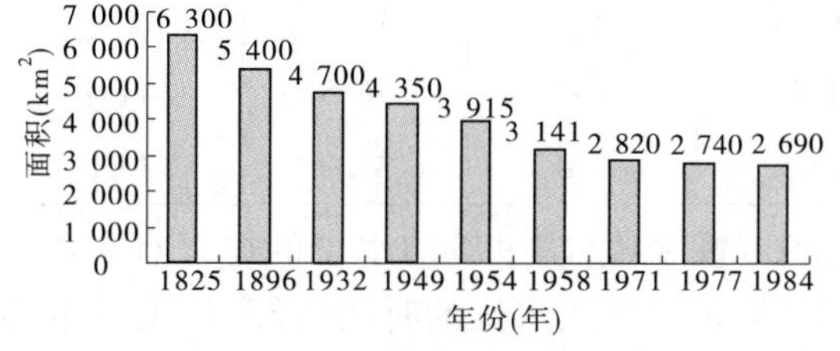

图2 洞庭湖湖泊面积变化

自然淤积为人为围垦提供了条件。自唐到宋，再到明清，围垦一直在继续，但增加速度较慢。新中国成立以来的围垦大致可分为3个时期：一是1954年及其以前的几次大水后进行了有计划的堵支并流、合修大垸，共减少湖泊面积435.0 km^2；二是1956~1960年间进行了大量的围垦，外湖面积减少迅速，共减少湖泊面积774.0 km^2，平均每年围湖1.2万hm^2，即120.0 km^2。两次合计减少湖泊面积1 209.0 km^2，占总减少面积的75%以上；三是20世纪60年代以来小规模围垦和内湖围垦以及矮围灭螺堵了一些湖汊，60年代为192.0 km^2，70年代围垦约200.0 km^2。在1949年前的近2 000年，洞庭湖区围垦面积约1 028.0 km^2。1949年以后人口剧增，仅50年代即围垦1 433.0 km^2，六七十年代又围垦246.0 km^2，湖泊面积急剧减小。30年围垦面积超过历史上的2 000年，这是一个短期内人为破坏生态环境的惊人数字。

由于泥沙自然淤积和人为围垦，使洞庭湖面积和容积大为减小，直接导致了洞庭湖吞吐能力降低，调蓄作用减弱，长江中游地区水灾日趋严重。

3.3 分流河道淤积的影响

三口分流河道淤积及水位抬高，在分流河道中、下游特别明显。据1915年以前的地图，当时藕池河东支是沿沱江入湖。1935年沱江仍为东支主干，后来淤积严重，据1953~1990年38年间断面测量资料，河床平均淤高4.08 m，即每年淤高10.7 cm，过水面积平均缩小1 080.0 m^2。控制西洞庭湖出口及松滋河、虎渡河、藕池河中西支的南嘴水文站，1955~1980年水位抬高约1.48 m，平均每年抬高约6.2 cm。澧水入西洞庭湖的石龟山水文站，1964~1983年水位抬高1.8 m，平均每年抬高9.5 cm。松滋东支黄泗嘴站，1980~1993年14年间，有9年最高洪峰水位超过1954年，超过幅度在0.13~0.17 m。大量数据表明，分流河道中、下段及尾闾每年河底淤高导致水位抬高达3~6 cm。河道的这种抬升速度非常急剧，达到甚至超过了黄河下游的抬升速度。

众所周知，三角洲上的河道本来是具有河长增长即淤积先向前推进，向上抬升和向后延伸的变化。淤积向这三个方向的发展速度，决定了淤积向前推进速度。首先,洞庭湖尾部的三角洲,由于淤积宽度不是很大,湖水深度较浅,故向前推进速度快,向上抬深和向后延伸也很快,从而加速了其淤积及水位抬高。其次,对于洞庭湖尾部的三角洲与水库类似,即侵蚀基面(以湖口水面为代表)有相当的变幅。因此,分流河道如为单一河道,汛期湖水位高时,中、下段及尾闾会受变动回水影响,发生淤积;汛末和枯季,湖水位低时,回水消失,恢复为河道,发生冲刷。这就是说,如果分流河道不是作为荆江的支汊,应该与水库变动回水区的河道一样,坝前水位高时淤积,坝前水位低时冲刷。但是分流河道作为荆江的一个支汊,其分流比是变化的,中枯水流量很小,以致断流,从而使本应发生的冲刷,却因流量很小或断流转为淤积或不变。这就是说分流河道基本是全年皆淤的,故加大了淤积量,而河道的淤积导致河水位的上升,相同洪量的情况下,增大了荆江防洪的难度。

3.4 荆江裁弯的影响

下荆江裁弯后,使荆江水流与河床重新自动调整,也必然导致荆江与洞庭湖关系的重新调整。特点是:比降增大,输水输沙能力增强;荆江三口入湖的水、沙量减小,洞庭湖出湖的水沙量减少,城陵矶以下的螺山河段水沙量增大。裁弯后,河床缩短的长度约占下荆江全长1/3,比降显著增大,使同流量下的水位较裁弯前有一定的降低,所以在同水位下,裁弯后扩大了河流的流量,如以沙市水位45.0 m,莲花塘水位34.4 m相同条件下,推算裁弯后新厂扩大流量8 000 m^3/s,石首扩大流量11 700 m^3/s,沙市扩大流量4 500 m^3/s,同流量情况下,可降低沙市高水位0.5 m。裁弯后洞庭湖的淤积量每年平均减少0.352亿 m^3,这对减轻湖区的洪涝灾害有一定好处。

由于洞庭湖出口泥沙淤积和水位抬高,不但对荆江及以下干流河段的河床演变将产生重大的影响,而且对荆江及洞庭湖的防洪和排涝将带来不利影响。再从裁弯对本河段水位的影响来看,既有使水位抬高的因素又有使水位下降的因素,为了说明问题,统计对比沙市、石首、监利三站多年汛期6~10月高于设防和警戒水位平均天数进行分析,见表2。

表2 沙市、石首、监利高于设防和警戒水位平均天数统计表 (单位:d)

时段	沙市		石首		监利	
	高于警戒水位天数	高于设防水位天数	高于警戒水位天数	高于设防水位天数	高于警戒水位天数	高于设防水位天数
1951~1966年裁弯前	20.3	6.5	32.6	14.4	14.1	4.8
1967~1974年裁弯前	7.4	1.8	12.1	2.0	14.0	2.9
1975~1987年裁弯后	6.2	1.7	8.7	2.5	14.5	4.0
1967~1987年裁弯后	6.7	1.7	10.0	2.3	14.3	3.6
1988~1991年裁弯后	6.7	1.2	8.2	5.7	16.5	11.7
1992~1993年裁弯后	13.5	3.0	19.5	7.0	33.0	13.0

从表2统计资料表明,下荆江系统裁弯后监利站处于高水位的天数较之裁弯以前明显增加,而沙市站明显减少。1988~1991年4年中,沙市超过设防水位的天数只有27 d,年平均6.7 d,超过警戒水位天数只有5 d,年平均1.2 d,1991年沙市站的最高水位为42.86 m,没有达到警戒水位,超过设防水位的也只有9 d,而监利站超过警戒水位的时间达33 d。以上情况表明,下荆江系统人工裁弯有利有弊,有利于郝穴、石首,而不利于城陵矶河段,上荆江因此在防洪方面获得比较明显的利益,而城陵矶附近河段的防汛负担则明显加重。如果出现江湖洪

水争夺城螺河段水道的时候，将使监利以下至洪湖的堤防处于十分不利的地方，特别是沙市。城陵矶如果同时出现较高水位时，下荆江因裁弯取直所加大的泄量对于城陵矶附近的防汛来讲，无异是“雪上加霜”，而且城陵矶以下河段的变化还将给江湖防洪排涝带来什么影响，需要继续观测总结，务求合理解决。

为了扩大荆江的泄量、降低沙市的水位，提高荆江大堤的防御能力，实施下荆江裁弯工程是完全必要的。但下荆江裁弯虽然改善了河道泄流条件，但干流水流加大，分流口门淤积，入湖入沙减少，洞庭湖调蓄能力降低，反而加剧了湖泊的萎缩。下荆江系统裁弯的利弊得失给了我们很大的启示，江湖共生、江湖共存，应该使工程措施充分体现上下兼顾、江湖两利的原则，应该用可持续的发展观改变过去湖泊治理思路，将过去单纯的江湖整治向江湖管理、保护和综合治理转变。

4 战略性思考

1998 年洪水后，国家提出“退田还湖，平垸行洪和移民建镇”，这些措施对于缓解湖区愈演愈烈的洪水威胁，恢复湖泊生态环境起到了积极作用。我国的江湖治理不能仅以工程措施为主，更应该强调非工程措施。因为江湖关系面临的诸多问题主要是人类不科学的活动造成，只有更多地采取改变和约束人类行为的非工程措施，才能真正做到人与自然的和谐相处。

面对江湖关系演变的严酷事实，必须不停地同洪涝灾害作坚决斗争，犹豫和等待是没有出路的。从客观上讲，洪涝灾害损失的大小，取决于我们社会对洪涝灾害危害性的承受能力，而这种承受能力同我们对自然灾害的防御能力有关。洪水所造成灾害除了洪水本身以外，缺乏有效地治理洪水的措施，缺乏工程防护设施和应急反应功能。

(1)要大力加高加固洞庭湖区等长江干流及支流现有堤防。堤防的加固要根据实际情况来决定，防洪标准不能离开江湖总体防洪标准，局部的防洪标准必须服从总体的防洪标准，一般堤防的防洪标准必须服从重点堤防的防洪标准。由于江湖不断淤积，洪水逐年抬高，为了保持堤防现有的抗洪能力，就必须根据洪水位升高的情况对堤防进行加高加固。

(2)加快分蓄洪区建设。现状荆江和洞庭湖地区国家划定的分蓄洪区有三片，一是荆江分洪区，二是洞庭湖蓄洪区，三是洪湖分蓄洪区。分洪保安全，主要是人口转移过程中要保证安全，以及保证已转移到安全区人口要安全。要保证分洪运用成功，人口的安全转移自然是关键因素，所以必须要加强分蓄洪区的建设，分洪区的围堤必须保证安全。有条件地区从长远出发可考虑建设无人分蓄洪区，一方面可作为湿地建设，另一方面也可以缓解水资源短缺矛盾及满足航运等需求。

(3)高度重视非工程措施建设。事实上单靠工程措施是无法解决防洪问题的，解决这个问题还要依靠非工程措施。非工程措施是指不依靠修建工程设施达到减少灾害的目的。实践证明，没有非工程措施相配合，已有工程设施的效能就会受到影响或失去作用。非工程措施主要是指加强防洪意识宣传；加强洪水预报；完善通讯手段；强化河道管理；制定和贯彻一系列体现非工程措施的政策法规；严格控制人口增长；鼓励人口外迁；限制集镇发展；合理利用土地；调整产业结构，包括对洪泛区土地利用不合理现状进行限制或调整。

(4)整治疏浚河道，恢复保护湖泊。长江中下游河道，总体上讲河势比新中国成立前稳定，主流比较畅通。但由于泥沙淤积，通过湖泊围垦堵塞，下荆江裁弯以及沿岸建码头等侵占过水断面，使泄洪蓄洪能力减弱，导致 1998 年高危洪水达 70 多 d。首先，要全面实现系统整治工程，下荆江三个弯道裁弯取直以来，数亿立方米泥沙淤积在城陵矶至龙口河段，使螺山河段泄洪能力减小。必须实施退田还江，平垸行洪。据调查，长江干道中围垦洲滩民垸 5.3 万多 hm^2，严重阻碍洪水下泄。据分析若将长江干流河槽中的江心洲、边洲所有民垸移民还湖，刨堤行洪，可扩大泄洪流量 5 000 m^3/s，降低洪峰水位0.3～0.5 m。其次，消除岸边矶头码头等挑流阻水物，禁止岸边向江心推进。近年城市建设发展，许多港口岸线与水争地，改斜坡岸为直立墙岸，侵占过水断面15%～20%，使河道缩窄，这也是河道泄洪能力减少的原因之一。

（5）推行洪水保险制度。当今世界防洪发展总趋势是工程措施与非工程措施相结合的对策。洪水保险就是一项重要的非工程措施，洪水保险是针对洪水高发区域，由受洪水威胁的人群、政府和其他参与部门共同分担洪水风险的保险模式。因此，洪水保险应该是非营利性的、政策性的强制保险。由于洪水风险地域性差异很大，所以只有把洪水保险作为基本国策、扶持政策，才能积极开展并持之以恒，从而成为一种有效的洪水风险管理手段。洪水保险应纳入政策性保险业务范围，通过政策性保险机构的专项保险基金和特殊保险方式加以解决，商业保险公司主要是起补充作用。

洪水保险作为一个特殊的险种，要强调权利和义务的统一，除强调设置全国性的、强制性的保险外，还要和国家的救灾贷款等手段联系起来。目前洪水保险尚缺乏法律的支持，今后应着手建立健全我国洪水保险法律法规。我国可借鉴美国、英国、法国等西方国家的经验，建立强有力的法律体系为洪水保险提供司法支持，使强制洪水保险的开发和运用有法可依。

另外，必须科学编制数个流域洪水风险图，且其研究和绘制先行一步。洪水风险图是实施全国洪水保险计划的基础依据，不仅用于确定参加对象，而且用于判断风险的大小以确定保险的费率。

最后，应建立健全洪水灾害风险评价与核灾体制。应结合美国等发达国家推行洪水保险的经验，成立专门的估价组，由估价组对评价报告进行核实，并据此进行赔偿估价。既要保证理赔的效率，更要保证理赔的效果，从完善灾害救济金和救灾贷款的管理办法入手，逐步为洪水保险业务的开展创造必要的条件，健全与洪水保险配套措施。

'98 洪水后的几点思考

张汉云

（武汉市城市防洪勘测设计院　武汉　430074）

摘　要:1998 年夏天,长江流域发生罕见的特大洪水,举世瞩目,洪水过后,冷静反思,不仅有丰富经验值得总结,也给我们留下了深层次的思考。

关键词:1998 年;洪水;治水

1998 年夏天,长江流域受到洪涝灾害的袭击,洪峰一个接着一个,两湖之间(洞庭湖到鄱阳湖)水位除武汉、黄石之外,全线超过历史最高,武汉关水位一直涨到 29.43 m,此次洪水是自 1865 年有水文记载以来的第二大洪水且高水位持续天数之长更是超历史纪录,武汉关水位在 28.90 m 以上达到 37 d,比 1954 年多 2 d。在抗洪斗争中科学技术发挥了极其重要的作用,从汛期洪水预报至防汛决策指挥,从水库调度到一线抢险,无数的工程技术人员为抗洪抢险夜以继日地工作,做出了重大贡献,充分体现了科学技术是第一生产力的巨大作用。对于这场伟大的抗洪斗争,不仅有丰富的经验值得总结,也给我们留下了值得思考的问题。

1　正确认识人类与自然的关系

人与洪水的关系是人类与自然关系的一方面,人类的活动影响了自然水系,加剧了洪涝灾害。由于人口的增加和经济的发展,人与水争地的现象日趋严重,大量的湖泊被围垦,对洪水的调蓄能力急剧减少,长江中下游过度垦殖、围湖围河,降低了河湖调蓄容量和河道泄洪能力。长江宜昌至湖口干流通江湖泊面积现在比新中国成立初期大大减少,其中洞庭湖由 4 350 km^2 减少到 2 690 km^2;鄱阳湖由 5 050 km^2 减少到 3 900 km^2;西凉湖由 1 060 km^2 减到 206 km^2;梁子湖由 1 458 km^2 减少到 660 km^2;湖泊调蓄功能大大削减,使长江干流削峰能力也越来越小。如洞庭湖容积由 293 亿 m^3 已减少到 174 亿 m^3,四口分流组合流量一年比一年减少,20 世纪 50 年代平均削峰 13 246 m^3/s,70 年代为 10 182 m^3/s,80 年代只有 5 660 m^3/s。据资料统计,50 年代初期全市湖泊面积有 1 490 km^2,由于各种人工填积和自然淤积的原因,目前剩下的湖泊面积仅有 879 km^2,而且这种态势仍在发展,这无疑加重了洪涝灾害,同时长江上游林木砍伐的加剧,直接引起上游水土流失面积的增加,致使长江武汉段泥沙量增多,河床逐年淤高,增大了洪水灾害的威胁,加上武汉市森林经历了 1958 年大跃进、1968 年文革、1978 年林政松懈造成 3 次大规模乱砍滥伐,目前森林覆盖率仅为 10.2%,致使水土流失严重,也使武汉市周围一些湖泊泥沙淤积愈来愈严重,直接促使湖泊面积缩小。据统计,长江流域湖泊每年因水土流失自然淤高 3.7 cm,长江干流河床不断淤高,过水断面面积不断减少,自 1965 ~ 1998 年武汉关断面平均河底高程淤高 4.32 m,面积(黄海 23 m 高程以下)减小 6 015 m^2。由于过水断面的缩小,自然抬高了汛期江面水位。长江干流河床不断淤高,过水断面面积不断减小,抬高了汛期水位,加重了武汉地区的洪涝灾害。汛后人们普遍认为:人类对自然过度地索取,必然受到自然的加倍惩罚。1998 年洪水过后,我们不得不反思,我们要从工程水利向资源水利,从传统水利向现代水利、可持续发展水利转变,以水资源的可持续利用保障经济社会可持续发展。"从人定胜天,向大自然无节制的索取转变为按自然规律办事,人与自然和谐共处;从防止水对人类的侵害转变为在防止水对人类的侵害同时,要特别注意防止人类对水的侵害"。国务院提出灾后重建的"32字"方针,即"封山植树、退耕还林,退田还湖、平垸行洪,以工代赈、移民建镇,加固干堤、疏浚河道"。包括了防洪工程建设、水土保持、植树造林、天然湖泊的恢复,加强分滞洪区的管理等,这是指导思想上的重大突破。

2 重视洪水风险,建立洪涝灾害的保障制度

洪水灾害随机性很强,要完全消除洪水风险是不可能的,随着现代科技的发展及国力的增强,可以通过工程措施和非工程措施,将洪水风险控制在可以承受的限度以内。长期以来,对洪水减灾重工程措施,轻非工程措施。设置分蓄洪区是削减洪峰的重要手段,武汉市附近有6个分蓄洪区,根据规划,武汉市遇1954年型洪水需分洪68亿 m^3 水量,但随着人口的增加,这些分蓄洪区经济建设发展非常快,就武汉市东西湖分蓄洪区来说,总面积495.51 km^2,耕地面积1.72万 hm^2,人口21.75万人,1999年全年国内生产总值28.49亿元,区内有吴家山台商投资区,京广铁路、京珠高速公路、316、107国道穿境而过,如遇特大洪水分洪,损失必然惨重,很难下决心分洪,因此它无法发挥分蓄洪区功能的效益,只能提高局部防洪工程标准,其效果可能是转嫁风险,也可能增大防洪系统的整体风险,应加大分蓄洪区的安全建设力度,使分蓄洪区发挥效益。

与此同时,要推行洪水保险的实行。目前我国还未实行洪涝灾害的保险制度,随着改革不断深化,社会不断进步,同时借鉴国外有关洪水保险的经验,证明洪水保险是减少洪水损失的一种有效方法,它使人树立起灾情观念,特别是对分蓄洪区实行洪涝灾害保险制度,将使洪泛区得到更为合理和有效的利用,而且可以减轻分蓄洪区居民的财产损失,分洪时解除灾民的后顾之忧,减轻分洪转移安置的工作难度,减轻国家财政负担,因此洪水保险势在必行。

3 科学地制订城市防洪规划

城市防洪减灾治理是涉及全局的系统工程,城市防洪工程的社会效益是给城市建设提供安全可靠的防洪屏障,为城市人们提供安全的生存环境。因此,制订科学的城市防洪规划,是极其重要的。在通常情况下,洪水风险降低程度是以资金的投入增加为前提的,但是我们在制订防洪规划中,应该正确地把握城市防洪标准与河流的自然特征以及城市发展协调之间的关系,在不同的规划水平内达到国家的防洪标准,超过堤防防御超额洪水与地区经济发展现状及长远可持续发展相结合来考虑。实行工程措施和非工程措施结合,大中小工程配套,体现规划的现实指导意义和前瞻性,用最小的投入换取最大的防洪效益,用这种指导思想得到的规划方案是最优化的方案。

4 采用先进科技,提高防汛抢险水平

在1998年汛期中科技防汛发挥了巨大的作用,如采用GPS系统进行水下地形、防水墙变形监测,避免了抢险的盲目性,用地质雷达探测管涌、堤顶裂缝,水下摄影检查岸坡的变化情况等,但是这些手段并没有普遍推广,对操作人员的要求较高。因此,应开发一些更经济、实用,易操作的设备,使其有更广泛的应用。

在1998年防汛抢险期间,对于突发性的重大险情缺乏技术手段的储备,抗洪抢险主要靠人力肩挑背扛,抗洪的装备和储备物资科技含量不高。堤防隐患的探测手段落后,汛前没有可靠适用的仪器对堤防隐患进行探测。对于随机出现的险情只能凭经验判断,往往有较大的随意性。武汉市八厂联防堤防发生的重大管涌险情,是68岁的共产党员王占成老人跳入水中探查,才摸清险情,防汛大军昼夜抢险才堵住管涌洞口,使汉口堤防免于溃口之灾。

在防汛工作中推广新技术、新材料是提高防洪工程质量、提高管理水平的根本保证。1998 年洪水后,针对武汉市堤防通道闸口多(城区 284 座)、封堵方式落后进行了钢闸门启闭系统的改造,改变了原来封闸叠梁加黄土的状况,自动化程度大大提高。在堤防隔渗除险中,采用高压灌浆、深层搅拌、多头小口径隔渗墙、抓斗法、射水法等新技术,改变了传统的隔渗处理方法。汛期的气象、水情预报和防汛指挥决策系统在防洪斗争中发挥了巨大作用,但预报期短,精度有待提高,科技发展滞后,在大洪水面前常使防洪抢险陷入被动局面,稍有不慎,就会付出惨痛代价。

基于以上几点思考,我们认识到防洪抗灾是集工程学、经济法学、行政学、社会学、环境科学等跨学科、跨领域的系统工程,加强这方面的研究,将对我市防洪事业提供强有力的科技保障,发挥不可估量的作用。

未来洪水的挑战与应对

韩 翔

（湖北省水利水电勘测设计院 武汉 430070）

摘 要：分析了湖北省建立防洪体系的必要性以及基本框架，提出了加强洪水管理的手段及措施。

关键词：洪水管理；防洪；湖北

1 引言

人类从来就没有停止过与洪水的抗争，因为洪水威胁我们的生存与繁衍。但是，我们所做出的种种努力，付出的巨大牺牲，并不都是成功地减轻洪水灾害。相反，当筑堤缩窄河道行洪断面，围湖降低了调蓄能力，扩张城镇改变了原来产汇流条件，全球变暖引发的极端天气事件，都使洪水的风险不断增加。我们在感受防洪工程带来保障与安全的同时，也感受到安全的脆弱和日益加深的危机。

1998年长江又一次发生全流域特大洪水，从5月中旬到6月下旬，长江中下游大部分地区普降大到暴雨，6月底至7月初，长江上游和三峡区间发生持续暴雨，上游来水与中下游汇流形成相互顶托之势。7月2日，宜昌出现第一次洪峰，而后长江干流连续出现7次洪峰。长江中游沙市至九江段，水位多次超历史最高水位0.55～1.25 m，沙市水位3次超1954年水位44.67 m，最高达45.22 m。从6月中旬至9月7日，长江干流沙市、监利、螺山、汉口、九江超警戒水位天数达57～76 d，监利、螺山、武穴至九江超历史最高水位天数达40多d，武汉最高水位29.43 m。1998年长江流域大洪水出现高水位之高，次数之多，持续时间之长都是空前的。耐人寻味的是，与1954年大洪水相比，洪水位普遍高于1954年，洪水量级却小于1954年。1954年枝城最大洪峰流量7.16万m^3/s，螺山最大洪峰流量7.88万m^3/s，武汉最大洪峰流量7.61万m^3/s。1998年宜昌最大洪峰流量6.33万m^3/s，螺山最大洪峰流量6.78万m^3/s，武汉最大洪峰流量7.11万m^3/s。1954年长江中下游堤垸溃决，分蓄洪量达1 023亿m^3，1998年长江中下游洲滩民垸溃决，分蓄洪量100多亿m^3。由于人水争地现象日趋严重，大量湖泊被围垦，湖泊调蓄容积比1954年减少了很多。假如未来发生1954年量级的洪水，长江中下游水位之高该如何想象！

2007～2008年全球陷入了“水深火热”的困境。气候持续变暖引发了极端天气气候事件，欧洲大陆遭受了罕见的暴雨、洪水，强烈的风暴和持续40℃高温天气。南美洲则遭遇了极其少见的严寒和暴风雪。我国淮河发生流域性大洪水，重庆遭遇百年一遇特大暴雨，江南、华南及华北出现严重干旱。2008年春节前夕，南方多个省份发生特大雪灾，降雪量之大，持续时间之长为历史罕见。降雪造成电力中断、交通中断、饮水困难，湖南郴州变成了一座孤岛。根据世界气象组织发布的信息，全球持续变暖已经是大势所趋，未来极端天气气候事件很可能更加频繁地发生。在不断发生的灾难面前，我们应该反省和思考。洪水是大自然赋予人类永远无法回避的事实，但恐怕不能完全推诿于自然本身，更应该检讨人类自己对自然环境的改变和破坏。1998洪水现象与极端天气事件敲响了人类自律行为的警钟。要真正减少洪涝灾害损失,我们不仅要采取工程措施抵御洪水,更应规范人类活动适应洪水。理性地应对洪水,调整治水思路,实现由控制洪水向洪水管理的转变,无疑是应对未来洪水的核心战略。

2 洪水管理体系的建立

洪水管理释义为“洪水管理是人类按可持续发展的原则,以协调人与洪水的关系为目的,理性规范洪水调控行为,适度承受一定风险以合理利用洪水资源,并有助于改善水环境等一系列活动的总称”。洪水管理内涵有3点:①洪水管理实质上是洪水风险管理。风险管理是工程措施与非工程措施相结合,以风险分担为原则,风险补偿为机制,把洪水风险控制在可承受的限度内,与洪水协调共存的治水方略。②规范人类活动。防洪实践表明,洪水风险在一定程度上可以通过措施被降低,但不能消除,在防御洪水危害同时,应主动地适应洪水,规范人类活动,给洪水出路,还洪水空间。③洪水资源化。通过水库的风险调度化洪水为资源利用,引洪纳蓄改善区域的生态环境,兴建集雨设施,增加城市雨洪资源的利用等。

如同人们对洪水认识不断深化过程一样,洪水管理体系建立也是一个不断探索,不断丰富,不断发展的过程。基于对洪水管理本质的认识,还应建立几个观点:①洪水风险管理必须以保障社会安定和经济可持续发展为前提。随着我国经济全面快速发展,人民安居乐业,受洪水威胁地区的人口、财富都在增长,一旦受灾损失巨大,将影响经济发展和社会稳定。因此,洪水管理体系应是以人民生命安全为基本出发点。②洪水风险分担的原则。流域各区域有义务承担自己应有的风险,遵守干支流、上下游风险共担,利益共享的原则,以体现社会公正性。对于重点保护的人口集中、经济发达的地区来说,洪水风险都是通过工程措施被有代价地降低,但修建水库加大了上游淹没损失风险,筑堤挡水洪水被更集中地排向下游河道,开辟分蓄洪区蓄洪,洪水风险向蓄水区转移。如果为确保重要地区安全,而其他地区无偿承担更大风险是不合理的。重点保护地区因提高自身保护标准而把风险转移到其他地区,应提供“洪水风险补偿”,这就是风险分担的基本观点。③实施洪水风险管理,应以科学技术为支撑,采取现代高新技术,全面提高管理科技含量。运用法律手段,加快立法,严格执法。完善预案,健全各级应急响应机制。

洪水管理体系包括以下几个方面。

2.1 制定一套适应的防洪标准

1995年我国颁布了《防洪标准》(GB 50201—94)。根据保护的对象不同,防洪标准各有所区别。防洪效益随投资增加而增加,但并不呈线性增长;防洪标准不能制定过高,应有个度。遇超标洪水须采取其他保护和避让措施,而不以工程措施为主。

2.2 完善现有防洪减灾工程体系

防洪工程是洪水风险管理的重要基础。为不断提高防洪减灾应急能力,必须完善和巩固防洪工程体系,充分发挥现有工程的作用和效益,包括堤防工程全面达标、病险水库脱险、渠系配套、湖泊水系疏通、分蓄洪区建设等,同时防洪工程延伸到流域水土保持工程,以小流域为单元进行综合治理,建成水土保持防护体系。

2.3 建立权威、有效的指挥系统

防汛抗洪关乎全社会,牵动万众民心,是一项社会性、政策性很强的系统工程。必须坚持行政首长负责制和会商制度,落实责任,明确分工,统一指挥,强化应急管理,形成防汛抗洪的强大合力和高度的权威。

2.4 建立多部门参与、协调一致的保障体系

防汛抗洪需要动员各界力量和全社会广泛参与。在制度上要明确各部门责任和义务,整合各部门资源,建立协调一致的防洪抗灾、救灾、抢险的运行机制。

2.5 健全防御预案和各级响应机制

制定的预案要具有指导性和可操作性。在各种频率洪水和不同程度灾害下做出科学的决策和应急措施,以防避灾害和降低灾害损失。

2.6 建立以现代科学技术为支撑的信息化体系

运用高科技手段建立和完善暴雨洪水预警预报系统、防汛会商和指挥系统等,掌握适时动态洪水资料,前瞻性地对洪水做出科学的决策和合理调度。

2.7 探索风险补偿机制

探索在分蓄洪区和洪水高风险区设立防洪保安基金,实行洪水保险制度等,以某种形式向遭受洪水灾害的地区和群众提供补偿。一是减少国家负担,二是改变单纯习惯于靠政府救济做法,同时也要求被补偿者有义务承担洪水风险的费用。

2.8 利用工程运行和风险调度,实现洪水资源化

水库通过洪水预报拦蓄未来的次洪水,转化洪水为可利用的水资源,运用分蓄洪区、湖泊引洪纳蓄,改善区域的生态环境,城市兴建集雨设施,增加雨洪资源的利用等。

2.9 完善防洪政策法规

制定与防洪风险管理配套的政策法规,使管理机制以法律的形式固定,有利于实现有效的风险管理。

2.10 建立向社会公众信息公开制度

定期或不定期向社会公布水情、雨情、汛情、灾情等信息和披露重大事件。通过信息发布,让公众了解和知情发生的气候变化和灾情事件,更好地调动群众参与防汛抗洪积极性,同时也接受社会舆论和公众的监督。

3 湖北洪水管理思考与建议

湖北省是水患大省,也是水利大省。每年的防汛抗洪任务甚为繁重,历届政府都把防汛保安当做湖北天大的事来抓。进入21世纪后,湖北已逐步建成以堤防为基础,三峡工程、丹江口工程、水布垭和隔河岩工程为骨干,干支流水库、分蓄洪区、河道整治疏浚,结合封山植树,退耕还林,平垸行洪等措施以及科学技术为手段的非工程防洪措施的多层次、全方位、综合性防洪体系。但是湖北防洪问题仍然十分突出。三峡建成后,河势调整造成崩岸险情不断发生,复杂的江湖水系关系造成经济发展与防洪之间的矛盾,极端天气气候事件造成突发性灾害风险增长等。湖北防洪建设发展与新的形势变化,促使我们去思考新的问题,在这里提出几点看法和建议:

(1)江河控制性骨干工程建成后,在堤防建设达标的同时,建议分蓄洪区的建设与管理应加强。我们把洪水风险控制在可承受的范围内,不能仅一味提高工程标准来挡御更大的洪水或超标洪水。分蓄洪区是洪水高风险地区,其建设与管理一直是湖北防洪的弱项。在加强分蓄洪区建设的同时,处理好经济发展与分蓄洪水的关系。

(2)极端天气气候事件加深了突发山洪灾害风险的危机意识。我们不仅着眼于大江大河上的防洪,更要防范湖北山洪灾害的发生。湖北省划分了866个山洪灾害防治小流域,其中一级重点防治区174个,二级重点防治区174个,一般防治区518个。每年都有山洪暴发、崩滑塌事件发生,而我们没有全面开展编制《山洪灾害防御预案》,尤其是小流域的预案。没有很好开展专业监测预警、群测群防、生物治理措施等工作,目前三峡库区开展一些工作,省内其他地区仍处于起步阶段。

(3)湖北省有5 000多座水库。随着病险水库整险加固工程完结,在水库发挥防洪、灌溉、发电、供水等功能同时,建议开展风险调度研究,拦蓄洪水,把洪水转化为水资源。湖北省2006年水库汛末拦蓄了10亿 m^3 洪水,为抗旱发挥了重要作用。

(4)关注水系连通工程中的防洪问题。江湖连通、水系连通工程作为生态工程毋庸置疑。湖北省江湖水系关系十分复杂,连通究竟给防洪带来什么样的问题和有利的条件,还没有开展工作和研究。目前武汉市六湖连通工程、武汉市1+8城市圈水系连通工程均已提出,我们应该关注这一问题。

(5)高度重视已建堤防工程岩溶塌陷等地质灾害以及水库周边采矿引起的透水等危及堤

防、水库安全的问题。今年3月初，已通过验收的武汉汉南至白庙长江干堤纱帽段出现岩溶塌陷，严重危害干堤防洪安全，通过详细勘测并制订科学应急整治方案，目前正在加紧组织实施。与此同时，最近又在漳河水库陈家冲附近因采矿引起透水事件，涉及水库及下游地区安全，目前正在调查之中。

“人定胜天”的人水关系已成为历史，坚持科学发展观实现从“控制洪水”向“洪水管理”的转变是社会进步与发展的必然结果。我们应调整思路，以全面提高综合防灾减灾能力和洪水风险管理水平，从容应对未来洪水的挑战。

长江中下游河势新变化对防洪的影响和对策

陈肃利　胡春燕

（长江水利委员会长江勘测规划设计研究院　武汉　430010）

摘　要：长江中下游河床冲淤及河势变化引起的河岸崩塌一直是威胁长江中下游干流堤防安全的主要因素之一。概述了长江中下游河道治理情况，在研究近期长江中下游河势新变化的基础上，初步提出了河势变化对防洪影响的对策措施。

关键词：长江中下游；河势；河道整治；三峡水利枢纽；防洪

1　长江中下游河道治理概况

长江中下游干流河道上起宜昌，下迄长江口50号灯标，全长1 893 km。干流流经湖北、湖南、江西、安徽、江苏、上海等6省（直辖市）。长江中下游沿江地区经济发达、交通便利、人口众多，是我国经济发展的黄金地带。但该地区地势较低，地面高程一般低于长江洪水位数米，需依靠堤防保护。而长江中下游地区是长江流域洪水灾害最严重、最频繁的地区，所以长江防洪是长江治理开发的首要任务。1990年国务院批准的《长江流域综合利用规划简要报告》，提出了以堤防为基础，以三峡工程为骨干，配合干支流水库、分蓄洪区、河道整治以及非工程防洪措施组成长江中下游综合防洪体系，使长江中下游防洪问题得到较好的解决。可见河势控制、河道治理是解决长江中下游防洪问题的重要措施之一。

长江中下游干流河道在一定的水流泥沙条件与河床边界条件相互作用下，岸线常发生崩岸；岸线的崩退不同程度地改变了河道的平面形态，引起上下游河势的调整，给防洪安全和两岸经济发展带来严重影响。新中国成立初期，长江中下游干流河道基本处于自然演变状态，主流摆动，河势变化十分剧烈，在1 893 km长的河道中，两岸崩岸线长达1 500 km，严重威胁着两岸人民生命财产的安全，制约了沿江经济的发展。新中国成立以后，在中央及各级政府的领导下，积极开展了长江中下游河道的治理工作。据不完全统计，到1998年大水以前，长江中下游护岸累计完成总抛石量约6 687万m^3，沉排约410万m^2，修建丁坝685座。累计护岸总长度约1 200 km，对初步稳定河势、维护沿江地区防洪安全发挥了重要的作用。

1998年、1999年长江连续发生大洪水，在连续大洪水的作用下，已建工程破坏情况较为严重，中下游沿岸出现了不少险情。据统计，长江中下游干流河道共发生崩岸险情300余处，其中较严重的崩岸险情共有58处，且多出现在河势变化较剧烈的河段。1998年大洪水后，国家针对1998年洪水中暴露的问题，及时作出了灾后重建、整治江湖、兴修水利的重大决策，投巨资进行防洪工程建设。长江水利委员会组织实施了长江重要堤防隐蔽工程建设，在全面加高加固长江中下游干流堤防的同时，根据1998年批复的《长江中下游干流河道治理规划报告》（以下简称《规划报告》），对直接危及重要堤防安全的崩岸段和少数河势变化剧烈的河段进行了治理。截至2002年底，完成治理长度423.48 km，共完成护岸长度约1 600 km，抛石约9 150万m^3，各类沉排约520万m^2，修建丁坝685座。另据统计，《规划报告》中提出的近期治理工程已完成417 km,约占近期规划治理长度的64%,其中,重点河段完成了约250 km,占重点河段近期规划治理长度的48%。

长江中下游通过50余年来逐步实施的以控制河势和防洪保安为主要目的的河道治理工程建设,使过去自然演变、河势变化剧烈的长江中下游干流河道得到了基本控制,总体河势趋向稳定。

2 三峡工程蓄水运用后长江中下游干流河道河势新变化

2.1 上游来沙减少和三峡工程蓄水运用后,清水下泄引起坝下游河道长距离冲刷

2003年6月三峡水库蓄水运用,加之受上游来沙大幅减少影响,长江中下游河道发生了长距离的明显冲刷,其冲刷发展的特点与三峡工程论证阶段的预测成果相比呈现冲刷幅度更大,发展速度更快,且呈现长程冲刷的特点,短短几年时间已发展至大通河段,特别是荆江河段的冲刷幅度更明显。依据三峡水库蓄水前后原型观测资料分析成果,据统计,2002年10月~2006年10月宜昌大通河段平滩河槽冲刷总量7.74亿 m^3,其中宜昌至城陵矶河段平滩河槽冲刷量约4.10亿 m^3,占53%,年均冲刷量约1.025亿 m^3,远大于三峡水库蓄水前的年均冲刷量0.15亿 m^3;城陵矶至湖口河段平滩河槽冲刷量为2.07亿 m^3,占27%,年均冲刷泥沙约0.518亿 m^3,而在三峡水库蓄水前,该河段年均淤积泥沙0.28亿 m^3;湖口至大通河段平滩河槽冲刷量为1.57亿 m^3,占20%,年均冲刷量约为0.393亿 m^3,而在三峡水库蓄水前,该河段年均淤积泥沙约0.10亿 m^3。

数学模型计算结果表明(20世纪90年代水沙系列年条件),三峡水库运用后,坝下游宜昌至大通河段将发生长距离、长时间冲刷,冲刷强度由上游向下游逐步发展。水库运用至2022年末,宜昌至城陵矶河段冲刷量为14.32亿 m^3,城陵矶至大通河段悬移质累积冲刷量4.90亿 m^3;三峡水库运用50年末,宜昌至城陵矶段累积最大冲刷量为18.2亿 m^3,城陵矶至大通河段悬移质累积冲刷量为18.05亿 m^3。若考虑2000年以来上游来沙进一步减少的情况,则各河段累积冲刷量将明显大于上述预测值,且发展速度会更快。即使按上述预测数值计算,宜昌至城陵矶河段2002年10月~2006年10月已经产生的冲刷量分别占2022年末和水库运用50年末预测冲刷量的28.6%和22.5%,城陵矶至大通河段2002年10月~2006年10月已经产生的冲刷量分别占2022年末和水库运用50年末预测冲刷量的74.3%和20.1%。这充分说明中下游干流河道在今后长时期内仍将面临进一步大幅冲深的严峻局面,将可能导致已有护岸工程破坏,失去对河势的控制作用,使河势产生较大的调整变化。而河势一旦产生较大调整,将严重影响沿江防洪安全。

2.2 河道冲刷导致岸坡变陡,使得中下游干流河道崩岸频度和强度增加

长江中下游河段在清水下泄的冲刷作用下,在全线冲深的同时,呈现出迎流顶冲段冲深幅度明显大于河段平均冲深幅度的特点。如2002年汛后至2006年汛后,荆州市沙市河湾观音矶附近近岸河床冲深6.2 m,刘大巷矶冲深6 m,盐观段箭堤矶冲深8.2 m,灵黄段灵官庙矶冲深6.8 m,郝龙段龙二渊矶冲深5.7 m,而本时段内上荆江河段平滩河槽平均冲深仅为0.64 m。由于迎流顶冲段的冲深幅度较大,导致水下岸坡普遍变陡,影响现有护岸工程的稳定。

据长江水利委员会水文局开展的崩岸巡查资料不完全统计,2003~2007年荆江河段共有27个局部河段出现主要崩岸险情50余处,其中新增崩岸近40处。另据荆州河道管理局近年资料不完全统计,荆州市长江干流河道在三峡水库蓄水前年均共发生大小崩岸险情15处,崩岸长度约6 558 m;而蓄水后年均发生大小崩岸险情26处,崩岸长度约17 380 m。可见,受上游来沙大幅度减少的影响,长江中下游河段崩岸频度和强度将明显加剧。如位于上荆江左岸的文村夹崩岸导致崩岸离荆江大堤堤脚仅约

40 m,下荆江右岸的天字一号崩岸导致崩岸离荆南长江干堤堤脚仅约60 m,对堤防安全构成了极大威胁。

2.3 局部河段河势变化较剧烈,引起新的崩岸险情

长江中下游河床冲淤及河势变化引起的河岸崩塌一直是威胁长江中下游干流堤防安全的主要因素之一。经过近几十年的不断治理,长江中下游河道的河势总体趋于稳定,但局部河段河势变化仍较大,有的河段河势仍在继续恶化。如近期上荆江河段1998年以来三八滩和金城洲变化较大,使得进入突起洲头的水流摆动,引起文村夹崩岸;又如石首河段1994年向家洲崩穿过流,使得石首港基本淤废,水流顶冲北门口一带,引起岸线崩塌;再如岳阳河段南门洲左汊的迅速发展,左汊内约有4 km长的岸线发生强烈崩岸;还有铜陵河段南夹江的发展,芜裕河段陈家洲主支汊的主流摆动,南京河段新济洲右汊的持续发展,镇扬河段世业洲左汊的加速发展,上述变化导致了主流顶冲部位变化,引起新的崩岸险情,影响河势稳定和防洪安全。

3 长江中下游干流河势变化对防洪的影响和对策研究

稳定河势、保障防洪安全始终是长江中下游河道治理的主要任务。长江中下游河道经过近60年的治理,特别是1998年以后大规模的堤防加固和隐蔽工程完成后,长江中下游河势基本稳定。三峡水库运用后,长江中下游河道来沙将在相当长的时期大幅度减少,加上金沙江向家坝、溪落渡等控制性水库以及其他干支流水库和上游水土保持工程的进一步建设,长江中下游的水沙条件在相当长的时期内发生显著变化,并使坝下游河道呈现长距离、长时期、大幅度冲刷的特点,对河势稳定、防洪安全及现有护岸工程的影响已经逐步显现。由此可见,稳定与控制河势将是一项长期而又艰巨的任务。因此,在今后相当长的时间内,应根据近期特别是三峡水库蓄水后河势演变的情况,按照"因势利导、全面规划、远近结合、分期实施"的原则,加强坝下游河道演变监测,结合实体模型与数学模型计算,及时调整河势控制工程布局,并通过加固已有护岸工程及新增崩岸的治理,增强河段的抗冲能力,减小河道冲刷对堤防安全的不利影响,对局部河势变化的河段采取工程措施抑制其朝不利方向发展,避免河势出现较大变化而对防洪产生不利的影响。

3.1 进一步加强水文原型监测工作

原型观测是河道演变分析、验证和提高数学模型精度的基础,也是确定河势控制工程及应急抢护的前提。因此,应进一步加强原型观测,并根据监测结果,提出河势变化分析报告。为保证堤防的安全,加强对局部险工段的监测分析。由于近岸冲刷坑的发展有可能导致崩岸,甚至破坏已建的护岸工程,危及堤防的安全,应加强长江中下游近岸冲刷坑的监测分析工作。总之,加强水文监测可以全面掌握长江中下游河道演变的动态变化,是稳定和控制河势的基础支撑。

3.2 继续加固现有护岸工程,治理新的崩岸

长江中下游经过几十年建设,至2003年,完成的护岸总长约1 600 km。初步形成了长江中下游干流护岸工程体系,对保护堤防的安全和维护河势的稳定发挥了重要作用。

三峡水库蓄水后的原型观测资料表明,清水下泄导致坝下游河道出现长时间、长距离和大幅度的冲刷,迎流顶冲段的岸坡变陡,已危及到现有护岸工程的稳定。同时近期局部河势的变化已引起部分河段主流线摆动、水流顶冲点上提或下挫、冲刷坑平面摆动及冲深等,出现新的险工险段,有的甚至危及堤防安全。

因此,需对长江中下游河道已有护岸工程进行加固,并对新出现的险情进行治理,增强河段抗冲能力,维护河势稳定、保证堤防安全。

3.3 加大局部河段河势控制力度

近年来,由于上游来沙减少和三峡工程的运用,长江中下游河道水沙关系明显变化,坝下游局部河段的河势变化较大,同时,长江沿江各省市经济发展格局均主要依照现有河势进行布局,若河势出现大的调整,将对沿江城镇的防洪

安全及经济发展产生重大影响。

因此，需采取相应的工程措施，对近期河势已经出现和可能出现较大调整的局部河段进行治理，避免河势出现较大变化后对堤防安全、河势和岸坡稳定及沿江城镇经济发展产生不利影响。

忆'98抗洪两难处境中的科学决策

方崇惠[1,2]　段亚辉[2]　林德才[1]

(1.湖北省水利水电勘测设计院　武汉　430064;2.武汉大学　武汉　430072)

摘　要:通过整理1998年抗洪有关资料,认识到1998年洪水的基本特征是:峰高、量大,高水位持续时间长、干支流洪水遭遇恶劣;是20世纪长江流域仅次于1954年洪水的特大洪水;其成因是该年度流域降雨偏多3成以上,且雨季重叠、上下游拉锯、持续时间长,降雨集中、强度大、水量丰。论述了面对两难处境中科学调度决策离不开:完备调度预案和充分的准备是前提;雨水情实时监测与准确预报是依据;当时工情与广大军民抗洪精神是基础;领导意志与决断才是最关键的。分析计算出'98抗洪中湖北省没有主动启用荆江和洪湖分蓄洪区,减少直接经济损失分别达100亿元和300亿元,是本次抗洪一大胜利。'98抗洪实践经验告诉我们:应继续加强水利工程和分蓄洪区安全转移安置工程建设,才能在必要时实行有计划分洪措施,增加决策调度的灵活性和可靠性,减轻防洪压力、减少决策风险。

关键词:防洪;防洪调度;分洪损失;1998年

1　引言

为了纪念1998年抗洪斗争的胜利10周年,作者查阅相关文献,深有感触:虽取得'98抗洪胜利的原因是多方面的,但认为两难处境中科学调度决策需要智慧和魄力,在抗洪斗争中至关重要。为此,整理有关资料,写此文字一来以兹纪念,二来熟悉防御大洪水的方略对策和实战调度案例、学习前人成功经验。

2　1998年长江洪水水雨情特征

1998年长江流域发生了20世纪以来仅次于1954年的又一次流域性洪水,洪水峰高、量大,高水位持续时间长、洪水遭遇较恶劣;湖北省长江中游干流沙市—螺山、武穴—九江河段出现了超历史纪录的洪水位。详见表1。

表1　湖北省1998年汛期江河湖主要站洪水特征值及设防以上天数统计表

江河湖名	站名	最高水位 值(m)	最高水位 排位	发生时间(月-日T时)	最大流量 值(m^3/s)	最大流量 排位	发生时间(月-日T时)	历史最高水位(m)	发生时间(年-月)	历史最高流量(m^3/s)	发生时间(年-月)	超设防水位 值(m)	超设防水位 天数(d)	超警戒水位 值(m)	超警戒水位 天数(d)	超保证水位 值(m)	超保证水位 天数(d)	超历史水位 值(m)	超历史水位 天数(d)
长江	宜昌	54.50	14	08-17T14	63 600	9	08-16T15	55.92	1896-09	71 100	1896-09	2.5	36.3	1.5	17.5				
	枝城	50.62	2	08-17T04	68 000		08-17T04	50.75	1981-07	71 900	1954-08	2.62	46.9	1.62	25.9				
	沙市	45.22	1	08-17T09	53 700	3	08-17T09	44.67	1954-08	54 600	1981-07	3.22	69	2.22	52	0.55	8.5	0.55	8.5
	石首	40.94	1	08-17T12				39.89	1954-08			3.94	77	2.94	73	1.05	32	1.05	32
	监利	38.31	1	08-17T22	45 200	3	08-17T22	37.06	1996-07	46 200	1981-07	4.81	86.8	3.81	79	1.74	56.2	1.25	40.8
	莲花塘	35.80	1	08-20T16				35.01	1996-07					3.80	80	1.85	47	0.79	38
	螺山	34.95	1	08-20T20	68 600	2	07-27T10	34.17	1996-07	78 800	1954-08	4.95	86	3.45	80	1.78	50	0.78	38.3
	汉口	29.43	2	08-19T21	72 300	2	08-19T21	29.73	1954-08	76 100	1954-08	4.43	89.9	3.13	81.6				
	黄石	26.31	2	08-10T02				26.39	1954-08			4.31	92	2.31	79.4				
	武穴	24.04	1	08-02T02				23.14	1954-07			4.54	100	3.54	91	0.9	47.1	0.9	47.1
	九江	23.03	1	08-02T01				22.20	1995-07			5.03	105	3.53	91.9	0.91	48.5	0.83	39.6
洞庭湖	城陵矶	35.94	1	08-20T16	36 800	12	08-01T03	35.31	1996-07	57 900	1931-07			3.94	80.4	1.39	42.3	0.63	24.5
鄱阳湖	湖口	22.58	1	07-31T0				21.80	1995-07					3.58	91.7	0.87	38.1	0.78	27

注:摘自《湖北省防汛抗旱文件选编(1998)》(湖北省防汛抗旱指挥部办公室)。

从表 1 还可以看出，鄱阳湖湖口出现最高水位最早、洞庭湖城陵矶出现最大出湖流量时间次之，造成长江上游与中下游干支流洪水遭遇恶劣、反复叠加。据有关文献，6 月下旬、7 月中旬，鄱阳湖、洞庭湖相继发生洪水，随后，上游洪水又与中下游洪水遭遇；8 月上、中旬，长江上游洪峰向下传播时，多次与三峡区间洪水和清江流域的暴雨洪水相遭遇；第六次洪峰向下游推进时，与洞庭湖沅江、澧水洪峰遭遇，至武汉江段时，又与先期到达的汉水洪峰遭遇。致使 1998 年洪水期间湖北省出现江河长时间高水位的基本特征。

与历史洪水比较，1998 年洪水上游和 1954 年接近；中游的洪水量较 1954 年少 300 多亿 m^3(汉口站 1998 年最大 60 天洪量为 3 479 亿 m^3，1954 年为 3 830 亿 m^3)；下游的洪峰流量比 1954 年少 1 万多 m^3/s，洪水量少 500 多亿 m^3(大通站 1998 年 6～8 月总洪量为 5 224 亿 m^3，1954 年为 5 791 亿 m^3)。和 1931 年相比，上中游可能较 1931 年略大，下游较 1931 年小。

长江是雨洪河流，洪水主要由暴雨产生。1998 年 4～5 月长江上游降雨偏多，下游较少，6～8 月各区域降雨均超过正常值，超过 30% 的区域有金沙江、嘉陵江、上游干流区、乌江、中游干流区、洞庭湖和鄱阳湖区。6～8 月全流域面平均雨量 670 mm，比正常值偏多 37.5%，比 1954 年小 36 mm。1998 年长江上游和中下游面雨量分别为 677 mm 和 661 mm，较 1954 年分别多 28 mm 和少 114 mm。1998 年类同于 1954 年，梅雨期降雨强度大、历时长、面积广、暴雨过程次数多，是形成流域性洪水的根本原因。

3 两难处境中科学决策调度

对于这样历史性特大洪水，科学调度决策至关重要。

3.1 完备调度预案和充分的准备是科学决策的前提

在进入汛期前，1998 年 6 月 16 日国家防总以国汛[1998]11 号文印发了《1998 年长江中下游洪水调度方案》，确定调度原则，提出调度运用条件和规定调度权限，形成长江中下游防御特大洪水总体的调度预案。

1998 年 6 月 30 日长江防汛总指挥部以长防总[1998]12 号批复了《清江隔河岩水库及其与长江干流洪水错峰防洪调度方案》，为隔河岩水库在长江上游 8 次洪水过程中，共拦蓄洪水 18.8 亿 m^3，削峰率 12%～100%，降低沙市洪峰水位 0.03～0.34 m 发挥了重要作用。特别是在长江上游第六次洪水过程中，水库拦蓄降低沙市洪峰水位 0.26 m(此次，沙市实测洪峰水位 45.22 m，否则沙市水位将达 45.48 m)，减轻了对荆江大堤的压力，为荆江分蓄洪区没有开闸分洪作出了贡献。为此，省委、省政府及时向清江水电站防汛指挥部发出嘉奖令。

实施了《湖北省荆江分蓄洪区安全转移预案》(根据 1998 年 8 月 6 日湖北省防汛抗旱指挥部命令)、50 多万群众转移避水、落实了北闸防淤堤启爆措施，启动了《洪湖分蓄洪区堤防突发溃口救生应急预案》(鄂汛字[1998]22 号文)，进行了组织、人员和物资准备，分别制定了武汉附近分蓄洪区分洪转移预案、洪湖分蓄洪区转移安置预案和华阳河蓄洪区转移安置预案(长防总办[1998]32 号及鄂汛字[1998]23 号文)等。

此外，省防指或办公室对汉江、沮漳河、洪湖、长湖等大江大河大湖防御洪水方案，漳河水库等大型水库调度方案，主要分蓄洪区安全转移预案，樊口等大闸安全度汛方案以及重点防洪城市预案和跨行政区划的排涝调水方案，进行了批复。

这些形成了湖北省较为完备的调度预案体系，为湖北省战胜 1998 年特大洪水的科学决策作了较充分的准备，基本做到应对有策、临危不乱，力求万无一失。

3.2 雨水情实时监测与准确预报是科学决策的依据

长江流域广大气象、水文工作者，对 1998 年特大洪水雨水情实时监测及时报告，精心计算、准确分析、滚动预报，为领导正确决策、成功调度，提供科学依据。

7月27～30日长江上游干流和洞庭湖、鄱阳湖地区又发生中等强度降雨，部分地区大到暴雨，长江中下游干流水位继续上涨。据气象部门的中期天气预报，8月1～2日主要雨区仍在嘉陵江、三峡区间、长江中下游地区，雨量为中到大雨，局部暴雨。鉴于此雨水情及预报，长江防总要求长江中下游沿江各省市进一步加强对长江干堤严防死守；分别重申实施洞庭湖首批运用蓄洪垸计划和鄱阳湖分蓄洪区应急运用；要求湖北省立即上报武汉附近区分蓄洪垸运用计划，同时做好分蓄洪水的各项准备，进一步精心落实好洪湖蓄洪区、华阳河蓄洪区（湖北部分）区内人员转移及救生措施，安徽省做好华阳河蓄洪区人员转移和救生工作。

在第四次洪峰到来之前，根据预报，一方面利用清江隔河岩水库担负着与长江干流错峰任务、省防指采取提前预泄的措施腾空累计达10.2亿 m^3 防洪库容；另一方面长江防总就要求湖北省，扒开下荆江六合垸、永合垸、张智垸、三洲联垸等洲滩民垸行滞洪水，缓解下荆江河段的严峻汛情。

在宜昌第六次洪峰到来之前的8月16日，根据预报资料，计算分析了此次洪水过程的超额水量仅2亿 m^3，也计算了荆江分洪区控制不同的分洪量对降低沙市、监利水位的效果，提出荆江分洪区的运用对缓解洪湖长江干堤的紧张状况有一定作用，但是没有决定性的作用，并赶在洪峰到来之前供给上级决策参考。

在迎战'98特大洪水中，长江中游主要站的洪峰水位预报误差均在0.10 m以内，沙市、监利、螺山、汉口等站8次洪峰预报精度均在0.05 m以内。特别是第四次洪峰，预报沙市洪峰水位44.95 m、实测44.95 m；第6次洪峰，提前2天发布了预报沙市、监利洪峰水位分别为45.20 m、38.30 m，实测45.22 m、38.31 m，误差仅有0.02 m、0.01 m。因此，准确预报为科学调度决策提供可靠依据。

3.3 工情现状与广大军民抗洪精神奠定科学决策的基础

1998年抗洪斗争的工程基础是：按长江防洪规划，仅完成了部分工程措施。除建成了汉江（丹江口水库）、清江（隔河岩水库）、沅水、资水、修水等支流的控制性水库，继续按1954年设计洪水位进行湖北省荆江大堤二期除险加固和洞庭湖区等重点围垸的加高加固工程、实施荆江分蓄洪区建设。从1949～1997年，全省江河堤防累计完成17.54亿 m^3、石方4 954万 m^3、国家投资约21亿元。显然，湖北省长江干堤没有达到防御1998年洪水能力。

在堤防防御能力低的情况下，遭遇1998年这样特大洪水，高水位浸泡时间长，堤防危机四伏、险象环生，全省及时发现和处理各类大小险情4 974处，其中重大和溃口性险情540处，加筑子堤1 147 km。尤其是135 km洪湖江堤，堤基差、堤身矮，是长江防洪的薄弱环节，全靠抢筑子堤挡水，最大子堤高度达2.9 m，挡水高度达2 m，保住了洪湖江堤，这是此次防洪抢险中的一大奇迹（1954年武汉防汛子堤最高仅2 m、挡水1 m左右）。另外，九江市堤的决口，而在高洪水期堵口成功，保住九江市城区不受淹没，这也是史无前例的奇迹。这一切离不开广大军民奋力抗洪。

全省军民发扬万众一心、众志成城，不怕困难、顽强拼搏，坚韧不拔、敢于胜利的伟大抗洪精神，以连续作战、不怕疲劳、压倒一切、决战决胜的英雄气势，与洪水灾害展开了殊死搏斗，战胜了一次又一次洪峰，夺取了抗洪抢险全面胜利。高峰时投入到抗洪前线的军民达230万人，其中军警官兵达9.5万人，用血肉之躯组成了一道坚不可摧的"钢铁长城"，做到水涨堤高、人在堤在、严防死守，才创造了防洪抢险史上一个个的奇迹。

特别是平原分蓄洪工程的安全设施，在原规划中考虑不够，在实施中又没有落实，这些都给抗洪斗争带来了极大困难，使抗洪斗争的决策处于两难困境：如果按原定规划分洪（按提高了的设计洪水位，仍需有效分洪量200亿 m^3），分蓄洪区将遭受很大损失；如不按原定规划分洪，将使堤防经受超过设计标准的洪水位，承担极大风险。考虑到1998年洪水比1954年小，以及军民团结抗洪的巨大潜力，中央毅然决定进一步抬高洪水位、严防死守、力争减少溃口和分洪损失。这是一个两难决策。

3.4 领导意志与决断是科学决策的关键

湖北的抗洪斗争，始终是在党中央、国务院、中央军委直接领导下进行的。当时国家主席江泽民是这场决战的最高统帅，多次询问指导、明确“三个确保”，即确保长江大堤安全、确保武汉等城市安全、确保人民生命财产安全；在抗洪关键时期8月13～14日，亲临湖北省，深入抗洪前线发出决战决胜总动员令。

朱镕基总理在7月6～7日视察湖北江堤时发出严防死守、死保死守、确保长江干堤万无一失的命令；8月7～8日再次飞临荆江，传达刚开完的中央政治局扩大会议对长江防汛抗洪斗争的指示和决定、坐镇决策指挥荆江分蓄洪区分洪事宜、迎战长江第四次洪峰；9月7～8日第三次亲临湖北，研究部署退水期抗洪抢险和灾后重建工作。

国务院副总理、国家防汛总指挥部指挥长，现在的温家宝总理，在刚入汛期和抗御长江第一次、第三次、第四次、第六次洪峰期间共5次到湖北坐镇指挥，并在荆江主持召开国家防总特别会议，具体部署长江抗洪抢险。

李鹏委员长、李瑞环主席等国家领导人多次打电话询问或亲临防洪一线指导工作；中央军委张万年、迟浩田、于永波等领导同志先后到湖北省指挥部队抗洪。

所以，党中央、国务院、中央军委的坚强领导，是湖北省夺取抗洪胜利的根本保证和关键，及时做出的不运用荆江分洪区和洪湖分蓄洪区分洪是英明决策。

4 减免大范围的分洪经济损失计算

1998年长江洪水期间，湖北省除武汉以下河段没有达到保证水位外，其他河段均超过分洪水位，但因考虑当时的工情、水情、灾情和广大军民抗洪潜力，党中央决定不主动分洪，为湖北省减免大范围的分洪淹没面积，取得巨大的经济效益和社会效益。

在荆江河段，当遇第四次、第五次、第六次洪峰，沙市最高洪水位分别高达44.95 m、44.84 m、45.22 m，均超过历史最高水位和保证水位44.67 m，按正常应运用荆江分蓄洪区分洪。党中央、国务院领导亲临湖北省荆州市，深入荆江大堤险段巡查，倾听专家和地方政府意见，考虑以下重要因素：①荆江大堤仅出险91处、重大险情仅有杨家湾管涌1处，险情均及时处理而脱险后，尚无大的险情；②荆江其他堤段仍可抢险通过洪峰；③三峡区间叠加的洪峰历时短，荆江分洪不能有效缓解城陵矶河段严峻的防汛形势；④清江隔河岩等支流水库适时拦洪错峰，减轻荆江防洪压力；⑤荆江分洪损失巨大。党中央毅然做出不运用荆江分洪区分洪的科学决策，避免荆江分蓄洪区3.6万 hm^2 耕地受淹没、50亿元资产受损失，减免一次分洪直接经济总损失100亿元。

在城陵矶河段，由于江湖洪水互相叠加、顶托，使莲花塘最高洪水位高达35.80 m，比1954年高出1.85 m，超过保证水位34.40 m持续时间长达47 d。同时，经计算，若控制莲花塘34.40 m的设计分洪水位，该河段的超额洪水总量接近200亿 m^3，需做分洪处理。但若实施有计划的分洪，考虑到蓄洪垸分洪的有效系数小于1.0，需运用东洞庭湖区钱粮湖等6个蓄洪垸及洪湖蓄洪区。而湖北省洪湖分蓄洪区是一个自然面积2 782.84 km^2 的大分蓄洪区，区内就有1个市府所在地，28.5万户居民，117.75万人口，8.846万 hm^2 耕地，1.686万 hm^2 养殖面积，且没有完善安全转移和移民安置措施，一次分洪损失在300亿元以上。同时，分洪后，仍需动员军民防守主隔堤，分洪过程中，还难以避免大量人员伤亡及分洪后的病疫流行。在党中央的号召下，广大军民严防死守，避免洪湖分蓄洪区溃口或分洪。应当看到，这种未分洪的决策是艰难的选择，且冒了很大风险；一旦失事，其损失将会超过计划分洪的损失。因此，应加强分蓄洪区安全转移安置工程建设，今后再现特大洪水，必要时实行有计划分洪措施，减轻防洪压力、减少风险，增加决策调度的灵活性和可靠性。

5 结语

通过整理有关1998年抗洪有关资料，并回忆往事得到如下结语：

(1)1998年洪水的基本特征是：峰高、量大，高水位持续时间长、干支流洪水遭遇恶劣；是20世纪长江流域仅次于1954年洪水的特大洪水；其成因是该年度流域降雨偏多30%以上，且雨季重叠、上下游拉锯、持续时间长，降雨集中、强度大、水量丰。

(2)面对两难处境中科学调度决策：完备调度预案和充分的准备是前提；雨水情实时监测与准确预报是依据；实时工情与广大军民抗洪精神是基础；领导意志与决断才是最关键的。

(3)'98抗洪中湖北省没有主动启用荆江和洪湖分蓄洪区，减少直接经济损失分别达100亿元和300亿元，是该次抗洪一大胜利。

(4)应继续加强水利工程和分蓄洪区安全转移安置工程建设，只有这样才能在必要时实行有计划的分洪措施，增加决策调度的灵活性和可靠性，减轻防洪压力、减少决策风险。

隔河岩水库与长江干流洪水错峰调度分析

袁 兵 温 岩

（湖北清江水电开发有限责任公司 宜昌 443000）

摘 要：介绍了荆江河段在长江中下游防洪中的地位，分析了清江与长江历史洪水遭遇情况，通过回顾1998年隔河岩水库与长江干流洪水遭遇后，隔河岩水库的防洪调度过程，阐述了清江梯级水库对荆江河段的防洪作用。

关键词：清河；隔河岩水利枢纽；长江干流；水库调度；分析

1 概述

清江发源于湖北省利川市东北的齐岳山与佛宝山麓凉风垭，流域形状为南北窄而东西长的窄长形，自西向东呈羽毛状水系，地势由深山峡谷逐渐开阔，并自西向东倾斜。流经湖北省境内10县（市），全长423 km，总落差1 430 m，流域面积约17 000 km^2。流域多年平均降水量约1 400 mm，年径流量127亿m^3，来水的年内分配极不均匀，丰水年来水是枯水年的3倍。

荆江河段是长江中下游防洪的重要及险要地段。清江在荆江河段上游20 km处汇入长江，是长江中游宜昌到荆江河段的第一条也是最大一条支流。荆江河段的洪水由宜昌以上的洪水加宜昌—枝城区间洪水组成，宜昌—枝城区间洪水主要由清江来水及干流区间洪水组成，由于干流区间相对很小，且无水库控制，清江洪水的控制对荆江河段防洪显得尤为重要。

清江干流规划三级梯级水库（水布垭—隔河岩—高坝洲），其中水布垭、隔河岩水库共为长江中下游防洪预留10亿m^{3}防洪库容。1998年隔河岩水库已建成投入正常使用，在长江中下游防洪中发挥了重要作用。

2 清江、长江历史洪水遭遇情况分析

历史上，清江洪水与长江干流洪水常有遭遇情况发生，一旦两江洪水遭遇，将会加重荆江河段的洪水威胁，甚至危及荆江河段防洪安全。

长江主汛期在7～8月，年最大洪峰出现在这两月的几率约占全年的77%。清江主汛期在6、7月，出现年最大洪峰的几率约70%。两江发生洪水几率最大的月份均出现在7月份，由此可见，长江洪水和清江洪水遭遇的可能性较大。

根据长江和清江53年同步系列资料统计分析，从以清江洪峰为主的洪水遭遇看，清江流量占宜昌流量比例最大达54.47%，最小有5.75%，平均为25.13%；而以宜昌洪峰为主的洪水遭遇看，清江流量占宜昌流量比例最大为17.74%，最小为0.12%，平均为2.77%；如果两江年最大洪峰相遇，清江流量占宜昌流量比例最大为44.26%，最小为2.76%，平均为15.67%。完全遭遇的1953年、1956年洪峰组成分别占到10.71%和17.74%。

由此可见，若两江大洪水遭遇，不仅对清江尾闾地区产生洪灾，而且往往增加荆江地区的洪水灾害。据历史文献记载，1788年、1860年、1883年长江与清江同时发生大洪水，两江都遭受了严重的洪灾；1954年长江发生流域性大洪水，清江只发生了一般性洪水，由于长江上游洪水历时长，洪峰接连出现，与清江洪水遭遇后，还是给荆江河段产生了加重的影响。

3 1998年隔河岩水库错峰调度

1998年汛期，长江共发生了8次大洪水，且第一、三、四、六次洪峰与清江洪水均不同程度地遭遇，其中第四次和第六次形势最为严峻。为与长江洪水错峰，隔河岩水库以大局为重，结合清江水雨情实际，勇担风险，克服重重困难，圆满地完成了与长江、荆江河段削峰、错峰的任务，避免了长江、荆江河段灾难性的分洪。下面简要介绍隔河岩水库与长江第四、六次洪峰错峰调度过程。

长江第四次洪峰于8月7日21时抵达宜昌，洪峰流量61 500 m^3/s，隔河岩水库入库洪峰流量为5 000 m^3/s。为与长江错峰，确保下游的安全，隔河岩水库一直控制下泄洪量，库水位最高升到203.94 m，超过正常蓄水位(200.0 m)3.94 m之多。由于隔河岩水库及时控制调节下泄流量，从8月7日起的16 h内平均为长江削峰1 300 m^3/s以上，最大为2 000 m^3/s。据测算，清江隔河岩水库每下泄1 000 m^3/s，下游沙市水位就要上升6～8 cm。这样，使沙市水位从7日21时起的16 h内平均少上涨11 cm以上，最大18 cm。正是由于隔河岩水库的错峰削峰，才使沙市水位从可能最高水位45.13 m降至实际最高水位44.95 m，控制在预案中的45.0 m分洪水位线以内。

长江第四次洪峰过后，隔河岩水库于8月10日14时停止泄洪，相应库水位降至198.13 m，具体见表1、图1。

长江第六次洪峰于8月16日14～16时抵达宜昌，流量为63 600 m^3/s，隔河岩水库同时发生较大的洪水，洪峰流量为8 200 m^3/s，隔河岩水库及时控制调节下泄流量，从16日8时起的8 h内为长江平均削峰3 700 m^3/s以上，最大为4 600 m^3/s，使沙市从16日21时起的8 h内的水位平均少上涨30 cm以上，最大达37 cm，使沙市从可能最高水位45.50 m降至实际最高水位45.22 m，削峰、错峰效果十分明显，再次为避免荆江分洪创造了条件，见表2。

表1 清江1998年8月3日洪水调度过程
(对应长江第四次洪峰)

日T时	库水位(m)	入库流量(m^3/s)	下泄流量(m^3/s)	备注
02T08	199.78	7 200	6 530	
02T14	200.00	9 200	7 410	洪峰
04T08	199.30	5 600	7 300	
05T08	198.47	3 400	5 100	
05T14	198.38	3 600	3 000	最低水位
06T08	199.53	2 470	985	
07T08	202.36	2 700	900	
08T08	203.91	3 500	3 500	
08T11	203.94	4 000	4 000	最高水位
09T08	202.15	3 000	5 700	
10T08	198.41	1 800	3 000	
10T14	198.13	1 600	850	结束泄洪

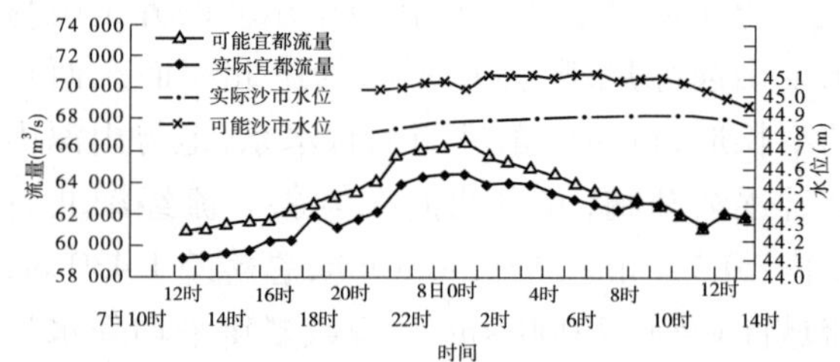

图1 长江第四次洪水隔河岩水库调节过程图

表2 清江1998年8月16日洪水调度过程
(对应长江第六次洪峰)

日-时	库水位(m)	入库流量(m^3/s)	下泄流量(m^3/s)	备注
15T08	200.00	647	265	
15T20	199.58	2 000	1 100	最低水位
16T08	201.98	5 200	900	
16T14	203.41	8 200	4 000	洪峰
16T20	203.85	7 000	7 000	最高水位
17T08	203.05	4 400	5 800	
18T08	201.84	2 560	4 200	
19T08	199.93	1 500	1 500	

4 防洪调度分析

4.1 防汛指挥体系健全，信息畅通，决策果断

清江公司防汛指挥部直接接受湖北省防汛指挥部的统一指挥和调度，1998年防汛抗洪期

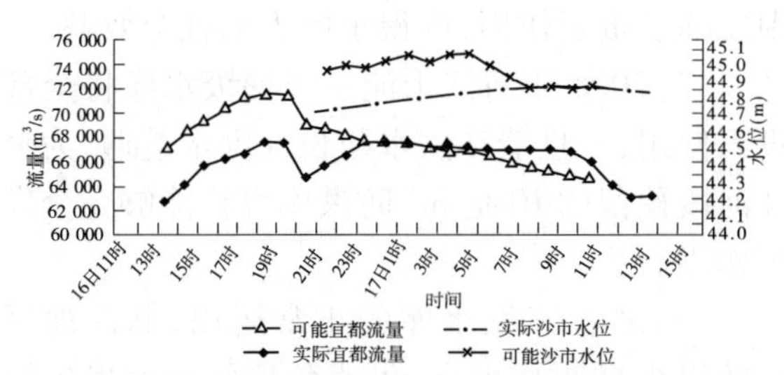

图2　长江第六次洪水隔河岩水库调节过程图

间,清江公司防指与省防办密切联系,充分利用信息资源,做到信息共享,便于双方全面、及时地掌握长江流域洪水动态,合理决策清江调度方案,优化两江洪水错峰。特别是长江第六次洪水期间,省防指果断下令,要求清江上游所有中小水库最大限度地拦蓄洪水,减轻隔河岩大坝的压力,通过各方的共同努力,将隔河岩最高库水位控制在204.0 m以下。

4.2　充分发挥科技人才的作用,利用科技手段,运用科学方法,实现决策、调度的科学化

(1)依靠科技手段,巧妙地利用洪峰之间的间隙,调节清江和长江的流量和水位。通过分析论证,提出合理水库调度方案。长江第四次61 500 m^3/s的洪峰流量尚未到达宜昌,而宜昌及下游河段流量为58 000 m^3/s的时候,通过提前预泄,减轻隔河岩工程的压力,确保水位不超过204.0 m;当长江洪峰到来时,隔河岩水库尽量少泄或仅利用发电泄洪,减轻长江抗洪压力,避免两江洪峰叠加。

(2)科学确定204.0 m为隔河岩库水位安全极限高水位,在保证大坝安全的前提下最大限度地发挥水库的调蓄功能。通过与长江水利委员会的专家一起实地观测,并对枢纽的主要部位,包括大坝、金结、机电等的受力情况进行认真分析、计算,用大量的观测数据进行校核,确定了204.0 m是枢纽安全的极限值。

(3)优化调度方案、实时精心操作。根据专家分析,隔河岩水库在接近204.0 m水位上运行时,金属结构部分主要是表孔闸门,受力超过设计标准的50%,特别是当表孔门处于全关闭状态,其负荷增加就更大了。为保证安全,及时优化调度方案,不再开启全关闭状态的表孔门,而运用处在开启状态的闸门,调节其开度保证调蓄的需要。同时,对表孔闸门安全操作,采取了一系列措施,做到精心操作,万无一失,确保安全运行。

4.3　局部利益服从整体利益,企业利益服从国家利益

1998年,为承担长江防洪压力,隔河岩水库超高水位运行,工程枢纽承受了巨大风险和严峻考验。特别是与长江的第四次和第六次洪水错峰,隔河岩水库尽量控制、调节下泄流量。在第四次洪峰期间,隔河岩库水位在200.0 m以上连续运行了78 h,最高达203.94 m,超过1 000年一遇的设计水位,接近5 000年一遇的校核水位。在第六次洪峰到来时,隔河岩水库又连续73 h在200.0 m高水位运行。根据专家计算,由于超过设计蓄水能力,隔河岩水库水位达到204.0 m时,大坝受力比正常蓄水位时增加15%以上,闸门总推力增加50%,大大超过设计标准。这期间,整个隔河岩水电枢纽工程所承受的负荷都达到了极限状态,可喜的是,根据大量观测资料数据和汛后的仔细检查,整个枢纽没有出现特殊异常情况,经受住了严峻的考验。

为与长江洪水错峰,隔河岩水库通过预泄、关闭闸门甚至限制发电等方式,尽最大可能降低荆沙河段水位,避免分洪。在创造巨大社会效益的同时,清江公司承担了因降低隔河岩电厂出力带来的电量损失,见表3。

表3　与长江错峰隔河岩电厂损失电量

序号	时间	限制方式	累计时间(台·h)	损失电量(万kW·h)
1	7月17日22时~18日16时	停机	71	2 130
2	7月24日13时~26日20时	停机	220	6 600
3	8月15日21时~16日2时	限制发电600 m^3/s	10	300

续表 3

序号	时间	限制方式	累计时间（台·h）	损失电量（万 kW·h）
4	8月21日	降水位至197.69 m,多弃水1.51亿 m^3		4 576
5	8月25日4时~26日20时	停机	160	4 800
6	8月30日20时~9月1日12时	限制发电300 m^3/s	120	3 600
7	9月1日12时~2日20时	限制发电600 m^3/s	64	1 920

5 结语

(1)通过对清江洪水与长江洪水遭遇的分析,以及对1998年清江隔河岩水库与长江干流洪水错峰调度过程分析,避免了长江荆江河段灾难性的分洪,隔河岩水库圆满地完成了与长江荆江河段削峰、错峰的任务,在1998年抗洪中发挥了重要作用,取得了巨大的社会效益。

(2)2008年清江干流三级梯级水库将全部投入使用,一旦清江洪水与长江洪水遭遇,为荆江河段预留的10亿 m^3 防洪库容将能够完全发挥作用。

(3)随着三峡水库的正常运用,荆江地区的防洪标准明显提高,可避免荆江地区发生毁灭性灾害,但长江城陵矶及以下地区的防洪形势仍较严峻。随着国民经济的持续发展,一旦出现分洪,带来的损失将是无法估量的。做好清江与长江洪水的错峰调度,是我们持续努力的目标,在未来将会产生更加巨大的经济效益、社会效益。

(4)研究如何更好地运用防洪库容,在确保防洪安全的前提下,尽可能地多发电,获得最大的经济效益是我们今后需要进一步研究的课题。

1998 年漳河水库与荆江洪水的错峰调度

陈崇德　胡　平

（湖北省漳河工程管理局　荆门市　448156）

摘　要：1998 年长江流域出现了 8 次较大洪峰，其中最大、最关键的第六、七、八次洪水调度中，漳河水库流域也相应出现了本年度最大的洪水，为减轻长江荆江河段洪水压力，确保 1998 年抗洪抢险斗争的胜利，在国家防办和省防指的统一指挥下，漳河水库 3 次关闭泄洪闸与长江洪水错峰调度，错峰时间 222.7 h，水库库水位上涨至超汛限水位1.01 m，为减轻长江荆江河段洪水压力，承担了巨大的洪水风险，防洪减灾效益显著。

关键词：洪水；错峰调度；漳河水库；荆江；1998 年

1　概述

漳河水库位于长江中游北岸一级支流沮漳河的东支，系一水库群，主要由干流观音寺水库与鸡公尖水库组成，中间由明渠串联水面相连接，集水面积2 212 km^2，总库容 20.35 亿 m^3，设计灌溉面积 17.4 万 km^2，水电站装机 9 台计 9 220 kW，是具有防洪、灌溉、城市供水、发电、水产、航运、旅游等综合功能的大型水利工程。

水库下游有荆州市、枝江市、当阳市以及荆江大堤、焦枝铁路等重要城镇和基础设施。其防洪标准采用 500 年一遇洪水设计，当地可能最大洪水保坝校核。水库正常与非常溢洪道设计最大下泄流量 13 381 m^3/s，其下泄水量直接叠加在长江荆江河段上。当长江沙市站水位处于高洪水及西支沮河出现 5 年一遇以上洪水时，对漳河水库下泄流量要求有一定的控制。

2　水雨情

1998 年 7 ~ 8 月，水库流域出现了两次连续性的降雨过程，第一次是 6 月 28 日 ~7 月 2 日，水库流域连续 5 天降雨，其中两次暴雨，即 6 月 29 日 2 时 ~ 30 日 2 时，流域平均降雨量 55.8 mm；7 月 1 日 8 时 ~7 月 2 日 14 时，流域平均降雨量 67.4 mm；5 天累计降雨量 134.7 mm。第二次是 7 月 28 日 ~8 月 17 日，水库流域每天均出现局部或全流域性的大到暴雨的天气情况，累计降雨量达 251 mm。最大日降雨量为 8 月 15 日的 74.4 mm。

受连续降雨过程影响，水库流域出现了两次大于 1 000 m^3/s 以上的洪峰流量过程，第一次洪水最大入库洪峰流量 1 763 m^3/s（7 月 2 日 16 时），洪水总量 1.32 亿 m^3，水库水位最大涨幅为 0.14 m/h；第二次洪水最大入库洪峰流量 1 131 m^3/s（8 月 16 日 14 时），洪水总量 1.38 亿 m^3，水库水位最大涨幅为 0.05 m/h。

3　错峰调度

3.1　与长江第六次洪峰的错峰调度

7 月 28 日 ~8 月 17 日，受连续降雨过程影响，水库水位迅速上涨，由 7 月 28 日 8 时的 120.56 m 上涨至 8 月 15 日 8 时的 121.96 m，平均每天上涨 0.08 m，距水库汛限水位仅 0.04 m。15 日，水库流域普降大到暴雨，降雨量达 74.4 mm，急骤的降水致使水库水位再次迅猛上涨，至 15 日 19 时，水库水位突破汛限水位。依据遥测系统与气象卫星云图反馈的信息及当地气象部门的天气预报，预测本次洪水总量

1.2亿 m^3，水库最高水位可达123.00 m，超汛限水位1.0 m，按《漳河水调度规程》应开闸泄洪。此时，下游漳河与西支沮河汇合处的两河口水位也正在上涨，当阳市已紧急动员2 000多名抢险大军赶赴防汛前线。在沮漳河汇入长江的荆州、沙市一带，沙市站水位达44.40 m，超警戒水位1.40 m。由于四川东部、三峡区间以及清江流域再降大到暴雨，沙市水位仍在迅猛上涨，直逼44.67 m的历史最高洪水位。有关单位预报17日5时沙市洪峰水位将达45.20 m，突破45.00 m的荆江分洪争取水位。荆江大堤前景未卜，公安、石首、监利、洪湖河段防洪空前吃紧，湖北江堤全线处在临界紧急状态，稍有疏忽，后果不堪设想。此时漳河水库如开闸泄洪，沙市水位将继续攀升。

在这千钧一发的关键时刻，国家防办与湖北省防指明确指令漳河水库在确保大坝安全的前提下，尽最大努力拦蓄洪水与沙市洪峰错峰。指令一下达，漳河水库连夜召开紧急动员会议，宣布进入紧急防汛期，取消任何休假，全岗到位，抗洪抢险突击队和一线劳力严阵以待，随时准备投入抢险；卫星云图接收系统、水雨情遥测系统、微波与公网通信系统满负荷运行，严密注视水雨情变化，每隔1 h上报一次有关实测数据；加大查险力度，对4座主坝和10 km长的副坝进行24 h拉网式巡查，对副坝散浸及时进行导渗处理，坝后积水及时排除，两座溢洪道随时做好开闸泄洪准备。到18日20时，水库已超汛限水位蓄水72 h，超蓄洪水1.02亿 m^3。为沙市17日9时安全通过45.22 m的超历史最高洪峰水位作出了重要贡献。8月19日14时，漳河水库水位已上涨至123.01 m，超汛限水位1.01 m，鉴于长江第六次洪峰已通过沙市，拟抓紧长江出现新的洪峰的间隙开闸泄洪。经湖北省防指同意后，于19日20时30分，漳河水库在拦洪错峰97.5 h后开启陈家冲溢洪道闸一孔泄洪，最大下泄流量513 m^3/s。开闸泄洪后，水库水位开始缓慢回落。8月20日，有关气象部门预报长江中上游近期又有较大降雨出现，为迅速腾空库容，迎战长江第七次洪峰，省防指决定于20日12时30分增开陈家冲溢洪闸一孔泄洪，最大下泄流量976 m^3/s。8月21日，受沮河来水、漳河水库泄洪水量以及长江洪水顶托影响，两河口水位开始上涨，直至超警戒水位0.14 m。鉴于此，省防指决定漳河水库关闭一孔泄洪闸与沮河洪水错峰。至8月23日5时50分，水库水位回落至121.50 m(低于汛限水位0.5 m)，漳河水库关闸停止泄洪。本次泄洪历时81.5 h，泄水总量1.64亿 m^3，与长江沙市洪水错峰97.5 h，在泄洪过程中，关一孔与沮河洪水错峰47.5 h。据测算，由于漳河水库滞洪错峰，降低长江沙市站水位0.08 ~ 0.10 m，削减两河口洪峰流量50.7%。

3.2 与长江第七次洪峰的错峰调度

正当湖北军民苦战水位最高、流量最大的第六次洪峰时，第七次洪峰又在重庆寸滩以58 000 m^3/s流量通过峡江、直逼荆江河段。由于长江大堤已经过6次洪峰的冲击，高水位浸泡时间已达2个月，大堤险情不断，十分脆弱，而且230万抗洪大军经过几十天的奋战，也已是极度疲劳。在这种情况下，充分挖掘水库潜力，发挥其拦洪错峰作用，有着极其重要的意义。

8月24日，国家防办发出了《关于迎战长江第七次洪峰的紧急通知》，明确指令漳河水库从8月25日6时起关闭所有闸门与长江洪水错峰。至8月27日20时，水库在错峰62 h后，沙市水位回落至44.33 m，遵照国家防办指令重新开始发电，错峰期内，流域最大日降雨量30.9 mm，水库拦蓄最大洪峰流量528 m^3/s，拦蓄洪水总量0.43亿 m^3。据有关部门测算，在抗御长江第七次洪峰中，漳河、隔河岩、葛洲坝等3座水库联合调度削减洪峰流量3 000 m^3/s，降低沙市水位0.25 m。

3.3 与长江第八次洪峰的错峰调度

第七次洪峰刚刚过去，第八次洪峰于8月29日11时通过重庆寸滩站，8月30日17时通过万县时，流量达60 300 m^3/s，为当年以来三峡区间最大的洪峰流量，汹涌而来的洪水使得荆江大堤又面临着新的严峻考验。8月29日，国家防办发出了《关于迎战长江第八次洪峰的紧急通知》,强调指出:漳河水库在宜昌洪峰出现的前一天关闭全部闸门错峰。

此时漳河水库流域又一次普降大雨,水库水位于 8 月 26 日 20 时上涨至 122.01 m。又一次突破汛限水位。考虑到漳河水库主汛期即将过去,后期来水量不会太多,经省防指批准,漳河水库暂不泄洪,开始蓄水。但要求漳河水库密切注视库区水雨情变化,并每 3 h 向省防指与国家防办传真一次实时水雨情。8 月 28 日长江上游再次普降大到暴雨,第八次洪峰即将形成,为迅速腾空库容,迎战第八次洪峰,遵照省防指命令,漳河水库于 8 月 22 日 22 时,开启陈家冲溢洪道闸一孔泄洪。最大下泄流量 421 m^3/s。8 月 29 日,省防指转发了国家防办《关于迎战长江第八次洪峰的紧急通知》后,于 29 日 21 时 48 分关闸停止泄洪,与长江洪水错峰。本次泄洪 25.6 h,泄水量 0.35 亿 m^3。待第八次洪峰顺利通过了沙市,漳河水库于 9 月 1 日 13 时恢复发电。

在与长江第八次洪水错峰调度中,漳河水库减少下泄与发电流量约 500 m^3/s,与沙市洪水错峰 63.2 h,对减轻荆江大堤的抗洪压力和保证下游民垸安全又一次作出了贡献。

3.4 "98·7"洪水调度运用

7 月 1 ~2 日,水库流域普降大到暴雨,根据遥测系统接收的水雨情及气象卫星云图信息,预测本次洪水总量约 1.05 亿 m^3,最大入库洪峰流量1 800 m^3/s 左右。依据漳河水库当时的起涨水位与工程现状,水库可全部安全拦蓄。与此同时,长江出现了 1998 年的第一次洪峰,沙市洪水位已超警戒水位,下游两河口受沮河来水与长江洪水顶托影响,下泄流量明显减小,预计 7 月 3 日 8 时,两河口水位将达 49.00 m 以上,超警戒水位 1.0 m。当阳市已紧急动员 4 万劳力投入抢险,并安全转移受灾群众 400 多人。针对上述情况,在省防指指挥下,漳河水库防指密切注视水雨、工情的变化,组织好抢险突击队随时做好抢大险的准备。7 月 4 日,流域降雨减弱,水库终于全部安全拦蓄了"98·7"洪水。据分析,漳河水库削减两河口洪峰流量 51.2%,降低长江沙市水位 0.13 m。若无漳河水库拦蓄,下游民垸分洪或溃口则不可避免。

4 防洪效益

1998 年,漳河水库下游河道只是局部地段进行了整治,漳河河道安全流量仅 800 m^3/s,相当于 3 年一遇,两河口安全流量经整治后也只有 3 000 m^3/s。从上述洪水过程中可以看出,漳河水库的 3 次错峰调度与 1 次常规调度,既保住了荆江大堤,也保住了下游民垸,其防洪效益巨大。

据统计,当漳河河道洪峰流量在 1 000 m^3/s左右时,受影响范围内有 1.2 万人口、0.21 万 hm^2 耕地、2 座城镇;当漳河河道洪峰流量在 1 800 ~2 000 m^3/s 时,受影响范围内有 10 万人口、1.1 万 hm^2 耕地、7 座城镇。1998 年,漳河下游堤防保护范围内工农业生产总值已达 25 亿元,其洪灾亩均综合损失2 862元。据此分析,防洪减灾效益在扣除直接经济损失后为 4.43 亿元。

上述防洪效益的分析仅为漳河水库下游河道两岸的情况。在与长江洪水的 3 次错峰调度中,漳河水库发挥了显著作用,为减轻长江荆江河段的抗洪压力和夺取 1998 年抗洪抢险的胜利所做的贡献是难以估算的,这部分效益未作统计。

5 小结

1998 年洪水相对集中在 7 ~8 月内,汇流时间短,峰高量大,水库水位变化幅度大,均为历史罕见。与此同时,长江流域也发生了特大洪水,漳河水库充分发挥了水库拦洪错峰作用,与长江荆江段洪水错峰达 222.7 h,承担了巨大的洪水风险,为长江第一、六、七、八次洪峰顺利通过荆江河段发挥了重大作用,尤以与第六次洪峰错峰调度效益最为显著。

'98抗洪给湖北省泵站建管的思考

邓 华

（湖北省水利厅 武汉 430071）

摘要：概要分析了湖北省排灌泵站在国民经济发展中的重要作用，介绍了在1998年大洪水中排涝减灾作用，提出了科学规划，分期改造，确保发挥正常效益的对策与建议。

关键词：水泵站；泵站建设；泵站管理；湖北省；1998年；洪水

1 引言

1998年，湖北省长江流域发生了自1954年以来最严重的全流域大洪水，此次洪水超高水位一再攀升，历史纪录一破再破。在党中央、国务院的直接领导下，在湖北省委、省政府正确地决策下，省防洪抗旱办公室（以下简称省防办）缜密谋划、精心指挥，数百万军民团结奋战，顽强拼博，把这场特大自然灾害造成的损失降到了最低限度，夺取了决战长江洪水的全面胜利。回顾'98抗洪，经验是多方面的，其中排涝泵站尤为重要，创造了5个第一：开机时间、排水总量、湖泊水位、减灾效益、超常规运行，并经受住了外江高水位长时间的严峻考验，泵站工程最大限度地发挥了抗灾减灾作用。

湖北是泵站大省，泵站工程是直接服务于农村、农业、农民的基础设施，对提高农村和农业抗灾能力，促进农业增效和农民增收，并为湖北省经济社会的快速稳定发展起到了举足轻重的作用。'98抗洪历程，对其以后泵站的建设、管理和抗灾具有深远的历史意义。基于此，谈点粗浅的认识。

1 排灌泵站的重要地位

水利是国民经济的基础产业，泵站是粮食生产的重要保证。"堤防保命，泵站保收"是湖北省泵站重要性的生动写照和形象比喻。至2007年底，全省机电排灌泵站已覆盖90%的县，共建固定电力排灌站1.82万多处、219万kW、排灌流量1.7万m^3/s。年均排水100亿m^3，供灌溉水30亿m^3，多年平均减灾效益达104亿元，为湖北省国民经济的可持续发展提供了强有力的支撑。

进入21世纪，党中央提出的构建社会主义和谐社会、全面建设小康社会和以人为本、人水和谐、可持续发展的治水理念，为湖北省泵站事业赋予了新的内涵，对泵站工作提出了新的更高的要求。站在经济社会发展全局的高度，来审视泵站的地位和作用，主要体现在以下4个方面。

（1）提高抗灾能力的重要保障。湖北省自然灾害频繁，素有江汉平原"水袋子"和鄂北岗地"旱包子"之称，洪涝、干旱时有发生。1996年长江发生大范围内涝外洪；1998年、1999年再次发生大面积内涝；2000年，湖北省出现历史罕见的冬春连旱和盛夏伏旱，受旱范围达到总面积的80%以上。据统计，湖北省大面积内涝或干旱连连不断，使工农业生产和人民生命财产受到极大威胁。1998年，由于及时排出城镇积水和上游洪水，使武汉、黄石、鄂州、阳新、汉川、黄州等重要城镇避免受淹，确保了城乡防洪和交通运输安全、社会稳定和人民群众安居乐业，等等这些，说明泵站工程是湖北省抗灾体系中的重要组成部分。

(2)粮食安全的基础设施。堤防是江汉平原地区的生命线,有堤防的地方,必有泵站,且堤防越高、越牢固,内涝问题的解决越要靠泵站,其作用前者是防外患,后者是除内涝,显然,有堤防无泵站,防洪体系不健全、除涝目的难实现。据统计,湖北省泵站控制排涝面积已达160.8万hm^2,控制灌溉面积已达130.5万hm^2,占全省耕地总面积的83.4%,泵站工程为约200亿kg的稻谷稳产提供了可靠保障,其在粮食安全生产中的支柱作用已经成为无可争辩的事实。

(3)服务新农村建设的重要措施。湖北省排涝泵站受益区内农村人口近2 000万,农业产值约400亿元。洪涝灾害是平原湖区经济损失最大、涉及地区最广和影响人口特别是农村人口最多的自然灾害,频繁的内涝灾害严重地制约了全省平原湖区的工、农、渔业生产的发展。泵站的建成,彻底改变了农业生产条件,有力地促进了农村经济的发展,还使当地工业、交通、水产、航运、企业、环境和旅游等社会各业受益,推动了新农村建设。而且,随着国民经济的发展、农村城镇化建设进程的加快、农业产业结构的调整、人民生活水平的提高,以及生态旅游的开发和利用,加上水资源短缺加剧和水环境不断恶化带来的负面影响,可以预料,泵站工程在新农村建设中的作用将会更加明显,其受益面也会越来越扩展。

(4)改善受益区环境的主要途径。江汉平原周边地区,由于洪涝灾害,过去这里许多地方人烟稀少,草木不生,交通阻隔,钉螺成灾。自从有了排涝泵站之后,环境得到改善,并带来百业兴旺。如今,这些地方都成了重镇,成了交通枢纽和当地政治、经济和文化中心。排涝泵站对排区土壤改良、冲污排碱、改善生态环境及水质、防止血吸虫病、增加湿地面积、促进当地旅游业发展等起到了重要作用。随着治水思路的转变,人们开始更多地关注人与自然的和谐相处,泵站为水提供势能,是解决无自流条件下的排灌、供水和水资源调配问题的水的唯一人工动力来源,是解决洪涝灾害、干旱缺水、工农业生产用水和城乡居民生活用水的重要工程措施,是"生态水利"、"环境水利"、"资源水利"、"现代水利"、"可持续发展水利"的具体体现。

3 ’98排涝泵站的抗灾成效

1998年,湖北省气候异常,汛期出现"二度梅"雨期,全省先后发生了13次强降雨过程,长江洪峰接踵而至,峰上加峰,发生了自1954年以来最为恶劣的组合洪水,一时间外洪内涝,形势极为严峻。

(1)暴雨场次多,强度广。4月1日至9月11日,全省降雨总量469~1 780 mm,大大多于往年同期,与1954年、1969年、1983年、1996年基本相似。期间,全省有46个县市降雨量大于1 000 mm,笼罩面积10.35 km^2,占湖北国土面积的55.6%;有8个县市大于1 500 mm,笼罩面积10.35 km^2。武汉和黄石降雨均为该地有实测记录以来的第一位,重现期为300年一遇。

(2)产水总量大,受灾面积广。省内荆北、荆南、汉南、汉北、江北、江南和黄广华阳等七大排涝区,产水总量311.57亿m^3,其中汇入电排区域水量247 m^3,是1991年同期的1.08倍。多次强降雨,导致部分地方重复受灾,高峰期受涝面积达106万hm^2。"二度梅"期间暴雨集中的武汉三镇城区1/5的面积渍水深达0.5~4 m,4.23万户房屋进水,全市停产半停产企业1 013家。

(3)开机时间长,超常规运行泵站超历史。伴随着13次暴雨,全省泵站经历7次开机高峰,最高峰日开机800 kW以上站54处、31.56万kW,日排水量3亿m^3。开机最长的凡口泵站安全运行109 d,累计排水13亿m^3,全省累计排水190亿m^3,其中直接排水出江142亿m^3。汛期,长江寸滩站先后出现11次洪峰,枝城以下江段除枝城次于1981年最高水位,汉口、黄石仅次于1954年水位外,其他各站水位均超过历史最高。全省沿江大型排涝泵站先后有45处出现外江水位超驼峰(竖井),占现有泵站总数的62%,超驼峰最高的余码头泵站达

4.29 m。先后有31处泵站通过采取非常措施，超驼峰、超设计扬程运行，累计超常规排水29.4亿 m^3。

(4)湖泊水位高，排涝效益显著。连降暴雨，湖泊水位不断攀升。斧头湖、西凉湖、鲁湖、汈汉湖水位分别达24.59、24.52、23.16、26.30 m，分别超保证水位达0.65、0.52、0.71、0.15 m。斧头湖、西凉湖、鲁湖超保证水位54 d，斧头湖超历史最高水位0.48 m，超历史时间长达48 d。如果没有这批设施，暴雨产生的水量将会使江汉平原4.3万 km^2 积水深平均达0.57 m。

据统计，汛期全省主要湖泊防守长度达1 265.9 km，高峰上防守人员30.34万人，共处理险情隐患2 651处，加筑子堤401 km。在斧头湖出现超历史最高水位达24.59 m时，为确保湖堤和重点围垸10万多人的生命财产的安全，最大限度减少损失，省防办先后向武汉市、咸宁市下发了11份关于严防死守斧头湖堤的通知、紧急通知和命令，共4次指派专人现场督促落实和派督导组进驻加强指导。

(1)农业效益。由于及时排涝，全省基本农田有40.1万 hm^2 保收，有34.3万 hm^2 减少了损失，有20.3万 hm^2 赶上补种季节。按一季亩产稻谷310 kg，单价1.24元/kg(1998年价格)，保收面积两季100%收成；减灾面积一季70%收成，一季100%收成；绝收面积补种农作物收获2 250元/hm^2 计算，农业减灾效益达88.28亿元。

(2)养殖效益。由于及时排涝，使江汉平原平均6.1万 hm^2 精养鱼池的70%得到保护，按产鱼2 595 kg/hm^2，单价10元/kg(1998年单价)计算，保护产值达11.14亿元。

(3)防洪效益。由于及时排出城镇积水和上游供水，使武汉、鄂州、黄石、阳新、汉川、黄州等地城镇避免受淹。按避免这些地区工业企业一个月80%产值损失计算，经济效益达31亿元。

以上三项共计减灾效益达130.42亿元。

4 灾后泵站的建管启示

'98抗洪中，排涝泵站之所以能发挥出重要作用，其根本原因在于历经几十年建设而成的工程体系的日益完善、不断提高；在于省防办的科学调度、精心指挥，加强督办、团结协作；在于泵站职工的尽职尽责。回顾历史，总结经验，对今后工作主要有以下5个方面的启示。

启示一：早作安排，未雨绸缪，是确保泵站效益正常发挥的基本条件。一是维修养护早安排。冬春抓紧检修、维护，汛前争取调试、试车完毕，为抗灾做好设备准备。二是防汛责任制早落实。尽早落实各地辖区内单机800 kW以上排涝泵站和洪湖、长湖、斧头湖、梁子湖、汈汉湖防洪堤段的防汛责任人和工程责任人名单，为抗灾做好组织准备。三是工程险情早根除。督促整险煞尾施工，努力做到不带险入汛，对一时难以除险的，必须应对有策，落实应对措施，确保工程安全度汛。四是防汛预案早制定，按照每年全省防汛会议的新要求，狠抓主要湖泊和排区等调度预案的修订完善，为主动防汛、规范抢险做好科学准备。做到未雨绸缪，安排周密，有条不紊，临阵不乱。

启示二：科学调度，精心指挥，是确保泵站效益正常发挥的重要基础。一是应密切关注天气形势和雨情水情变化，加强监测预报，实时跟踪。二是认真分析涝情汛情，提出应对之策，科学地进行湖泊水位控制及泵站排涝、抗旱的调度运用。三是经湖北省政府批准下发的《湖北省大型排涝泵站调度与主要湖泊控制运用意见》要坚决贯彻执行，切实做到令行禁止。并做到汛前"排空肚子"、"疏通肠子"；汛中先田后湖、田湖兼顾。实行水库、闸站联合调度运用，科学调度。四是要兼备风险意识，分析水源情况，从维护民生利益出发，把握涝到旱、旱到涝的转机，降低风险，实现水资源优化配置，切实减轻农民负担。

启示三：统筹兼顾，协调矛盾，是确保泵站效益正常发挥的有效手段。每年的防汛排涝，湖区上下游、左右岸之间，排水与防洪之间的矛盾时有发生。针对这一情况，要认真对待出现的问题，及时耐心地进行协调处理，做到团结治水，上下一盘棋，局部利益服从整体利益，少数利益服从多数利益，有效地化解矛盾，收到泵站排灌的最佳效果。

启示四:科学规划,分期改造,是确保泵站效益正常发挥的关键所在。针对’98 抗灾泵站暴露出的工程老化失修,设施配套不全,排涝标准偏低,抵御洪涝灾害的能力逐渐削弱等薄弱环节和突出问题。湖北省委、省政府高度重视,党中央果断决策,及时启动了中部四省大型排涝泵站更新改造,并对中小型泵站的问题也着手研究解决。

(1)大型排涝站。湖北省列入《更新改造规划报告》的大型泵站 60 处,102 座,901 台,49.63 万 kW,计划总投资 29.3 亿元。目前安全鉴定、可行性研究报告、初步设计已全部完成。第一批 19 处泵站主体工程已基本完工,今年汛期已陆续投入排涝抗灾。第二批 23 处泵站已启动,第三批 18 处已通过国家发改委投资评审中心的核定,概算投资即将下达。总体上讲,在中部四省中,我省的前期工作,进度快,质量高,安全鉴定报告和初步设计报告作为了水利部范本向其他省份推广。

(2)中小型泵站。湖北省 800 kW 以下、装机总容量近 160 万 kW 的中小型泵站存在的问题更加突出。根据省、厅领导的指示精神,我们组织了监利和潜江、沙洋、洪湖两次调查,调查途中,所到泵站看到的现状都是破败不堪、徒壁凋零、触目惊心。

通过调查,我们找到了中小型泵站存在的突出问题,如设计先天不足,标准低;体系不够完善,配套不全;设备老化失修,积病成险;效益衰减严重,效率下降;运行管理不善,难以为继等。我们也提出了下一阶段的建议和对策:应合理界定排灌标准与建设内容;有效确立更新改造的投资构成与运作办法;着力突现更新改造的装置水平与科技含量;建立健全更新改造的长效运行机制;推进输变电线路改造,提高中小型泵站供电保障率。全省普查和更新改造规划正在进行之中,相信不久中小泵站更新改造即将全面启动。

(3)进一步明确建设目标。湖北省泵站更新改造的总体目标是:确保安全运行、装置效率最高、泵站工程效益最大化,达到全国先进、中部一流,实现工程设施现代化,管理手段信息化、人员结构合理化、工程环境园林化。

(4)推广新技术致力科技强站。泵站是技术密集性水利工程,更新改造过程中,要树立技术创新的理念,依靠技术促进度,依靠技术强管理,依靠技术保质量。设计单位要充分吸收和运用先进的技术、设备精心设计;施工单位要科学制定施工方法,注重防汛建设两不误;主机组、信息化等主要设备必须选择性能优、价格合理、性价比高的产品。逐步实现用现代的技术改造泵站,用先进的设备装备泵站,用科学的方法管理泵站,进而全面提升泵站的科技水平。通过改造,把我省的泵站打造成技术含量高,能反映当代科技水平和生产力发展水平的现代水利工程样板。

启示五:明确责权,规范管理,是确保泵站效益正常发挥的长效措施。随着国家粮食安全生产重要性的日益提升,对我省泵站的安全运行提出了新的更高的要求。实施管理体制改革是泵站建设与管理工作适应建立社会主义市场经济体制和公共财政制度的客观要求,也是解决泵站管理单位现实问题、实现工程良性运行的迫切需要。

对有管理机构的国有泵站,要按照国务院和湖北省的有关要求,大力推进泵站体制改革,单位定性,人员定岗、定编,落实管理运行和维修养护经费。

对数量众多、管理混乱的中小型泵站,建立一支稳定的管理队伍和长效的运行管理机制势在必行。一是要有明确的管理责任主体;二是要有规范的管理制度;三是要有科学调度的运用原则;四是要有一支素质较高的管理队伍;五是要有稳定的管护经费。

因此,建设好管理好排灌工程体系,使之更好地服务于湖北省经济社会又好又快发展,是当前摆在我们面前的一个重要课题,责任重大,我们必须进一步增强责任感和使命感,尽职尽责,开拓创新,扎实工作,从而为建设社会主义新农村、构建和谐湖北作出新贡献!

长江流域汛期旱涝趋势预报方法与实践

沈浒英　万汉生　张方伟

（长江水利委员会水文局　武汉　430010）

摘　要：1998年长江大水已成为历史，简要介绍了目前长江流域汛期旱涝趋势预报的主要方法，回顾1998年长江委对汛期长期预报所作的分析工作，并较详细介绍了结合新技术、新方法运用，对影响长江流域2008年汛期气候的前兆信号进行更加深入分析，试图为防汛抗旱、水库及水资源调度提供更加准确的水文决策预报。

关键词：长江；气象预报；水文预报；1998年；2008年

1　引言

1998年长江发生的继1954年之后又一次全流域大洪水已过去10年，但人们对'98大水依然记忆犹新。1998年4月初，长江委根据气候背景、大气、海洋等异常信号的研究分析，向有关部门提供汛期旱涝趋势预测意见，并提出要做好防御可能发生的大洪水准备。'98长江大水已成为历史，但大水留给人们的思考远未结束。10年来，长期水文气象预报工作者在实践中不断探索和改进预报方法，使水文气象预报在防灾减灾决策中提供有用的决策信息。2008年，我们结合新技术、新方法运用，对影响长江流域2008年汛期气候的前兆信号进行更加深入分析，试图为防汛抗旱、水库及水资源调度提供更加准确的水文决策预报。

2　汛期旱涝趋势预报主要方法

目前的长江流域长期水文气象预报方法中，以物理因子和前兆强信号为基础的物理概念模型发挥着重要作用，已经成为汛期旱涝趋势预测的主要方法；此外，用于汛期旱涝预测的全球海气耦合模式已经成功地运用于汛期长期趋势预测中；但经验统计和数理统计也仍是长期旱涝趋势预测的重要方法。

2.1　物理概念模型

物理概念方法的基础是对有一定物理意义的影响水文气候异常因子或预测强信号进行分析，为水文气象要素预报提供依据，并经过统计建立影响长江流域汛期旱涝的概念性模型。

经过多年的研究和预测实践，本文总结了影响长江流域汛期降水和旱涝分布异常的主要物理因子，概括起来有：考虑气候背景、太阳活动和下垫面物理因子等非大气因子的影响。考虑影响长江流域汛期旱涝的5大主要因素。东面的海洋：反映赤道东太平洋和暖池海温异常（ENSO现象和热带对流活动异常）。西面的青藏高原：反映高原积雪和位势高度异常。南面的季风：反映赤道辐合带、热带和南半球环流异常。北面的阻塞高压：反映中高纬度环流异常和冷空气活动情况。中间的副热带高压：反映副热带环流异常，与长江流域夏季降雨关系密切。

2.2　气候动力模式预测方法

在全球大气环流模式和全球海洋环流模式的基础上，利用日通量距平耦合方案，构成的全球海气耦合模式在中国汛期旱涝趋势预测中已经运用十多年，实践证明目前我国气候动力模式的预报能力已基本达到20世纪末统计预报的水平。此外，欧洲模式预报中心（ECM-

WF)日本、英国气象局、美国等国外气候动力模式预报也对中国汛期降水进行预测,也可作为长江流域汛期旱涝趋势预报的重要参考。

2.3 数理统计方法

数理统计方法在以往的长期水文气象预报研究和业务预报中起着重要作用。时间序列演变方法和相关因素分析方法仍在业务预测中广泛使用。

时间序列演变方法,对周期性明显或持续性好的水文气象要素预测效果较好,但对转折点的预报效果欠佳。目前长江干支流上水利枢纽众多,水文要素自身的周期性、持续性变化受到过多的人工干预,因此时间序列演变方法对水文要素已失去预报意义。多变量的相关因素分析方法,有一定的预测能力。但由于这些方法建立数学统计模型所选因子质量不高,缺少物理概念,因子的独立性、稳定性直接影响预报效果,建模过程处理细节的不同也可能影响到模型的预报效果。

3 1998年汛期预报回顾

1998年长江流域发生自1954年以来又一次流域性大洪水。长江委于4月初向有关部门提供长期水文气象预报,预报主要内容:1998年汛期长江流域水雨情趋势为偏丰年景,洪涝灾害将重于旱灾。长江流域年最高水位偏高,做好防御可能发生的大洪水准备,汛期应注意雨洪时空分布不均等特殊水雨情的发生。1998年长江流域汛期长期水文气象预报分析回顾如下。

3.1 水文气候背景分析

自20世纪80年代后期以来,长江流域气候以暖冬凉夏为主,长江流域特别是中下游主汛期降雨为偏多的气候背景中,长江中下游汛期水位偏高。且长江流域汛期降雨存在着准两年振荡关系,预计1998年汛期降雨将比1997年明显增加。

3.2 影响汛期旱涝的主要物理因子分析

(1)厄尔尼诺事件。

厄尔尼诺开始于1997年5月,至12月发展到最强盛,1998年1月开始减弱,4月份减势趋缓,赤道东太平洋表面海水温度距平最大值仍有+4.2℃,汛前尚无马上结束的迹象。据预测,本次厄尔尼诺现象将延续到1998年7、8月份。此次厄尔尼诺是近50年来强度最强的一次,超过了1982~1983年的厄尔尼诺事件,其持续时间已有15个月,也已进入持续时间最长的厄尔尼诺事件之列。

(2)青藏高原冬季积雪。

1997年12月到1998年2月青藏高原大部地区降雪异常偏多,出现了历史上罕见的大雪灾,致使冬春季青藏高原积雪异常偏多,到1998年4月青藏高原地区积雪依然异常偏多。

(3)大气环流特征。

1997年11、12月,北半球500 hPa高度场上,极涡强度较常年偏弱,中低纬地区高度场接近正常略偏强。1998年1月,北半球500 hPa高度场上极涡稍偏强,其中心位于东半球,中高纬环流比较平直;中低纬地区高度场正常稍偏高。弱冷空气频繁地交汇于长江中下游地区,造成长时间、大范围阴雨天气。

进入3月以后,东欧及亚洲地区500 hPa高纬为较稳定的两槽一脊型,西太平洋副热带高压脊线尚在15°N以南,中低纬环流平直,且多小槽活动,水汽条件主要为印缅地区的南支槽提供,槽前西南气流多呈强盛状态,导致中低层江南地区的切变线维持和西南气流活跃,从而造成降雨加强。

5月,中高纬西风环流盛行移动性长波过程,东亚太平洋沿岸长波性大槽不明显,北半球西风环流处于从冬季环流向夏季环流的调整期。西太平洋副热带高压在上半月明显减弱,副热带高压脊线位于15°N以南,较常年同期偏南,但月中的一次西太平洋热带气旋活动结束后,副热带高压在5月下旬又有明显加强,脊线位置北进至17°~18°N附近。

海洋、大气的总体趋势表现为:赤道东太平洋海表温度增温现象继续减弱,但减弱的速度减缓,Nino3区的海温距平依然是历史同期最高的,预计ENSO事件(厄尔尼诺与南方涛动)仍是影响今年汛期气候异常的主要因素之一;西太平洋副热带高压持续异常偏强;500 hPa欧亚西风带经向环流发展明显;5月第5候南海季风暴发,比常年暴发日期偏晚,强度较弱。统计以上物理因子历史情况,其后汛期长江流域出现高洪水位可能性较大。

(4)大气环流和海洋温度的相似性分析。

根据北半球500 hPa资料和北太平洋海水温度资料,计算了1998年1~4月各月的环流和海温变化与历史同期的相似年。得到1998年的北半球500 hPa综合相似年为1983年、1987年、1969年,而综合相反年的前三位为1974年、1972年和1965年;北太平洋海温的综合相似年为1987年和1988年。不难看出,相似年以区域性洪涝年为主,而相反年中以大范围干旱年为主。也就是说根据相似性分析,1998年应警惕长江流域的大洪水,而发生大范围干旱的可能性不大。

(5)海气物理因子及高洪水年对比分析。

根据汛前出现的海气物理因子异常情况及水雨情特征,并与长江流域大洪水年前期的特征进行对比分析(见表1),发现1998年汛前许多海气物理因子特征与长江流域大洪水年特征相当一致。

表1　海气物理因子及高洪水年水雨情比较

序号	内容		1998年	1954年	1995年	1983年
1	长江中下游水雨情	1~3月	降雨异常多 水位异常高	降雨偏多 水位偏高	降雨明显偏多 水位明显偏高	降雨明显偏多 水位明显偏高
		4~5月降雨	正常偏少	异常偏多	偏多	中游偏多下游明显偏多
		4月汉口、大通最高水位(m)	20.11、9.96	21.20、10.80	19.89、8.89	20.43、10.67
		5月汉口、大通最高水位(m)	22.09、11.20	24.20、13.02	21.14、10.97	22.34、11.69
		6月降雨	鄱阳湖 异常偏多	中下游 异常偏多	鄱阳湖 异常偏多	中下游 明显偏多
2	厄尔尼诺	次年	是	是	是	是
		强度	极强	弱	中等	极强
		开始时间	头年5月	头年4月	头年5月	头年9月
		结束时间	尚未结束	头年10月	次年2月	次年9月
3	前期南方涛动指数		强负指数	正常范围	强负指数	强负指数
4	前期西北太平洋副高	强度	明显偏强	偏弱	明显偏强	偏强
		脊线位置	明显偏南	偏南	明显偏南	正常略偏南
5	4、5月南海高压强度		强	—	强	强
6	6月亚欧西风带环流		有阻塞高压	有阻塞高压	有阻塞高压	有阻塞高压
7	冬春季高原积雪		异常多	正常范围	异常多	异常多

综合影响长江流域汛期旱涝的前期主要物理因子,比较集中的表现为:1998 年长江流域汛期降雨将明显偏多,长江干流主要控制站最高水位明显偏高。1998 年长江出现流域性大洪水,证明上述分析是正确的。

3.3 数理统计方法分析

1998 年预报中应用了多因子综合模型、多元回归、点聚图分析、灰色模式、自回归模型、谐波分析、能谱分析等方法。上述方法比较一致的结论也是汛期长江流域降雨偏多,长江流域宜昌、汉口、大通三大控制站年月最高水位偏高。

实践证明,1998 年长江流域长期水文气象预测比较成功。需要指出的是,1998 年汉口年最高水位实况值为 29.43 m,而预报值为 26.70 ~27.20 m,其预报值为 1975 ~2003 年以来汉口站年最高水位预报的历史最大值。定量预报值与实况相差较大,这是数理统计方法的局限性所致,预报也存在着趋于平均化的现象。

4 2008 年汛期预报分析

4.1 气候背景分析

根据长江流域历史旱涝周期分析:1931 ~1999 年长江流域处于大的洪涝周期内,大周期中包含 3 个中等旱涝周期(见表 2):①1931 ~1957 年长江流域处于洪涝多发期;②1958 ~1978 年处于干旱多发期;③1979 ~1999 年又处于洪涝多发期。预测 2000 ~2030 年长江流域处于干旱多发期,2008 年处在干旱多发期。需要指出的是:在中等旱涝周期中还包括 3 个小的(6 ~8 年)旱涝周期。

表 2 长江流域旱涝周期及趋势预测

1931 ~1999 年	大洪涝期	69 年
①1931 ~1957 年	洪涝期	27 年
②1958 ~1978 年	干旱期	21 年
③1979 ~1999 年	洪涝期	21 年
2000 ~2070 年	大干旱期	71 年
①2000 ~2023 年	干旱期	24 年
②2024 ~2047 年	洪涝期	24 年
③2048 ~2070 年	干旱期	23 年

4.2 前期天气气候

2008 年 1 月 10 日以后长江流域出现罕见的低温雨雪冰冻灾害(主要过程:1 月 10 ~16 日,18 ~22 日和 25 ~29 日,31 日 ~2 月 2 日)。这次低温雨雪冰冻天气持续时间长,长江中下游及贵州雨雪日数为 1954/1955 年以来历史同期最大值;冰冻日数为历史同期次大值。其中湖南、湖北省雨雪冰冻天气是 1954 年以来持续时间最长、影响程度最严重的,贵州 43 个县(市)的冻雨天气持续时间突破了历史记录。

2007 年 12 月至 2008 年 2 月(冬季),长江流域降水量与多年同期比较为基本正常,其中长江上游偏多 2 成,长江中下游偏少近 1 成。2008 年 1 月,长江流域降水量较常年偏多 2 成,长江上游偏多 3 成,中下游偏多接近 2 成。2007 年 12 月至 2008 年 2 月,长江上游来水正常略偏多,中下游来水量偏少。长江流域冬季降水与汛期降水呈正相关。

4.3 海温

(1) La Nina(拉尼娜)事件。自 2007 年 8 月,赤道中东太平洋海温进入拉尼娜状态后迅速发展,至 2008 年 2 月,已连续 7 个月海表温度较常年同期偏低 0.5 ℃以上。这次拉尼娜事件是 1951 年以来发展最为迅速的一次,也是前 7 个月累计强度最强的一次。入冬以来,我国出现的降水异常分布特征和历史上较强拉尼娜事件发生后的冬季气候特征非常相似。预计 La Nina 事件维持到 2008 年夏季前后。

La Nina 事件利于西太平洋副热带高压北抬。拉尼娜状态后对应长江流域降水情况:我国夏季雨带偏北(北方雨带),长江流域少雨。长江中下游地区入梅、出梅日期偏早的概率为 64%、73%。

2007/2008 年赤道东太平洋区海温条件最相似年份:1954 ~ 1955 年、1964 ~ 1965 年、1970 ~1971 年、1973 ~1974 年、1988 ~1989 年,这 5 年中,长江流域汛期 6 ~8 月降水除 1955 年偏多接近 1 成外,其余 4 年均为正常或偏少外,1971 年偏少近 1 成。长江上游除 1971 年正常偏少外,其余 4 年偏多 1 成左右;中下游除

1955年偏多1成外,其余4年偏少1成左右。见表3。

表3 拉尼娜年长江流域汛期6~8月降水百分率增减统计

(%)

年份	上游	中下游	长江
1955年	10.3	10.3	9.3
1965年	8.7	-8.5	0.0
1971年	-6.4	-12.4	-9.9
1974年	10.6	-11.2	-0.1
1989年	12.5	-5.2	3.6

(2)黑潮区海温。我国东海和日本以南黑潮区海温SST距平与长江流域降水有比较高的正相关。由于东海、日本以南黑潮的冬季海温偏低,有利于长江流域汛期降水略偏少。

4.4 积雪

青藏高原冬季积雪正常略偏多。北半球雪盖面积偏大,高原热状况强。长江流域降水对应信号不明显。

4.5 太阳活动

2008年太阳活动处于低值期,盛夏7月副热带高压偏北的概率较高,夏季主要雨带位置偏北,长江中下游少雨的概率高。

4.6 大气环流场

(1)副热带高压。2007/2008年冬季副热带高压脊线和北界明显偏北(1月脊线偏北4°N,2月偏北2°N),脊线明显偏北的年份:2001年、1964年、1966年、1999年。副热带高压偏北,主要雨带位置偏北,长江流域少雨。

(2)青藏高原高度场。2007年9月以来青藏高原高度场偏低,类似的年份:1978年、1974年、1957年、1975年。上述年份长江流域汛期降雨偏少为主。

(3)季风。2007/2008年冬季风偏强,春季回暖快。预计2008年夏季风偏强。夏季季风偏强,则汛期雨带偏北,长江流域汛期少雨。

(4)极涡。2007/2008年冬季,北半球极涡面积偏小,亚洲区极涡面积偏大。类似的年份有:1974年、1957年、1971年、1967年、1975年、1990年。长江流域汛期降雨偏少。

(5)东亚槽。2007/2008年冬季,东亚槽位置偏东,强度偏强。类似年份:1992年、1995年、1959年、1970年、1952年。除1995年长江中下游降雨偏多外,其余年份长江流域降雨偏少。

(6)东亚阻塞。1月中下旬,中高纬度欧亚地区大气环流出现异常稳定的阻塞形势,且中高纬度经向环流占优势,长江中下游出现持续低温雨雪天气。当冬春季欧亚地区极涡向南明显扩展,经向环流发展,阿留申地区低槽活动频繁,盛夏7月东亚阻塞形势发展可能性大。但由于今年副热带高压明显偏北,梅雨期主要雨带偏北。

(7)大气活动中心。冬季北太平洋涛动偏强。南方涛动指数偏强,仅次于1974年。对应中国夏季Ⅰ类或Ⅱ类雨型,而出现Ⅲ类雨型(长江流域多雨)的可能性小。

(8)QBO平流层准两年振荡。1979年、1982年、1984年、1987年、1989年、1992年、1994年、1996年、1998年、2001年、2003年、2005年、2000年平流层为东风位相年。1980年、1983年、1985年、1988年、1990年、1993年、1995年、1997年、1999年、2002年、2004年、2006年平流层为西风位相年。预计2008年是平流层西风位相年。平流层西风位相有利于主要雨带偏北,汛期长江流域少雨。

4.7 分级预报模型预测结果

长江流域分级预报模型是由水文局与中国气象科学研究院合作研究的成果应用。模型综合考虑100 hPa、500 hPa高度场、地面气压场、海温场、全国160站降水和气温、81项大气环流指数,并用上述因子建立与长江流域分区降水和来水量的预报模型。该预报模型对2008年汛期预测结果汇总如表4所示。

4.8 其他

(1)场相似分析。对100 hPa高度场、500 hPa高度场、地面气压场、海温场相似分析,相似性原理:格点距平符号一致率≥70%。综合上述100 hPa、500 hPa高度场、地面气压场、海温场,最相似年为1989年。

表4 长江流域汛期分级预报模型预测趋势汇总

项目	5~10月	6~8月	9~10月
长江上游雨量	偏少	正常	正常略偏少
三峡水库来水量	偏少	正常	偏少
汉江上游雨量	正常	正常偏少	正常
丹江口水库来水量	正常	正常偏少	正常偏少
金沙江雨量	正常	正常	
屏山来水量	正常偏多		
岷沱江雨量		正常偏少	
嘉陵江雨量		正常偏少	
乌江雨量		正常偏多	
洞庭湖雨量		正常	
鄱阳湖雨量		正常偏多	

1989年6~8月长江流域雨量增加3.6%,长江上游增加12.5%,长江中下游减小5.2%。汉江上游9~10月雨量为减小19.4%。1989年宜昌年最大流量62 100 m^3/s(50年均值51 100 m^3/s),汉口、大通年最高水位分别为26.65 m(50年均值25.97 m)、14.37 m(50年均值13.76 m),最大值均在7月份出现。

(2)雨带承替。2007年夏季6~8月主要多雨区位于黄河至长江地区,按照全国降雨型分类属于Ⅱ类雨型。根据夏季降水类型的承替关系:Ⅱ类雨型转Ⅰ类雨型相对最显著,频次占50%,Ⅱ类雨型转Ⅱ类的频次占36%,Ⅱ类雨型转Ⅲ类雨型的频次占14%。

(3)气候动力模式预测结果。国家气候中心动力模式预测:2008年6~8月长江流域大部地区降水偏少概率大;欧洲模式预测中心:2008年6~8月长江流域大部地区降水偏少;日本Frontier模式预测:2008年6~8月长江流域大部地区降水偏少;美国IRI研究机构模式预测:2008年6~8月长江流域汛期降雨信息不明显。

4.9 预报综合

对上述气候背景、前期水雨情、大气环流场以及分级预报模型和动力气候模式结果综合分析汇总如表5所示。

表5 2008年长江流域汛期预报主要物理因子综合

序号	主要因素	特征	长江流域
1	气候背景	干旱期	少雨
2	前期降水	上游多 中下游少	上游正常偏多, 中下游偏少
3	海温	拉尼娜事件	雨带偏北, 中下游少雨
4	高原积雪	正常	信号不明显
5	太阳活动	低值期	雨带偏北, 中下游少雨
6	副热带高压	北	雨带偏北
7	亚洲季风	强	雨带偏北
8	亚洲区极涡	强	雨带偏北
9	阻塞高压	有	雨带偏北
10	分级预报模型		上游正常
11	动力气候模式		长江少雨

4.10 2008年长江流域旱涝趋势预测综合结论

2008年汛期(5~10月)长江上游降雨量基本正常,长江中下游降雨量正常偏少,旱重于涝;长江流域降雨量总体为正常偏少,流域内局部地区仍可能发生集中性强降雨。

主汛期(6~8月)长江上游降水正常偏多,长江中下游地区降水偏少;长江流域降雨量总体为正常偏少。

汛期(5~10月)长江流域来水量正常偏少。

5 结语

长江流域长期水文气象预测强调物理因子分析,例如分析海—气关系、地—气关系、日—地关系等外强迫因子以及内强迫因子(大气环流)对长江流域汛期旱涝的影响,并充分将有关研究成果应用于预报实践,限于技术条件和信息量的不足,对影响长江流域汛期旱涝的物理因子分析工作还不充分,应加强分析研究,逐步完善各种预报模型或方案,为防汛抗旱、水库及水资源调度提供更加准确的水文决策预报。

参考文献

[1] 黄忠恕,金兴平.水文气候预测基础理论与应用技术[M].北京:中国水利水电出版社,2005.

[2] 陈兴芳,赵振国.中国汛期降水预测研究及应用[M].北京:气象出版社,2000.

再谈'98 洪水人们关心的几个防汛水文问题

李嗣军　伍朝晖

（湖北省水文水资源局　武汉　430071）

摘　要：回顾了1998年长江中游洪水量级，中下游干流洪峰水位、流量，分析了水土流失、荆江裁弯、大型水库以及三峡工程建成后对湖北防汛的影响。

关键词：防汛；水文分析；1998年；湖北

1998年长江洪水是20世纪以来仅次于1954年的全流域洪水，处在长江中游的湖北省长江洪水来势之猛、时间之长、水位之高、洪量之大、防汛战线之长、形势之险恶为历史罕见，笔者至今仍然记忆犹新，洪水过后人们进行了深刻反思，本文就人们关心的几个防汛和水文的专业问题进行初步探讨。

1　1998年长江中游洪水量级

1998年长江洪水量级的评估，即洪水重现期分析，是人们普遍关心的问题。评估洪水量级大小的基本水文要素是洪峰水位、洪峰流量、洪水总量。根据统计分析，长江中游沙市、监利、城陵矶（莲花塘）、螺山、九江等站的最高水位分别为1903年、1934年、1904年、1953年、1904年等建站以来第一位，重现期均超过100年。长江中游宜昌、螺山、汉口等站的洪峰流量均小于1954年。沙市站洪峰流量大于1954年，但小于1981年和1989年排第3位，上述各站洪峰流量重现期为7～30年。

从宜昌、汉口最大30 d洪量和60 d洪量对比分析可以看出，1998年宜昌最大30 d洪量1 379亿 m^3，与1954年1 386亿 m^3 相当，最大60 d洪量2 545亿 m^3，比1954年2 448亿 m^3 多97亿 m^3。洪水重现期均为100年；汉口站1998年30 d和60 d实测最大洪量1 738亿 m^3 和3 355亿 m^3，分别比1954年多9亿 m^3 和135亿 m^3。但是1998年长江中下游洪水情况与1954年不同，1954年堤防多处溃口分洪，分蓄洪水1 023亿 m^3，1998年只有洲滩民垸分蓄洪水100多亿 m^3。如果将溃口和分洪的水量还原到河道中去进行对比，汉口站1998年还原后的最大30 d洪量1 885亿 m^3，重现期约为30年，比1954年（2 182亿 m^3）少297亿 m^3；最大60 d洪量3 536亿 m^3，重现期约为50年，1998年60 d洪量比1954年（3 830亿 m^3）少294亿 m^3。

2　1998年长江中下游干流洪峰水位普遍高于1954年

据统计，1998年长江中下游有360 km河段的最高洪水位超过历史最高记录，超过1954年最高洪水位的主要原因如下。

（1）1998年分洪和溃口水量小于1954年。1954年长江中下游分洪和溃口总量达1 023亿 m^3。1998年只有一些洲滩民垸溃口，溃口水量100多亿 m^3。如上所述，1998年从河道中通过的洪量大于1954年。如将1954年分洪和溃口的1 023亿 m^3 的水量还原到河道中去。将大大增高1954年实际水位。据分析，沙市站1954年还原水位46.10 m，比1998年最高水位高0.88 m，螺山1954年还原水位35.95 m，比1998年最高洪水位高1.0 m，汉口站1954年还原水位31.75 m，比1998年最高洪水位高2.23 m。

（2）湖泊调蓄能力降低。历史上我国江河

两岸和地势低洼地区分布着众多的湖泊，是调蓄洪水和滞洪的天然场所。但随着经济的发展和人口的增加，大量的湖泊被围垦，调蓄容积急剧减少，加重了洪涝灾害。1949 年长江中下游共有通江湖泊17 198 km^2，目前只有洞庭湖和鄱阳湖仍与长江相通，面积 6 000 多 km^2。近 40 多年来，洞庭湖因淤积围垦减少面积 1 600 km^2，减少容量 100 多亿 m^3，鄱阳湖减少面积 1 400 km^2，减少容量 80 多亿 m^3。如果用 1954 年的天然调蓄容积对 1998 年实际入流进行洪水演算，洞庭湖、鄱阳湖及长江中游 1998 年的洪水位可降低 1 m 左右。由此可见，湖泊调蓄能力的降低，是长江中下游水位抬高的重要原因。

众多通江湖泊不再通江，江湖隔离，原本行洪的通道不能行洪，支流防洪标准提高，调蓄容积、分洪和蓄洪水量减少，束水归槽，使长江洪水都快速汇至干流，约束在长江干堤之间，“蓄泄兼筹，以泄为主”，只能更多地倚重下泄，使干流水位居高不下。

另外，由于河道淤积、滩地围垦、设障严重等，使河道过水断面窄，洪水出路变小，下泄不畅，洪水行进缓慢，加剧了下游洪水的顶托作用，使水位抬高，加大了干流的防洪压力。

(3) 四口分流大大小于 1954 年。根据 1998 年 10 次大小洪峰和 1954 年 4 次洪峰统计分析。四口分流量(现为三口分流量，下同)逐年减少，1954 ~ 1998 年分流比平均每年减少 0.5%。长江上游宜昌站 1998 年 5 ~ 8 月洪量与 1954 年相当。而四口分流总量却大大小于 1954 年。1998 年 5 ~ 8 月四口分流总量 815 亿 m^3，而 1954 年 1 500 亿 m^3，少 685 亿 m^3。1998 年四口分流总量占枝城总量 23.7%，而 1954 年占 42.4%。四口分流量大流量占枝城最大流量 1954 年为 40%，而 1998 年仅为 28.1%。分流减少的主要原因：①泥沙淤积是三口分流不断减少的根本原因。松滋河和藕池河成河初期，入湖水道比较短，因而比降大，流速快，分流比大于分沙比，河道不容易淤积。由于输入洞庭湖的泥沙在入湖后流速减慢，泥沙迅速在入湖口附近沉积，形成三角洲，湖底被子慢慢淤高，加之人类活动的影响(主要是围垦)，使入湖洪道慢慢下延，坡降变缓，水位抬高，即所谓“翘尾巴”现象。反过来又对三口河道进行顶托。比降减缓，流速必然减慢，水流挟沙能力减弱，加速了三口淤积。②调弦口 1960 年堵口建闸，减小分流比 2% ~ 3%(还原到 1998 年情况)。③受下荆江系统裁弯的影响。裁弯使荆江河床下切和水位降低，相对来说抬高了三口口门高程，不仅直接减少了口门的分流沙量，而且有利口门淤积。

3 长江中游部分水文站水位高于 1954 年，而流量小于 1954 年

1998 年长江中游部分水文站最高水位高于 1954 年，而最大流量小于 1954 年，是因为长江河道的水位与流量并非单值对应关系，洪峰流量受河道过水断面、起涨水位、涨落水过程、下游顶托和分泄洪水等多种因素影响。宜昌、沙市、监利、螺山、汉口等主要水文站 1998 年与 1954 年同流量水位进行对比分析如下。

宜昌：在葛洲坝水利枢纽建成之后，受冲刷影响，宜昌在同一水位情况下，泄洪能力有所加大，也就是同流量情况下水位有所降低。1998 年最大流量 63 300 m^3/s，最高水位 54.50 m，如果按照 1954 年水位流量关系线查得最高水位 55.00 m 左右，同流量情况下水位高 0.5 m；1954 年最大流量 66 800 m^3/s，最高水位 55.73 m。

沙市：1967 ~ 1972 年下荆江三处裁弯取直后，目前的过流能力比 1954 年大，相同流量情况下水位降低。1998 年水位之所以比 1954 年高。主要是荆渡分洪区未分洪、下游城陵矶水位顶托，经松滋、太平、藕池三口分流入洞庭湖的流量减小等因素所致。

监利：受下荆江裁弯和三口分流入洞庭湖的流量减小影响，监利 1998 年最大洪峰流量比 1954 年大。同时，由于受城陵矶水位顶托影响，1998 年监利站同流量情况下水位比 1954 年有所抬高。

螺山：同流量情况下水位抬高较多，其原因较为复杂。下荆江裁弯后，1970 ~ 1980 年螺山

河段呈现淤积状态,1986 年以后淤积量显著减小,1993 年冲淤接近平衡,1995 年后,螺山过水断面已冲刷到与 1954 年相近的面积,相差不到 2%。据分析,在螺山过流 30 000 m^3/s 时,由于淤积而抬高水位 0.5 m,流量大于同流量情况下螺山站水位高于 1954 年原因是 1954 年螺山以下分洪溃口大大降低了水位。1954 年 8 月 8 日螺山出现最高水位 33.17 m,8 月 7 日出现最大流量 78 800 m^3/s。螺山在水位达 33.0 m 后仅上涨 0.17 m,而流量增加了 16 700 m^3/s,主要是由于下游分洪溃口影响,已不是正常水位流量关系,这是 1998 年水位高于 1954 年的主要原因。

汉口:与 1954 年对比,汉口泄流能力基本上没有变化,1998 年与 1954 年同流量情况下水位大致相同。

九江:1998 年 6 月下旬,九江站以翻阳湖来水顶托影响为主,同流量情况下水位比 1954 年平均抬高 1 m;7 ~ 8 月,九江来水以长江上、中游来水为主,湖口水位的顶托作用比 1954 年小,同流量情况下水位比 1954 年低 1 m 左右。

综上所述,受各种因素影响,长江中下游的水位流量关系十分复杂。从总体上讲,同流量情况下,1998 年的洪水位与 1954 年相比,并没有发生大的变化。局部河段同流量情况下水位比 1954 年高,主要是受下游洞庭湖、鄱阳湖高水位顶托影响所致。

4 长江中上游地区水土流失对洪涝灾害的影响问题

长江水土流失的原因,一是陡坡耕种,占长江泥沙来源的 60%;二是前期开矿、修路、移民开发等基本建设没有水土保持项目,人为水土流失严重;三是滑坡、泥石流等山地灾害的影响;四是过度砍伐森林植被。长江上游主要是岩石山区,其地面侵蚀主要是岩石风化。颗粒较粗,一般以山前坡积、洼地淤积、沟口洪积扇以及塘库和中小支流的淤积等形式,在短距沉积,粗料不能被河流远距离输送。长江上游的年均侵蚀量为 15.68 亿 t,多年来长江输沙量是基本稳定的,据宜昌水文站近 50 年资料统计,年平均输沙量约 5.2 亿 t,输沙量最大为 1954 年的 7.54 亿 t,最少为 1986 年的 3.63 亿 t,年变化不大。汉口河段年均输沙量为 4.3 亿 t,宜昌与汉口间的差值为 1 亿 t,平水年主要淤积在洞庭湖区,大水年淤积在洞庭湖区、河道洲滩及溃口的堤垸内。近 40 年来,洞庭湖淤积量约 40 亿 t,围垦了 1 600 km^2。淤积减小了湖泊容积,为围垦创造了条件。由于淤积和围垦,使洞庭湖洪水位抬高,这是水土流失对长江防洪带来的主要影响。鄱阳湖的淤积量较小,但近几十年来围垦了 1 400 km^2,损失湖泊容量 80 多亿 m^3。

长江是雨洪河流,自古至今出现无数洪水,据历史记载,长江宜昌 1877 ~ 1998 年出现大于 60 000 m^3/s 洪水多达 28 次,由调查洪水得到 1860 年、1870 年宜昌最大洪峰流量都超过了 10 万 m^3/s,1896 年实测最大流量 71 100 m^3/s,1981 年实测最大流量 70 800 m^3/s,均大于 1954 年和 1998 年,这些大水年份的洪水都是由于连续强降雨所形成。1998 年大洪水也不例外,形成根本原因仍是连续暴雨。

5 荆江裁弯后,加重了下荆江洪水压力

据分析下荆江裁弯后,一般洪水情况下平均降低沙市水位 0.5 m,但抬高监利水位 0.5 m,监利站自 1934 年有记录 65 年来有 10 年最高水位超过 36.00 m,这 10 年中 1980 年以来占了 8 年,而前三位分别为 1998 年、1996 年和 1983 年,1954 年已屈居第四位。四口分流逐年减少和裁弯后抬高了下荆江河段水位,使该河段防洪形势愈来愈严竣,必须在治理中引起重视。

6 为什么武汉、黄石水位没有超过 1954 年最高水位

1998 年长江干流监利站最高水位 38.31 m 比 1954 年高 1.74 m,洞庭湖城陵矶最高洪水位 35.94 m,比 1954 年高 1.39 m,江、湖汇合后螺山站洪峰水位 34.95 m,比 1954 年高 1.78

m,鄱阳湖最高水位22.58 m,比1954年高0.90 m,上下都比1954年高,而汉口却比1954年低0.30 m,黄石比1954年低0.08 m。其主要原因是:①汉江来水经丹江口调蓄后,中下游洪水小于1954年,1954年当螺山以下河段过峰之后,汉江流域发生洪水,沙洋站相应出现洪峰流量16 400 m^3/s,经汉江分洪后,仙桃流量8 720 m^3/s,汇入长江后使螺山站71 400 m^3/s的洪峰流量到达汉口时增加到76 100 m^3/s,加之沿江富水、陆水及鄂东北水系等综合影响,使汉口站出现最高洪水位29.73 m。而1998年长江中游干流过峰时螺山至汉口区间入流较小,汉江来水经丹江口调蓄后,仙桃流量6 580 m^3/s,入长江流量小于1954年。②1954年上裁弯分洪后,由新滩口吐洪入江,缩短了洪水运行距离,加高了汉口水位。③1954年黄石以下有4处溃口分洪,分洪量478.3亿 m^3,使黄石以下沿江水位下降,而1998年鄱阳湖水位高,下游顶托程度大于1954年。这是1998年黄石水位低于1954年,而其下游河段高于1954年的原因。

7 长江中游主要大型水库调洪错峰,降低长江干流洪峰水位

以清江隔河岩和丹江水库为荆江河段和汉江中下游洪水错峰为例。1998年7月和8月,长江上游洪峰多次与清江洪水遭遇,由于合理调度隔河岩水库与荆江错峰,多次降低沙市水位,仅第六次洪峰过境时,降低了沙市洪峰水位0.30m,隔河岩高峰时拦蓄洪量3.52亿 m^3。在汉江上游出现几次洪峰中,由于正确调度丹江口水库与汉江中下游错峰,避免了汉江中游出现紧张的防洪局面,减轻了长江汉口以下的防洪压力。特别是8月16日2时丹江口水库最大入库流量19 500 m^3/s,经水库调蓄后,实际下泄流量1 280 m^3/s。与此同时,丹皇区间也出现洪水,由于水库及时拦蓄,皇庄17日20时出现洪峰流量9 280 m^3/s。如果没有建丹江水库,汉江上游洪峰自然向下游推进,与丹皇区间洪水遭遇,皇庄17日最大洪峰达23 000 m^3/s,汉江中下游面临多处分洪局面,也将加高汉口水位。丹江口水库为汉江中下游削减洪峰13 800 m^3/s,削峰效益93%。最大拦蓄洪量68.1亿 m^3,此外黄龙滩、陆水、漳河等省内大型水库也分别拦蓄洪量,最大限度地减轻长江中下游防洪压力。

8 三峡水库建成后再遇1998年类型洪水长江中游防洪形势

2008年三峡水库将全面建成,长江中游的防洪形势将发生根本性的变化。三峡水库完全发挥防洪作用后,再遇1998年类型洪水,长江中下游的洪水水文特征值将有哪些变化?本文将1998年7月11日~9月1日长江上游实际洪水流量过程,通过三峡水库调洪演算,可以将宜昌站最高洪峰流量控制在50 000 m^3/s,水位控制在警戒水位53.00 m附近(实际最大洪峰流量为63 600 m^3/s,最高洪峰水位54.50 m),削峰率为21.4%;再配合清江水布垭、隔河岩水库防洪调度,沙市水位将比1998年最高洪峰水位45.22 m降低0.8~1.0 m,控制在44.20~44.40 m;监利水位将比1998年最高洪峰水位38.31 m低0.5 m左右,控制在37.00~38.00 m。三峡水库防洪作用的发挥将极大地减轻荆江河段防洪压力。

湖南省水文水资源勘测局利用SMS水力学模型模拟计算三峡水库对1998年洪水的防洪作用,并按城陵矶防洪补偿调度方式计算,得到的结论是可以降低城陵矶水位0.46 m,即1998年城陵矶最高水位35.94 m降至35.48 m。

三峡水库对荆江河段的防洪作用可为立竿见影,但对长江中游螺山以下江段的防洪作用相对较小,主要表现为滞峰和错峰作用,由于江湖关系的复杂性,也使得三峡水库对中游下段防洪作用研究变得非常复杂。再现1998年类型洪水,在三峡、丹江口、水布垭、隔河岩等特大型水库联合调度情况下,长江中游螺山以下江段各站水位降低数值计算结果还有待于进一步研究。

特大洪水在荆江河段演进模拟研究

张小峰[1] 董炳江[1] 穆锦斌[2] 白 洋[1]

(1. 武汉大学水资源与水电工程科学国家重点实验室 武汉 430072;
2. 浙江省水利河口研究院 杭州 310020)

摘 要:针对荆江—洞庭湖复杂河网系统规模庞大、水流复杂特点,为模拟特大洪水在长江荆江河段的演进过程,建立了一、二维联算洪水演进模型,其中河道与湖区采用一维河网模型,分蓄洪区水流采用二维模型模拟。分别采用1996年及1998年水文资料对模型进行了率定和验证,取得了较好的结果。将模型应用于荆江特大洪水调度,根据计算结果,启用荆江分洪区、虎西备蓄区、涴市扩大分洪区、人民大垸蓄洪区、洪湖分蓄洪区,且上百里洲扒口行洪时能确保荆江大堤安全。

关键词:特大洪水;河网;洪水演进;洪水调度

1 概述

长江中游河网地势平坦,水系发达,河道纵横交错,洪水期水流在河道、分蓄洪区和湖泊内运动,水流流态复杂,水流方向不定,可能还有堰、闸等建筑物。研究洪水在河道、湖泊、分蓄洪区的洪水演进过程是一项重要而复杂的工作,而荆江河段的洪水演进则是其重点和难点。在研究大区域河网水流运动规律,应用物理模型将极难控制和调节水力因子变化,数学模型成为研究河网水流运动的主要手段。对于荆江—洞庭湖洪水演进模拟,多年来,国内有关单位和学者进行了大量的研究,其中谭维炎、胡四一等建立了长江中游河湖洪水演进和调度模型,模型以一维为主体,湖泊等局部区域采用二维模型,蓄滞洪区视为水库蓄水点处理,该模型在长江中游防洪调度中取得了较好的效果。但该模型计算时,分蓄洪区进行“水库式”调蓄计算垸内水位,计算模式忽略了分蓄洪区内洪水演进过程与实际物理过程有一定的程度差异,特别是对于地形复杂的分蓄洪区,该方法对口门分流过程影响较大。

尽管国内外目前已有较为成功的河网模型,但是能综合考虑荆江与洞庭湖江湖分合、河网交错、分蓄滞洪、吐纳交替及河道枯季断流、洪季过流的复杂情况的水流数值模型尚不多见。本文根据荆江—洞庭湖河网特点,在一维非恒定河网水流模型与平面二维水流模型基础上,建立荆江—洞庭湖洪水演进模型,着重讨论了实时预报模式、河网断流计算模式、河道与分蓄洪区水量交换模式。将模型用于荆江特大洪水调度,较好地反映了洪水在荆江—洞庭湖河网区的演进过程,可为有关部门提供有力的参考依据。

2 建模思路和模型概述

2.1 建模思路

荆江—洞庭湖河网区地势低洼,大小河流纵横交错,洪水在河网区内的演进,属于典型的非恒定流。河网范围比较大,许多大小河流交织在一起,连结多个省县市,涉及到大量的人口和耕地。

自枝城以下,洪水是在河道、蓄滞洪区、湖泊等内运动,同时有工程建筑物(如闸、堤等)对水流运动进行控制。在平水期水流主要在河道、湖泊中流动,在洪水期,随着水位的上涨,超出河道的泄流能力，通过分洪、行洪等措施，进入蓄滞洪区。洪水在河网内的演进，可通过概化，建立河网模型，模拟洪水在长江—洞庭湖河网内的演进情况。

由于洞庭湖区河网水系复杂，大小河流众多，各河流的水量大小、影响程度等差异很大。

因此，在进行河网的计算中，不可能也没有必要对每条河流进行计算，在模拟过程中首先应对实际地形的空间结构进行概化处理。在模型建立过程中可以对地形条件进行概化，根据地形特点、洪水演进特性以及洪水模拟的主要目标对地形概化，也可以根据计算要求进行概化。根据荆江—洞庭湖水系特点，本文所建模型是一个大型、复杂的一、二维非恒定流系统。

2.2　模型概述

荆江、洞庭湖及众多分蓄洪区构成了一个大型复杂河网系统，本文所建立的模型包括两部分，一维河网模块和二维分蓄洪区模块，模型计算的概化如图1所示。其中一维河网模块上始宜昌下至螺山，中间包括整个洞庭湖区，湖区断面概化为一维河道计算，河网总节点为52个，共72河段，累计断面1 176个。模型控制断面选取如下：

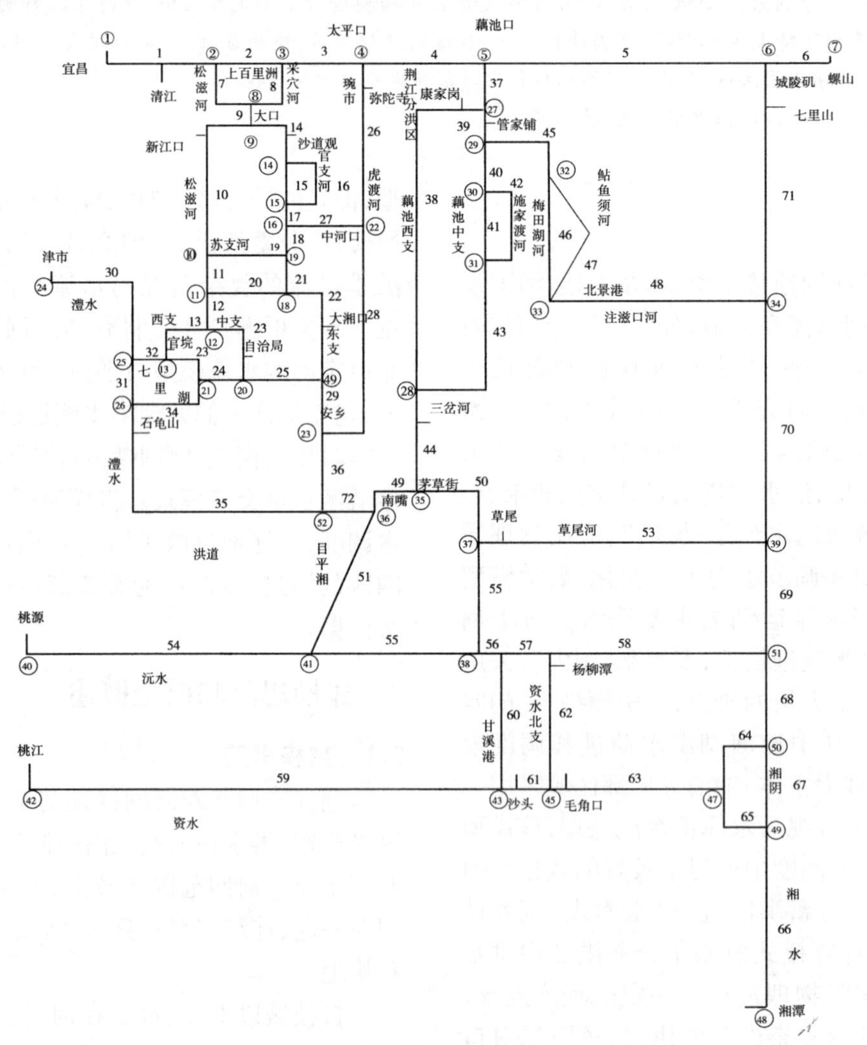

图1　荆江—洞庭湖河网概化示意图

（1）长江干流段：上控制断面为宜昌，下断面为螺山，区间汇入长江的主要支流为清江，以有水文站的断面为控制断面。

(2)洞庭湖区:四水临近洞庭湖的监测断面为控制断面。湘水以湘潭为入流断面,资水取桃江断面,沅水为桃源断面,澧水选用津市断面。

(3)主要分蓄洪区:上百里洲、涴市扩建区、荆江分洪区、虎西备蓄区、人民大垸、洪湖分洪区等。

在荆江—洞庭湖洪水演进模型结构中,将长江干流宜昌至螺山(可根据实际需要沿至汉口)、三口分流道、四水洪道及洞庭湖区组成一个大型复杂河网,概化为一维河网模块,分蓄洪区概化为二维模块,两模块水量交换通过显式连接处理。

3 基本算法

3.1 一维非恒定河网水流数学模型

3.1.1 控制方程

一维河道水流运动可采用圣维南方程组描述:

水流连续方程

$$B\frac{\partial Z}{\partial t}+\frac{\partial Q}{\partial X}+q_1=0 \tag{1}$$

水流运动方程

$$\frac{\partial Q}{\partial t}+\frac{\partial}{\partial X}\left(\alpha_1\frac{Q^2}{A}\right)+u_lq_l=-gA\left(\frac{\partial Z}{\partial X}+S_f\right) \tag{2}$$

以上各式中:X 为流程,m;t 为时间,s;Z 为水位,m;Q 为流量,m^3/s;S_f 为水力坡度,$S_f=\frac{Q|Q|}{K^2}$;q_l 为单位流程上的侧向出流量,m^2/s,负值表示流入;u_l 为单位流程上的侧向出流流速在主流方向的分量,m。α_1 为动量修正系数,$\alpha_1=\frac{\int_A u^2\mathrm{d}A}{Q^2/A}$。

对式(1)与式(2)采用线性化普列斯曼四点隐式差分格式进行离散。

3.1.2 汊点衔接方程

虽然实际的汊点形式很多,连接的情况也往往不同,但总能找到如下三个方面的条件。

(1)流量衔接条件。

进出每一汊点的流量必须与该汊点内实际水量的增减率相平衡,即:

$$\sum Q_i=\frac{\partial\Omega_m}{\partial t}\quad m=1,2,\cdots,M$$

式中:M 为河网中的汊点总数;i 为汊点(节点)各个汊道断面的编号;Q_i 为通过 i 断面进入汊点的流量,且流入该汊点(节点)为正,流出该汊点(节点)为负;Ω_m 为汊点的蓄水量。

(2)动力衔接条件。

汊点的各汊道断面上水位和流量与汊点平均水位之间,必须符合实际的动力衔接要求。目前用于处理这一条件的方法,常用的有以下3种。

①如果汊点可以概化为一个几何点,出入汊道的水流平缓,不存在水位突变的情况,则各汊道断面的水位应相等,等于该点的平均水位,即:

$$Z_{m,1}=Z_{m,2}=\cdots=Z_{m,L(m)}=Z_m\quad m=1,2,\cdots,M$$

②如果各断面的过水面积相差悬殊,流速有较明显的差别,但仍属于缓流情况,则按照Bernouli方程,当略去汊点的局部损耗时,各断面的能量水头应相等,即:

$$E_i=Z_{S_i}=\frac{U_i^2}{2g}=E_j=\cdots=E$$

③在一般情况下(包括汊点有闸堰等建筑物),汊点处的两断面之间的动力衔接条件总可以按具体条件概化成:

$$aZ_{S_i}+bQ_i+cZ_{S_j}+dQ_j=e$$

河网数学模型的求解采用三级联解算法(将河网计算分为微段,河段,汊点三级计算)。这种方法较直接解法所需求解的代数方程组的阶数低得多,且更为准确快捷。

3.2 平面二维水流数学模型

蓄滞洪区内水流运动具有明显的二维特性,一维模型计算不能详细反映其水流流态及淹没范围。分蓄洪区内由于地形起伏、道路纵横、房屋建筑等因素影响,洪水演进过程极其复杂。因此,在反映这些复杂区域的水流运动规律时,需研究建立平面二维模型进行模拟。

平面二维水流数学模型的控制方程由水流

连续性方程和水流运动方程组成。

水流连续性方程：

$$\frac{\partial Z}{\partial t}+\frac{\partial M}{\partial x}+\frac{\partial N}{\partial y}=0 \quad (3)$$

水流运动方程：

$$\frac{\partial M}{\partial t}+\frac{\partial uM}{\partial x}+\frac{\partial vM}{\partial y}=-gh\frac{\partial Z}{\partial x}-\frac{gn^2u\sqrt{u^2+v^2}}{h^{1/3}} \quad (4)$$

$$\frac{\partial N}{\partial t}+\frac{\partial uN}{\partial x}+\frac{\partial vN}{\partial y}=-gh\frac{\partial Z}{\partial x}-\frac{gn^2u\sqrt{u^2+v^2}}{h^{1/3}} \quad (5)$$

式中：Z 为水位，m；h 为水深，m；u、v 为垂线平均流速在 x、y 方向的分量，m/s；M、N 为单宽流量在 x、y 方向的分量，m^2/s，$M=hu$，$N=hv$；n 为曼宁糙率系数；g 为重力加速度，m/s^2。

3.3 河道与分蓄洪区水量交换模式

蓄滞洪区和河道是通过分洪口门连结在一起的，通过分洪口门的流量，目前较为普遍的是采用宽顶堰公式来描述的，由于堰流公式离散后与一般河道具有形式相同的计算表达式，这样处理后，蓄洪区可视为河网中可蓄水的汊点，通过堰流河段与其他河段相连接，嵌入河网中计算得出分洪口门流量，而分蓄洪区进行"水库式"调蓄计算垸内水位。显然，这种"水库式"调蓄方法未考虑区内洪水演进，与实际物理过程有一定程度差异，特别是对于地形复杂的分蓄洪区，该方法模拟精度不高。

根据平面二维模型特点，由一维河网模型计算结果提供分洪口门处水位作为二维模型计算外边界条件，自动算出分洪口门流量，并对分蓄洪区内洪水演进过程进行模拟，计算得到的分洪口门流量与河道水量交换通过显示连接处理。用数学公式可表述为：

水位相等 $$ZB=\int_0^B z\mathrm{d}y$$

式中：Z 为位于交界面处的一维断面水位；B 为交界面的宽度；z 为交界面网格点水位。

流量相等 $$Q=\int_0^B uh\mathrm{d}y$$

式中：Q 为位于交界面处的一维断面水位；u 和 h 为交界面网格点平均流速和水深。

该方法，一方面能很好适应分蓄洪区带有多个分洪口门和计算域边界不封闭特点，又能避免分蓄洪区"水库式"调蓄模式弊端，计算更为合理；另一方面能很好地反映区内洪水演进过程及淹没状况，为评估分洪区内洪水经济损失提供依据。

3.4 河网断流计算模式

河网区内的某些支汊河段，由于枯水期干流水位较低，河道高程或河道中的沙坎高于水位，河段出现断流现象，如不做处理，计算将无法进行。"窄缝法"是处理干河床演进的有效方法之一，在平面二维问题中应用较多，而直接应用于解决一维河道计算较少。本文吸收了"窄缝法"的思想，假定河网区内存在一窄缝，且最低点高程较低，满足各河段任何情况下均有水流流过。为保证断流河道过流，且其蓄水量对整个河网计算不产生大的影响，窄缝宽度取为某一较小值，窄缝最低点高程视具体实测资料可取为河网中断面最低点高程或略小于河段可能的断流水位值。

3.5 模型验证

为了检验模型算法的完整性、准确性和若干技术处理的合理性，在1998年干流地形和1995年湖区地形基础上，采用了1996年6～8月水文资料对模型进行了率定，验证资料为1998年6～9月洪水过程。通过1996年的实测资料进行率定，干流河道糙率变化范围在0.016～0.03，三口分流道和洞庭湖区糙率为0.02～0.05，这与长江中下游洪水演进糙率分析的经验相符，从而说明糙率率定是合理可靠的。

本文对各主要水文（或水位）站水位（黄海）、流量进行了验证，限于篇幅，在此仅列出沙市水位、流量验证结果，见图2和图3。由验证结果可知，模型算法基本能反映洪水期长江干流和洞庭湖湖区的水流流动特征，干流主要控制站除螺山以外，宜昌、枝城、沙市和监利水位流量计算结果均与实测过程吻合较好，三口分流量结果也与实测值相一致，洞庭湖湖区两主要控制站南嘴和小河嘴流量过程也与实测过程趋势一致,误差均不超过10%。螺山站落水期计算和实测值相差较大,分析其原因可能是由于本次验证计算时未考虑洞庭湖分洪垸分洪情况,当退水时,由于分洪垸大量吐洪,造成螺山流量增加。

由以上分析可知,模型能很好地反映各控制站的水位流量关系,具有较高的精度,说明该数学模型的建立模式正确,计算方法合理,可用于荆江—洞庭湖洪水调度模拟计算。

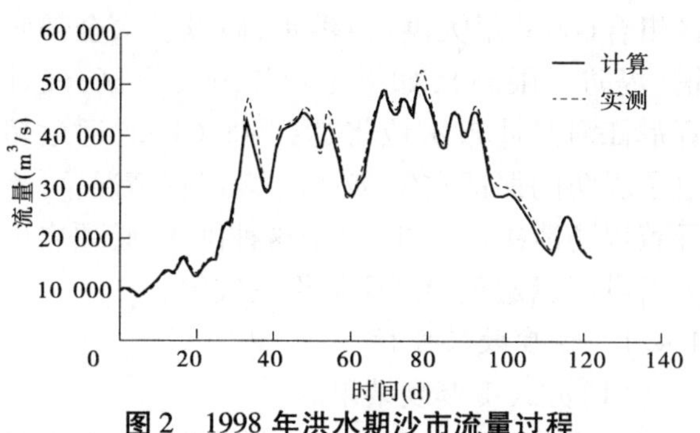

图2　1998年洪水期沙市流量过程

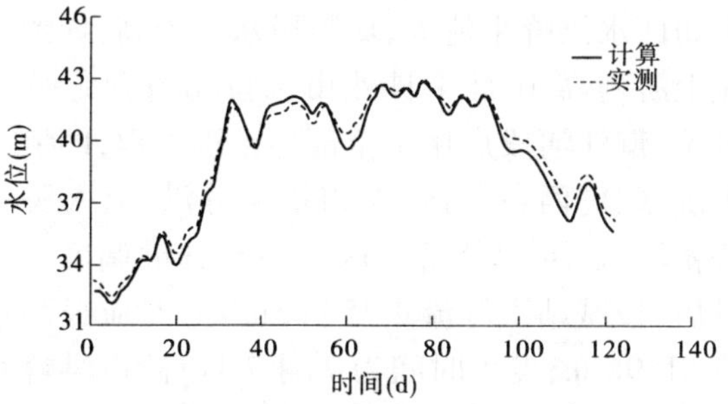

图3　1998年洪水期沙市水位过程

4　模型在荆江特大洪水调度中的应用

三峡水利枢纽和分蓄洪区是长江中下游防洪体系中最为重要的一环,对一般洪水,如百年一遇洪水,经三峡水库调蓄后,基本能确保长江荆江河段安全行洪;当流域发生特大洪水时,单由三峡水库调蓄还不足以消除洪灾,须启用荆江河段分蓄洪区,联合运用,合理调度,才能确保荆江堤防安全。本研究选取了大通站1 000年一遇地区组合(60 d最大洪量)洪水,模拟了洪水在荆江—洞庭湖河网区的演进过程。

4.1　三峡水库的防洪调度运用方式

在对荆江特大洪水调度计算时,宜昌以上的来水要考虑三峡建库后在大洪水期的调蓄作用。三峡水库的防洪调度运用方式主要有两种:三峡工程对枝城流量进行补偿调节和三峡工程对城陵矶流量进行补偿调节。

(1)三峡工程对枝城流量进行补偿调节

控制沙市水位不超过45.0 m。遇20年一遇洪水,可将枝城站流量控制在51 700 ~ 56 700 m³/s,相应沙市水位不超过44.5 m;遇百年一遇洪水,可将枝城站流量控制在56 700 ~ 60 600 m³/s,相应沙市水位不超过45.0 m;遇1 000年一遇或1870年洪水,启用荆江分洪区,可将枝城站流量控制在71 700 ~ 77 000 m³/s,相应沙市水位不超过45.0 m。

(2)三峡工程对城陵矶流量进行补偿调节

控制城陵矶水位不超过34.4 m。将三峡工程的防洪库容221.5亿m³划分为3部分:第一部分库容100亿m³用于城陵矶和荆江防洪补偿;第二部分库容85.5亿m³用于荆江防洪补偿;第三部分36亿m³对荆江特大洪水补偿。在对城陵矶防洪补偿时,由于宜昌至城陵矶区间洪水可能很大,考虑完全的补偿调节,三峡水库下泄流量往往很小。

由于三峡工程对城陵矶补偿调度很大程度上依赖于中长预见期的降水预报,实施较为困难,本文仅考虑枝城补偿调度。

4.2　分蓄洪区调度原则

长江中游荆江河段分蓄洪工程适应长江洪水特性、利用平原区地势低洼特点,通过人为控制,有计划地分蓄干流超额洪水。它对保障重点地区的防洪安全有着重要作用,是荆江河段防御特大洪水的基本措施之一,通过合理调度,能最大限度地减轻洪灾损失。

本项研究所涉及到的蓄滞洪区主要是荆江蓄洪工程、上百里洲行洪区及洪湖分蓄洪区。荆江蓄洪工程包括荆江分洪区、虎西备蓄区、涴市扩大分洪区、人民大垸蓄洪区,总蓄洪面积1 357 km²,有效蓄洪容量71.6亿m³,耕地3.62万hm²,人口46.42万人。上百里洲位于湖北省枝江南岸,洲北临长江,南界松滋河和采穴河,全洲面积192 km²,蓄洪容量5.6亿m³。

洪湖分蓄洪工程是长江中游防洪系统工程的重要组成部分，该工程位于荆江北岸，洪区面积2 782.84 km^2，有效容积160亿m^3。

根据国务院国发[1985]79号文件批准的《长江防御特大洪水方案》，制订的长江中下游防御特大洪水时，长江中下游分蓄洪区的洪水调度原则如下：充分发挥河道的泄洪能力和干支流水库的错峰作用；当控制站水位接近分洪水位时，首先扒开洲滩民垸扩大行洪能力；超过河道泄洪能力时，合理调度蓄洪区分蓄超额洪水，确保重点堤防、地区和城市的防洪安全。沙市保证44.67 m，争取45.0 m，城陵矶保证33.95 m，争取34.4 m；汉口维持29.73 m不变。

4.3 模拟调度方案

当发生大通站1 000年一遇洪水(60 d最大洪量)时，为了确保荆江大堤安全，模型调度遵循国务院国发[1985]79号文件批准的《长江防御特大洪水方案》的调度原则，控制沙市水位不超过45.0 m。由调度方案可知，若遇1 000年一遇或类似1870年洪水，预报枝城来量将超过80 000 m^3/s时，需采取紧急措施，在上百里洲扒口行洪，而本次计算的洪水过程枝城最大流量75 900 m^3/s，原则上，上百里洲不行洪。由于不同类型的洪水过程的差异对水位影响较大，本文在分洪调度模拟时，考虑了上百里洲分洪和不分洪两种情况，以确保荆江大堤安全，分蓄洪区具体运行规则如下。

方式1：当沙市水位达到45.0 m时，打开荆江分洪区北闸分洪；水位仍上涨，扒开腊林洲堤进洪；水位仍上涨，运用了涴市分洪区，并同时将虎渡河东、西两堤扒开，与荆江分洪区联合运用。同时运用虎渡河节制闸(南闸)兼顾上下游控制泄流，最大不超过3 800 m^3/s。

当荆江分洪区黄金口水位超过42.0 m时，扒开虎东干堤和备蓄区的虎西干堤使洪水进入蓄备区；当荆江分洪区黄金口水位仍超过42.0 m，在无量庵扒口泄洪，当干流泄洪不及，分洪入人民大垸。人民大垸蓄满后，人民大垸分洪口门处仍然进洪时，在中州子、青泥州扒口吐洪入长江，并由大马州、乌龟州和上车湾泄洪入洪湖。

方式2：按上述程序对各分蓄洪区分洪调度，预报枝城来量将超过70 000 m^3/s时，在上百里洲北堤、南泓采穴附近两岸堤及杨家瑙一带江堤扒口，并将虎渡河西堤半边山以上、东堤夹竹园以上扒开，与荆江分洪区联合运用。

4.4 计算结果与分析

三峡建库后，对于大通站1 000年一遇地区组合(60 d最大洪量)洪水，假设洪水全部归槽(堤防无限高)，如果不启用分蓄洪区，经计算荆江河段沙市水位将达到48.64 m，远远超过了堤防的保证水位，必然出现漫堤情况，可能导致堤防溃决。因此，对于这种洪水，必须启用分蓄洪区以避免出现全局性的灾害。

4.4.1 调度效果分析

(1)方式1调度结果。

方式1分洪调度计算结果表明：由于6月上旬四水洪峰来流大，城陵矶水位抬高，导致干流上游壅高，6月4日沙市水位超过预定分洪水位，荆江河段启用了全部分蓄洪工程，即荆江分洪区、虎西备蓄区、涴市扩大分洪区、人民大垸蓄洪区，洪湖分蓄洪区也参与分洪调度。分洪后，枝城站洪峰流量75 883m^3/s，对应最高水位51.96 m，发生时间为7月7日；沙市洪峰水位为45.72 m，洪峰流量43 772 m^3/s，最高水位出现时间是7月8日；城陵矶水位33.44 m，螺山站洪峰流量66 550 m^3/s，对应最高水位32.14 m，出现时间为7月13日。

表1为分洪前后最大水位、流量峰值变化，图4～图7为各站分洪水位前后过程，由图表可知，分洪后各站水位均有不同程度的降低，其中枝城水位降低0.97 m，沙市水位降低最大为2.92 m，螺山水位降低1.72 m。从水位峰值出现时间可以看出，分洪后水位峰值出现时间存在明显滞后，越往下游，滞后时间越长，沙市站滞后1 d，城陵矶滞后9 d，这是因为由于分蓄洪区的分洪作用，洪峰过程趋于平缓，洪水涨幅变缓。

当采用方式1调度时，虽然荆江河段各站

水位有明显的降低，分蓄洪工程分洪效果明显，城陵矶水位未超过 34. 4 m，但沙市水位仍然超过堤防的保证水位。由于按上述调度方式分洪，荆江大堤仍可能出现漫堤状况，应启用其他的分蓄洪区蓄洪或行洪。

表 1　分洪前后最高洪水位与对应流量变化

站名	不分洪				方式 1			
	流量(m^3/s)	时间	水位(m)	时间	流量(m^3/s)	时间	水位(m)	时间
枝城	75 800	7 月 7 日	52. 93	7 月 7 日	75 883	7 月 7 日	51. 96	7 月 7 日
沙市	66 780	7 月 7 日	48. 64	7 月 7 日	43 772	6 月 4 日	45. 72	7 月 8 日
城陵矶	76 960	7 月 3 日	35. 16	7 月 4 日	66 540	7 月 13 日	33. 44	7 月 13 日
螺山	76 967	7 月 4 日	33. 87	7 月 4 日	66 550	7 月 13 日	32. 14	7 月 13 日

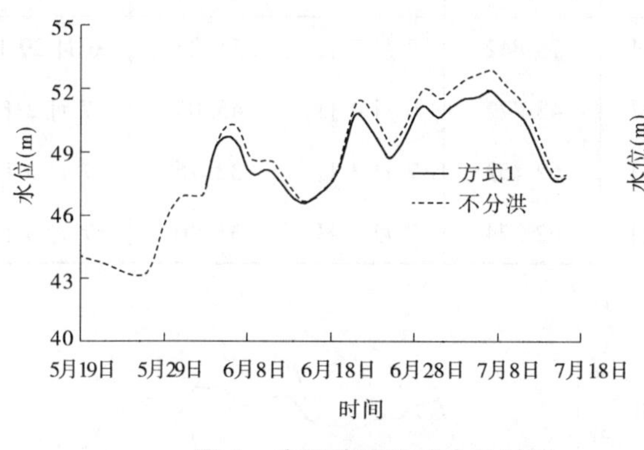

图 4　分洪前后枝城水位过程

图 5　分洪前后沙市水位过程

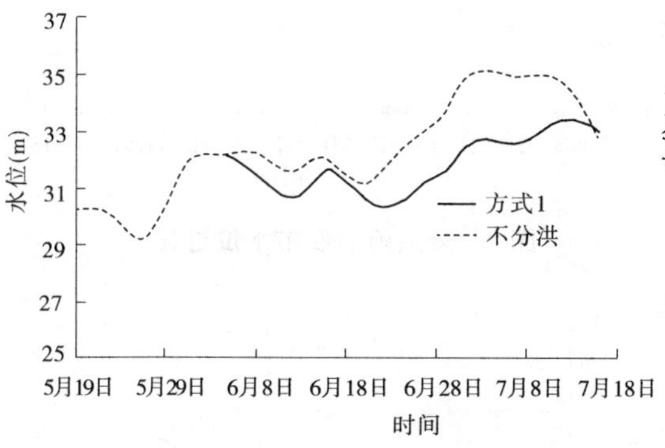

图 6　分洪前后城陵矶水位过程

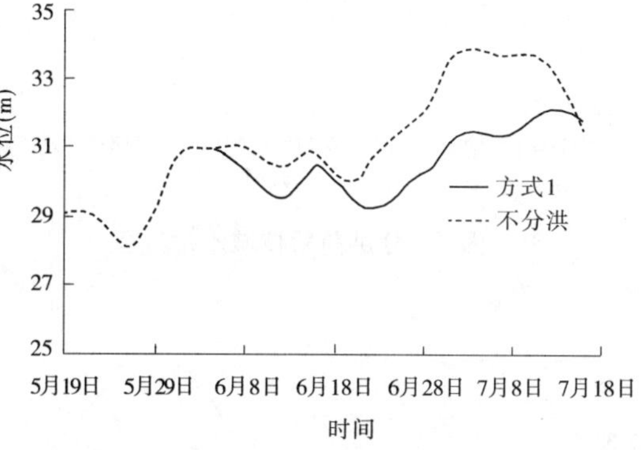

图 7　分洪前后螺山水位过程

(2)方式 2 调度结果。

方式 2 分洪调度计算结果表明：6 月 4 日沙市水位超过预定分洪水位，分蓄洪工程分洪，荆江河段启用了荆江分洪区、虎西备蓄区、涴市扩大分洪区、人民大垸蓄洪区，洪湖分蓄洪区参与蓄洪，除此之外，上百里洲扒口行洪，其中上百里洲开始行洪时间为 7 月 2 日。表 2 为分洪前后各控制站最高水位与洪峰流量变化，分洪后，枝城站最高水位 51. 25 m，发生时间为 6 月 29 日，洪峰流量 75 842 m^3/s，发生时间为 7 月 7 日；沙市最高水位为 45. 05 m，对应时间 7 月 2 日，洪峰流量 43 772 m^3/s，发生时间为 6 月 4 日；城陵矶水位 32. 76 m，发生在 7 月 3 日；螺山站洪峰流量 62 374 m^3/s，最高水位 31. 46 m，出现时间为 7 月 3 日。

图 8 ~ 图 15 为分洪前后各控制站水位、流

量变化过程，由图可知，分洪后水位、流量过程均低于分洪前水位过程，其中枝城站水位降低1.68 m，沙市站水位较分洪前降低3.59 m，城陵矶水位降低2.4 m，各站水位峰值发生时间均提前。受分洪影响，沙市站最高水位和洪峰流量发生时间差异较大，不分洪时枝城站7月7日洪峰流量为最大，沙市站水位、流量均为最大，采用方式2调度后，由于上百里洲分洪区7月2日扒口行洪，干流流量减小较多，使得尽管上游枝城站来流增大，但沙市站流量、水位抬高值不大，这一现象与方式1调度成果有较大差异，可见上百里洲扒口行洪，对于减少下游干流洪峰流量效果明显。

表2　分洪前后最高水位与对应流量变化

站名	不分洪				方式2			
	流量(m^3/s)	时间	水位(m)	时间	流量(m^3/s)	时间	水位(m)	时间
枝城	75 800	7月7日	52.93	7月7日	75 842	7月7日	51.25	6月29日
沙市	66 780	7月7日	48.64	7月7日	43 772	6月4日	45.05	7月2日
城陵矶	76 960	7月3日	35.16	7月4日	62 352	7月3日	32.76	7月3日
螺山	76 967	7月4日	33.87	7月4日	62 374	7月3日	31.46	7月3日

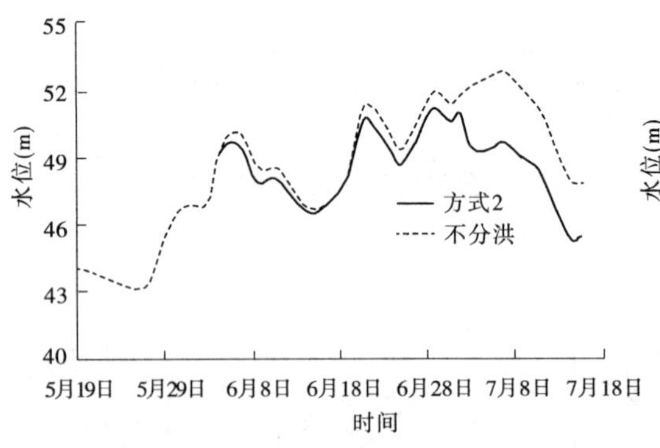

图8　分洪前后枝城水位过程

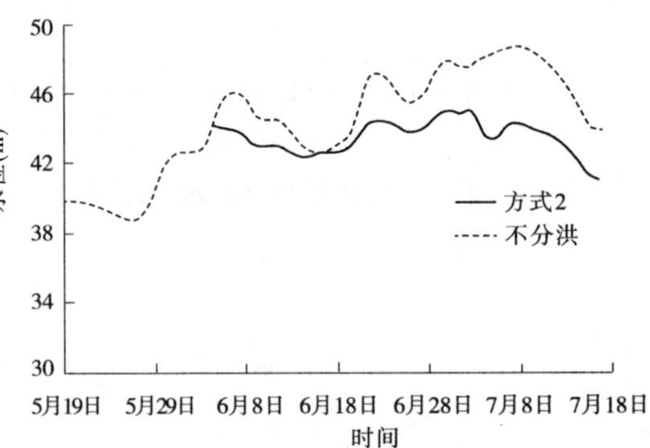

图9　分洪前后沙市水位过程

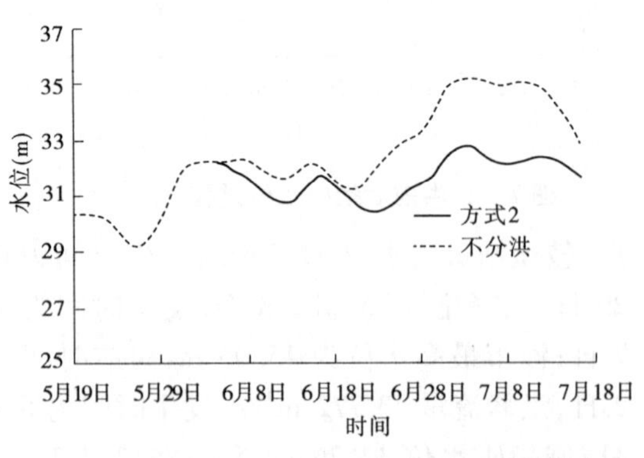

图10　分洪前后城陵矶水位过程

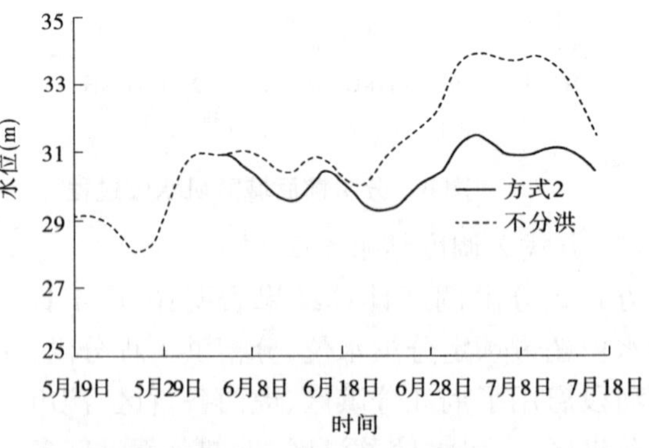

图11　分洪前后螺山水位过程

由以上分析可知，采用方式2调度时，荆江河段各站水位有明显的降低，分蓄洪工程分洪效果明显，城陵矶水位未超过34.4 m，沙市水位始终维持在45.05 m以下，未超过堤防的保

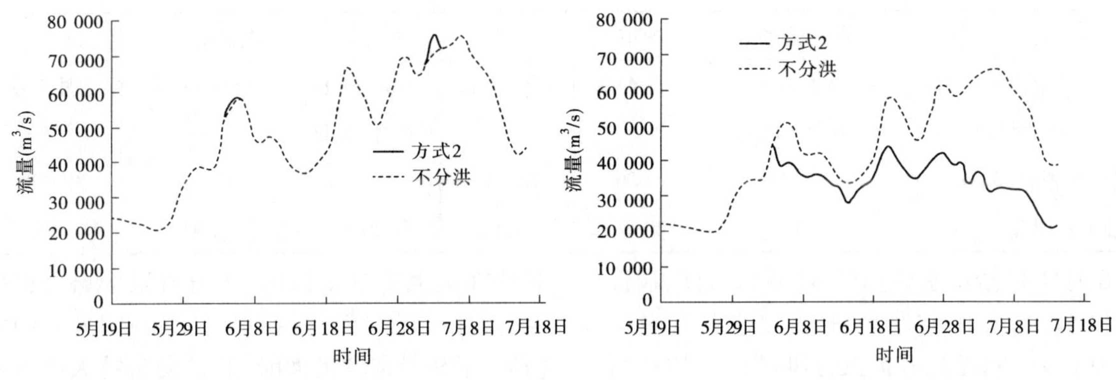

图12　分洪前后枝城流量过程

图13　分洪前后沙市流量过程

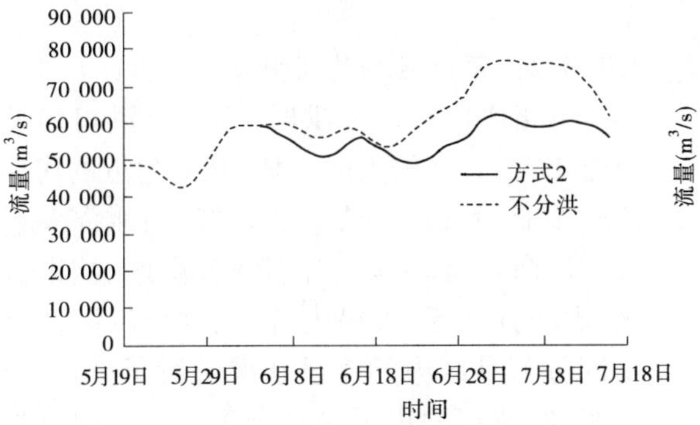

图14　分洪前后城陵矶流量过程

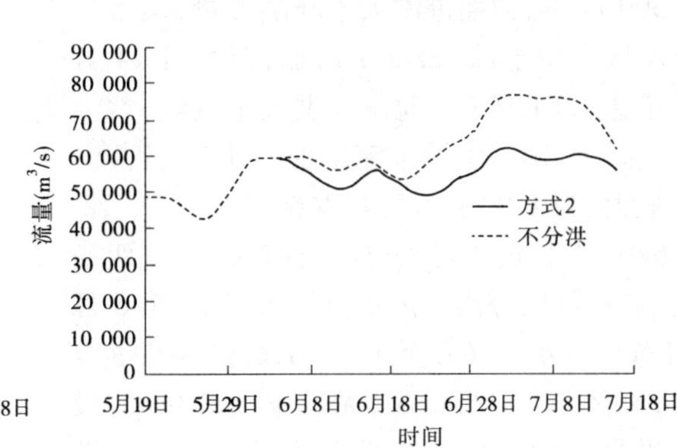

图15　分洪前后螺山流量过程

证水位，分洪调度方式可确保荆江大堤安全。

4.4.2　分蓄洪区蓄洪过程

由上述分析可知，调度方式2模拟结果能满足分洪要求，在此，本文主要分析采用方式2调度时各分蓄洪区分洪过程。限于篇幅，在此仅列出荆江分洪区及涴市扩大分洪区分洪口门的进洪过程图。图16、图17为分洪区分洪口门进洪过程，表3为各分蓄洪区分洪与吐洪时间、最大进洪流量和最大蓄洪量。

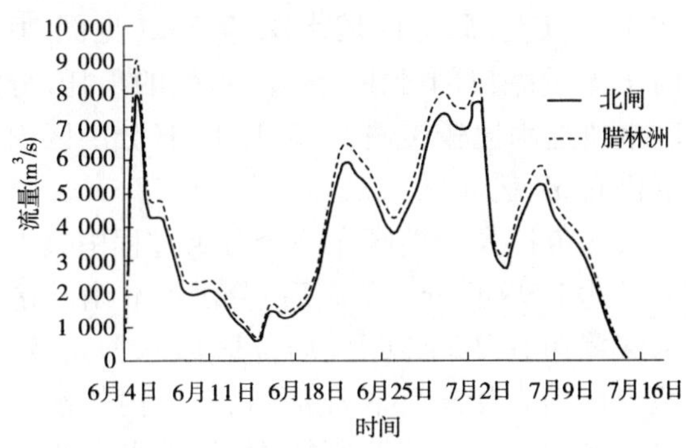

图16　荆江分洪区分洪口门流量过程

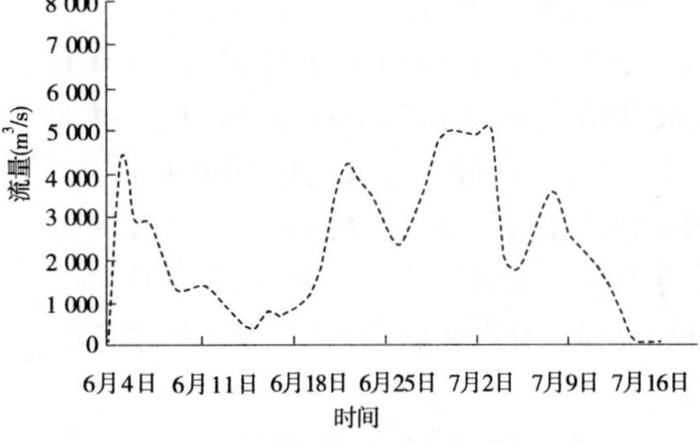

图17　涴市扩大分洪区分洪口门流量过程

表3 分蓄洪区分洪与吐洪时间、最大进洪流量和最大蓄洪量统计

项目	荆江分洪区	涴市	虎西	人民大垸	洪湖分洪区	上百里洲
分洪时间	6月4日	6月4日	6月11日	6月14日	6月18日	7月2日
吐洪时间	6月14日	—	—	6月18日	—	—
最大进洪流量(m^3/s)	17 390	5 000	20 700	13 600	16 000	30 000
最大蓄洪量(亿m^3)	54	1.99	3.8	20.6	160	—

6月4日沙市水位达到45.0 m,启用荆江分洪区分洪,北闸与腊林洲最大进洪流量为17 390 m^3/s,同时涴市扩大分洪区也开始扒口进洪,并在里夹口处扒口吐洪,初始最大分洪流量4 500 m^3/s,初期进洪大于吐洪流量,涴市扩大分洪区水位上涨,蓄洪量增加,至6月14日蓄洪量达1.61亿m^3,此后吐洪大于进洪,蓄洪量随之减少,随着上游来流增加,7月2日蓄洪量达最大,为1.99亿m^3,基本蓄满。

6月11日黄金口水位达到42.0 m,虎西备蓄区扒口行洪,分洪区内水位开始下降,至6月14日黄金口水位又升至42.0 m,分洪区蓄洪容量达54亿m^3,接近蓄满,无量庵扒口吐洪,最大吐洪量为19 000m^3/s,此后进洪量小于吐洪量,荆江分洪区水位开始降低;由于无量庵吐洪干流超过下荆江泄流能力,人民大垸在茅林口扒口分洪,至6月18日蓄洪区蓄洪量20.6亿m^3,接近蓄满,在中州子、青泥州扒口吐洪入长江,并由上车湾泄洪入洪湖。洪湖分蓄洪区初始分洪流量为14 800 m^3/s,洪湖水位开始上涨,蓄洪量逐渐增加,最大蓄洪量160亿m^3。

当上游枝城站来流逐渐增大时,沙市站水位上涨,至7月2日沙市站水位接近45.0 m时,且枝城站流量大于70 000 m^3/s,上百里洲扒口,作为行洪区,最大分洪流量30 000 m^3/s,同时南泓采穴附近两岸堤及杨家瑙一带江堤扒口,并将虎渡河西堤半边山以上、东堤夹竹园以上扒开,与荆江分洪区联合运用,沙市站水位明显降低。

通过以上分析可知,对于大通站1 000年一遇洪水,采用该调度方式分洪时,在整个分洪过程中,沙市水位始终保持在45.05 m以下,城陵矶水位在32.76 m以内;各分蓄洪区蓄洪容量均在最大蓄洪量以内,各分蓄洪区启用程序及分洪、吐洪口门的扒口条件均与国务院国发[1985]79号文件批准的《长江防御特大洪水方案》基本一致。因此,可以认为方式2分洪调度方案可以顺利实施,能保证荆江大堤堤防安全。

4.4.3 分蓄洪区内淹没状况

分蓄洪区扒口分洪时,靠近分洪口门处水流流速大,具有较大的破坏力,对附近的房屋等建筑物有毁灭性的影响;区内淹没水深关系到人畜生命安全。本文对荆江分洪区、涴市分洪区、虎西分洪区、人民大垸、洪湖分洪区及上百里洲分蓄洪区内的淹没状况进行了分析,限于篇幅,在此仅列出了荆江分洪区不同时刻瞬时流场,见图18、图19。图20为分洪区淹没范围。

由图18和图19可知,荆江分蓄洪区由北闸、腊林洲、虎东堤三处进洪,口门处流速明显大于区内其他地方。区内地势北高南低,分洪开始后,洪水由北向南演进,水流流动速度较快。当蓄洪量达到54亿m^3时,区内水深普遍在3 m以上,局部区域水深达7 m(见图20)。由于无量庵口门吐洪受长江水位的顶托,分洪区水位退水比较缓慢,至7月15日分洪区内水量仍有32亿m^3。

涴市扩大分洪区在整个分洪过程中最大蓄洪量达1.99亿m^3,蓄满后,分洪区靠南端区域水深普遍在3 m以上,局部区域水深达5 m。涴市口门直接毗邻长江河道,口门内外水位差较大,流速大,水流冲刷能力强,洪水由北向南演进。受虎渡河水位顶托影响,虎西堤扒口初期发生倒灌,后期泄流不畅,分洪区退水缓慢。

虎西备蓄区6月11日开始分洪,分洪口门

处流速大，水流由南向北演进，行洪速度快，24 h后分洪区蓄水量达3.65亿m^3，基本蓄满。分洪区内水深在4 m以上。随着虎渡河水位变化，分洪口门水流有进有出，退水速度缓慢。

6月14日无量庵吐洪，人民大垸开始分洪，分洪口门茅林口与上、下人民大垸连接闸处流速大。区内地势西高东低，洪水由西往东演进，至6月18日蓄洪区水量达20.8亿m^3，接近蓄满，区内水深基本在4 m以上，局部区域达7 m。受长江干流水位顶托影响，吐洪不及，退水缓慢。

洪湖分洪区于6月18日开始进洪，由于分蓄洪区面积较大，人畜财产的撤离准备时间充足。区内地势西高东低，分蓄洪区蓄满时间较长，蓄满后，分洪区内水深普遍在5 m以上，局部区域达9 m。受外江干流水位影响，退水缓慢。

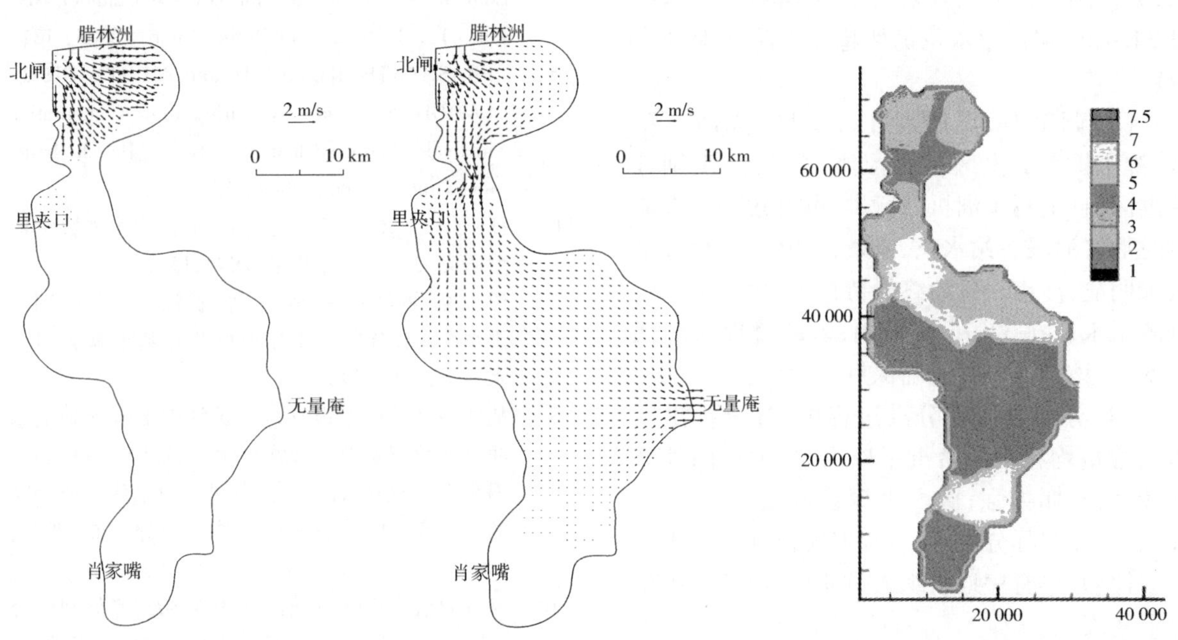

图18 荆江分洪区流场(3 h)　图19 荆江分洪区流场(624 h)　图20 荆江分洪区淹没范围

上百里洲7月2日开始扒口行洪，进洪流量大，口门处流速较大，有较强的破坏力，行洪速度快。区内地势西高东低，对应的区内水深西端小于东端，上百里洲西区域水深在1 m以下，而洲东区域水深普遍在3 m以上。由于分洪后区内水深较深，洪水行进速度快。

由以上分析可知，分洪给各分蓄洪区带来了较大的危害，分洪口门处流速大，水流冲击力强；区内水深普遍较深，对人畜生命构成威胁。因此，在实际分洪时，应根据洪水演进规律，及早有序地组织人员撤离，将财物转移到安全或者洪水无法淹没地区，使得分洪带来的损失减为最小。

对于大通站1 000年一遇地区组合(60 d最大洪量)洪水条件，根据本文计算结果，如完全遵循国务院国发[1985]79号文件批准的《长江防御特大洪水方案》的调度原则，启用荆江蓄洪区和洪湖分洪区，而上百里洲不扒口行洪(预报枝城来量未超过80 000 m^3/s)，洪水位将超过荆江大堤保证水位；为确保荆江大堤安全，除启用荆江蓄洪区和洪湖分洪区，还需启用上百里洲行洪。因此，洪水调度时，应根据实际的洪水过程，在遵循《长江防御特大洪水方案》的调度大原则基础上，进行适当的调整，实时调度，以确保荆江大堤的防洪安全。

5 结论

（1）建立了一、二维联算洪水演进模型，并提出了河网实时预报模式、河网断流计算模式、河道与分蓄洪区水量交换模式。

（2）对于大通站1 000年一遇地区组合（60 d最大洪量）洪水调度时，启用荆江分洪区、虎西备蓄区、涴市扩大分洪区、人民大垸蓄洪区及洪湖分蓄洪区，荆江河段各站水位有明显的降低，分蓄洪工程分洪效果明显，城陵矶水位未超过34.4 m，但沙市水位仍然超过堤防的保证水位。

（3）调度时，启用荆江分洪区、虎西备蓄区、涴市扩大分洪区、人民大垸蓄洪区、洪湖分蓄洪区，且上百里洲扒口行洪，可有效降低大流量时荆江河段各站水位、流量，分蓄洪工程分洪效果明显，沙市水位始终保持在45.05 m以下，城陵矶水位在32.76 m以内，未超过堤防的保证水位，该调度方式能确保荆江大堤安全。

（4）分蓄洪区在分洪过程中，各分蓄洪区蓄洪容量均在最大蓄洪量以内，分洪口门处流速较大，破坏力强；区内水深普遍较深，均在3 m以上；在实际分洪时，应根据模拟计算洪水演进规律，及早有序地组织人员撤离，保证人民生命财物安全。

（5）对于荆江特大洪水的调度，应根据实际的洪水过程，在遵循《长江防御特大洪水方案》的调度大原则基础上，进行适当的调整，实时调度，以确保荆江大堤的防洪安全。

参考文献

[1] 《长江防洪系统实时调度研究》编辑委员会. 长江防洪系统实时调度研究[M]. 北京：中国水利水电出版社，1997.

[2] 詹杰民，吕满英，李毓湘，等. 一种高效实用的河网水动力数学模型研究[J]. 水动力学研究与进展，A辑，2006，21(6).

[3] 李毓湘，逢勇. 珠江三角洲地区河网水动力学模型研究[J]. 水动力学研究与进展，A辑，2001，16(2).

[4] ADLUL ISLAM, RAGHUWANSHI N S, SINGH R and SEN D J. Comparison of Gradually Varied Flow Computation Algorithms for Open - Channel Network[J]. J. Irrig. and Drain. Engrg. 2005, 131.

[5] PRASHANTH REDDY H and MURTY BHALLAMUDI S. Gradually Varied Flow Computation in Cyclic Looped Channel Network[J]. J. Irrig. and Drain. Engrg. 2004, 131.

[6] 孙昭华，李义天，曹志芳. 河网非恒定水沙数学模型研究[J]. 水科学进展，2004，15(2).

[7] 谭维炎，胡四一，王银堂，等. 长江中游洞庭湖防洪系统水流模拟—Ⅰ建模思路和基本算法[J]. 水科学进展，1996(12).

[8] 胡四一，施勇，王银堂，等. 长江中下游河湖洪水演进的数值模拟[J]. 水科学进展，2002，13(3).

[9] 冯小香，张小峰，徐德龙. 分洪区内修建高速公路的防洪安全影响分析[J]. 中国公路学报，2005，18(4).

[10] 穆锦斌，张小峰. 数值计算中复杂边界处理研究的一种新方法[J]. 武汉大学学报(工学版)，2006，39(3).

[11] 穆锦斌，胡晓张，张小峰，等. 分蓄洪区数学模型中边界处理的改进[J]. 水利水运工程学报，2006(4).

[12] 何少苓，王连祥. 窄缝法在二维边界变动水域计算中的应用[J]. 水利学报，1986(12).

三峡工程运用后长江中下游干流冲淤变化对防洪工程的影响研究*

卢金友　黄　悦

（长江科学院　武汉　430010）

摘　要：三峡工程建成运用后，改变了水库下游河道的来水来沙条件，坝下游河道水流输沙能力处于不饱和状态，河道将发生沿程冲刷，并可能引起河势的调整，进而可能对防洪产生一定影响。为此采用数学模型计算与实测资料分析手段研究三峡工程建成后长江中下游江湖水沙变化及河道冲淤演变，可供三峡工程建成后长江中下游防洪规划制订和工程措施对策研究参考。三峡工程蓄水运用后50年，长江中下游发生大量冲刷，荆江河段河床平均冲深2.0～5.3 m，同流量水位降低，增加槽蓄量13亿 m^3；城陵矶至武汉河段河床平均冲深约2.5 m，同流量水位降低，增加槽蓄量8.5亿 m^3。由于干流河床冲刷，荆江三口分流量、分沙量减少，使湖区淤积减缓，增加调蓄量23.8亿 m^3，但由于水沙过程改变、河床冲刷及局部河势调整对河道稳定及堤防护岸工程安全带来影响。

关键词：三峡水利枢纽；长江中下游；冲刷量；槽蓄量

1　三峡工程运用后长江中下游来水来沙变化

长江中下游宜昌至大通河段两岸有众多支流、湖泊入汇，其中较大支流为清江、汉江；湖泊以洞庭湖、鄱阳湖最大。长江干流各站水文特征值见表1。

表1　2003～2006年长江中下游主要站径流量和输沙量变化

项　目		宜昌	枝城	沙市*	监利	螺山	汉口	大通
径流量（亿 m^3）	多年平均	4 368	4 450	3 942	3 576	6 460	7 111	9 052
	20世纪60年代平均	4 552		4 019	3 387	6 659	7 317	8 989
	20世纪90年代平均	4 336		4 028	3 892	6 629	7 288	9 611
	2003～2006年平均	3 920	3 981	3 708	3 538	5 857	6 734	8 258
输沙量（亿t）	多年平均	4.92	5.00	4.34	3.58	4.09	3.98	4.27
	20世纪60年代平均	5.556	4.867	3.626	4.332	4.674	5.132	
	20世纪90年代平均	4.171	3.709	3.287	3.311	3.244	3.371	
	2003～2006年平均	0.702	0.851	0.979	1.04	1.18	1.34	1.63

注：多年平均值统计至2002年，沙市站20世纪60年代统计值为新厂站资料。

1.1　三峡水库初期蓄水前长江中下游来水来沙变化

宜昌至城陵矶河段的水沙主要来自宜昌以上的长江干支流，三峡工程蓄水前宜昌站多年平均径流量为4 368亿 m^3，输沙量为4.92亿t；支流清江来水来沙量仅占宜昌站水、沙量的3%、2%左右。由于荆江三口分流分沙，荆江河段水沙量沿程递减，枝城、新厂和监利站多年平

* 国家科技支撑计划项目资助（课题编号：2006BAB05B03）。

均径流量分别为4 450亿 m^3、3 942亿 m^3 和3 576亿 m^3；输沙量分别为5.0亿t、4.34亿t和3.58亿t。受各种自然因素和人为因素影响，特别是人工裁弯和自然裁弯影响，20世纪60年代以来，荆江三口分流分沙递减，尤以藕池口减少最多，与多年平均值相比，年平均径流量减少58.8%，输沙量减少61.6%（见图1）。下荆江干流的年平均水量比多年平均值大，监利站90年代年径流量比多年平均值增加了8.8%，输沙量则相对减少9.2%。由于荆江三口分流分沙的变化，使得洞庭湖出湖水、沙量减少，城陵矶（七里山）站水、沙量80年代以来的年平均值分别比多年平均值减少8.4%和29.4%。螺山以下，90年代以来水、沙量变化较小，与多年平均值相比，水量增加2.5%～6.2%，沙量减少20%左右。

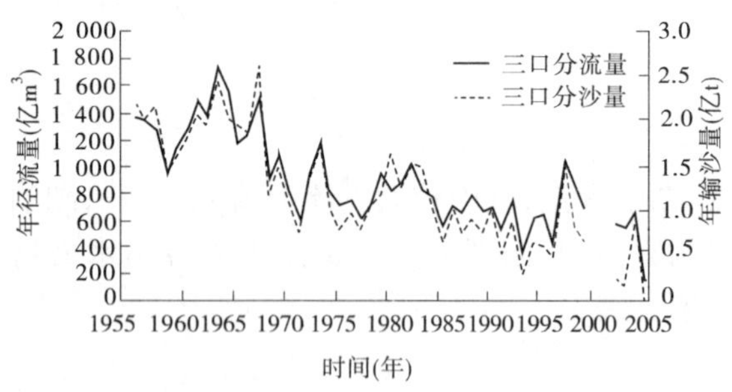

图1 荆江三口分流分沙变化

1.2 三峡工程初期5年长江中下游来水来沙变化

三峡工程蓄水后，水库下泄水量变化不大，而沙量大幅度减少。三峡水库蓄水后，2003～2006年坝下游宜昌、枝城、沙市、监利、螺山、汉口和大通站年均径流量分别为3 920亿 m^3、3 981亿 m^3、3 708亿 m^3、3 538亿 m^3、5 857亿 m^3、6 734亿 m^3 和8 258亿 m^3，较三峡蓄水前分别偏少10%、11%、6%、1%、9%、6%和9%；年均输沙量分别为0.702亿t、0.851亿t、0.979亿t、1.04亿t、1.18亿t、1.34亿t和1.63亿t，与三峡蓄水前相比，分别减小86%、83%、77%、71%、71%、64%和62%。荆江三口分流分沙比尚无明显变化。

1.3 三峡水库蓄水后长江中下游来水来沙趋势

三峡水库运用后改变了长江中下游河道来水来沙特性。不考虑上游建库条件下，三峡水库下泄水沙特点：汛期6～9月流量与建库前基本不变，仅洪峰流量有所削减；10月份水库蓄水，出库流量陡减，较建库前同期多年平均值减小约42.7%；从多年月平均流量看，汛后流量10 000 m^3/s 左右持续时间增加，流量变化幅度较小。

三峡水库尽管采用了"蓄清排浑"的运用方式，但水库的淤积量仍然较大，蓄水初期水库排沙比约30%；水库运行50年内进入长江中下游的沙量减少72%～65%（见表2），将引起坝下游较长河段的冲刷。

表2 三峡水库出库悬移质沙量

运行时段	1～10年	11～20年	21～30年	31～40年	41～50年
年输沙量（亿t）	1.353	1.327	1.376	1.649	1.743

2 三峡工程建成后长江中下游冲淤变化趋势

2.1 长江中下游干流河道冲淤变化趋势

三峡水库运用初期，库区发生大量淤积，水库排沙比为30%左右，下泄水流挟沙不饱和，河床将发生冲刷。对于卵石或卵石夹沙河床，冲刷使河床发生粗化，并形成抗冲保护层，促使强烈冲刷向下游转移；对于沙质河床，随着河床过水断面扩大，流速减小，水位下降，河床组成粗化，冲刷逐渐减弱直至终止，冲刷向下游发展。

采用1991～2000年水沙条件，不考虑上游建库的条件下，利用一维泥沙数学模型计算，结果表明（见表3），三峡水库运用50年，宜昌至大通河段悬移质累计冲刷量约为48.94亿t，其中，宜昌至城陵矶段冲刷量为24.57亿t，城陵矶至武汉段约为14.98亿t，武汉至大通段累计最大冲刷量为9.39亿t。

由于宜昌至大通跨越不同地貌单元，河床组成各异，河型也不同，各河段的冲淤变化也有所不同。

宜昌至松滋口段,河床由卵石夹沙组成,表层粒径较粗。三峡水库运用初期10年内本段悬移质强烈冲刷基本完成。最大冲刷量约为0.9亿t,如按河宽1 000 m计,河床平均冲深约0.9 m,局部河段可能冲深2.0 m左右。

表3 宜昌至大通各河段悬移质累计冲淤量(90年代系列)

项目	年份	宜昌—大通(1 123.2)	宜昌—武汉(623.2)	宜昌—城陵矶(393.2)	宜昌—松滋口(75.7)	松滋口—太平口(60.9)	太平口—藕池口	藕池口—城陵矶(170.2)	城陵矶—武汉(230.0)	武汉—大通(500.0)
悬移质冲淤体积(亿 m^3)	2012年	-12.86	-12.37	-9.22	-0.67	-0.85	-2.95	-4.76	-3.14	-0.49
	2022年	-19.22	-19.3	-14.32	-0.67	-0.85	-3.22	-9.57	-4.98	0.08
	2032年	-25.74	-24.58	-17.45	-0.67	-0.87	-3.27	-12.63	-7.13	-1.17
	2042年	-32.64	-29.15	-18.15	-0.67	-0.88	-3.31	-13.27	-11	-3.49
	2052年	-36.25	-29.3	-18.2	-0.67	-0.89	-3.33	-13.29	-11.1	-6.96
悬移质冲淤重量(亿t)	2012年	-17.36	-16.7	-12.45	-0.90	-1.14	-3.98	-6.43	-4.24	-0.67
	2022年	-25.95	-26.06	-19.33	-0.91	-1.15	-4.35	-12.92	-6.73	0.11
	2032年	-34.75	-33.18	-23.56	-0.91	-1.18	-4.42	-17.05	-9.62	-1.58
	2042年	-44.06	-39.35	-24.5	-0.92	-1.19	-4.47	-17.92	-14.85	-4.72
	2052年	-48.94	-39.55	-24.57	-0.92	-1.2	-4.5	-17.95	-14.98	-9.39

松滋口至藕池口为弯曲型河道,弯道凹岸已实施护岸工程,险工段冲刷坑最低高程已低于卵石层顶板高程,河床为中细沙组成,卵石埋藏较浅。本段冲刷发展中,有三种因素抑制河段冲刷:一是本河段河床组成的粗化,二是上段为粗砂卵石推移质覆盖,三是河床冲深与拓展,过水面积增大,流速减小,降低了水流挟沙能力。因此,本河段的上段松滋口至太平口同时受三种因素的作用,水库运用20年后冲刷基本完成,50年末冲刷量约1.2亿t,若河宽按1 200 m计,平均冲深约1.2 m。下段太平口至藕池口因沙质覆盖层较厚,水库运用后30年末冲刷基本完成,50年末冲刷量约4.5亿t,按河宽1 300 m计,河床平均冲深约3.0 m。

藕池口至城陵矶(下荆江)为蜿蜒型河道,河床沙层厚达数十米。水库运用30年内,河床发生剧烈冲刷。水库运用至40年末,本段冲刷基本停止,50年末冲刷量约为18亿t,是冲刷量及冲刷强度最大的河段,河宽按1 400 m计,河床平均冲深5.6 m。

由于下荆江的强烈冲刷,进入城陵矶至武汉段水流的含沙量较近坝段大,本河段的河床组成也较粗,河床上有粒径大于1 mm的粗砂及砾石,冲刷受到限制。待荆江河段的冲刷完成后,已至40~50年以后,上游水库的排沙量增大,所以本河段的冲刷量相对较小。50年末冲刷量约为15亿t,按河宽1 900 m计,河床平均冲深约2.5 m。

武汉至大通段为分汊型河道,水库运用初期,因上游河段强烈冲刷,水流含沙量沿程得到补充,冲刷能力沿程减弱。特别是大于1.0 mm的泥沙,进入武汉以下,这部分泥沙是汉口站建库前多年平均输沙量的3倍多(1981~1994年),经过武汉至大通河段沿程交换冲刷后淤积下来,使武汉以下呈微冲微淤状态。随后当上游河段冲刷基本完成时,本河段开始冲刷,至50年末冲刷量为9.4亿t,按河宽2 000 m计,河床平均冲刷约0.7 m。水库运用初期,多数汊道出现淤积。随着坝下游河道的冲刷发展,各分汊河段也相应发生冲淤变化,但冲淤量不大,仍保持分汊河道形态。

上述成果是从2006年11月起算的,初始地形为2006年实测地形。三峡工程2003年初期蓄水运用以来，由于入库沙量比多年平均值减少38% ~75%（2003 ~2006年），加上水库淤积，进入长江中下游沙量更少，宜昌站年输沙量减少78% ~87%，坝下游河道已发生明显冲刷。2002年10月至2006年10月实测资料统计：宜昌至城陵矶河段冲刷40 968万 m^3，其中宜昌至枝城段冲刷8 138万 m^3，荆江河段冲刷32 830万亿 m^3。

2.2 三口分流分沙变化趋势

三峡水库蓄水运用后，长江干流河道冲刷，荆江三口口门水位降低，三口分流分沙随之减少。数模计算结果显示与1981 ~1998年相比，三峡建库后第1 ~10年三口平均年径流量由698.6亿 m^3 减少到625亿 m^3，至建库后41 ~50年三口平均年径流量比1981 ~1998年减少约313亿 m^3（见表4）。其中松滋口减少41%，太平口减少54%，藕池口45%。三口分沙量变化除受干流河床冲刷、水位降低影响外，还与分流量和口门处含沙量相关。建库后1 ~10年，河床冲刷，水位降低较快，三口分沙量随着分流的减少而减少，比1981 ~1998年少0.482亿t；建库20年后随着三峡水库排沙比的增加而逐渐增大，至建库后41 ~50年三口平均年输沙量为0.626亿t，其中松滋口平均年分沙量为0.258亿t，太平口平均年分沙量为0.098亿t，藕池口平均年分沙量为0.271亿t，比1981 ~1998年三口分沙分别减少42%、40%和16%。

表4 三峡工程蓄水运用后荆江三口分流分沙量变化

项目	时段	枝城	松滋口		太平口		藕池口		三口合计	
			数值	占枝城%	数值	占枝城%	数值	占枝城%	数值	占枝城%
年平均径流量（亿 m^3）	1981 ~1998年	4 438	376.6	8.5	133.4	3.0	188.6	4.2	698.6	15.7
	建库后1 ~10年	4 437	332	7.5	120	2.7	173	3.9	625	14.1
	建库后11 ~20年	4 360	236	5.4	74	1.7	149	3.4	459	10.5
	建库后21 ~30年	4 360	227	5.2	67	1.5	119	2.7	413	9.5
	建库后31 ~40年	4 360	222	5.1	63	1.4	106	2.4	391	9.0
	建库后41 ~50年	4 360	221	5.1	62	1.4	103	2.4	386	8.9
年平均输沙量（亿t）	1981 ~1998年	4.91	0.442	9.0	0.164	3.3	0.324	6.6	0.93	18.9
	建库后1 ~10年	1.7	0.158	9.3	0.069	4.1	0.221	13.0	0.449	26.4
	建库后11 ~20年	1.69	0.158	9.3	0.066	3.9	0.220	13.0	0.444	26.2
	建库后21 ~30年	1.88	0.188	10.0	0.076	4.0	0.237	12.6	0.500	26.6
	建库后31 ~40年	2.18	0.223	10.2	0.087	4.0	0.254	11.6	0.564	25.8
	建库后41 ~50年	2.67	0.258	9.7	0.098	3.7	0.271	10.1	0.626	23.5

3 三峡工程建成后长江中下游江湖冲淤变化对防洪工程的影响初步分析

3.1 宜昌至武汉段水位变化趋势

三峡水库运用后，由于河床冲刷，同流量的水位下降，流量越小，降低值越大。与河床冲刷相应，沿程同流量下水位下降，以石首水位下降最多，石首以上或以下水位下降逐渐减弱。当流量为5 500 m^3/s 时，宜昌站枯水期水位比2002年实测值降低约1.0 m；当流量为50 000 m^3/s 时，水位下降约0.5 m。宜昌以下各站的水位与2002年实测值比较，枯水期沙市水位下降2.5 m，石首水位下降3.5 m。当流量为7 500 m^3/s 时，螺山水位下降约2.0 m，武汉水位下降约0.9 m。当流量为40 000 ~50 000 m^3/s 时荆江各站水位降低1.0 ~1.55 m。由于沿程水位下降使荆江河段比降发生变化，上荆江比降较三峡水库运用前增大，下荆江比降较三峡水库运用前减小。

3.2 宜昌至武汉河段槽蓄量变化趋势

三峡水库运用后，宜昌至武汉段由于河床冲刷下切，水位下降，河道槽蓄量相对建库前均有所增加。

宜昌至沙市河段：三峡水库运用初期，该河段发生强烈冲刷，10 年末冲刷已基本完成，冲刷量达 2.62 亿 m^3，河床平均冲深 1.0 ~ 3.0 m，城陵矶（莲）水位为 35 m（吴淞）、沙市总出流量为 60 000 m^3/s 时，河段内槽蓄量较建库前增加约 1.6 亿 m^3，占该段总冲刷量的 59.4%。

沙市至城陵矶河段：水库运用 10 年末，该河段冲刷 5.7 亿 m^3，河段内槽蓄量相对建库前增加 5.1 亿 m^3 左右；水库运用 30 年末，冲刷量达 15.43 亿 m^3，河床平均冲深 3.7 ~ 5.3 m，螺山流量 70 000 m^3/s，莲花塘水位 33.0 m（吴淞）时，该段的槽蓄量增加约 11.6 亿 m^3，占河段冲刷量的 75.1%。

城陵矶至武汉河段：本河段距宜昌较远，水库运用初期受影响较小，冲刷量约 1.37 亿 m^3，河段内槽蓄量变化较小，仅增加 0.52 亿 ~ 0.77 亿 m^3。水库运用中期，强烈冲刷下移至此，50 年末河段冲刷量达 10.97 亿 m^3，河床平均冲深约 2.5 m，当武汉关水位为 29 m（吴淞）时，该段槽蓄量增加约 8.46 亿 m^3，占河段冲刷量的 77.1%。

3.3 河道演变趋势

冲积平原河道是在挟沙水流与河床相互作用的漫长过程中逐渐形成，并具有一定的几何形态和演变规律的某种河型。各种河型的形成由来水来沙条件和河床边界条件所制约，其中水沙条件是首要因素，河床边界条件在河型的最终形成和得以长期保持中起着关键性作用。三峡水库建成运用后，来水来沙条件的改变将导致长江中下游河道经历较长时期的冲刷，在冲刷过程中，河床粗化，同流量水位降低。1998 年长江全流域性大洪水后，长江中下游河道的河势控制和崩岸治理等堤防工程建设得以加强，原河道变迁较为剧烈的下荆江蜿蜒型河段，也将被改造为限制性的蜿蜒型河段。预计三峡工程建成后，宜昌至城陵矶河段的河床形态和河床演变规律总体上不会有重大改变，即仍保持原有河型不变，但各河段的河势将有不同程度的调整，有的河段变化还可能很剧烈。据数学模型计算，下荆江水位降低值较上荆江大，因此上荆江水面比降也可能有所增大，下荆江水面比降将调平。由于三峡水库调节，汛期大洪峰削减，枯水期流量增加，但流量过程无重大改变，预计宜昌至城陵矶段宽深比将发生不同程度的调整，其中宜昌至枝城和枝城以下的上荆江河段，河岸组成抗冲性较强且其护岸工程较为稳定，河床冲刷的同时，宽深比可能略有减小；下荆江河段则因坝下游含沙量较小的水流冲刷和荆江过流量增大导致的河床冲刷，河床冲深的同时会伴随着横向展宽。

河床冲刷的同时，局部河段河势将发生调整，如一些稳定性较差的分汊河段、过长或过短的顺直过渡段的河势容易发生调整，有的甚至变化很剧烈。由于水库下泄水沙过程的改变、河床冲刷及局部河势调整，将引起一些河段水流顶冲位置的改变，以及近岸河床冲深和河势调整将对河岸及已建护岸工程的稳定构成威胁，必须采取相应措施。尤其是荆江河段受三峡工程运用的影响，河床冲刷幅度大，发生的时间早，应尽早防范。如前所述，2003 年 6 月三峡工程蓄水运用后，加之上游来沙减少等影响，坝下游各河段已发生不同程度的冲刷，有的河段近岸河床冲刷幅度较大，岸坡变陡，有的险工段已发生崩岸，须加强跟踪观测与防治。

4 结语

由数学模型计算结果表明，三峡工程蓄水运用后 50 年，长江中下游河道发生大量冲刷，荆江河段河床平均冲深 2.0 ~ 5.3 m，可增加槽蓄量 13 亿 m^3，城陵矶至武汉河段河床平均冲深约 2.5 m，可增加槽蓄量 8.5 亿 m^3，当遇 1998 年洪水时可以减轻长江中下游防洪工程的压力。但河床冲刷过程中，局部河段河势可能发生调整，水流顶冲部位将发生变化。河床冲刷和局部河势调整对两岸岸线和护岸工程的稳定将带来影响,尤其是荆江河段所受的影响最大,必须采取相应的对策措施,抓紧实施河势控制工程和护岸工程。由于三峡工程下游江湖水沙关系、边界条件复杂,准确预测三峡工程运用后江湖关系变化趋势与影响难度很大,因此下一阶段需加强江湖水沙和冲淤变化的原型观测与分析研究工作;利用三峡工程蓄水运用后的原型观测资料,对已建立的数学模型及长江防洪模型进行率定与验证完善,修正以往预测成果,进一步研究三峡工程运用后长江中下游河道冲淤演变与影响以及对策措施,及时修订防洪规划和江湖治理规划,加强江湖治理。

2005 年杜家台分蓄洪区洪道分流实践回顾

袁达燚　姚黑宇

(湖北省防汛抗旱指挥部办公室　武汉　430071)

摘　要:2005 年汉江发生了秋季大洪水,介绍了湖北省利用杜家台分蓄洪区洪道分流的目的、条件、实施情况和效果,提出了完善分蓄洪区规划、建设的建议。

关键词:汉江;洪水;杜家台分蓄洪区;分流;2005 年

2005 年 9 月 29 日 ~10 月 12 日,由于汉江上游普降大到暴雨,导致汉江发生了自 1984 年以来的秋季最大洪水。在国家防总和长江防总的关心和支持下,湖北省委、省政府加强领导,湖北省防指坚持以人为本,合理调度,在充分发挥丹江口水库拦洪调蓄作用的条件下,进行防洪科学实践,适时运用杜家台分蓄洪区洪道进行分流,削减洪峰,降低河道洪水水位,确保了汉江防洪的安全,为湖北省经济社会的可持续发展提供了安全保障。

1　分流的有利条件

杜家台分蓄洪区原为汉南泛区,是武汉市附近汉江下游右岸、长江左岸的一片低洼地带,历史上曾是长江的自然洪泛区。杜家台分蓄洪工程于 1955 年动工,1970 年建成。分蓄洪工程由杜家台闸、洪道、分蓄洪区(泛区)及黄陵矶闸等四部分组成,总面积 614 km^2。杜家台闸为进洪闸,设计流量为4 000 m^3/s,校核流量为 5 300 m^3/s;黄陵矶闸为退洪闸,设计流量为 1 535 m^3/s,校核流量为 2 008 m^3/s。洪道由人工开挖的分洪道与泛区南部尚未围垦的湖面及河流故道相连而成,民垸围堤互相搭接,在洪道两岸形成连续的洪道堤,是一条既具有一定过流能力又具有一定调蓄能力的过水通道,它常年承纳整个分蓄洪区内渍水及仙桃市、汉川市、蔡甸区等市(区)的部分区域的汇流,经黄陵矶闸排入长江。分蓄洪区(泛区)是由大小不一且相对独立的围垸组成,围垸分布于洪道两侧,经过当地群众的逐年修筑,具有一定的挡洪抗渍能力。从杜家台分蓄洪区的组成结构上看,杜家台分蓄洪区除具有一般分蓄洪区的分蓄洪功能外,还具有与其他分蓄洪区的不同之处,最显著的特点就是:在分蓄洪区内,存在着一条上下游有涵闸控制、左右岸有堤防挡水且洪道中段具有一定自然调蓄水面的较为通畅的过水通道,基本形成了“一河两堤,涵闸控制,适当调蓄,夹水入江”的布局。这就为利用杜家台分蓄洪区洪道,进行汉江防洪实践并适量分流汉江洪水创造了有利条件。

2　分流的主要目的

2005 年 9 月 29 日 ~10 月 4 日,汉江上游普降大到暴雨,平均面雨量达 103 mm,10 月 3 日 20 时,丹江口最大入库流量达 30 700 m^3/s,迫使水库开闸泄洪。从 10 月 2 日 0 时 6 分开启 2 个深孔,至 3 日 14 时最大泄量达 14 600 m^3/s,加上丹皇区间来水,皇庄站 10 月 5 日 14 时流量达 16 900 m^3/s,由此引起汉江中下游水位普遍上涨,汉江下游沿线超警戒水位。据水文预报,10 月 7 日仙桃至汉川河段最大流量将超过 10 000 m^3/s,最高水位接近堤防保证水位,防汛形势严峻。在这种情况下,湖北省防指依照汉江中下游防洪高度规程,结合当时水雨工情，研究上报了利用杜家台分蓄洪区洪道分流汉江洪水的请示，经长江防总同意，于10月6日18时开启杜家台闸，适时适量分流汉江洪水。

此次分流的主要目的：一是降低仙桃以下河道水位，减轻堤防防守压力。根据预报，仙桃至汉川河段接近保证水位，而仙桃以下河段长达150 km余，两岸堤防长达300 km余，防汛战线长，且大多堤外无滩、堤基较差、堤身单薄，穿堤建筑物老化失修，防守任务重。通过实施汉江分流，来削减洪峰，降低洪水水位，有效缓解仙桃至汉川河段堤防的防汛抢险压力。二是减小下游河道水流流速，减少减轻崩岸险情。汉江洪水期间，正值长江水位较低，按照不开启杜家台闸的条件进行水位预报，在汉川至汉口70多km的河段里，水位落差将达到9 m左右，流速大，且河道窄深，水下坡陡，岸坡土质较差，主流贴岸，通过实施汉江分流，来减小洪水流量，减缓水流流速，有效减少崩岸险情的数量，减轻险情的程度。三是实施分流举措，体现出管理洪水的新思路、新理念。当出现接近或超过堤防本身防御能力的较大洪水时，及时给洪水以出路，通过较小的损失，有效保障防洪安全，实现人与自然的和谐相处。四是将杜家台闸前水位由超校核水位降低至设计水位以下，使杜家台闸处于设计条件以内运行，保证涵闸的抗滑及抗渗稳定。

3 分流的基本情况

3.1 水情

2005年10月4~6日，汉江下游防洪主要控制站皇庄站流量一直维持在16 000 m^3/s以上，根据水文预报，10月7日8时仙桃站洪峰水位将达到36.10 m，杜家台闸前水位将超过其校核水位35.45 m，为选择好分流时机，经长江防总同意，湖北省防指下达分流命令，于10月6日18时准时开启杜家台闸实施分流，共开启共30孔，高度0.3 m。当晚21时，闸门开度提高至0.5 m，分流最大流量1 650 m^3/s，7日24时将闸门开度降至0.4 m，9日10时再降至0.3 m，至10日7时全部关闭闸门，整个分流过程共计分流总量3.5亿m^3。洪道下游的黄陵矶闸，于10月7日17时9孔全开，最大排水流量995 m^3/s，至13日9时关闭，整个分流过程就此全部完成。在洪水分流过程中，杜家台分蓄洪区洪道沿程最高水位，除上游严家滩超设防0.93 m、周帮站超设防0.11 m外，其余均在设防水位以下，并低于历史最高洪水位。

3.2 工情

为了确保汉江分流万无一失，湖北省防指对分流前后各项工作都进行了统一部署和安排。实施分流之前，民政部门协助配合当地党委、政府，对分流洪道影响范围内的4 000多名群众进行了提前转移和安置，武警部队和公安部门承担了分流戒严、打击违法犯罪和疏导效能的任务，维护社会的正常秩序；在即将开闸分流前，又组织广大干部在分流洪道影响范围内，进行逐家逐户的拉网式检查，确保不漏一人；开闸分流后，湖北省防指调派56名消防官兵携带搜救工具，顺流而下，全力做好搜救工作；当地党委、政府组织广大干部群众，对洪道两岸堤防严密防守，确保堤防安全。整个分流期间，没有出现任何险情，也没有发生任何伤亡事故。洪道影响范围内除新农垸、红星垸由于堤身矮小进水外，其他围垸均安然无恙。由于分流流量及总量均不大，加之泛区南部湖区的调蓄以及下游黄陵矶闸的及时排泄，洪道沿程水位较低，为此，没有对洪道8个阻水围垸实施扒口行洪。从整个分流受灾的结果来看，实施汉江分流所造成的损失比预期的小。

4 分流的主要效果

进行汉江分流实践，实施汉江分流举措，以较小的分流损失，保障了汉江仙桃以下河段的防洪安全，体现出管理洪水的新思路、新理念，且分流实践的效果显著。一是堤防险情减少，险情程度减轻。2003年9月，在汉江发生与2005年同等量级的洪水期间，仙桃以下汉江干流共计发生堤防险情46处，其中脱坡、闸险及浑水漏洞等重大险情有4处，而在2005年的汉江洪水过程中，相应河段堤防仅出现闸门漏水、崩岸及散浸等21处险情，且均为一般性的险情。二是减轻了防洪压力。据初步分析计算，通过分流汉江洪水，将汉川河段洪峰流量由10 000 m^3/s以上减小到8 700 m^3/s左右，降低仙桃至汉川河段水位0.7～0.8 m，同时，也相应减小了汉川河段洪水的流速。流量减小，流速变缓，水位降低，由此抑制了堤防较大险情的发生，减轻了防汛抢险的压力。三是有利于杜家台闸的防洪安全。面对2005年秋季汉江洪水，如果不实施汉江分流，杜家台闸前水位将超过其校核水位，而杜家台闸闸后地面高程仅为27.00 m，闸上下游水位差高达8.4 m以上，处于超标准运行。通过启用杜家台闸分流，减小了闸上下游压力水头，将其控制在设计条件以内运行，保证了杜家台的稳定和防洪安全。四是降低了防汛成本。实施汉江分流之后，河段超过警戒水位的持续时间，由预计的10天缩短至5天，同时，杜家台闸以上河段，由于杜家台闸分流，河道泄流加快，水位顶托减小，其上游河段超过警戒水位的持续时间也有不同程度的缩短。大量防汛队伍驻守在堤防战线上的时间缩短，且险情数量减少，险情程度降低，减少了投入抗洪抢险的人力、物力和财力，降低了防汛成本。五是为汉江下游设置了一条分流通道。通过这次汉江分流，进一步掌握了杜家台分蓄洪区分流洪道的相关水文信息和工程情况，为下一步加强洪道的规划、设计、建设和管理提供了有关依据。通过下一步加强分蓄洪区洪道的建没和管理，可以实现在汉江下游提供除东荆河自然分流外的第二条分流通道，增加了汉江下游洪水管理的手段。六是增强了防汛意识。通过分流汉江洪水，确保了汉江防洪安全，取得了很大的防洪效益和社会效益。同时，也普遍增强了广大人民群众的防汛意识。位于杜家台分蓄洪区洪道及其周边居住的群众，通过分流实践，普遍增加了防汛意识和避灾意识。七是有利于推进平垸行洪工程。汉江分流实践，使群众的防汛意识和避灾意识普遍得到了提高，这为强化河道堤防管理打下良好的基础，并为下阶段实施洪道平垸行洪，保障洪道行洪畅通，创造了有利条件。通过采取相应的措施，能够使杜家台分蓄洪区洪道真正形成“一河两堤，涵闸控制，适当调蓄，夹水入江”的格局，达到有计划、有步骤地实施汉江分流、管理汉江洪水的目的。

5 分流实践的几点思考

通过汉江分流实践，实施汉江洪水分流，虽然保障了仙桃以下堤防的防洪安全，并取得了很好的效果，但是，在实施分流的过程中，也暴露出了群众转移任务较重、水毁工程数量较多等一些薄弱环节和问题。为此，时隔近3年，我们仍有必要对此次汉江洪水分流实践进行回顾和反思，总结成绩，看到不足，找出存在的问题，做好相关的工作，为今后更好地实践汉江分流、管理汉江洪水打下扎实的基础，创造良好的条件。

5.1 完善洪水高度方案

洪水高度方案是我们进行防洪实践的技术支撑，更是做好防汛工作的基础，应该对其进行研究。下一步需要我们针对近些年实践建设南水北调工程及汉江中下游水雨工情出现的新情况，结合本次分流实践的成果，对汉江中下游洪水调度方案做进一步研究，特别是对利用杜家台分蓄洪区洪道分流的调度方案，进行深入的分析研究，补充完善汉江下游洪水调度方案，提供科学合理的调度规程，增强洪水管理的手段。

5.2 做好洪道规划工作

目前，杜家台分蓄洪区洪道两岸堤防的抗洪能力，左岸高于右岸，上游高于下游，堤防标准不够统一。另外，分蓄洪区内水系关系较为复杂，实测及观测资料缺乏，且以往进行分蓄洪区内洪水调度的分析研究工作相对较少，因此要做好洪水调度的研究工作，需要我们对杜家台分蓄洪区洪道进行实地查勘，全面测量，并结合分流实践的成果，研究合理的堤线布置，确定统一的堤防标准，编制科学的洪道整治规划。

5.3 洪道规划的编制

洪道整治规划主要包括洪道堤线的布置和堤防标准的确定等主要内容,要编制好这些项目的规划,需要综合考虑洪道现状、杜家台闸、黄陵矶闸的过流以及承担汉江分流的任务(分流流量、分流总量和分流过程)等诸多要素,进行综合分析确定。

(1)洪道堤线的布置。目前,杜家台分蓄洪区洪道左堤基本连续,而洪道中段右岸围堤被两条河流所隔,相对间断,对于洪道右岸堤线的布置,在不改变围垸蓄洪性质的前提下,可对现有垸堤堤线做适当调整,将间断围垸进行堵口建闸合并,连为一体,使之真正形成"一河两堤,夹水入江"的格局。

(2)堤防标准的确定。洪道两岸现有堤防的防洪能力,左岸高于右岸,上游高于下游,标准不够统一。对于洪道堤防标准的问题,需要根据所承担汉江分流的任务、上下进吐洪闸的泄流能力以及整个杜家台分蓄洪区的建设规划等,综合分析,合理确定。

(3)阻水围垸的处置。为改善洪道的行洪条件,保障洪道行洪畅通,江中分洪分流的行洪要求,对红星垸、三羊垸等部分阻洪围垸,采取"平垸行洪、移民建镇"的措施进行处置,并调整垸内农业种植结构,发展避灾农业,达到既能减小分流转移难度,保证汉江分流安全,又能增加农民经济收入的目的。

(4)个别围垸的对待。仙桃市新农垸属杜家台分蓄洪区分仓蓄洪民垸,位于杜家台分洪道右侧出口处,围堤总长8 km。由于限制垸堤加高,导致该垸自1973年形成以来,每次分洪分流都进水受淹,2005年也是如此,且水毁还较严重。对于新农垸围堤的整治,若按原状加固修复,因堤身矮小单薄,标准较低,则不能保证今后的分流安全;若按现状堤线进行较高标准的整险加固,又将会对今后大流量分流、分洪时的行洪及扒口造成影响。为此,建议重点对待,并结合分蓄洪区建设规划及洪道分流高度方案研究成果,通过科学论证,合理进行该垸所在洪道的规划编制。

(5)阻洪卡口的处理。杜家台分蓄洪区洪道内的九沟桥路基是较为严重的阻洪卡口之一,为了保障洪道行洪畅通,确保行洪安全,需要按照分洪分流安全过流能力,进行分析计算,制定相应的工程措施,并组织实施,保证行洪畅通。

(6)提升洪道泄流能力。从杜家台分蓄洪区的洪道组成结构看,杜家台闸设计进洪流量相对较大,而黄陵矶闸设计吐洪流量相对较小;上游洪道堤距宽,坡度陡,泄流快,而下游洪道堤距窄,坡度缓,泄流慢。上述矛盾的相互作用,导致洪道上下的泄流能力不够均衡,影响了整个洪道分流调洪、泄洪能力及效果。为此,建议在洪道下段考虑另辟一条分流泄洪通道,即兴建大军山泄洪闸,有效解决进吐洪不均衡的矛盾,提升整个洪道的泄洪能力。

关于 2002 年湖北长江秋季大洪水成因及堤防抗洪效果分析

孙又欣[1] 李嗣军[2]

(1. 湖北省防汛抗旱指挥部办公室 武汉 430071;2. 湖北省水文水资源局 武汉 430071)

摘 要:分析了 2002 年长江秋季大洪水的降雨成因、降雨特点、天气成因及洪水特点。同时,截取一个时段,与 1998 年大洪水时进行比较分析,得出了长江堤防效果发生“四大根本变化”的结论,论证了党中央、国务院在 1998 年大洪水之后作出的根治长江水患决策的英明,充分说明经过大规模的长江堤防建设,提高了湖北的防洪能力,营造了相对安全的水环境。

关键词:长江;秋季洪水;洪水特征;成因分析

2002 年长江中游发生了历史罕见的秋季大洪水,回顾和分析此次大洪水成因及堤防抗洪效果,对于进一步做好防汛工作很有益处。

1 形成长江秋季大洪水的降雨成因

2002 年 8 月 7 ~ 26 日,长江中上游发生了大范围、长时间的降雨过程,特别是川、渝、湘、黔、鄂先后出现或反复出现大雨和暴雨过程。受其影响,长江上游和洞庭湖部分支流洪水连续发生持续遭遇,致使长江中游出现历史上少见的秋季大洪水。

形成这次长江区域性秋季大洪水的降雨成因主要有:一是受新疆低槽东移和中低层四川盆地切实变线共同影响。8 月 7 ~ 10 日,四川东部、三峡区间、乌江流域先后普降中到大雨,部分地区降暴雨和大暴雨。7 ~ 8 日,降雨先从四川东部、三峡区间开始,主要在岷沱江、嘉陵江流域、三峡区间、宜宾至重庆区间;9 ~ 10 日,强降雨带南压至乌江流域。二是受华北冷空气及江南暖湿气流影响。8 月 11 ~ 17 日,川、渝、黔、湘、赣、鄂诸省出现了一次范围广、强度大、持续时间长的集中降雨过程。11 ~ 14 日,强降雨带四川及三峡区间开始形成并向贵州、湖北及湖南等地发展;15 ~ 17 日,强降雨带东移南压至贵州、湖南、江西和湖北东部。三是受 14 号台风在广东西部登陆北上的影响。8 月 18 ~ 20 日,洞庭湖和乌江流域出现了大到暴雨,局部大暴雨,三峡区间出现了中到大雨,局部暴雨,岷沱江、嘉陵江流域也出现了小到中雨。四是受西风带低槽东移影响。8 月 24 ~ 26 日,长江中上游又出现了一次中到大雨,部分地区暴雨。岷江、沱江、嘉陵江流域和三峡区间、乌江流域及湖南再次普降大雨。

2 长江中游秋季大洪水的降雨特点

8 月 7 ~ 26 日,长江中上游先后出现了 4 次范围广、强度大、持续时间长的降雨过程,其特点突出表现在以下 3 个方面。

2.1 雨量大

8 月 7 ~ 26 日,岷沱江流域累计雨量 80 ~ 200 mm,最大岷江沐川 309.3 mm;嘉陵江流域 70 ~ 120 mm,渡口市会理 249 mm 为最大;宜宾至重庆区间 150 ~ 250 mm,局部 320 mm;乌江流域 150 ~ 200 mm,局部 300 mm 左右;洞庭湖流域 150 ~ 250 mm,湘江上游兰山站 314 mm 为最大;鄱阳湖流域 80 ~ 120 mm,局部 150 ~ 200 mm。尤其是洞庭湖流域 8 月 7 ~ 26 日,总雨量与历史同期比较,大部偏多 0.8 ~ 1.5 倍,局部偏多2倍;偏多1倍以上的共有53个县市。

2.2　范围广

8月7~26日,长江上游岷江、沱江、嘉陵江、乌江、洞庭湖流域和湖北省大部地区先后出现或反复出现大雨、暴雨和大暴雨,降雨范围之广,历史同期少见。仅洞庭湖流域25万 km^2,累计降雨量大于100 mm的笼罩面积达21万 km^2,大于200 mm的笼罩面积达3.5万 km^2。

2.3　时间长

8月7~26日共20 d内,湖北省大部分地区降雨天数17 d,为历史同期最长的降雨天数。长江上游和乌江及洞庭湖流域的降雨天数也在15 d之内,也为历史同期少见。

3　长江中游秋季雨天气成因分析

据气象资料分析,8月长江中游洪涝形成的天气原因主要为以下3个方面。

3.1　西太平洋副热带高压偏东、偏南,江南暖湿气流异常活跃

自8月7日开始,前期控制在长江中上游地区的西太平洋副热带高压东撤、南落,直到8月20日以后,西太平洋副热带高压再度西进、北抬,控制长江中上游,在这近15 d的时间里,由于副热带高压主体在偏东、偏南位置相对稳定,导致江南暖湿气流异常活跃,为长江中上游降雨提供了充沛的水汽和能量。

3.2　北方冷空气活动频繁,河套冷槽交替东移

8月6~19日,长江中上游先后经历了两次大范围、长时间的冷空气影响。第一次是8月6~10日,新疆冷空气南下,进入河套地区,影响四川、三峡区间及乌江流域;第二次是8月12~19日,华北有一股较强冷空气不断扩散南下,给长江中上游带来一段时间长、范围广、强度大的降雨过程,尤其是长江中游出现了历史罕见的低温阴雨天气。另外,8月8~18日,与地面冷空气对应的500 hPa高空,先后有5次低槽在河套至四川一带活动,并交替东移影响长江中上游。正是由于8月上中旬北方冷空气活动频繁,西太平洋副热带高压偏东、偏南,江南暖湿气流活跃,冷暖气流长时间在长江中上游一带相交汇,造成了范围广、强度大、持续时间长的降雨过程。

3.3　登陆台风造成洞庭湖流域雨势加强

2002年的第14号台风于8月19日晚在广东西部沿海一带登陆,然后沿着广西北上西行,进入贵州南部减弱填塞。由于台风外围强盛的暖湿气流和充沛的水汽,与华北南下冷空气相遇,造成洞庭湖、乌江流域、三峡区间雨势明显加强,出现了大范围的暴雨和大暴雨,致使长江中上游汛情加重。

4　长江秋季区域性大洪水的四大特点

4.1　来势猛

8月11日开始,宜昌至九江段水位先后止落转涨,5 d内涨幅达4.7 m,秋汛来势迅猛,19日该站出现最大洪峰,洪峰水位飚升到51.70 m,流量4.92万 m^3/s。监利站从设防水位以下仅2 d就上涨到警戒水位,莲花塘站从警戒水位到保证水位仅3天时间,其涨幅之大、汛情变化之快,在长江中游秋季洪水中罕见。

4.2　水位高

由于长江上游洪水下泄,推近下游河段时,与洞庭湖和湖北省入江汇流遭遇,洪峰涌叠,致使湖北江段一度出现了水位节节攀升的严峻秋汛态势。其影响,长江沙市以下江段水位相继全线超设防水位,其中石首以下突破警戒水位,监利、莲花塘、螺山竞相越过保证水位线。监利站24日洪峰水位37.15 m,超保证水位0.58 m;莲花塘站24日洪峰水位34.75 m,超保证水位0.80 m;螺山站25日洪峰水位33.83 m,超保证水位0.66 m,监利、螺山站的峰值分别为1934年、1953年有历史记录以来的第三、四高水位。紧随其后,汉口站25日洪峰水位跃至27.76 m,超警戒水位0.46 m,居1865年以来历史第八位。

4.3　时间长

湖北江段秋汛从水位起涨进入设防以上到退出设防,持续时间长达12 d(沙市)至34 d(九江),其中石首以下突破警戒线7~16 d。据湖北省水文部门分析,这么长时间、高水位的

秋季区域性大洪水，只有夏汛连秋汛出现过，而秋季突发的，实属历史罕见。

4.4 分流小

2002年长江监利河段通过松滋河、虎渡河、藕池河三口分流进入洞庭湖的最大分流量为10 900 m^3/s，仅占枝城站洪峰流量的21.5%，比1980年减少9.8%，比1988年减少6.4%，比1998年少6.1%。三口分流的洪水总量为154.5 m^3，占上游洪量的22.8%，洪量分流比1998年少5.5%。三口分流减少的原因主要为：一是三口口门泥沙逐年淤积，分流有逐年减小之势；二是荆江上段水位不高，而洞庭湖水位高，荆南四河河道比降小，下游顶托影响大，导致三口分流量锐减。

大洪压境，江河堤防首当其冲，经受着高洪水位的考验。高峰时段，长江干堤及重要连江支堤在设防水位以上挡水的长度达2 900 km，其中长江1 515 km；在警戒水位以上挡水的堤长2 268 km，其中长江1 351 km；超保证水位江堤481 km，其中长江328 km。

5 长江堤防的抗洪效果

1998年大洪水之后，党中央、国务院及时作出灾后重建、整治江湖、平垸行洪、移民建镇、兴修水利的重大决策，湖北长江堤防纳入国债建设项目的工程有16个，加上长江水利委员会实施的隐蔽工程，总投入资金达148.47亿元，占长江中下游堤防建设总投入的一半。在湖北省委、省政府的高度重视和领导下，严格实行项目法人负责制与行政首长责任制相结合的建管新机制，加快长江堤防建设步伐，保持了连续4年大干的态势，取得了显著成效。到2002年8月底，长江堤防的堤身普遍加高1～2 m，累计完成加培土方2.46亿 m^3；完成堤身护坡492 km，整治涵闸352座，使1 433 km堤段达到设计标准，完成的土方量相当于常规年份20年的总和。同时，湖北大力实施平垸行洪移民建镇，已完成民垸单退巩固工程146个，扩大行洪断面，增加蓄洪容积40亿 m^3，关键时刻可以减缓干流防洪压力。湖北治理长江水患的巨大成就，构筑起了水上长城，使堤防建设实现了历史性的跨越，极大地提高了堤防防洪能力，为战胜2002年秋季大洪水奠定了物质基础。在省委、省政府的领导下，经过沿江10多万干部群众一个多月的严密防范，长江堤防经受了秋季大洪水的考验，确保了万无一失。虽然本次长江秋季区域性大洪水小于1998年长江全流域性的特大洪水，但与1998年大水期间的6月28日～7月13日相比，在高洪水位相似、挡水堤段长度相近、防守时间相当的条件下，抗洪效果显现四大根本变化。

5.1 从险情频发、大险不断到险情稀少、没有出大险的根本变化

1998年湖北长江及重要连江支堤出险815处，其中重大险情61处；而本次秋汛仅出险58处，比1998年险情少93%，其中长江堤防只有一般性险情28处，没有一处重大险情，剩余30处均出现在未实施整险加固的连江支堤，有的险情发生在民垸堤防上。

5.2 从抢护险情为主、消耗巨大到巡堤查险为主、消耗锐减的根本变化

1998年，由于险情不断，告急不断，湖北投入长江抗洪抢险的人数达到100多万人，其中部队、武警出动5万多人，形成全力抗洪抢险的决战态势；本次秋汛，由于险情少，湖北参加长江防汛的人数为13.8万人，主要是巡堤查险，比1998年的人数少87%，而且没有动用部队，仅出动武警官兵100余人参加沿江支堤的险情抢护。由于长江堤防普遍加高加固，本次秋汛长江超保证水位的328 km堤段，均不需抢筑子堤，而1998年这些堤段用于抢险和加筑子堤的土方达196.8万 m^2、编织袋3 280万条，资金7 216万元，仅加筑子堤一项，本次秋汛就减少投入7 216万元。湖北本次防秋季大洪水投入的人力和物力消耗大幅减少，不仅减轻了各级财政和群众的负担，而且使沿江90多万干部群众得以从防汛抢险中解脱出来，解放了生产力。

5.3 从被动弃守民垸、灾民栖堤避灾到主动放弃民垸、群众居者有其屋的根本变化

实施平垸行洪、移民建镇工程之后，群众的

住房、财产都不在民垸内,为依法依规调度提供了条件。本次秋汛及时启用双退民垸57处,单退民垸12处,共计还江面积206 km^2,蓄水8.2亿 m^3,不仅减轻了长江干流的防洪压力,而且减少了经济损失。与没有实施平垸行洪、移民建镇工程时的1998年大洪水期间相比,上述69处民垸减少经济损失15亿元。

5.4 从部分地方人心惶惶、外出避洪到沿洪群众人心稳定、安居乐业的根本变化

以1998年大水期间的洪湖市、公安县为例,当时不少群众已投亲靠友,外出避洪。2002年秋汛期间,长江沿线干部群众人心稳定,没有发生一户群众外出避洪的现象。这些根本变化,得益于湖北长江堤防建设的巨变,使沿江干部群众在高洪水位面前,人心稳定,安居乐业,得以将过去主要用于防汛的精力,转变到主要用于经济发展上来,解放了生产力。

武汉市洪涝与旱灾成因简析

刘志文

（武汉市水文水资源勘测局　武汉　430050）

摘　要：武汉市是自然灾害多发地区，易涝易旱且灾情十分严重，通过对洪涝与旱灾的成因分析，剖析了其主要影响因素，为今后防洪抗旱科学调度提供了依据。

关键词：洪灾；旱灾；成因分析

1　地理、气候、水文特征

武汉市地处湖北省东南部，位于东经113°41′～115°05′、北纬29°58′～31°22′，长江、汉江在此交汇。全市自然面积8 467 km²，属鄂东南丘陵经江汉平原东缘向大别山南麓低山丘陵过渡地区，中间低平，南北垄岗，丘陵环抱，北部低山耸立。海拔最高点873.7 m，最低点11.3 m。境内河道纵横交错，湖泊星罗棋布，其中举水、倒水、滠水位于长江以北，属长江一级支流。

武汉市属北亚热带季风性（湿润）气候。常年雨量充沛，年际、年内分布极不均匀，旱涝交替，为洪涝灾害严重地区。武汉市多年平均降水量为1 240 mm，呈南多北少趋势，降雨主要集中在5～8月，4个月的降雨总量占年雨量的50%～70%。

长江流域幅员辽阔，支流众多，地处东亚副热带季风气候区，流域多年平均降水量约1 100 mm。长江流域面积180万km²，其中有148万km²范围内的水必须通过武汉进入下游，往往使武汉的高水位维持时间比上游长。举水、倒水、滠水等中小河流因流域上游地势均相对较高，暴雨洪水汇流时间极短，洪峰形成时间一般只有9 h左右，洪水具山洪特性，破坏性较强。若几条中小河流洪水组合汇入长江，无疑对长江武汉段防洪是雪上加霜。

2　1990年以来长江武汉段典型洪水及其成因分析

2.1　武汉市历史较大洪水

据长江汉口站的统计资料：自公元前1851990年，长江发生较大洪水灾害20次，其中有据可查的著名特大洪水灾害包括：1153年、1788年、1860年、1870年、1931年和1954年。1990年以来，发生比较有影响的洪水有：1991年洪水，于7月17日出现洪峰水位27.12 m；1995年洪水，于7月9日出现洪峰水位27.79 m；1996年洪水，于7月22日出现洪峰水位28.66 m；1998年洪水，于8月19日出现洪峰水位29.43 m；1999年洪水，于7月23日出现洪峰水位28.89 m。洪水呈现峰高量大的特点，洪峰水位均在27.00 m以上，洪峰流量均在57 600 m³/s及以上，并且发生时间多在7月。连续10年内共发生5次较大洪水或特大洪水，发生频率之高为历史仅见。

2.2　1990年以来典型洪水分析

1990年以来，长江武汉段最具影响的洪水是1998年和1999年发生的“姊妹”洪水。1998年洪水主要特点是：全流域性大洪水；入汛早，涨幅大；洪峰次数多，洪水沿途恶劣遭遇；沿江主要控制站洪峰水位高，洪量大，高水位持续时间长。1999年洪水主要特点是：区域性暴雨洪水；洪水遭遇严重；短历时，洪量大。

1998年7~8月,在长江上游洪水恶劣遭遇和下游持续高水位顶托影响下,长江汉口站共发生6次洪峰,一次比一次凶险。其中8月19日21时长江汉口站出现的第6次洪峰,其洪峰水位29.43 m(1954年29.73 m),持续26 h,这是长江武汉段1990年以来出现的最大一次洪峰,洪峰流量72 300 m^3/s(1954年76 100 m^3/s),改写了汉口站(1865年建站)有水文记录以来的第二高水位记录。与1954年比较,1998年和1954年都是全流域特大洪水,均与影响全球气候的厄尔尼诺现象相关,梅雨期均偏长,达50余d,入梅和出梅时间基本一致,所不同的是,1998年为"二度梅"。1998年长江中下游频繁暴雨的直接原因主要是:南方副热带高压位置长期偏南,西北方南下的冷空气又较频繁,副热带高压边缘所形成的锋面雨带,较稳定停留在长江中下游地区。汛期降雨呈现强度大、历时长、范围广的特点。其中6~8月长江流域降雨总量超过1 000 mm的地区:清江、三峡区间北部、金沙江、洞庭湖澧水、资水上游及鄱阳湖水系北部地区,涉及流域面积达9万余 km^2。

由于厄尔尼诺现象的持续影响,1999年长江汉口站发生了继1954年、1998年第三高洪峰水位,与1998年特大洪水形成典型的"姊妹水"。但境内中小河流汛情相对平稳。自6月中旬入梅后,由于副热带高压异常,致使梅雨期偏长,湖北省东部梅雨总量较常年平均偏多4成左右,受降雨影响,武汉市城区部分地区渍水严重。1999年汛期降雨的特点是:年时空分布极不均匀,城区汛期降水量较郊区偏多,降雨主要集中在梅雨期。梅雨期降雨过程之多、范围之广、强度之大、持续时间之长,均为历史罕见。7月上旬洞庭湖流域出现频繁降雨过程,沅水五强溪水库持续大流量下泄,中旬鄱阳湖流域也出现强降雨过程,形成上压下顶之势,7月份18 d内共出现3次洪峰,为历史少见,其中7月23日18时出现的洪峰水位28.89 m,为长江汉口站有水文记录以来第三位。

中小河流较具影响的洪水有:1991年7月9日,举水流域发生历史特大洪水,其洪峰水位33.11 m,洪峰流量5 530 m^3/s,居历史第一位。1996年7月18日,府澴河童家湖段闸外出现洪峰水位29.61 m,居历史第二位。1998年8月9日,府澴河东山头闸外出现洪峰水位29.65 m,居历史第一位。中小河流洪水形成的主要原因是上游发生高强度、长历时暴雨,下游受长江高水位顶托。

3 2000年与2001年旱情及其成因分析

3.1 雨情

2000年,气候表现异常。首先是冬季出现暴雨。受西南暖湿气流及北方冷空气扩散南下影响,1月10日,武汉市各地遭到冬季暴雨袭击,暴雨中心位于武昌至黄冈一线,是武汉市有气象记录以来一个年度中暴雨出现时间最早的一次。其次是梅雨期相对滞后、历时短。到6月中旬后期才入梅,较常年偏晚,于7月上旬出梅,较常年早;梅雨期间没有出现大范围的有效降雨,梅雨量较常年明显偏少。汛期降雨呈现历时短、雨区集中、雨次少的特点。其中,2月1日~5月21日郊区降水量100~158 mm,根据多年水文资料统计分析,郊区旱情重现期约为百年一遇。

2001年,汛期降雨以局部大到暴雨为主,降雨中心多位于城区,呈现范围小、历时短、过程少的特点。受西太平洋副热带高压北抬和华南大范围强降雨带北移影响,长江中下游地区于6月16日陆续进入梅雨期。梅雨期间,全市平均梅雨量11~25 mm,相当于历年同期的8%~19%。

3.2 水情

2000年汛期,长江武汉段汛情平稳,汉口站出现最高水位仅25.60 m,这是继1998年、1999年特大洪水后的第一个低水年。境内中小河流水位异常偏枯,来水主要是地下水补给。百莲垸童家湖无水,府河水位落沟,黄陂区界河、姚蔡河断流,滠水十颗松河段于4月28日~5月7日断流。倒水、沙河从4月中旬开始,先后5次断流或接近断流。

2001年,武汉市发生继2000年大旱后又一次历史罕见旱情,并与2000年夏天并称"姊妹旱",旱情以新洲、黄陂最为严重,虽适宜地进行了人工降雨,对郊区旱情有所缓解,但武汉市9座大中型水库增加蓄水量并不明显。汛期,长江武汉段水情偏枯,长江汉口站最高水位23.52 m,较设防水位低1.48 m,为1973年以来仅见。境内中小河流水位异常偏低,其中倒水、滠水部分河段几度出现断流现象。中小河流最高水位不高,并同时处于设防水位以下,为继1978年第二度出现。

3.3 旱情

2000年,由于拉尼娜现象仍在持续,长江中下游地区气候表现异常,武汉市郊出现历史"三旱相连"的罕见旱情,即春旱连伏旱又连秋旱。4月底,全市水库、塘堰、湖泊蓄水量不足历年均值的25%,90%的塘堰干涸,市内9座大中型水库有效蓄水量仅3 637万 m^3,小型水库水位均退落至闸口以下。持续130余d的旱灾,使武汉市受旱面积达16.67万 hm^2,20.99万人和14.45万头大牲畜发生饮水困难。

2001年,受拉尼娜现象的持续影响,水源最紧张时全市水库塘堰蓄水仅1.342 9亿 m^3,比2000年同期偏少40%,有129座水库干涸,占水库总数的47.0%,有160座小水库在死水位以下,其余水库大部分接近死水位。全市有55眼机电井不出水,有67 100口塘堰干涸,占塘堰总数的79.2%。武汉市作物受旱面积最高达21.64万 hm^2,48万人、16万头大牲畜饮水困难。

3.4 干旱指数

2000年,干旱指数:新洲0.63(多年均值0.63),黄陂0.65(多年均值0.64),江夏0.73(多年均值0.63),汉南0.80(多年均值0.64),蔡甸0.71(多年均值0.66)。郊区平均干旱指数0.70(多年均值0.64)。

2001年,干旱指数:新洲0.98(多年均值0.64),黄陂1.18(多年均值0.65),江夏0.85(多年均值0.64),汉南1.00(多年均值0.65),蔡甸0.99(多年均值0.67)。郊区平均干旱指数1.00(多年均值0.65)。20002001年武汉市郊区年降水量与蒸发量见表1。

表1 2000~2001年武汉市郊区年降水量与蒸发量 (单位:mm)

年份	降水量					蒸发
	新洲	黄陂	江夏	汉南	蔡甸	
2000年	1 201.1	1 167.6	1 036.0	946.5	1 065.7	758.8
多年均值	1 260.2	1 237.4	1 256.0	1 232.3	1 209.9	794.3
2001年	899.4	747.3	1 039.6	879..5	896.0	882.9
多年均值	1 253.0	1 227.1	1 251.0	1 223.5	1 201.5	799.2

4 结论

(1)在1990~2000年连续10年间发生了5次较大洪水或特大洪水,其中1998年、1999年相继发生特大洪水,都与厄尔尼诺现象相关。接着受拉尼娜现象的影响,2000年、2001年连续两年大旱,在历史上均为罕见。分析成因,这与武汉市的特殊地理位置、环境及水资源分布状况密切相关。

特殊的地理位置使武汉地区四季分明,气候受大气环流的影响显著;特殊的地理环境使武汉地区容易促成局部气候的演变或调整;湖北省降水量分布为南多(年均1 600~2 000 mm)北少(年均750~800 mm),武汉市位于鄂东南部,为降雨多发地带,境内河系发达,湖泊众多。遇连续暴雨天气,易形成内洪外涝的局面;若天气持续高温,也易受旱。如1999年7月23日发生特大洪水28.89 m,不几日武汉地区出现持续高温,全市有3.08万 hm^2 的农作物受旱,一些地方还出现人畜饮水困难。

(2)经分析,武汉地区洪涝灾害发生时间多在7月。从物理成因上讲,每年6月中旬,副热带高压(以下简称副高)出现第一次北抬,跳过北纬20°,副高由我国华南季节性北进至江淮一带,北方冷空气和南方暖湿空气常在副热带高压边缘交汇处相互作用,从而使长江流域形成梅雨天气。7月中、下旬时,副高出现第二次北抬,跳过北纬25°,与长江流域入梅和出梅时间基本一致。

通常处于副高控制之下的地区会形成晴热高温天气,副高边缘控制地区则出现阴雨天气。

(3)长江武汉段形成高峰洪水的主要原因有:受副高影响,梅雨期偏长,梅雨量偏多;上游川水、洞庭湖四水、三峡区间等水系洪水沿途恶劣遭遇或组合;境内中小河流洪水加入;下游鄱阳湖流域洪水形成高水位顶托。

武汉地区形成干旱的主要原因有:在副高控制之下,梅雨期偏短,梅雨量明显偏少;因副高的加强,天气持续高温。

由于武汉市的地理位置、环境特殊,在大气环流和局部气候演变的共同作用下,容易形成洪涝和旱灾,是自然灾害的多发地带。统计资料显示,武汉地区发生洪水的几率多于旱情发生的几率,一般每平均3~5年就发生一次较具威胁性的洪水,自然灾害给武汉人民造成的损失是相当惨重的,武汉市的防洪抗旱任务十分艰巨。

梁子湖流域水问题和综合治理对策

刘川顺[1] 聂世峰[2] 汪富贵[3] 汪建国[4] 张卫民[4]

(1.武汉大学水利水电学院 武汉 430072;2.湖北省防汛抗旱指挥部办公室 武汉 430071;
3.湖北省水利水电科学研究院 武汉 430070;
4.湖北省鄂州市水利局 鄂州 436000)

摘 要:梁子湖水系位于武汉城市圈的核心区域,由40多个大、中、小型湖泊组成,湖泊水面约430 km^2,在防洪除涝、工农业及城乡生活供水、环境与生态保护等方面发挥着关键作用。然而梁子湖水系目前存在水利功能老化萎缩、水环境污染、水生态恶化、水利调度管理不适应社会经济发展需要、城乡建设与水利治理不协调,水土资源闲置浪费等多重问题。应当尽快对流域内的防洪除涝隐患和严重工程险情采取处理措施;应当综合考虑流域内城乡防洪除涝、工农业生产和可持续发展的需要,编制梁子湖水系综合治理规划,实现水利治理与城乡建设、生态环境保护、土地资源开发、旅游事业发展相协调,促进流域社会、经济可持续发展,使梁子湖流域成为武汉城市圈两型社会建设的样板。

关键词:梁子湖;水利综合治理;武汉城市圈;可持续发展

1 梁子湖水系的特殊地位和综合治理的意义

梁子湖水系由梁子湖、鸭儿湖、保安湖、三山湖等大型湖泊和数十个中小型湖泊组成,湖泊水面429.5 km^2,流域范围涉及武汉市、鄂州市、黄石市、咸宁市,耕地面积9.47万hm^2,人口约150万人,聚集着多个经济、技术开发区,是湖北省工业经济最活跃的地区之一,也是湖北省主要的水产养殖基地和粮棉油基地之一。流域内环境优美,有众多的名胜古迹和自然风景区。

梁子湖水系位于武汉城市圈的核心区域,在排涝防洪、工农业生产及城乡生活供水、环境与生态保护等方面发挥着关键作用。然而,梁子湖水系目前存在水利功能老化萎缩、水环境污染、水生态恶化、水利调度管理不适应社会经济发展需要、城乡建设与水利治理不协调、水土资源闲置浪费等多重问题。对梁子湖水系流域进行环境友好型与资源节约型综合开发治理,可以促进该地区社会、经济、环境、生态全面协调发展,促进城乡一体化建设,为武汉城市圈两型社会建设探索经验。

2 梁子湖水系流域存在的主要问题

2.1 水旱灾害突出

梁子湖水旱灾害频繁发生,1990年该流域洪涝灾害人口达到103万人。长江巴铺大堤的除险加固在一定程度上缓解了长江洪水的威胁,但是梁子湖上游河流行洪能力不足,1999年6月发生洪水,造成大冶、鄂州多个行政村被洪水吞没,万余人家园被毁,田地绝收。因此,区域内部洪水灾害依然存在。

梁子湖流域地势低洼,汛期受长江水位顶托,内湖涝水不能自排,20世纪50年代至80年代期间不断围湖垦殖,使湖泊水面缩减43%,湖泊调蓄能力不足,圩堤防洪标准低、质量差。这些因素导致流域内涝问题十分突出,涝灾越来越频繁,甚至出现“五年四涝”、“小水大灾”现象。

梁子湖水系流域虽然降雨总量比较大,但

是季节性分布极不均匀,旱灾经常发生。特别是工业用水量逐年增大,加剧了水资源供需矛盾。

2.2 水利工程不配套

长港河是汛期梁子湖流域排涝的主要通道,也是每年秋旱季节引江灌湖的主要输水通道。但是由于行政区划和经费困难等因素,长港基本处于失养状态,30 多年未进行疏浚,淤积严重。另外,河岸多处崩塌、滑坡,其中长港镇1 km多长范围呈现严重滑坡下陷迹象,岸坡顶部沿街房屋在枯水季节滑陷深度 2 ~3 cm,平行河岸的滑裂缝宽度 1 ~3 cm,情况十分危险,发展下去可能造成严重后果。河床淤积和岸坡滑塌阻碍汛期排涝,也严重影响从长江引水灌湖。

目前,长港流域的控制性水利工程如樊口大闸、樊口泵站、磨刀矶节制闸已经加固改造或即将加固维修,但是长港河作为梁子湖水系的主体水利工程,久疏治理,其水利功能严重退化,与控制工程严重不配套,限制了控制工程效益的发挥。

2.3 水环境污染迫在眉睫

梁子湖水系污染问题由来已久,以往主要是零星分布的三四处工业污染源,整体水质良好。但令人忧虑的是,由于区域工业和城镇建设迅速发展,不仅工业废水和沿岸集镇居民生活废水排泄量迅速增加,而且居民把厕所直接建在河岸,部分私营业主和居民把河滩当做垃圾堆积场,长港水质污染在加剧。特别是武汉、鄂州之间正在形成多个经济开发区,梁子湖水系面临着巨大的污染风险。

2.4 水生态不断恶化

由于过度围湖造田、网箱养殖,水污染加剧和水利工程管理不善,流域内的水生态日益恶化,湖泊萎缩,湖滩显露,湿地减少,水生物种减少,生物种群结构和流域小气候发生改变。

2.5 水利调度运行管理不能满足发展需要

2.5.1 治水理念陈旧

长期以来,长港流域水利调度控制运用目标是防洪除涝和农业抗旱保丰收。随着流域内工业化、城镇化发展和水环境、水生态的变化,流域水问题发生了重大变化,传统的水利工程调度运用制度如湖泊河流控制水位、控制流量等不能满足工业生产、城镇发展、水环境和水生态的要求。长港镇河段大范围滑坡和水质恶化就是水利调度运行管理与集镇建设、集镇管理之间相互不协调所产生的不良后果。

2.5.2 管理体系分割

长港河控制的梁子湖水系涉及武汉、鄂州、黄石、咸宁四市,在其中的控制性水利工程中,樊口泵站属省水利厅管理和调度,樊口大闸、磨刀矶节制闸、三山节制闸属鄂州市管理,由省防办调度,民信闸、车湾闸属鄂州市管理和调度,东沟闸由黄石大冶市管理和调度。管理体系分割,运用调度中各自考虑己方利益,缺乏协调统一,经常发生上、下游排水之间矛盾,排水与抗旱之间矛盾,排水与工农业生产、居民生活、生态环境用水之间矛盾,无法实现流域内防洪除涝利益最大化和雨洪资源的统一管理、调度和合理利用。

2.5.3 管理手段落后

长港流域内的控制性工程,除省水利厅直管的樊口泵站实现了监控、调度管理信息化外,其余所有工程仍然采取落后的管理方式:依靠人工测量水位、流量,然后上报省防办或所在市县防办,再由各防办做出调度决策。这种管理方式的缺点在于:工作效率低,不能及时、全面地采集水情信息,不能及时做出调度决策;由于管理体系分割,受地区利益的制约,水情信息的可靠性和调度决策的合理性无法保证,更无法实现全流域调度控制的统一协调和整体优化。

2.6 旅游资源开发欠缺

梁子湖水系流域湖光山色,风景秀美,有“梦里江南水乡”之誉,蜿蜒的长港河把 50 多个明净的湖泊串联起来,犹如玉带拴珠。流域内人文荟萃,遍布历史文化古迹。鄂州市、武汉市近年来建设了梁子湖生态旅游区、红莲湖旅游度假区、龙泉山风景区和多处森林公园。但是这些新兴的旅游度假区以及原有的西山风景名胜旅游区分散孤立,未能形成聚合效应,如果把流域内的主干河流长港进行旅游开发,就可以形成联系纽带,促进本地区旅游业由点向面发展。

长港河具有得天独厚的旅游开发条件:①长港碧水蜿蜒,两岸树木掩映,魅力天成。长港水流平缓,内湖和长江为其不竭水源,曾经有67年的小型客轮航运史,直到1993年由于沿岸公路发展,才停止商业航运,因此长港河完全具备游艇观光旅游条件。②长港位于武汉、黄石的中间地带,至两市城区的距离在40 km左右,武汉—黄石高速公路和铁路横跨长港,因此长港游艇观光旅游拥有丰富的周边游客资源。③长港一头连着鄂州市城区,一头连着梁子湖生态旅游区,长港生态观光旅游走廊不仅可以共享两地游客资源,而且作为联系纽带可以促进鄂州西山风景名胜旅游区、梁子湖生态旅游区繁荣兴旺。

2.7 城镇建设与水利治理不协调

梁子湖流域农村城镇化建设方兴未艾,农民集镇而居,城镇择水而建,但是缺乏集镇建设规划,缺乏环境保护、环境美化设施配套;房屋建筑缺乏专业设计,单调刻板,结构不合理,占地浪费。农村集镇建设的无序,损害河湖风貌和水环境,宝贵的河湖岸边土地资源没有得到合理利用,甚至妨碍水利工程发挥效益,危及集镇建筑物和水利工程安全。同样的问题在长港下游的鄂州城区和近郊濒河地区更为突出,这一带极具开发潜力的土地被大量废弃的厂房和低效益的污染型企业占用,居民房屋乱搭、乱盖、乱占地现象普遍,秀美的山水风光遭破坏,沿河两岸市容杂乱。

3 梁子湖水系综合治理的目标和思路

3.1 梁子湖水系综合治理目标

梁子湖流域不仅是传统的粮棉油和渔业生产基地,而且已经发展成为武汉城市圈高速发展的现代工业核心区域、城乡人口密集区域和生态旅游与环境保护重点区域,是武汉城市圈可持续发展的重点依托地区之一。

梁子湖水系综合治理,就是要实现水利治理与城乡建设、生态环境保护和土地资源开发、旅游事业发展相协调,促进流域经济、社会可持续发展,使梁子湖流域成为武汉城市圈两型社会建设的样板。

3.2 梁子湖水系综合治理思路

3.2.1 编制梁子湖水系综合治理规划

梁子湖水系综合治理是一项系统工程,要有长远规划,由易而难,分期推进,目前最紧迫的是要尽快编制梁子湖水系综合治理规划。根据梁子湖水系现状和综合治理目标,梁子湖水系综合治理规划应当重点研究以下几个方面的问题:

(1)综合考虑流域内城乡防洪除涝、工农业生产和可持续发展的需要,确定梁子湖流域除涝防洪标准。

(2)综合考虑流域内城乡防洪除涝、工农业生产和可持续发展的需要,统筹规划梁子湖流域防洪除涝战略和可持续发展战略。一方面,合理确定梁子湖流域不同季节河湖控制水位、湿地保护方案、滞洪蓄涝方案;另一方面,对于梁子湖水系内必须确保的圩垸,要制定圩堤防洪标准,并且按照这个标准进行除险加固。

(3)要根据流域社会经济发展现状,建立梁子湖水系科学合理的管理体系,制定统一协调的调度方案。具体来说,就是要建立梁子湖流域水雨情遥测体系,实现水雨情自动监测和电子化信息传输;制定梁子湖水系统一协调的防洪排涝预案和联合调度方案,实现全系统运行情况计算机监测和控制。

(4)对于梁子湖水系的控制性河流长港,制定综合开发治理方案和切实可行的分阶段实施计划。具体来说,就是要制定研究满足防洪除涝标准和适应生态观光旅游开发建设需要的长港河道疏浚方案与河岸整治方案;制定梁子湖水系水质监测点布局与监测方案;制定与工业、城镇发展规划及河湖承载力相适应的主要废水排泄口的允许排泄流量和水质控制标准;制定与水利治理、生态环境保护相协调的梁子湖—长港生态观光旅游一体化开发建设方案;制定与水利治理、生态环境保护、旅游开发相协调的长港沿岸城乡一体化建设总体规划。

3.2.2 梁子湖水系综合治理的前期工作和应急措施

为了科学合理编制梁子湖水系综合治理规划,控制梁子湖流域水问题继续恶化,建议尽快采取以下措施:

(1)对长港河道典型断面水下和岸边一定范围进行勘测,了解河床淤积和岸边滑塌情况、地形情况、土质情况,收集整理已有的历年特征水文资料,对岸坡滑塌险情严重的河段尽快采取治理措施。

(2)对梁子湖流域开展湖泊水面和水下勘测,了解新中国成立50多年来梁子湖水系水面变迁情况和湖泊淤积情况,建立湖泊水位—湖容关系曲线,为编制梁子湖水系的科学合理规划、治理、调度和保护提供依据。

(3)划定长港两岸保护红线,对红线范围内的严重污染设施限期清除,禁止出现新的污染源;对红线范围内新建工程实行审批制度,避免新建工程妨碍水利、破坏生态、影响河湖风光的工程、产业和设施。

4 结语

梁子湖水系是武汉、鄂州、黄石社会经济发展的重要依托,开展梁子湖水系综合治理,对于促进武汉城市圈两型社会建设具有重要的战略意义。梁子湖水系综合治理是一项复杂的系统工程,期待更多的领导、专家关注梁子湖流域水问题,研究梁子湖水系综合治理的科学合理方案,使梁子湖这颗江南明珠在武汉城市圈的可持续发展中发挥更重要的作用。

三峡工程对四湖流域沿江灌区的灌溉影响分析

吴　瑕[1]　关洪林[1]　聂世峰[2]

(1. 湖北省水利水电科学研究院　武汉　430070;2. 湖北省防汛抗旱指挥部办公室　武汉　430071)

摘　要:从灌区作物组成、长系列作物灌溉制度,计算灌区长系列灌溉需水量;通过需水量与三峡工程建成前、后灌溉闸长系列引水量的变化,分析多年平均缺水量等的变化,从而分析三峡工程运用后对沿江灌区的影响。另外,通过分析典型灌区影响与外水位变化的关系,类比估算四湖流域其他沿江灌区的影响。

关键词:三峡水利枢纽;四湖流域;大型灌区;灌溉

三峡工程蓄水运用后,下游河道的输沙量会明显减少,将引起下游河道发生长时间、长距离的冲刷调整,导致同流量下水位下降;同时由于水库的调度,下游河道流量过程也将发生很大变化。这些变化将对四湖流域沿江的灌溉带来影响。

本文针对三峡工程蓄水运用湖北段水沙条件的变化,预测该河段的水文变化趋势,分析水闸取水条件及能力的变化及对灌溉的影响。

1　灌区引水存在的主要困难

四湖流域沿江灌区的春灌水源主要通过沿江涵闸从外江引水,保证率不高,常因外江水位偏低而引水不足。而三峡工程建成蓄水初期,对荆江河段的影响很大,目前河床冲刷比预想的要快,沿江涵闸春灌取水更为困难,过去建设的渠首补源泵站规模太小,难以满足春灌用水需求。

2　三峡工程运用后对沿江水位的影响

2.1　水位变化趋势

通过数学模型的长系列计算以及实测资料验证相结合的研究方法,分析计算了蓄水前2002水平年和蓄水后2009水平年、2022水平年、2052水平年的水位、流量过程。

从多年平均水位来看,除新滩口—黄石河段部分站2009水平年水位比2002水平年高外,其他水平年、其他河段水位均比2002水平年水位低,且随着时间的推移呈不断下降的趋势。

灌溉期(5~10月)、枯水期(11月~次年3月)多年平均水位随时间的延长基本上呈不断下降趋势。春灌期(4月下旬~5月中旬),由于4月底库水位不得低于枯季消落水位,因而4月下旬泄流量有所减少,各水平年多年平均水位均下降;而5月上中旬由于下泄流量增加,各水平年多年平均水位抬高。

表1为四湖流域沿江代表站水位统计分析情况。

2.2　沿江涵闸取水能力变化趋势

由于河势局部变化以及流量引起的水位变化均会给沿江涵闸的取水能力带来不同程度的影响,且随着时间的推移,影响程度会加剧。

通过水位变化分析,三峡水库蓄水后2009年、2022年、2052年与蓄水前2002年末相比,荆江河段水位下降幅度较大。

表1 沿江代表站水位分析(吴淞)

(单位:m)

水平年	时段	沙市	监利	螺山	新滩口
2002	全年均值	34.71	28.9	23.98	20.89
	4月下旬	33.34	27.62	23.68	20.59
	5月上中旬	34.48	28.63	24.67	21.6
	5~10月	37.42	31.53	27.42	24.35
	11~3月	31.85	26.12	20.12	17.02
2009	全年均值	34.34	28.11	23.92	20.92
	4月下旬	31.94	26.06	23.11	20.08
	5月上中旬	35.78	30.04	26.55	23.36
	5~10月	37.04	31.13	27.35	24.25
	11~3月	31.59	24.95	20.11	17.23
2022	全年均值	33.89	27.68	23.3	20.45
	4月下旬	31.41	25.58	22.51	19.63
	5月上中旬	35.47	29.7	26.03	23.05
	5~10月	36.75	30.83	26.82	23.92
	11~3月	30.98	24.39	19.37	16.58
2052	全年均值	33.19	26.38	22.24	19.63
	4月下旬	30.67	24.32	21.51	18.86
	5月上中旬	34.8	28.63	24.89	22.16
	5~10月	36.13	29.68	25.68	23.06
	11~3月	30.19	22.9	18.39	15.81

通过对多年平均水位,特别是灌溉期平均水位的分析来看,三峡水库蓄水后,对荆江河段沿江引水涵闸的取水能力影响是最大的,主要有观音寺闸、颜家台闸、何王庙闸、西门渊闸、一弓堤闸等。灌溉期(5~10月)多年平均水位2009年、2022年、2052年与蓄水前2002年末相比的水位差值见表2。

表2 三峡水库运用后四湖流域主要涵闸灌溉期多年平均水位变化趋势

(单位:m)

水平年	观音寺	颜家台	何王庙	西门渊	一弓堤
2009比2002	-0.34	-0.49	-0.34	-0.40	-0.57
2022比2002	-0.66	-0.71	-0.68	-0.70	-0.86
2052比2002	-1.36	-1.40	-1.83	-1.85	-1.81

3 灌溉影响分析

3.1 典型灌区影响分析

3.1.1 典型灌区基本情况

四湖流域沿江大型灌区共5个,基本情况见表3。

3.1.2 作物种植结构

各个灌区各水平年的种植比是不同的,为了消除种植比的影响,拟定各个灌区各水平年的种植比采用同一值,见表4。

表3 四湖流域沿江大型灌区典型灌区基本情况

灌区名称	所在县(市)	设计灌溉面积(万亩)	引水闸设计流量(m^3/s)	闸底板高程(吴淞,m)	提灌站设计流量(m^3/s)
观音寺	江陵县	58.31	77	31.76	16
颜家台	江陵县	35.5	41.6	30.50	16
何王庙	监利县	43.2	34+15.3	24.50/24.8	
西门渊	监利县	36.6	34.27	26.00	6
一弓堤	监利县	31.1	30	28.00	

表4 灌区作物种植比

(%)

项目	早稻	中稻	双晚	小麦	油菜	绿肥	其他	春玉米	棉花	大豆	薯类	麻类	甘蔗	蔬菜	瓜果	合计
种植比	16	50	16	35	42	1	5	3	16	0	0	2	3	12	3	204

3.1.3 灌溉制度及灌溉定额

根据沿江气象站1971～2000年的降雨、蒸发资料，根据各种作物的灌溉制度参数，即可得出主要作物的灌溉定额，各灌区主要作物的多年平均灌溉定额见表5。

表5 主要农作物多年平均灌溉定额 （单位：m^3/亩）

农作物	早稻	中稻	晚稻	蔬菜	棉花	小麦
江陵县（观音寺、颜家台灌区）	186.4	270.8	242	381.9	24.3	65.4
监利县（何王庙、西门渊、一弓堤灌区）	177.2	288.7	251.2	401.2	20.3	66.7

其他旱作物的灌溉定额参考小麦、棉花的灌溉定额取用。

根据作物种植结构及单种作物的灌溉定额，即可求出综合定额。

根据综合定额、各灌区灌溉面积和灌溉水利用系数，即可求得各灌区的农田灌溉需水量。

3.1.4 水资源供需平衡结果

根据前述的灌溉需水量、计算原则、方法和参数等，按长系列逐旬进行水资源供需平衡计算，计算结果见表6。

表6 三峡水库蓄水对沿江灌区的影响分析

灌区	水平年	多年平均需水量（万 m^3）	多年平均自流供水量（万 m^3）	多年平均提水量（万 m^3）	多年平均缺水量（万 m^3）	多年平均提水电量（万 m^3）	现状已有的提水流量（m^3/s）	多年平均春灌期缺水量（万 m^3）		恢复到2002年保证率需增加提水流量（m^3/s）	恢复到2002年缺水程度需增加提水流量（m^3/s）
								合计	4月下旬		
观音寺	2002	45 172	39 324	2 749	3 099	4.9	16	63	57		
	2009	45 172	37 727	3 792	3 652	12.3	16	222	222	3.8	4.7
	2022	45 172	37 045	4 154	3 972	17.7	16	246	246	6.0	6.8
	2052	45 172	35 371	4 847	4 954	26.9	16	252	247	19.0	14.4
颜家台	2002	27 501	22 020	3 540	1 942	6.1	16	0	0		
	2009	27 501	21 547	3 967	1 987	13.1	16	0	0	0.0	0.5
	2022	27 501	21 039	4 261	2 201	16.9	16	0	0	0.0	2.4
	2052	27 501	20 108	4 879	2 513	23.3	16	1	0	1.5	5.0
何王庙	2002	32 792	26 683	0	6 109	0	0	0	0		
	2009	32 792	26 001	0	6 790	0	0	0	0	4.0	1.8
	2022	32 792	25 835	0	6 957	0	0	0	0	11.0	2.0
	2052	32 792	25 111	0	7 681	0	0	0	0	12.0	3.4
西门渊	2002	27 782	21 136	2 102	4 543	1.5	6	122	122		
	2009	27 782	20 161	2 522	5 099	6.0	6	348	348	0.0	1.9
	2022	27 782	19 879	2 625	5 278	8.4	6	370	370	0.0	2.4
	2052	27 782	18 749	3 100	5 933	15.3	6	418	401	0.0	4.1
一弓堤	2002	23 472	17 673	0	5 799	0	0	0	0		
	2009	23 472	17 596	0	5 876	0	0	0	0	3.0	0.2
	2022	23 472	17 459	0	6 013	0	0	0	0	3.0	0.4
	2052	23 472	17 385	0	6 087	0	0	0	0	3.0	0.6

3.2 灌区影响的规律分析

从表6的结果看，几个沿江引水灌区在灌溉期(5~10月份)基本上都有缺水情况存在，其中缺水最为明显的是面积较大的观音寺、何王庙、西门渊灌区，主要缺水月份是4月底以及7、8月份水稻需水比较大的月份 。

恢复到2002年水平年保证率时需增加的提水流量、恢复到2002年水平年缺水程度需增加的提水流量均是随时间的推移呈不断增加的趋势，这是多年平均水位随时间的推移不断下降导致的结果。

多年平均的缺水量随时间的推移呈不断增加趋势，而灌溉期多年平均水位随时间的推移也呈不断下降趋势，二者的变化规律有高度一致性，为此需要分析二者的相关关系，发现一般规律。为了消除灌区规模以及各个灌溉闸的闸底板高程的影响，拟进行多年平均亩均缺水量与灌溉期多年平均闸上水深的关系分析。图1为观音寺灌区亩均毛缺水量与闸上水深的相关关系，其他灌区也有类似关系。

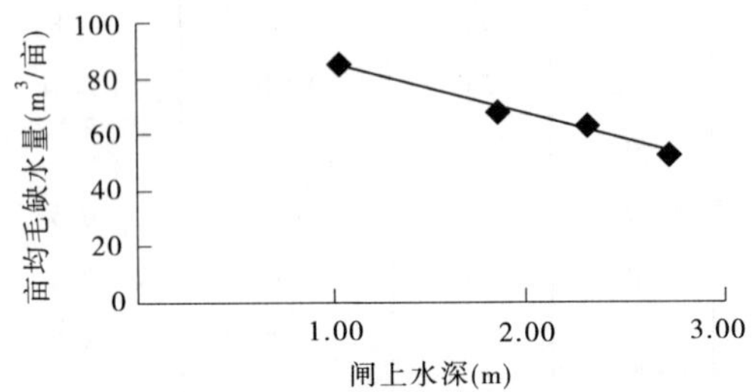

图1 观音寺灌区亩均毛缺水量与闸上水深的相关关系

通过相关分析，多年平均亩均缺水量与灌溉期多年平均闸上水深的相关系数均在0.93以上，说明二者有密切的关系。而随着时间的推移，闸上水深呈不断下降的趋势，因此多年平均亩均缺水量呈不断增加的趋势。这说明三峡工程对沿江灌区的影响是存在的，且随着时间的推移影响逐步增加，如果不采取相应的对策及措施，势必影响沿江灌区的国民经济发展。

3.3 灌溉缺水的损失分析

通过上述分析发现，三峡工程对湖北省四湖流域沿江灌区农业灌溉的影响是不容忽视的，随着时间的推移，多年平均缺水量不断增加，多年平均的提水电量也不断增加。为了对这些影响作进一步的分析，有必要进行损失分析。由于缺乏试验资料，进行损失分析时采取以下处理：损失分析针对灌区改造前，也未进行提水泵站建设的工况。沿江灌区都是以水稻为主，水稻的水分生产函数研究较多，我们假定缺水量基本上都是水稻。将泡田期和生育期分别进行分析，生育期分析采用《湖北省水稻节水高产灌溉试验研究》的研究成果(湖北省水利水电科学研究所，1998年10月)。其中减产水分生产率按《漳河灌区灌溉用水量及水分生产率变化分析》(崔远来，董斌，邓莉，《灌溉排水》第21卷第4期)中提出的灌溉水分生产率进行合理性修正。

三峡工程对湖北河段灌溉方面的影响最终反映在两个方面：一是提水电量的增加导致电费支出增加；二是水稻减产而损失的收益。将二者统一分析，可以得到三峡工程影响的综合损失。为了消除灌区规模的影响，将各水平年与2002水平年亩均损失差值与各水平年与2002水平年灌溉期多年平均水位差值进行相关分析，分析结果见图2和表7。

从表7可以看出，5个灌区的总经济损失2009年、2022年、2052年分别比2002年增加4 655万元、9 156万元、18 356万元。亩均损失增加值分别为23元/亩、45元/亩、90元/亩。

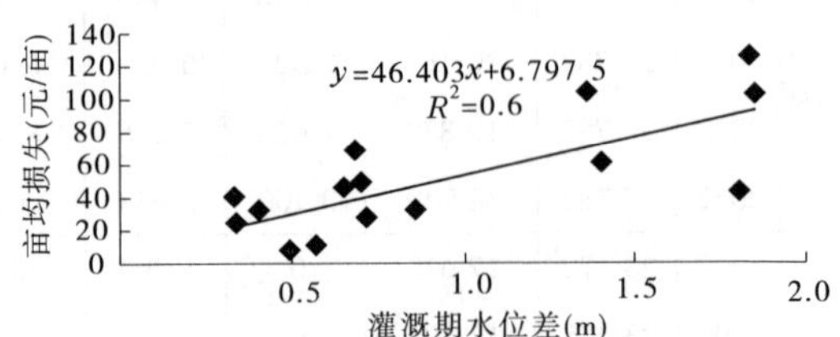

图2 亩均损失差值与灌溉期多年平均水位差值相关关系

表 7　三峡工程对湖北河段的经济损失分析表

灌区名称	水平年	各水平年与2002年相比增加的提水电量(万kWh)	各水平年与2002年相比增加的电费支出(万元)	各水平年与2002年相比的减产量(万kg)	各水平年与2002年相比的减产收益(万元)	合计经济损失(万元)	亩均损失(元/亩)	各水平年与2002年灌溉期多年平均水位差(m)	水分生产率(产量/供水量)(kg/m^3)
观音寺	2002								
	2009	9.2	1.93	917	1 375	1 377	23.62	0.34	1.66
	2022	16.6	3.48	1 748	2 622	2 625	45.02	0.66	2.00
	2052	35.1	7.37	3 953	5 929	5 936	101.80	1.36	2.13
颜家台	2002								
	2009	6.9	1.46	110	164	166	4.67	0.49	2.4
	2022	10.8	2.26	631	946	948	26.71	0.71	2.43
	2052	18.0	3.78	1 385	2 078	2 082	58.65	1.40	2.42
何王庙	2002								
	2009	2.7	0.56	1 123	1 684	1 684	38.99	0.34	1.65
	2022	9.2	1.92	1 922	2 883	2 885	66.78	0.68	2.27
	2052	19.4	4.08	3 587	5 380	5 385	124.64	1.83	2.28
西门渊	2002								
	2009	4.5	0.96	723	1 084	1 085	29.65	0.40	1.30
	2022	6.9	1.45	1 152	1 728	1 729	47.25	0.70	1.57
	2052	13.8	2.90	2 430	3 645	3 648	99.66	1.85	1.75
一弓堤	2002								
	2009	3.3	0.69	228	342	343	11.03	0.57	2.96
	2022	0.0	0.00	646	969	969	31.17	0.86	3.02
	2052	3.0	0.63	869	1 304	1 305	41.96	1.81	3.02

注:电价按 0.21 元/kWh,水稻单价按 1.5 元/kg 计。

由表 7 和图 2 可以看出,随着时间的推移,灌溉期水位不断下降,闸上水深不断减少,亩均损失不断增加,这些也说明三峡工程对四湖流域沿江灌区的经济影响也是巨大的。

参 考 文 献

[1]　中华人民共和国水利部. GB50288—99 灌溉与排水工程设计规范[S]. 北京:中国计划出版社,1999.

[2]　郭元裕. 农田水利学[M]. 2 版. 北京:水利电力出版社,1985.

蓄滞洪区洪灾损失分散模型研究

周念来　周玉琴

（湖北省水利水电科学研究院　武汉　430070）

摘　要：针对我国蓄滞洪区洪灾损失补偿现状中存在的问题，分析了洪灾损失分散的3种方法，以此为依据构造了蓄滞洪区洪灾损失的分散模型，兼顾了公平和效率，为蓄滞洪区洪灾损失补偿方式的完善提供了理论基础。

关键词：蓄滞洪区；洪灾保险；洪灾债券；洪灾基金；分散模型

1　引言

我国1/10的国土面积、5亿人口、0.33亿 hm^2 耕地、100多座大中城市、全国70%的工农业总产值受到洪水灾害的威胁。蓄滞洪区通常是毗邻河流或沿河两岸地势相对低洼平坦可临时滞蓄洪水的地区，是各流域最重要的防洪措施，是最易遭受洪水灾害的区域。由于人多地少的客观条件和长期监管法规及措施的缺失，使得大多数蓄滞洪区已经处于高度开发与利用状态，利用蓄滞洪区防洪的代价越来越大。

我国现行的洪灾补偿、救助制度是由各级政府对受灾居民进行救济，这种依靠政府力量、国家财政的救灾行为可以使有限的财力、物力更集中地使用到最困难的人群身上。但也存在一系列问题：

（1）补偿体制仍然是计划经济模式，所有的资源，包括物质资源和人力资源，即使是社会捐赠，都由政府支配，政府可以无偿地调动这些资源，投入到防洪救灾、减灾中去。这种情况最容易滋长那种虚报灾情可能得到较多救济的不道德报灾行为，助长整个社会的不诚实风气，容易滋生负责救灾工作官员的腐败，导致救灾效率低下，从而造成更大范围的负面社会影响。

（2）行政性体制抑制了市场模型的损失补偿模式和非政府机构的救助，仅靠不严格的政府监管措施，致使蓄洪区的经济快速发展，蓄洪区洪灾损失越来越大，从而使得政府救灾负担越来越重，很多时候是只能救一时而不能保障维护后续发展。

（3）蓄洪区受灾百姓容易形成对政府救助的依赖心理，影响了他们在防洪抗灾和生产自救时的主动性、积极性。

如何科学、合理、公平地补偿蓄滞洪区的洪灾损失成为一个亟待解决的重大课题。国外学者提出对洪泛区制定专门的法规、科学规划利用和实行强制保险，我国学者在考虑本国国情的基础上也在这方面做了大量工作：研究了防洪基金的性质、使用、管理和征收办法及费率，对洪灾保险的实施条件、保险对象和保险资金的积累等进行了探讨。在学者、专家们研究的基础上，本文通过分析分散洪灾损失的各种方法，来研究蓄洪区洪灾损失的分散模型。

2　蓄滞洪区洪灾损失分散方法分析

分散洪灾损失首先回答两个问题：若使得易受洪水威胁的地区变得安全，谁来负担相关成本；谁应承担洪灾造成的损失。回答这两个问题一般要考虑两个基本的标准，即效率与公平。如果完全体现效率，社会目标是洪灾损失减少最大化，那么政府就有充分的理由完全取消洪灾后的损失补偿。如果完全体现公平，意味着人们应该本着社会福利最大化来分配经济资源，那么洪灾造成的损失应当分散到社会的每一个公民。实际工作中应当效率和公平兼顾，这里将以此为原则来分析分散洪灾损失的方法。

2.1 洪灾保险

保险的原理，就是将少数人不幸的意外损失分散于社会大众，使之消化于无形，从而实现社会的安定。保险人提供保险一般有一些前提条件：①损失是客观的和意外的；②风险单位具有同质性；③风险单位在空间上和时间上是独立的；④风险单位数量必须众多；⑤必须有缓冲基金或准备金。保单可以在保险限额、除外责任和免赔额等方面加以限制。一般认为免赔额在减少管理成本、减少小额索赔和防范道德风险等方面非常有效。

洪水灾害发生的频率以及损失规模都非常难以预测，而且损失在地域上过于集中，形成巨大的累积理赔金额，对保险公司形成危险。保险人当然有一些手段去减少这种风险，如通过再保险以及增加风险单位的分散程度。但是，由于洪水保险一次损失额巨大，往往一次洪灾，直接影响到整个国民经济的发展，所以，一次巨型洪灾往往使几乎所有再保险公司同样面临破产危机，我国商业再保险公司往往无力承担如此巨大的再保险。另一种手段是筹集积累大量的缓冲基金以应对洪灾风险造成的不可预测损失，这就冻结了保险人的部分资金。保险人可能会为了避免累积所需准备金而拒绝承保洪灾损失。这就导致洪灾保险供给的减少。如果保险人决定要提供这类保险，就可能会提高费率，从而有可能将超过损失和费用的那部分保险费用用做超额收入来建立合理的缓冲基金，这也使得广大灾区群众无力投保。

2.2 洪灾债券

在洪灾风险下，保险人或再保险人向债券市场的投资者发行洪灾债券，在一定时期内，如果洪灾事故发生，就可以利用这笔资金保证赔付，以达到分散损失的目的。洪灾债券的主要特点是：洪灾债券给投资者带来的收益取决于洪灾保险的量和洪灾保险准备金，根据债券发行时规定的条款，投资者可能会损失全部或者部分利息，还有可能损失部分资本。洪灾保险产品通过证券化进入资本市场，借助现代金融技术和金融市场，将风险转嫁于资本市场，由保险人、再保险人和其他投资者共同承担洪灾损失。

洪灾债券是包含一个触发模型的特殊债券。简单说，触发模型就是洪灾损失是否发生以及发生的程度。当没有发生债券上载明的洪灾或虽然发生了洪灾事故，但造成的损失在约定的额度以内时，保险公司按既定的利率和期限支付利息与本金；而当实际损失发生且超过约定的额度时，保险公司可以延期支付或免除部分债券本利，甚至免除全部本利。

2.3 洪灾基金

洪灾基金是指各级政府专拨的救灾经费和对直接及间接受益者（如南水北调的受水者）征收的资金，它专用于补偿蓄洪区的洪灾损失。“谁受益、谁出资，多受益、多出资”是征收洪灾基金的基本原则，流域的蓄洪区洪灾是为了保护整个流域的安全和流域水资源的正常利用，应对每单位被利用的水资源征收洪灾基金，然后按不同频率设计洪水划定不同等级的受益区，并以此为依据征收不同费率的洪灾基金，征收的费率应基于洪灾损失的估量和征收对象的承受能力来综合考虑。

洪灾基金如果由政府按传统的计划经济模式来对受灾者进行补偿，那么虚报灾情、滋生腐败、救灾效率低下、受灾百姓缺乏主动性和积极性等弊端同样会出现。洪灾基金的救灾模式中必须引入市场激励模型，而与保险结合是一个很好的选择。

3 构造洪灾损失分散模型

基于对洪灾损失分散方法的分析，以公平、效率为基本原则，来构建蓄滞洪区洪灾损失分散模型。

3.1 在蓄洪区内分散损失

运用洪灾保险的方式在蓄洪区内部分散损失：

$$S(t) = ct - \sum_{i \in N(t)} X_i \quad t \geqslant 0 \qquad (1)$$

式中：$S(t)$为到t年积累的资本；c为保险公司每年征收的保费；X_i表示第i年的索赔额；$N(t)$表示索赔年份的集合。

$\varphi(t) = P\{S(t) < 0\}$为破产概率，很明显，由于洪灾损失巨大，而投保人人数不足、支付能力有限，所以仅在蓄洪区内实行保险，很容易破产。

3.2 在受益区内分散损失

通过建立洪灾基金的办法使得洪灾损失进一步在受益区内分散：

$$x(t) = x_1(t) + x_2(t) + x_3(t) \qquad (2)$$

式中：$x(t)$为第t年筹集的洪灾基金；$x_1(t)$为第t年政府财政的救灾款；$x_2(t)$为第t年对流域得到利用的每单位水资源征收的款项；$x_3(t)$为第t年根据流域风险图对每个直接受益者征收的款项。

将洪灾基金和洪灾保险结合：

$$S(t) = \sum_{i=1}^{i} x(i) + ct - \sum_{i \in N(t)} X_i \quad t \geqslant 0 \qquad (3)$$

很明显，损失分散的范围扩展导致保险准备金增多，保险经营的财务状况明显改善，破产可能性大大降低。

3.3 在资本市场分散损失

将保险公司的现金流转化成新型金融证券来进一步分散损失。假设保险人发行一种期限为n年的洪灾债券，面值为M，年息票率为r，市场无风险利率为l，设$w = 1/(1+l)$，每年发生洪灾达到债券规定的触发条件概率为q，那么未达到触发条件的概率为$p = 1 - q$，则该洪灾债券的理论价格为：

$$P_1 = Mrpw + Mrpw^2 + \cdots + Mrpw^n + Mw^n \qquad (4)$$

假设市场上有一种类似预期现金流且无违约风险的公司债券，期限为n年，面值为M，年息票利率为r，则该债券的理论价格为：

$$P_2 = Mrw + Mrw^2 + \cdots + Mrw^n + Mw^n \qquad (5)$$

显然，$P_1 \pi P_2$，两者价差$P^* = P_1 - P_1$。假设保险人卖出一份洪灾债券，同时买入一份该公司债券，收入现金流正好对冲支付的洪灾债券息票现金流流出，而且可以获得公司债券息票收入。这相当于购买了一份期限为n年，每年保额为$M \times r$的再保险，该再保险的成本为P^*，从而保险人的承保能力提高了$M \times r$。通过上述方式将洪灾损失在资本市场分散：

$$S(t) = \sum_{i=t-n}^{t} m(i) P_1 + \sum_{i=1}^{t} x(i) + ct - \sum_{i \in N(t)} - f(P^*, N't) \qquad (6)$$

其中$m(i)$为第i年洪灾债券的发行份额，它取决于资本市场对风险的喜好程度和这种洪灾保险的风险大小即洪灾的发生概率q，q越小发行份额越多，则成本为P^*（因为巨灾发生的概率很小，即q很小，所以P^*不会太大）。$f(P^*, N'(t))$。表示某年度未发生触发要求的巨灾，则保险人应支付的息票，它取决于价格差P^*和触发一定程度洪灾的年份集合$N'(t)$，因为洪灾发生的概率很小，即q很小，所以P^*不会太大，因而$f(P^*, N'(t))$远远小于$\sum_{i=t-n}^{t} m(i) P_1$。

从式(6)及上面的分析可以看出，保险人付出较小的成本，就可以提高洪灾承保的能力，达到损失分散的良好效果。

4 结语

完善蓄滞洪区洪灾损失补偿机制，将有利于调节洪泛区人口、财产分布和科学规划城市建设；有利于提高政府财政救灾资金和物资分配的透明度与使用效率；有利于减轻政府救灾负担，提高国家管理洪灾风险的能力。针对我国蓄滞洪区洪灾损失补偿现状中存在的问题：政府的救灾负担日益沉重，滋生救灾官员腐败，效率低下，以及受灾者防洪救灾缺乏主动性等，本文以兼顾公平和效率为原则，分析了洪灾损失分散的3种方法，构建了蓄滞洪区洪灾损失的分散模型，为完善蓄滞洪区洪灾损失补偿机制提供理论支持。

参考文献

[1] R. D. Blanehard - Boeh m. Should flood insurance

be mandatory Insights in the wake of the 1997 New Year's Day flood in Reno - Sparks[J]. Applied Geography 21(2001): 199-221.

[2] Dan Shrubsole. Flood manage ment in Canada at the crossroads[J]. Environ mental Hazards, 2000 (2): 52-55.

[3] Ray mond J. Burby[J]. Flood insurance and food Plain manage ment : the Use Experience. Environ mental Hazards, 2001(3):111-122.

[4] 万群志,程晓陶. 中国洪水保险的实践与探索(摘录)[J]. 水利经济,2001(1):48-49.

[5] 付湘,王放,王丽萍,等. 洪水保险研究现状与发展趋势分析[J]. 武汉大学学报(工学版),2003,36(1):24-28.

[6] 李继清,等. 有关防洪基金问题的探讨[J]. 水利水电快报,2001(6):25-27.

[7] 傅湘. 防洪基金问题的研究[J]. 水电能源科学,2000(4):12-15.

[8] 刘庆红. 蓄滞洪区洪水保险与再保险研究[D]. 武汉:武汉大学水利水电学院,2004.

[9] 赵息,金晶,汤杰. 巨灾债券精算及其运行研究[J]. 西南交通大学学报(社会科学版),2005,6(4):123-126.

弘扬'98 抗洪精神　探索治水新思路

张家华　邓冠贵　罗运枝

（湖北省公安县水利局　公安　434300）

摘　要：简要回顾了1998年湖北省公安县洪涝灾害的特点，总结了抗洪的主要措施与经验教训。

关键词：洪水；1998年；公安；防洪

防洪抗灾历来是公安县的大事，面对1998年特大洪水袭击，百万公安人民在县委、县政府的正确领导下，万众一心，众志成城，取得了抗洪斗争的决定性胜利。特大洪水虽离我们远去，但伟大的抗洪精神依然存在，留给新时期水利人更多的是精神、经验和思考。

回顾1998年公安县遭受的长江流域特大洪水和荆江分洪区运用准备，面对大洪压境、多灾临头的严峻形势，广大人民和援防官兵在国家、省、市的指导和县委、县政府的坚强领导下，全力以赴，迎险而上，奋起抗灾，顽强拼搏，与灾害展开了超历史的艰苦卓绝的殊死大搏斗，打响了一场空前的保卫家园的人民战争，取得了抗洪斗争的区域性决定性胜利。为纪念1998年抗洪胜利，弘扬伟大的抗洪精神，作为当代水利人，我们既要总结过去成功的经验，又要探索新时期治水思路。

1　'98 洪涝灾害的主要特点

1.1　汛情

受厄尔尼诺现象及其他综合因素的影响，1998年，公安县长江沿线自6月份起出现了持续大范围强降雨过程，尤其是6月12～27日、7月4～5日和7月末～8月26日的3次超量降雨，引发接踵而至历史罕见的全流域性暴雨洪水。全县江河自6月28日布防、7月1日突破警戒水位后，一直居高不下，至9月16日全部撤防，历时81 d，出现了8次洪峰，形成洪峰连现、南北夹击、洪量叠加、危机四伏的严峻局势，尤其以第三次和第六次洪峰最为险恶，出现了超历史记录的最高洪水位。

1.2　雨情

1998年5～9月，全县平均降雨量690 mm，比多年同期降雨量多26 mm。由于降雨量时空不均，出现了前涝后旱的严峻形势。5～7月持续降雨并发生3次强降雨过程。第一次5月8～10日，全县平均降雨量接近100 mm。第二次6月11～12日，平均降雨量超过70 mm，藕池、黄山、裕公等超过100 mm。第三次7月21～24日，平均降雨量为117 mm，其中藕池镇达232 mm。致使全县排涝泵站因外江水位高而无法启排，湖泊、渠道水位逐日上涨，其中北湖34.77 m，超设防水位0.77 m；崇湖33.52 m，超设防0.22 m；玉湖37.54 m，超设防水位0.54 m；牛浪湖36.10 m，超保证水位0.1 m；内溮水河水位41.08 m，超保证水位0.08 m；总排渠黄山35.32 m，超保证水位0.32 m，超历史最高水位0.22 m；闸口泵站35.41 m，超启排水位2.61 m，超历史最高水位0.11 m；法华寺泵站36.00 m，超启排水位1.5 m，居历史第三位；淤泥湖泵站32.81 m，超启排水位1.81 m，居历史第二位；小虎西泵站34.67 m，超启排水位1.87 m，超历史最高水位0.14 m，形成了外洪内涝的严峻局面。

1.3　灾情

由于洪水量大、涉及范围广、持续时间长，洪涝灾害频繁，灾情一次比一次严峻，损失一次比一次严重，加上荆江分洪区33万人大转移，直接经济损失达60多亿元。一是涝灾。进入7月,县内连续普降大雨,加之外江水位高,全县37处临江泵站无法启排,洪涝同步,致使全县381个村、11.5万户、50万人不同程度受灾;20个傍江洲垸因洪水而漫溢,受灾农田3.73万 hm^2,其中成灾2.67万 hm^2,淹没农田1 717 hm^2,损失房屋5 300栋、16万间,倒塌房屋1 894栋、4.75间,1.95万人被水围困,12 945人被迫转移,灾害损失7亿元。二是洪灾。虎渡河右岸的孟家溪严家台堤段8月7日1时左右溃口,使垸内3个乡镇、4个场、63个村、254 km^2 被洪水淹没,13.5万人遭灾,其中死亡2人、失踪2人,损失达32.9亿元。三是分洪转移损失。8月6日13时湖北省防指下达分洪区运用准备的命令后,分洪区内的33万人和1.8万头耕牛被迫转移离家、离乡、离土、离岗18 d,工厂停工,商店停业,农田失管,路断人绝,集体和个人经济损失达20.13亿元,转移中伤亡1 644人,其中重伤473人,死亡99人(其中触电、车祸、摔死、挤死、撞死、服毒、投水、中暑死亡21人,病死78人)。四是旱灾。整个汛期,因降雨时空分布不均,干旱时有发生,致使全县有2.67万 hm^2 农田遭受不同程度的旱灾。

2　战胜洪涝灾害的基本经验与主要措施

面对1954年以来最为严峻、最为险恶、最为复杂的灾情,为夺取抗洪斗争的决定性胜利,公安县的基本经验和措施如下。

2.1　坚强领导,正确决策,是夺取抗洪斗争胜利的重要保证

1998年出现的全流域性大洪水,是历史罕见的,抗洪抢险领导之坚强有力和工作之卓有成效,也是空前的。在抗洪斗争中,县委、县政府明确提出防汛抗灾是压倒一切的中心工作。灾害出现后,县指挥部根据水情、雨情、工情、险情的变化,精心组织,科学调度,动员一切人力、物力,全力以赴抗灾。30名县领导、276名科局长、400名乡镇领导和2 000多名国家干部坚持在第一线指挥,根据县指挥部确定的方针,始终把严防死守、确保大堤安全作为重中之重,把保护人民生命安全作为第一位的任务,在抗洪抢险极为复杂的情况下,运筹帷幄,指挥若定,率先垂范、身先士卒、冲锋在前、撤退在后,既当指挥员,又当战斗员,以拳拳之心、殷殷为民之情,感召着参加防汛抗灾的千军万马,极大地鼓舞了斗志,增强了战胜灾害的信心和决心,形成了强大的凝聚力和战斗力。

2.2　军民联防,众志成城,是夺取抗洪斗争胜利的重要根本

在旷日持久的'98抗洪大决战中,全县15万名干部群众、2万名兄弟县市援防人员和12 630名部队官兵以"泰山压顶不弯腰"的英雄气概,与滔天洪水展开了生死大搏斗,用血肉之躯筑起了一道坚不可摧的防洪大堤,形成了空前强大的防守阵容,打响了一场空前的保卫家园的人民战争。特大洪水灾害发生后,广大群众日夜坚守大堤,舍小家、保全局,全力以赴投入到决战大洪水的战役中,表现出高度的思想觉悟和高昂的斗志。在抗灾紧要关头,广州军区和济南军区的炮1师、坦克11师、舟桥32旅、预备役师的官兵奉命及时奔赴公安县,以对国家和人民无限忠诚与高度负责的精神,日夜奋战在抗洪第一线,充分发挥能征善战的突击队作用,哪里最危险就冲向哪里,哪里最艰苦就战斗在哪里,以严防死守、决战决胜的英雄气概,与人民群众一道战胜了一次又一次的洪峰,在保卫南平大垸、坚守虎东围堤、抢堵重大险情和抢救孟溪遇难群众等一系列重大战斗中发挥了关键作用。县直机关、事业单位和企业的1 000多名干部职工和各乡镇共1.3万名抢险突击队员,闻"汛"而动,挺身而出,迎险而上,充分发挥了突击队作用。在惊心动魄的南平保卫战中,2万群众、7 000多名突击队员和4 200名部队官兵,履行了人在堤在、水涨堤高的誓言,共同筑起了一道长40 km、高1.5 m左右的"白色长城",共同谱写了一曲众志成城降洪魔的胜利凯歌。

2.3　常修常管，准备充分，是夺取抗洪斗争胜利的重要基础

县委、县政府始终坚持“水利定公安”的指导思想不动摇，坚持不懈兴修水利，强化水利基础设施建设，从新中国成立至1998年，全县共投工6亿多个，完成土石方近7亿 m^3，其中堤防建设完成土石方1.5亿 m^3，堤防平均加宽2.5 m，加高1 m，形成了防洪、排涝、灌溉三大防汛抗灾工程体系，为抗御洪涝灾害奠定了坚实的物质基础，并且坚持常查常整，组织各级行政领导、工程技术人员和劳力对一段一段堤防、一处一处工程、一台一台设备、一个一个部件都认真查、反复整，排除险情隐患，保证了水利工程设施达到规定的完好率、合格率，确保了安全度汛。汛期，根据水文、气象等方面的资料科学分析，提早作出了可能发生1954年型大洪水的判断，多次召开防汛工作会议，作出全面部署，认真整治新出险情27处，翻筑白蚁隐患10多处，整治堤防“五乱”，抢备低矮堤段抢险预备土6万 m^3，收到了事半功倍的效果；同时修订防御1954年型大洪水预案，健全防汛组织机构，完善调度系统，确保了防汛得心应手。

2.4　认真查险，及时排险，是夺取抗洪斗争胜利的关键所在

面对堤防受长时间高水位浸泡，全县上下从战略上蔑视洪水，在战术上警惕洪水，始终把巡堤查险作为防汛工作特别是严防死守的关键，抓紧抓紧再抓紧，坚持坚持再坚持，落实落实再落实。一是领导督促查。从省到地方的党政主要领导把巡堤查险拿在手上抓，夜以继日巡查督办、检查、巡查。二是干部带班查。驻村国家干部和村干部与群众一起编班分组，树生死牌、立军令状，带班巡查。三是拉网普遍查。随着堤防浸泡时间的延长，巡查范围不断扩大，从堤防禁脚30 m、200 m、500 m至1 000 m。四是广泛动员查。全县上下出台政策，大力奖励发现险情的有功人员，充分调动了全民参与义务查险的积极性。全县共奖励有功人员18人，奖励现金2万元，通报表扬400人次。五是专班轮流查。各地以水利专班为主体，对各种报险的判断、险情的监测和重点部位进行巡查。六是纪律保证查。纪委、检察部门按照防汛抗灾若干纪律规定，对玩忽职守、组织不力、巡查不认真的防汛人员进行通报批评，给予纪律处分，定期发布巡堤查险督察通报。通过采取各种有效措施，各地巡堤查险基本做到了24 h不间断，岗上加岗，哨上加哨，见微知著，明察秋毫。

查险是前提，整险是关键。在'98特大抗洪中，广大干部群众以大无畏的英雄气概，临危不惧，冷静应付，激战险恶。县领导、乡镇主要负责人和工程技术人员，更是哪里有险情，哪里就有他们的身影，及时了解险情，正确判断险情，认真研究方案，迅速组织抢护，坚持与抢险人员风雨同舟，共同奋战，为广大干部群众注入了强大的动力，保证了及时化险为夷。共耗用粗砂7 205 m^3，卵石6 917 m^3，块石5万 m^3，化纤袋、草袋、麻袋共400万条，汽油179.6 t，柴油101.8 t，煤油108.3 t，电线32.5万 m，灯泡19.8万个，木头486.5 m^3，油布256床，棉絮18 750 kg，元钉1.2 t，元丝4.4 t，完成土方10万 m^3，调集抢险船只183艘，车辆1 361辆，全县直接用于防汛抢险资金5 800万元，其中县级3 700万元，乡镇2 100万元。

2.5　多方配合，全力支持，是夺取抗洪斗争胜利的重要保障

面对特大灾害，各级各部门在县防汛指挥部的统一领导和调度下，以国家、集体和人民利益为重，一切服从、服务于防汛抗灾工作，坚持急事急办、特事特办，及时作出具体部署，同心同德，团结协作，不惜一切代价，全力以赴支持防汛抗灾，形成了空前强大的后勤保障。邮电、电力、交通、卫生、商业局、财政等部门要人出人、要物出物、要钱出钱，有力支援防洪抗灾斗争。一方有难，八方支援。在南平、甘家厂乡的群众生死存亡的紧要危急时刻，章庄铺、毛家港、埠河、斗湖堤、裕公、曾埠头、夹竹园等10多个乡镇和县直各部门组织突击队员风驰电掣赶往险点紧张抢险。在孟溪大营救中，1 000多名舟桥部队官兵携110多艘冲锋艇日夜兼程，以最快的速度赶赴灾区救人。在分洪区群众转移

期间，松滋、沙市、江陵、荆州、石首等5个县(市、区)的19 600名防汛大军背井离乡，风餐露宿，顶烈日，冒酷暑，增援分洪区208 km围堤防守，显示了中华民族的强大凝聚力，以实际行动保卫了全市防洪抗灾大局。

2.6　科学调度，统筹兼顾，是夺取抗洪斗争胜利的重要途径

'98抗洪既是一场空前依靠科学技术与洪涝灾害作斗争的智慧仗，又是实事求是、尊重科学的持久战，在抗洪斗争中，我们除了充分听取专业技术人员的意见外，同时对全县雨情、水情、工情、险情和防守情况进行全面的科学分析和论证，依靠专业技术人员解决抗洪抢险中的技术问题。面对接踵而至的洪峰，按照省防指的决定精神，本着对人民高度负责的态度，认真做好两手准备，一方面，对荆江分洪区及时组织群众转移，一切做好分洪的各项准备工作；另一方面，严防死守，协同援防人员确保干堤安全。水利、气象部门加强天气和水情的监测，及时准确地提供天气、汛情预报，尤其是县防汛指挥部水情科面对最复杂、最险恶的洪水组合，每次洪峰压境前后，坚持每小时向市防指、湖南澧水石门水文站，湖南省水文总队联系一次，并询问邻县、市水情、做到每小时通报一次水情，为各级领导决策和指挥提供了依据，在防汛抗灾中发挥了重要作用。

'98洪水后湖北堤防工程地质问题分析与对策

陈汉宝　李瑞清　黄定强

（湖北省水利水电勘测设计院　武汉　430070）

摘　要：对湖北堤防现在和将来面临的工程地质问题进行了分析和预测，概括地提出了堤防主要工程地质问题分区。提出要从更高、更广泛的角度把握全局，开展地震、岩溶地面塌陷、崩岸等专题研究，加强堤防管理，建立堤防险情监测和预警系统，运用现代探测技术进行勘测检测，为预防和治理险情提供依据。

关键词：堤防；地质分区；工程地质评价；湖北

1　引言

湖北省河流众多、湖泊遍布，大小堤防几千千米，河湖安全均系堤防于一身。'98洪水以来长江堤防经过10年的整险加固，堤防现状得到了极大的改观，洪水期间险象环生的景象已不复存在，安全保障大大提高，良好的大堤，优美的环境，形成一道亮丽的风景。

经过整治后的堤防是否就安全了，什么问题都没有了呢？经过调查分析和研究后，笔者认为，经过整治后的湖北堤防依然存在相当多的问题和隐患，且这些问题更加隐蔽和复杂，一旦出险，带来的危害也更大。首先，湖北省堤防分布面广，堤基工程地质条件错综复杂，危害大堤安全的不良地质现象多有分布，'98洪水后整险加固期间对堤防虽进行了大量的勘测工作，但由于认识的局限性，对危害大堤安全深处或广处的不良地质现象揭示还远远不够，勘探深度十分有限；其次，'98洪水后大规模的堤防整治是围绕之前的防汛状况和出险情况展开的，还有很多堤段和建筑物没有得到整治，尤其是堤防基础；最后，由于外部环境的变化，新的形势使堤防面临新问题、新挑战，例如三峡建成后，清水下泄等都会对堤防带来新的险情。因此，分析和研究'98洪水后湖北堤防存在的问题，弄清新形势下堤防工程不良地质现象的发育、出露和分布规律，制定应对堤防突发性地质灾害的方案，对确保大堤之稳固、长江之安澜具有十分重要的意义。

2　'98洪水前堤防存在的主要工程地质问题

1998年长江流域遭受了百年不遇的特大洪水，在洪水的考验下堤防暴露出许多问题和缺陷，沿堤险象环生。'98洪水后，为了搞好堤防除险加固工作，依据堤防工程地质勘察规范，结合1998年汛期出现的险情对堤防做了较为系统的工程地质勘察，堤防存在的主要工程地质问题归纳起来主要有以下几个方面。

2.1　由于堤身填土土质和填筑质量引起的问题，主要表现为散浸、漏洞和脱坡

散浸是因堤身透水性强，汛期渗流在堤内坡溢出，使堤内坡大面积渗水形成的。漏洞多是由堤身管涌发展而成的，有的是由蚁穴、腐烂树根、杂质等隐患引起的，有清水漏洞和浑水漏洞之分。脱坡是由于堤身填土的强度不够，在汛期形成的局部堤身边坡失稳而成，可分为内脱坡和外脱坡。

2.2 由于堤基地质结构引起的问题，根据土层结构的不同有两种

（1）因堤基砂性土浅埋地下水渗漏和渗透引起的渗透变形问题。主要表现为管涌、流土和接触冲刷，俗称“翻砂鼓水”。管涌是在渗流作用下，无黏性土或少黏性土中的细小颗粒发生移动或被渗流带出形成的砂沸现象。流土则是指堤基土某一范围内所有颗粒同时被渗透水流推动、浮起和冲走，使地基丧失承载力而产生变形或失稳。接触冲刷是一种发生在两种不同介质接触面之间的渗透变形。

（2）因堤基浅层软土分布而引起的剪切变形破坏、压缩变形问题。主要表现为堤身沉降变形破坏、边坡滑动、建筑物沉降拉裂、倾斜等。堤身沉降变形破坏是因软土承载力低、压缩变形过大引起的。边坡滑动则是因为软土抗剪强度低所致。建筑物沉降拉裂、倾斜则主要是因为软土地基不均匀变形产生的。

2.3 因水流冲刷和地下水动水压力引起的问题，主要表现为崩岸、岸坡滑塌

崩岸主要是因为深泓逼岸，水流淘蚀岸坡下部土体，使岸坡土体失去支撑发生崩塌所致。岸坡滑塌则是由于组成岸坡的土体强度降低，在地下水动水压力等作用下发生滑动变形而产生的。

3 ’98 洪水后堤防工程地质问题分析

3.1 ’98 洪水后堤防存在的工程地质问题分析与评价

’98 洪水后经过堤防综合整治，以往防汛中已经暴露的缺陷和出现的险情都得到了全方位治理，但是由于整治时的各类技术规程规范和人们思维观念的局限，受近些年区域内气候、环境改变的影响，以及人类认识自然的逐步深化，结合近几年的运行实践，综合分析后，我们认为堤防现在存在的工程地质问题主要有以下几个方面：

（1）由于技术规程规范局限而未能勘察发现认识到的问题，主要表现为地震、岩溶地面塌陷等。

这一类的工程地质问题主要是受基础地质、构造、水文条件控制的、固有的问题，只是在整治过程中，受规程规范局限未能发现或认识到。

地震往往是区域发震构造引起的，与下伏基岩基底的地质构造尤其是区域断裂的发育和分布息息相关，这些区域断裂的活动程度以及与堤防的展布关系都影响堤防地基的稳定，当堤防周边和附近发生地震时，分布在堤防基础基岩基底下的区域断裂带的影响烈度都会得到不同程度的放大，而对堤防产生危害。2005 年 11 月 26 日发生在江西省九江、瑞昌间的里氏 5.7 级地震，震中烈度为Ⅶ度，湖北黄梅县小池镇西至龙坪镇南的长江边烈度也为Ⅶ度，所幸该地震不是发生在汛期，对堤防影响不大。

岩溶地面塌陷是指在覆盖型岩溶区，基岩上覆的松散盖层土受地下水活动的影响，使溶洞中充填物被带走或补充进洞，在土中形成土洞，由于土层中土洞的发展，导致地面陷落而产生地表变形和破坏所形成的负地形。岩溶地面塌陷的形成，需具备有岩溶洞隙、一定厚度覆盖层、地下水活动 3 个基本条件。岩溶洞隙的存在是塌陷产生的基础，为塌陷物质提供容纳的场所和运移的空间。松散破碎的盖层是塌陷体的主要组成部分，已知塌陷大多数由土层组成。地下水活动是塌陷产生的主要动力，地下水位升降、流速流量的变化，将对土层、洞隙空间产生多种力学效应和作用，引起岩土体破坏，导致塌陷产生。关于岩溶地面塌陷的成因机制，很多专家和学者根据现场观察与模拟试验作了大量的分析和研究，提出了潜蚀、真空吸蚀、气爆、震动、土层液化等成因。目前大家所熟知和公认的主要有潜蚀、真空吸蚀机理。据记载，1931 年 8 月，武昌丁公庙发生岩溶地面塌陷导致长江堤防溃口，使白沙洲一带淹没成一片湖塘，后称为“倒口湖”。2008 年 2 月 29 日 14 时许，汉南区陡埠村在长江干堤（桩号 354 + 600 ~ 900）堤内发生东西向 105 m、南北向 47 m 的地面塌陷，最深处约 6 m（主塌陷区），最近处离长江干堤堤脚仅 33 m，最远处 180 m 左右，后通过勘

察证实，该塌陷也属岩溶地面塌陷，塌陷机理为潜蚀机理，基岩上覆的与基岩直接接触的饱和砂性土（粉砂、粉砂/沙壤土/壤土互层）因基岩中岩溶承压水头压力的反复变化，促使土中地下水的流动，发生潜蚀作用，在上覆土层中形成漏斗状疏松体，而产生土洞，随着土洞的进一步扩大，继而不能支撑上覆土层，产生陷落，最后发展到地面塌陷，由于地下岩溶通道穿过堤基通向长江，严重威胁堤防安全。

（2）因区域内自然地理环境和水文地质条件改变而产生的新的问题，主要表现为新的崩岸、渗透变形破坏、地面沉降等。

这一类问题主要是指由于气候环境变化（如全球气候变化、区域地质作用等）或是工程建设的副作用（如三峡水库的修建使清水下泄、'98洪水后堤防大规模的整治等）或是人类的活动（如抽取地下水、基坑降水、河道采砂等）等引起了该区域的自然地理环境和水文地质条件发生改变产生的。

新的崩岸险情都是由于河势变化、水流冲刷引起的。崩岸一般有"窝崩"和"片崩"两种。堤岸破坏是河流淘刷、堤岸崩塌交替作用反复循环的一个过程。土体中坡脚被冲掉后，其余部分塌入河中，江水继续破坏暂存的岸滩使堤防节节后退。长江岸坡崩塌的原因主要可归结为以下4点：坡崩塌多发生于枯水期，此时水位降落，岸坡内未消散的孔隙水压力形成触发滑坡的渗透力；江水淘刷坡脚，导致上部边坡崩滑；暴雨使近坡面部分土体负孔压消失，成为滑坡的触发因素；波浪动水压力。

据统计，自2002年以来，湖北长江堤防每年都有新的崩岸险情发生。2005年2月，江陵县荆江大堤文村夹堤段发生崩岸险情，崩岸长达350 m，崩岸距堤脚最宽处73 m，最窄处仅46 m，最大崩宽达12 m，崩高8 m。2005年7月25日，枝江市百里洲林家垴江段发生崩岸险情，崩岸长1 050 m，宽20 m，崩坎高3 m，局部崩岸段逼近堤脚。2006年11月，长江堤防枝江市顾家店同勤垸焦岩子险段发生崩岸险情，崩岸全长510 m，崩宽17 m。2008年3月10～18日，枝江市白洋镇向家坝沙湾堤外垸长江堤防连续发生崩塌。该处垸堤长1 750 m，崩岸长360 m，崩坎平均高1.5～3.5 m，最高处达5 m。2008年4月5日4时左右，宜都市枝城镇洋溪段蛤蟆岩（省道红东公路K35+600处）发生崩塌险情，长100多m、宽30多m的岸坡及路基塌陷入长江，垂直塌陷高度12 m，塌方近3万m^3，造成连接宜都红花套至松滋东岳庙的省道红东公路被拦腰截断。

渗透变形破坏问题是堤基下砂性土在渗流作用下引起的，'98洪水后对沿堤500 m范围内出现的险情进行了整治，可以说，再碰到'98型洪水，已整治过的堤段不会出现类似险情，但是没有整治的堤段、整治范围外或者碰到更大的洪水此类险情仍然存在，仍然需要重视。

地面沉降：它是地面岩土体在自重应力场（或构造应力场的参与）条件下垂向变形破坏及向深部架空或潜在空间方向的运动。按引发的原因分为地下水开采型、土壤疏干型和洞穴塌陷型3种类型。按成因机制地下水开采与土壤疏干属于同一类型，两者的区别前者是将地下水作为水资源开采，后者则是为了开垦湿地采取排水疏干，但两者均因下伏土层中地下水位的降落、有效应力的降低造成固结压密而引起地面沉降。洞穴塌陷包括岩溶塌陷和地下采掘洞穴塌陷，塌陷的范围局限于洞穴和地下洞室的影响带。构造引起的区域性地面沉降一般涉及的范围广，如江汉平原平均沉降速率2～5 mm/a。岩溶塌陷地面沉降和地下采空区塌陷地面沉降主要分布于覆盖岩溶分布区和矿藏分布区，如黄石市。因有效应力降低造成固结压密而引起地面沉降主要分布于平原湖区和地下水开采区。地面沉降一方面使洪涝灾害加剧，防洪排涝工程效能降低；另一方面大幅度增加低洼湿地面积，使耕地沼泽化，恶化了生态环境和农业生产条件，带来环境地质问题。

（3）因城市建设和发展的需要，在堤防周边建设施工或是穿堤（穿管）施工而引起的问题。

分布于城市中的堤防工程保护着城市的防洪安全，但是由于城市建设和发展的需要，很多新建的工程要在堤防附近或是穿堤施工，轻则影响堤防工程安全，重则对堤防造成隐患和危害。2003 年 3 月黄石西塞电厂取水工程顶管施工穿堤时引起堤身纵向裂缝，直接威胁堤防安全。

(4)’98 大水以后未整治或未彻底整治的堤防及建筑物带来的问题。

’98 大水以后堤防工程大规模整治工作主要是围绕以前出险情况展开的，经过整治的堤防和建筑物险情得到了根治，防洪能力得到了提高，而那些没有整治的堤防和建筑物就成了相对薄弱的地带，可能存在压缩沉降变形、渗透变形等问题而影响整个堤防的防洪能力，需要关注和重视。

3.2 工程地质问题的演化

从上述可以看出，经过大规模堤防整治后，’98 洪水前和洪水后，湖北堤防存在的主要工程地质问题发生了较大的变化，主要表现在：

(1)’98 洪水后存在的工程地质问题涉及更深、更广的地质环境条件。

过去谈及的工程地质问题仅仅是考虑第四系覆盖层中的，而现在出现的问题涉及到了深部的基岩和区域构造，过去谈及和整治的工程地质问题往往是有关堤身和堤防附近 500 m 范围内的，而现在出现的问题可能要超出此范围。

(2)’98 洪水后存在的工程地质问题产生原因和影响因素更多、更复杂。

’98 洪水后存在的工程地质问题既有松散堆积层引起和产生的，又有下伏基岩引起的；既有自然因素引起的，又有人为因素引起的；既有河流地表水引起的，又有地下水引起的，因此产生原因和影响因素更多、更复杂。

(3)’98 洪水后存在的工程地质问题出现险情将具有更加隐蔽和更加突然的特点。

一方面，’98 洪水后大规模的堤防整治以及自然地理环境的改变产生了很多新的险情，如新的崩岸险情；另一方面，由于有些险情孕育发展的周期较长且是隐伏的如岩溶地面塌陷、地面沉降等，因此使得’98 洪水后存在的工程地质问题出现险情将具有更加隐蔽和更加突然的特点。

(4)’98 洪水后存在的工程地质问题出现险情危害性将更大。

正是由于’98 洪水后存在的工程地质问题出现险情具有更加隐蔽和更加突然的特点，因此其一旦出现危害性将更大。如 1931 年 8 月，武昌丁公庙发生岩溶地面塌陷导致长江堤防溃口，使白沙洲一带淹没成一片湖塘，该地段“房倒屋塌，人畜损失严重”。

3.3 湖北堤防主要工程地质问题分区概况

根据湖北堤防地基结构和基底地层地质构造特点，分析和预测湖北堤防主要工程地质问题粗略分区如下：

(1)地震危害：主要分布于黄梅小池以及石首、公安等地震动峰值加速度 0.05 g 的区域性大断裂交汇处。

(2)岩溶地面塌陷：主要分布于武汉、黄石、黄冈等一些下伏基岩为碳酸盐岩分布区。其发生包括自然因素和人为因素，例如在沿江强岩溶区开采地下水形成降落漏斗、建筑基坑降水等。

(3)地面沉降：主要分布于江汉平原区域构造沉降区、武汉等大城市地下水开采区、黄石等采矿区以及平原湖区排水固结沉降区。

(4)渗透变形破坏：主要分布于砂基浅埋区。洪湖、监利、赤壁、嘉鱼、黄冈等长江干堤为多发区。

(5)崩岸：主要分布于二元结构且水下边坡较陡的迎流顶冲河段。长江荆江河段以上为多发区。

(6)压缩、剪切变形破坏：主要分布于洪湖围堤隔堤、黄梅华阳河西隔堤等软土分布区。

(7)人类活动破坏：主要分布于荆州、武汉、鄂州、黄石等迅速发展的大中型工业化城市建设区。

4 ’98 洪水后堤防工程地质问题对策

4.1 开展高层次堤防工程地质问题专题研究

4.1.1 建立堤防险情监测和预警系统

长江堤防经过’98 洪水后大规模加固，防洪能力显著提高,同时也积累了丰富的基础资料,如何在堤防管理中应用这些资料,这就要建立堤防险情监测和预警系统,按堤防地质条件和历史险情划定分区,对重点堤段每年开展监测,建立GIS信息系统,实施动态的信息管理。

堤防加固的最终目标是实现科学防治和动态的信息管理,采用科学手段监测和预测险情,而不是过去靠人工拉网式查险。堤防险情的发生受多种因素的影响,包括地基地质条件、渗流状态、汛期外江水位等。在进行险情预测时,由于上述影响因素的复杂性且没有截然的界限值,具有明显的模糊性,难以用准确的数学工具严密地刻画出险情的孕育—发生—发展过程,但各因素之间又具有相关性和归类性,因此可以建立地理信息系统GIS支持下的堤防险情模糊层次结构预测模型,采用层次模糊数学方法对湖北省堤防险情进行预测预报,同时将湖北省堤防归纳为稳定区、基本稳定区、次不稳定区、不稳定区和极不稳定区,对其中的不稳定区和极不稳定区重点开展检测及长期监测。例如,崩岸区的水下地形监测、管涌区的渗流形态监测、软土滑坡区的位移监测等。一旦发现异常即可发出险情预警,指导重点巡查和及时抢险。

4.1.2 开展岩溶地面塌陷对堤防影响的研究

在堤基土层下伏基岩为碳酸盐岩分布区如武汉、黄石等,应开展地下岩溶勘察和监测,分析评价其对堤防的影响,避免发生溃堤灾难。

4.1.3 进行区域构造稳定与地震对堤防的影响研究

湖北省堤防地震烈度大多按Ⅵ度设计,而公安、石首的南线大堤距离常德地震较近;此外,湖北省最大的区域性断裂——襄樊广济断裂沿长江展布,它与麻城团风大断裂交汇于黄冈长江干堤,是否存在构造稳定问题还需研究。2005年11月26日江西省九江地区发生了里氏5.7级地震,地震震源在郯庐断裂带和襄樊广济断裂带交汇处,震中烈度为Ⅶ度,影响堤防的实际烈度已经超过了原设计烈度。

4.2 应用现代探测技术进行勘测检测,为预防和治理提供依据

4.2.1 堤防隐患探测的任务和项目

堤防隐患探测的任务主要有3个:探测堤防运行形态;找出堤防隐患,分析出隐患对堤防安全的影响;对堤防的加固效果进行检查及评价。

堤防隐患探测的项目主要有:堤身及堤基渗漏通道探查、堤基岩溶管道系统探查,防渗效果探查、堤防裂缝探查、堤基地质隐患探查(如探查强透水破碎带、砂砾层古河道位置)、滑坡体探查、涵管破裂探查等,其中最主要的隐患是渗漏隐患。

4.2.2 堤防隐患探测的仪器和方法

堤防隐患探测的手段除常规钻探、井探外,已较多地采用物理勘探技术。'98洪灾过后,国家防总和水利部在湖南益阳组织了大规模的堤防隐患仪器测评,从测评情况来看,目前,我国堤防隐患探测的方法主要有:直流电阻率法(常规电阻率法、高密度电阻率法)、自然电场法、瞬变电磁法、放射性同位素示踪法、测温法、瞬态面波法、地震法、地质雷达法等。其中以电法勘探运用较为广泛,地震法勘探也有使用。此外,也有采用同位素示踪技术以探查渗漏通道,有些单位还研制了堤防隐患探测专用仪器,使用较为方便。

4.2.3 堤防隐患探测的主要成果及应用

通过系统的检测和勘测,编制堤防地形图(包括水下)、地质平剖面图、历史险情分布图、基岩地质图、岩溶发育强度分布图、地下水位变化图等,在此基础上形成湖北堤防主要工程地质问题分区图,最后建立湖北堤防险情预测评价的空间背景信息数据库,为科学设计和指导防汛提供准确的依据。

4.3 加大管理力度,做好防汛抢险预案

加强堤防管理,根据堤防主要工程地质问题分区及自然地质条件划定堤防管理范围和影响范围,并指导堤防影响范围内的土地开发和建设,以避免或减轻由于人为活动对堤防工程的危害和影响。

另外,可根据堤防主要工程地质问题分区在可能产生不同灾害的堤防部位分别准备不同的防汛备料,做好不同的防汛抢险预案,指导防汛和抢险工作,打有准备之仗,以免汛期出现问题时措手不及,造成危害。

5 结语

按照唯物辩证法的观点,事物的运动和变化是永无止境的。一方面,水环境的变化出现了新的问题,提出了更高的要求;另一方面,人们的认识水平不断提高,有必要开展更深入的研究。本文对湖北堤防现在和将来相当长时期内面临的工程地质问题的分析与预测还只是初步的,下一步还要根据深入的勘察和原型监测成果开展研究。为了保证堤防长治久安,我们要从更高、更广泛的角度把握全局,以期指导今后的堤防管理和险情灾害预测及防汛抢险治理等。

参考文献

[1] 黄定强,陈汉宝,王继红. 湖北省长江干堤堤基地质结构及险情初步分析[J]. 湖北水力发电,2000(1).

[2] 韩晓光,楮鑫杰. 江西九江——瑞昌 Ms5.7 级地震对湖北省造成的破坏和影响及其防御对策[J]. 资源环境与工程,2007,21.

[3] 范士凯. 武汉(湖北)地区岩溶地面塌陷[J]. 资源环境与工程,2006,20.

[4] 湖北省水利水电勘测设计院. 湖北省汉南长江干堤陡埠堤段岩溶地面塌陷应急整险工程地质勘察报告[R]. 2008.

[5] 陈祖煜,孙玉生. 长江堤防崩岸机理和工程措施探讨[J]. 中国水利,2000(2).

湖北长江堤防大建设对经济社会发展的促进作用

湖北省河道堤防建设管理局

（湖北省河道堤防建设管理局　武汉　430071）

摘　要：分析了'98大洪水后长江堤防大建设对湖北省经济社会发展的巨大促进作用。

关键词：堤防建设；经济效益；社会效益；湖北省

1　引言

"五害之属，水为最大"，"圣人之治，其枢在水"。1998年大洪水后，党中央、国务院及时作出了灾后重建、整治江湖、兴修水利的重大决策，大幅度增加了以防洪工程建设为重点的水利建设投入。

在国家有关部委的关心和支持下，湖北省境内1 585 km长江堤防全部纳入国家基本建设投资计划，工程总投资148.47亿元，几近长江中下游堤防建设总投资的一半。

在湖北省委、省政府的高度重视下，全省上下特别是沿江各级政府、水行政主管部门、项目法人及各项目建设管理办公室采取有力措施，规范管理，加快建设，如期完成了堤防建设任务。仅由湖北省组织实施的非隐蔽工程就完成土方超过3亿 m^3，相当于常年25年工程量的总和，重建、加固穿堤建筑物433座，堤身混凝土护坡845 km，修建堤顶混凝土路面1 400多km，修建了覆盖湖北长江两岸的堤防防汛通信工程，开发了险情监测系统和堤防工程管理信息系统软硬件环境配置项目等。

湖北长江堤防大建设，不仅彻底改变了堤防的面貌，大大提高了长江堤防的防洪能力和科学防洪的手段，而且有力促进了湖北经济社会的长足发展。如果说，湖北近年来最突出的成就是堤防建设，那么给湖北经济社会发展和人民群众带来最大变化的也应该是堤防建设。长江堤防建设的效应辐射到了沿江的每一个角落，惠及到了千家万户。

2　湖北长江堤防大建设，提高了防洪抗灾能力

经过近10年的建设，长江干堤普遍加高了1.5～2 m，加宽了4 m左右，沿长江干堤历史上所有的倒口渊塘和取土坑基本填平，砂基堤段得到了综合处理，病险涵闸得到了整治加固，堤基也变得更加结实了，防洪能力得到了极大提高，并在1999年、2002年抗大洪实战中得到充分体现。

1999年，正在整治中的长江干堤，在抗御接近1998年洪峰水位的严峻形势下，抢筑子堤只相当于1998年的1/18，重大险情只相当于1/40，上堤防汛劳力不到1/3，参加防汛的部队、武警官兵不到1/10，消耗的抢险砂石料、编织袋不到1/6。

2002年8月，长江突发洪水，监利、莲花塘站出现有历史记录以来的第三高水位，螺山站出现第四高水位。然而，在大水压境的情况下，湖北长江干堤没有出现一处重大险情。

2003年、2005年、2007年汛期，长江湖北河段水位均一度达到设防水位，而长江干堤的防汛没有动用任何社会力量，完全靠堤防管理部门的职工巡堤查险，更没有发生一起大的险情。长江堤防成为沿江人民的生命之堤。

3　湖北长江堤防大建设，改善了沿江生态环境

思路决定出路。建设单位、设计单位在长

江堤防建设的前期工作中，就注入了人与自然和谐的理念。在工程建设过程中，湖北省政府适时提出了项目法人责任制与地方行政首长负责制相结合的建设管理体制，在新型建管体制下，使沿江政府综合治理长江沿线环境的理念更进一步融入堤防建设中，使长江堤防成为生态之堤。

一方面，长江堤防建设工程本身有效改善了沿江生态环境。在堤防建设中，从生态的角度优先考虑了水土保持工程。堤防内外平台全部植树，目前存量已超过 1 500 万株，堤身背水面和有外滩的迎水面全部种植草皮。千里堤防成为千里绿化长廊；湖北省河道堤防建设管理局还在长江沿线各堤防管理单位开展花园式段点、庭院式单位建设活动，建设了一大批绿树环抱、四季常青、花果飘香、景色宜人的花园式、庭院式单位。2002 年以来，湖北省河道堤防建设管理局、荆州市长江河道管理局、湖北省洪湖分蓄洪区工程管理局先后被授予"全省绿化先进集体"荣誉称号；黄石市河道堤防管理局被评为湖北省第二批省级园林式单位；荆州洪湖长江分局、黄冈市河道堤防管理处被授予"全国绿化模范单位"荣誉称号。

另一方面，各地把城区环境改造与堤防建设相结合，使昔日的险工险段，变成了今天的景点亮点。武汉市对城区"两江四岸"进行综合治理，先后建成了龙王庙景区长廊、南岸嘴景点游园、汉口江滩、武昌江滩、大禹神话园等别具特色的沿江景观；荆江大堤、黄石城区堤防、枝江城区堤防、黄州城区堤防等，也修建了一批集防洪、休闲于一体环境工程。不仅大大提升了城市品位，而且成为市民健身娱乐和亲水休闲的最佳场所。

4 湖北长江堤防大建设，增强了农民致富信心

"江堤安，则百姓安；百姓安，则天下安"。对于长江堤防建设的成效，沿江各级领导干部和广大农民感受最为深刻。多少年来，他们都是防汛抢险和堤防建设的主力军，是"兴修水利、整治江湖"的英明决策让他们过上了安稳日子，一年中 4 个月防汛、5 个月修堤的历史也一去不复返，而把更多的精力用于新农村建设，用于发展农业生产和多种经营。长江堤防成为沿江人民的减负堤、致富堤。

大规模的堤防建设，使沿江各地从巨大的防汛抢险成本压力中解脱出来。从 1998 年与 2002 年长江大洪水同等水位、同等堤段的防汛消耗对比中体现的较为明显。1998 年高洪水位时，上堤防守人员达 180 万人，而 2002 年仅上堤 13.8 万人，按每人每天消耗 10 元计算，每天可节省消耗 1 660 万元，半个月就减少开支 2 亿多元。2002 年长江超保证水位的堤段达 328 km，由于堤防加高加固了，不需加筑子堤挡水，而 1998 年抢筑子堤和抢险的土方近 200 万 m^3，投入编织袋 3 280 万条，折合投资 7 200 万元。以上两项共节约开支 3 亿元。

防汛抢险和修筑堤防义务工大大减少，堤防防洪安全得到保障，使得沿江农民有时间外出务工，有信心和精力发展生产，极大地解放了生产力，发展了生产力。由于不再担心洪水给农业经济带来大的危害，调整产业结构，开展农业综合开发，成为农村经济发展的必然。洪湖市是受水患灾害特别是洪灾影响最大的地区之一，也是大规模堤防建设受益最大的地区之一，据统计资料，大水前的 1997 年，该市农民人均纯收入仅为 1 698 元，而 2006 年，该市农民人均纯收入达到 3 538 元，在不考虑物价因素的情况下，10 年翻了一番多。

5 湖北长江堤防大建设，推动了新农村建设

在长江堤防建设中，拆迁了沿江 300 多万 m^3 的建筑，并对拆迁户进行了妥善安置；修建了一大批水源替代工程，解决了沿江千家万户生活饮用水和工农业生产用水问题；修建了长江两岸 1 400 多 km 的堤顶道路和数千条的上堤路，在保障防洪通道畅通的前提下，极大地缓解了沿江交通压力；在实施长江堤防整险加固工程的同时，国家还实施了移民建镇和平垸行洪工程，移民 300 多万人，采取集中建镇安置的办法，高标准建设了一批移民小区。

基础设施的不断改善,农村面貌发生了巨大变化,沿江人民正踏踏实实地迈着发展经济的步伐,满怀信心地去实现全面建设小康社会的目标。

6　湖北长江堤防大建设,促进了地方经济发展

"沟渎遂于溢,障水安其藏,国之富也"。长江堤防建设带来的不仅仅是农村的变化,更重要的是,大大促进了沿线地方经济的持续健康发展,并有力推动了长江经济带的建设。

第一,长江堤防大规模建设,拉动了国民经济相关产业的发展,提供了众多的劳动就业渠道。据测算,1998年、1999年水利大投入的拉动力,在湖北省GDP增长中所占份额分别为0.6%和1%,新增30万50万个就业机会。2000年以后,堤防建设的投入逐年增加,到2002年投入达到顶峰,一年的投入就超过过去近4年的总和,对国民经济发展的拉动作用无疑更大。

第二,堤防建设营造了良好的投资环境。随着堤防防洪能力的提高,一些国内外有活力、有发展前途的企业纷纷落户长江沿线投资兴业,为地方经济和社会发展注入了活力。在过去,饱受洪灾困扰的荆州市是谈"洪"色变,外商来了又走。而在近几年安全祥和的水利防洪环境下,受洪灾威胁最为严重的公安、石首、松滋等县市,先后有吉象、楚源、凯乐、车轿、飞利浦等一批大型企业乃至上市公司在此落户。而得两江四岸之水环境优势的省城武汉,更是成为投资的热土,富士康、海尔、神龙汽车等国内外知名企业纷纷落户。特别是独占长江、汉江优势的武汉城市圈,不仅广受国内外投资家的青睐,而且成为国家资源节约型和环境友好型综合配套改革的试验区。在刚刚结束的第三届中部博览会上,作为东道主的湖北成为最大赢家,3 d时间共签约外资项目566个,引进外资83.11亿美元;签订内资项目470个,引资1 769.85亿元;签订出口订单14.54亿美元,内贸成交23.35亿元。这些项目九成以上都落户长江、汉江沿线的市县。

第三,有力促进了长江经济带的发展。开发大江大河不仅仅是人们的主观愿望,更有其客观规律性。第二次世界大战以后,许多国家纷纷进行流域开发。美国的密西西比河、非洲的尼罗河、欧洲的莱茵河、北美洲的圣劳伦斯河、亚洲的恒河都得到相继开发,并且取得了巨大成绩。长江作为世界的第三大河,也是世界上少有的黄金水道,是我国除沿海开放地带外经济密度最大的经济带。1988年4月,湖北省委常委扩大会在研究对内对外开放开发对策时,提出了发展湖北长江经济带的设想,并作为实现中部崛起战略目标的突破口来抓。湖北长江经济带涵盖全省29个县市,土地面积5.23万km^2。据1989年统计,拥有人口2 255.9万人,占当时全省总人口的42.8%;工农业产值、国民生产总值、国民收入分别占全省的54.37%、51.75%和53.21%;财政收入占全省的64.38%;积蓄的固定资产原值占全省的60.4%;拥有的科技人数占全省的78.18%,是湖北经济的重要支撑点。毋庸讳言,湖北长江经济带发展的第一个10年,取得了长足进步,但长江洪患始终是制约经济发展的瓶颈。随着长江堤防工程的完建、三峡工程即将全面投入使用,湖北长江防洪能力进一步提高,建设湖北长江经济带再次摆上了省委、省政府的议事日程。我们有理由相信,有安全可靠的水环境,湖北长江经济带一定能成为湖北经济的重要增长点,促进湖北经济又好又快发展,带动湖北在中部率先崛起。

1998 年洪水后湖北省长江干堤整险加固工程社会经济效益综合分析评价

方崇惠[1,2]　林德才[1]

（1. 湖北省水利水电勘测设计院　武汉　430070；2. 武汉大学　武汉　430072）

摘　要：通过对 1998 年长江大洪水后湖北省长江干堤整险加固工程项目进行社会经济效益较全面系统的定性、定量分析评价，得出结论：该项目总体国民经济评价指标优于国家规定的评价标准，且大大减少年防汛投入；建设期对湖北省 GDP 的贡献率高达 9.1%，对社会经济和社会环境积极效果显著且持久，对未来自然和生态环境起到改善和治理作用。并引入多层次模糊综合评价模型分析评价，量化评分结果为 84.6 分，表明该项目社会经济效益及影响总体良好。因此，湖北省堤防建设成效巨大，项目体现“科学、和谐、创新、现代”治水新理念。

关键词：堤防；整险加固；社会效益；经济效益；水利工程评价；湖北

1　引言

建设项目社会经济效益综合评价是西方发达国家在 20 世纪 60 年代以后逐渐兴起的一种评价方法，过去对建设项目的评价主要着重于经济评价的优劣。实践后人们发现，单纯的经济评价不能解决环境恶化、人口、收益分配、失业和社会贫富差距越来越大等问题，因此要求在经济评价之外，还要考虑社会和环境问题，特别是对于社会效益巨大、社会影响深远的水利建设项目，如防洪、治涝工程，因此对水利建设项目开展社会经济效益综合评价，具有重要的现实意义。

适逢’98 抗洪胜利 10 周年纪念之际，对 1998 年长江发生大洪水以后湖北省进行大规模堤防除险加固建设成效，进一步全面评估十分必要。

通过对本文社会经济效益综合分析评价说明：水利建设项目不仅仅体现在经济方面，也大量体现在社会方面，使人们对该项目的社会效益和影响有一个较为全面、系统的了解，肯定’98洪水后对湖北省堤防建设巨大成就和带来巨大效益。

2　工程项目概况

2.1　湖北省堤防加固概况

湖北省地处长江中游，自然面积 18.59 万 km²，东、西、北三面环山，中南部为江汉平原湖区，地势低洼，高程一般为 20 ~ 50 m，汛期外江洪水位常高于堤内地面数米至十余米，全靠堤防抵御洪水。全省现有江汉堤防总长 7 050 km，其中长江干堤长1 704 km、汉江干堤长 729 km、东荆河堤长 317 km。

1998 年长江大水后，党中央、国务院及时做出了灾后重建、整治江湖、兴修水利的重大决策，大幅度增加了对湖北省长江堤防建设的投资力度。在 1998 ~ 2003 年主要建设期内，湖北省对荆江大堤、洪湖监利长江干堤、荆南长江干堤、南线大堤、松滋江堤、下百里洲江堤、咸宁长江干堤、武汉市长江干堤、汉南至白庙长江干堤、鄂州耙铺大堤、鄂州昌大堤、黄广大堤、黄石市堤、阳新长江干堤、长孙堤、黄冈长江干堤等 16 段长江干堤总长 1 585 km 进行了除险加固，工程概算投资 154.09 亿元。这其中经湖北省水利水电勘测设计院设计的堤段达 14 段，长度占长江干堤堤长的80%以上。

2.2 湖北省国民经济发展现状

近年来,湖北省的经济发展稳步攀升,国民经济保持稳定增长。2004年,全省国内生产总值首次突破5 000亿元大关,达到5 395.91亿元,按可比价格计算,比上年增长9.3%,增幅高于全国平均水平0.2个百分点。从三次产业看,第一产业完成增加值792.55亿元,增长5%;第二产业增加值2 580.58亿元,增长10.2%;第三产业增加值2 022.78亿元,增长9.7%。三次产业结构由2002年的14.2∶49.2∶36.6调整为14.7∶47.8∶37.5,第三产业比重进一步提高。全省投资、消费对经济增长的贡献率达10%,比上年提高1%。私营个体经济增加值在国内生产总值中的份额达20以上。

2.3 长江干堤保护区(包括分洪区)内基本经济状况

湖北省长江干堤堤防保护区内涉及全省43个县市,包括武汉、荆州、黄石、襄樊、鄂州、荆门等大中城市。根据表1统计,保护着41 012.63 km^2自然面积(含湖南省部分),225.2万hm^2耕地,3 270万人口以及江汉油田、武钢等国有大型企业。保护区内工农业生产比较发达且基础设施比较完善,全区已逐渐形成了以电子、生物制药、食品、建材、机械以及化工为主的支柱产业结构,同时房地产业和以饮食娱乐为主的第三产业也迅速崛起,成为新的经济增长点;农业资源、饲养业、矿产资源、水资源以及旅游资源都比较丰富,是著名的粮棉渔基地。保护区内交通便利,水运、陆运、空运体系都比较完善发达,比如陆运有京广等铁路大动脉、沪蓉高速公路、318国道、宜黄高速公路和京珠高速等公路干线。保护区内经济结构日趋合理,综合经济实力明显增强,人们物质文化生活水平显著提高。

3 社会经济效益分析评价

3.1 经济效益分析评价

3.1.1 防洪减灾效益

湖北省长江干堤经过'98洪水后整治加固,其防洪能力将有很大的提高。根据设计报告,其防洪效益采用有无该项目的增量效益进行分析,并有相应的增量效益多年平均达48.71亿元,详见表1。

表1 湖北省长江堤防加固工程保护范围及效益增量表

序号	堤段名称	堤长(km)	保护范围			多年平均防洪分摊效益增量(亿元)
			面积(km^2)	耕地(万hm^2)	人口(万人)	
1	荆江大堤	182.35	8 800	73.33	800	17.80
2	洪湖监利长江干堤	230	2 782.8	8.87	118	7.59
3	荆南长江干堤	189.32	2 564	11.6	136	2.68
4	南线大堤	22	2 112	17.6	110	0.10
5	松滋江堤	51.2	2 000	16.67	170	0.31
6	下百里洲江堤	37.37	240.23	1.13	22	0.57
7	咸宁长江干堤	105.79	1 611	11.93	125	1.39
8	武汉市长江干堤	349.07	8 236	32.4	806	9.81
9	汉南至白庙长江干堤	43.72	4 534	17.67	268	2.21
10	鄂州耙铺大堤	43.6	1 588	9.33	160	1.42
11	鄂州昌大堤	30.71	231.5	1.33	45	0.36
12	黄广大堤	87.34	1 382	5.67	95	1.86
13	黄石市堤	29.4	462.1	1.87	109	0.16
14	阳新长江干堤	30	2 000	7.4	139	0.63
15	长孙堤	9.77	949	3.33	58	0.26
16	黄冈长江干堤	108.57	1 520	5.07	109	1.56
合计		1 550	41 012.63	225.2	3 270	48.71

注:分摊增量效益来自设计报告,其他均来自《长江流域防洪规划报告》(长江水利委员会,2003年5月)。

3.1.2 堤防工程加固后防汛投入的减少

大规模的堤防建设,使沿江各地从巨大的防汛抢险成本压力中解脱出来。从 1998 ~ 2002 年防汛投入情况可以看出:长江堤防的防汛消耗对比有明显差距,详见表 2。就拿堤防基本建成后、洪水较大的 2002 年为例与 1998 年防汛投入比较:1998 年高洪水位时,上堤防守人员达 230 万人、而 2002 年仅为 15 万人,按每个人每天消耗 10 元计算,每天可节省消耗 2 150万元,半个月就减少开支 3 亿多元;又如 2002 年由于堤防加固基本完成不需要再加筑子堤挡水,而 1998 年抢筑子堤和抢险的土方近 200 万 m^3,投入编织袋 3 280 万条,折合投资 7 200万元。据测算多年平均防汛投入较 1998 年减少 8.86 亿元。从上述分析可以看出,堤防加固以后使得国家和地方每年的防汛负担大为减轻。

3.1.3 防洪减灾效益评价

在防洪减灾效益评价中采用国民经济评价指标动态分析。其中,费用除 1998 ~2003 年已实施工程概算投资 154.09 亿元,还有荆江大堤一、二期工程(根据《荆江大堤加固工程补充初步设计报告》1949 ~ 1997 年以前)投资折现为 243 797.6 万元(1985 年价格水平)、其他堤防完成 21 亿元国家投资(来自湖北省河道堤防建设管理局网站数据)。运行费用取为固定资产的 1%。

为了体现湖北省长江干堤整险加固工程建成后的经济效益,以及考虑到可比性原则,所以把各个堤段的效益折现到建设初期,即为 1999 年初。为了计算方便、具有可比性及可操作性,假设所有堤段的建设期为 5 年,即从 1999 年初到 2003 年底,正常运行期为 40 年,防洪效益年增长率 $h = 3\%$。按照当时的社会折现率 $i = 12\%$ 计算,则建设项目总体的国民经济评价指标为:经济内部收益率 17.1%,经济净现值 152 亿元,经济效益费用比 1.23;按照现在的社会折现率 $i = 8\%$ 计算,则建设项目总体的国民经济评价指标为:经济内部收益率 21.6%,经济净现值 520 亿元,经济效益费用比 2.43。

表 2 1998 ~2003 年湖北省防汛投入

项目	1998 年	1999 年	2000 年	2001 年	2002 年	2003 年
防汛投入人力(万人)	230	45	4	2	15	23
防汛投入资金(亿元)	10	2	0.8	0.8	1.5	0.6
上堤劳力(万人)	208	45	4	2	14	23
上堤干部(万人)	13	4	0.1	0.05	1	0.05
上堤部队(万人)	9.5	1	0.03		0.01	0.05
储备编织袋(万条)	2 000	2 000	2 000	2 000	2 000	2 000
储备帐篷(顶)	495	495	495	495	495	495
储备手电筒(盏)	1 300	1 300	1 300	1 300	1 300	1 300
消耗编织袋(亿条)	1.95	0.58			0.01	0.03
消耗帐篷(顶)	100					
消耗手电筒(盏)	500					

通过以上对防洪效益与防汛投入减少的定性与定量分析表明,该项目各项指标优于国家规定评价标准;同时,湖北省长江干堤的防洪形势比 1998 年显著好转,充分说明 1998 年大洪水后,党中央、国务院及时做出的灾后重建、整治江湖、兴修水利的重大决策非常英明,建设后的长江干堤所带来的防洪效益是巨大的。

3.2 社会效益分析评价

社会经济效益评价是指对除项目经济评价外的,与项目经济活动又密切相关的社会效益进行评价。对湖北省长江干堤整险加固工程,将从对当地经济和就业的影响、促进地方及区域经济发展、投资环境改善几个方面进行评价分析。

3.2.1 促进区域经济发展,推动经济增长

近几年来,国家不断加大基本建设投资力度,积极推动了国民经济增长与发展。湖北省长江干堤整险加固工程项目的投资兴建,也将对湖北地方及区域经济的发展起到突出的推动作用。从1998~2003年湖北省GDP值、固定投资以及其中的基建投资看(见表3),在1999~2003年这5年的建设周期内,堤防加固工程项目的投资建设对当地国民经济GDP增长贡献率5年平均达到9.1%,占当年基建投资的5%左右。

表3 1998~2003年湖北省GDP值及分析表

项目	1998年	1999年	2000年	2001年	2002年	2003年
GDP值(亿元)	3 704.21	3 857.99	4 276.32	4 662.28	4 975.63	5 395.91
GDP增长值(亿元)		153.78	418.33	385.96	313.35	420.28
固定资产投资(亿元)	1 231.10	1 302.17	1 421.55	1 551.75	1 695.22	1 883.59
其中:基建投资(亿元)	426.03	505.97	502.39	598.37	648.64	642.37
堤防投资(亿元)		31	31	31	31	30.09
堤防投资占基建(%)		6.1	6.1	5.1	4.7	4.6
堤防建设对GDP增长的贡献率(%)		20.1	7.4	8	9.8	7.1
5年平均对GDP增长的贡献率(%)			9.1			

注:GDP来自湖北省统计年鉴1998~2003。

3.2.2 带动相关行业,扩大就业面

毫无疑问,一项投资100多亿元的工程,对当地经济发展和解决就业(无论临时的还是长期的)来说,都会起到积极而巨大的推动作用。长江堤防加固工程的建设,将在客观上给工程所在地交通、经济、生活条件的改善带来积极的作用,为了方便施工和以后的运作管理,工程必须修建一些临时或永久的生产、生活设施,而这些基础设施在当地将带动地方经济的发展。

该工程使用了大量的当地建材,对相关产业的发展也起到了拉动作用。长江堤防加固工程共使用水泥124.52万t,钢材1 795.7万t,木材1.76万m^3,油料553.82万t,土工布212.25万m^2。使用水泥、钢材等原材料,可以消化湖北省以及各工程所在地的全部产品,不足的部分可以通过外购或者扩建生产能力来解决。这些行业的发展也提供了大量的就业机会,增加了工人的收入。

3.2.3 优化产业结构,增加农民收入

湖北省长江堤防加固工程所需劳动力的总工日数18 616.34万工日,如按总工日数的40%为聘用当地民工计算,则可为当地提供7 446.536万工日的临时就业机会,按民工工资单价20元计算,则为当地农民增加收入14 890.32万元。同时,堤防加固后,防洪标准大大提高了,也使得投资环境得到了改善,由此带动了相关产业的发展。而且防汛抢险和修筑堤防义务工大大减少,农村生产力得到极大的解放,使得沿江部分农民有时间出去打工。还有部分农民抓住移民建镇和堤防建设的机遇,进行农业综合开发,调整农业生产结构,使得农民的收入增加,经济条件大为改善。此外,当地民工收入的增加反过来会刺激消费的增加,带动区域经济向前发展。因此,湖北省长江堤防加固工程的建设,给区域内整个国民经济带来了新的机遇,对地区经济发展和解决就业问题

是积极的。

3.2.4 改善区域投资环境,吸引外来资金

长江干堤经过整险加固后,防洪标准得到大大提高,保障了人民的生命财产安全,减轻了人民的心理压力,稳定了社会局面;同时,改善了区域投资环境,促进了地区经济的持续稳定发展。

大规模的堤防投资建设发挥的效益远远不止于防洪减灾,对于投资环境的改善也发挥着巨大的作用。堤防稳固了,对投资各方面都有了安全保障,投资环境也就得到了改善。衡量投资环境的改善,我们从湖北省 1999 ~ 2003 年利用外资的情况当中可以看得出:湖北省的投资环境大为改观。1999 年湖北省利用外资仅为 13.31 亿美元,到 2001 年增加到了 20.17 亿美元,2003 年吸引外资 25.29 亿美元。例如,在 2003 年,全年新批外商投资企业 532 个,比上年增加 46 个,其中总投资在 1 000 万美元以上的项目达 59 个。全年利用外资总额 25.29 亿美元,比上年增长 11.6%。其中,外商实际直接投资 15.57 亿美元,增长 11.1%;间接利用外资 5.66 亿美元,增长 11.9%;外商其他投资 4.07 亿美元,增长 13.3%。

因为水患的威胁,湖北沿江地区也丧失了太多的发展机会。现如今,长江大堤经过加固,防洪标准大大提高,洪水的威胁大大减小,使得投资得到了安全的保障,投资环境得到了极大的改善。据不完全统计,1999 ~ 2003 年已有 60 多家外商投资荆州办厂兴业。

3.3 自然与生态环境的影响

该项目的建设对区域的自然与生态环境起到较大的改善作用。主要体现在环境质量影响、水土流失影响及自然环境的污染治理几个方面。

3.3.1 亮丽环境,维持生态平衡

沿江防护大堤的修建,将对沿江区域地带进行统一规划建设,必将彻底改变原有的环境状况。

长江干堤整险加固工程在建设过程中虽可能产生诸如破坏植被、水土流失、排放的废水及生活污水、机械设施排放的废气、噪声等这些暂时性影响,在施工结束之后,随着污染源的不复存在,影响便也随之消失。

但是,堤防加固工程在大堤的背水坡和吹填区种植了草皮,在大堤两面植树造林,既保护了江堤,又减少了地面扬尘,增加了植被覆盖率,防治了水土流失,美化了环境,同时减少了洪水对自然植被的破坏,保护了环境,使得野生动物、禽类的栖息地得到保护,维持了生态平衡。

同时,加固后的长江堤防不仅仅用来抵御洪水,而且呈现出了多种功能。通过实施硬化、绿化、美化、亮化工程,长江干堤一改过去矮小单薄的旧貌,变成了“一堤一路、两林护岸”的水上长城,体现“科学、和谐、创新、现代”的治水新理念。一些堤段结合了周围建筑融入“统筹、人本、和谐”观念,将工程和景点有机结合了起来,做到“建一处工程、成一道风景”,成为市民休闲的好去处。如武汉龙王庙、荆江大堤、黄石城区堤防等许多昔日的险工、险点,变成了今日的亮点、景点。绿色、亲水、休闲的汉口江滩大大提升了城市品牌,成为武汉市民健身娱乐和亲水休闲的最佳场所。

3.3.2 加强了水土保持,治理水土流失

在堤防加固工程实施前,区内部分堤段的沿江河岸,由于长年洪水冲刷,暴雨侵蚀,已发育多处大滑坡灾害,水土流失现象十分突出。而堤防加固工程实施后,起到了防止土地资源流失的作用,使沿江一带水土流失现象得以有效治理。因为堤防加固工程本身就是一项水土保持工程,定能对治理水土流失起到十分显著的作用。

从上面的分析可以说明,堤防加固工程对环境的有利影响是主要的,着重体现在工程功能的环境效益方面,如防洪、旅游开发等,可以获得巨大的经济效益和社会效益,同时也会带来很大的环境效益,从而有力地促进湖北省,特别是沿江地区国民经济的发展,改善人民生活。

4 模型综合分析评价

堤防建设项目由于指标繁多,内容复杂,定量与定性指标相互交叉,定性指标偏多,而且其对社会产生的各种影响的判断往往带有一定的模糊性,因此在综合评价中引入模糊集理论,有利于得出比较客观的结论。同时,考虑该项目评价指标较多,但层次明显,因此结合层次分析方法。故建立了多层次模糊综合评价模型,如下:

$$B = AR = [a_1, a_2, \cdots, a_n]\begin{bmatrix} r_{11} & r_{12} & \cdots & r_{1m} \\ r_{21} & r_{22} & \cdots & r_{2m} \\ \vdots & \vdots & & \vdots \\ r_{nl} & r_{n2} & \cdots & r_{nm} \end{bmatrix}$$

$$= [b_1, b_1, \cdots, b_n]$$

式中:$\boldsymbol{A}$ 为权向量,$\boldsymbol{A} = [a_1, a_2, \cdots, a_n]$;$a_i$ 为第 i 个评价指标在社会影响评价总目标中所获得的总权重值($i = 1, 2, \cdots, n$),$a_1 \in [0, 1]$,且 $\sum_{i=1}^{n} a_i = 1$;$\boldsymbol{R}$ 为由 n 个评价指标构成的总评价矩阵,$\boldsymbol{R} = (r_{ij})_{n\times m}$;$r_{ij}$为第 j 方案第 i 指标的隶属度(相对满意程度),$r_{ij} \in [0,1]$;$\boldsymbol{B}$ 为综合评价指标矩阵,$\boldsymbol{B} = [b_1, b_2, \cdots, b_m]$;$b_j$ 为第 j 方案的综合评价指标,b_j 值越大越好,b_j 最大值对应的方案即为相对最优方案,$b_j = \sum_{i=1}^{n} a_i r_{ij}$($j = 1, 2, \cdots, m$)。

在构建多层次模糊综合评价分析模型中,对这些社会评价指标因素,在同一属性、同一层次中,把相对重要性程度大的因素排在前面,按从左到右、由大到小的顺序排成单层,如图1所示。

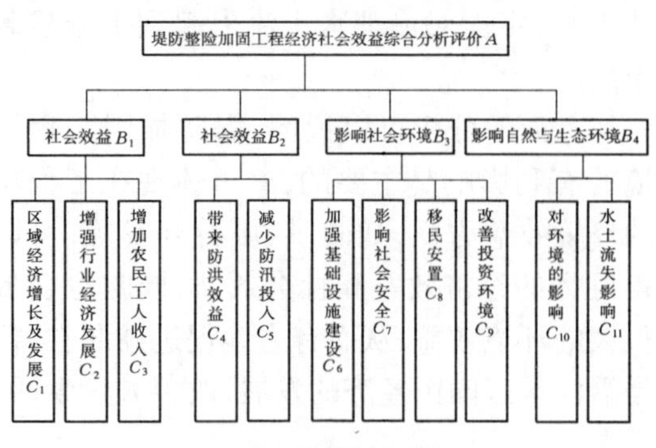

图1 模糊评价模型框图

基于调研和专家经验,并经排序一致性检验,得到各个层次诸因素对上一层次中有关因素的相对重要性值,即单层排序;再由此可得到总排序,并由上而下逐层计算诸因素对最高目标层的相对重要性权值。详见表4。

则 C 层总排序权值即为数学模型中的权向量矩阵:$\boldsymbol{A} = (a_1, a_2, a_3, \cdots a_n) = (0.367, 0.143, 0.063, 0.187, 0.092, 0.046, 0.028, 0.016, 0.009, 0.032, 0.016)$。

取模糊综合评价等级:[优、良、中、差]共4级,经众多评委对上述11个影响要素进行模糊综合评价,得该项目的单因素评价矩阵为:

$$\boldsymbol{R} = \begin{bmatrix} 0.9 & 0.1 & 0 & 0 \\ 0.3 & 0.6 & 0.1 & 0 \\ 0.5 & 0.5 & 0 & 0 \\ 0.2 & 0.6 & 0.2 & 0 \\ 0.8 & 0.2 & 0 & 0 \\ 0.6 & 0.3 & 0.1 & 0 \\ 0 & 0.5 & 0.5 & 0 \\ 0 & 0.8 & 0.2 & 0 \\ 0.1 & 0.4 & 0.5 & 0 \\ 0 & 0.6 & 0.4 & 0 \\ 0.3 & 0.5 & 0.2 & 0 \end{bmatrix}$$

即得:$\boldsymbol{B} = (0.549, 0.356, 0.094, 0)$

最后经量纲归一化为:$\left(\frac{0.549}{0.999}, \frac{0.356}{0.999}, \frac{0.094}{0.999}, \frac{0}{0.999}\right) = (0.550, 0.356, 0.094, 0)$

即:认为该项目社会效益及影响为优的占55%,为良的占35.6%,为中等的占9.4%,为差的占0。

再将各个等级赋予一个分值,即以90、80、70、60分别对应优、良、中、差,可以进一步计算出综合评价矩阵与等级赋值矩阵之积:

$$\boldsymbol{B'} = (0.550, 0.356, 0.094, 0)\begin{pmatrix} 90 \\ 80 \\ 70 \\ 60 \end{pmatrix} = 84.6$$

即表示该项目社会效益及影响综合评价的定量结果为84.6分。由此可见,湖北省长江堤防加固工程的社会经济效益及影响总体良好。

表 4　C 层总排序权值计算表

C 层指标	B 层次权重				C 层总排序权重
	$B_1=0.574$	$B_2=0.279$	$B_3=0.099$	$B_4=0.048$	
C_1	0.64				0.367
C_2	0.25				0.143
C_3	0.11				0.063
C_4		0.67			0.187
C_5		0.33			0.092
C_6			0.467		0.046
C_7			0.278		0.028
C_8			0.16		0.016
C_9			0.095		0.009
C_{10}				0.67	0.032
C_{11}				0.33	0.016

5　结语

本文通过对 1998 年长江大洪水后湖北省长江干堤整险加固工程项目进行社会经济效益定性、定量及引入多层次模糊综合评价模型的分析评价，得出以下结论：

(1)该建设项目总体的国民经济评价指标为：经济内部收益率 17.1%，经济净现值 152 亿元，经济效益费用比 1.23，优于国家规定的评价标准；大大减少年防汛投入：多年平均较 1998 年减少 8.86 亿元/年。

(2)该项目建设期对湖北省 GDP 的贡献率高达 9.1%；对区域社会经济和社会环境起到如下影响：促进经济发展，推动经济增长；带动相关行业，扩大就业面；优化产业结构，增加农民收入；改善投资环境，吸引外来资金；且积极影响显著，效果持久。

(3)该项目在自然和生态环境方面：亮丽环境，维持生态平衡；加强了水土保持，治理水土流失，对区域内未来自然和生态环境起到改善和治理作用。

(4)引入多层次模糊综合评价模型，综合评价的量化评分结果为：84.6 分，表明该项目社会经济效益及影响总体良好。

'98堤防抗洪反思

黄铁鸣

(湖北省黄冈市河道堤防管理处 黄冈 438000)

摘 要:回顾了1998年湖北省浠水县抗洪的情况,提出了加强防汛准备、降低防守了成本、提高防洪时效性和安全保证的对策。

关键词:洪水;灾害;1998年;浠水;堤防;防洪

1998年发生的那场大洪水,水位之高、历时之长、抗洪场景之壮烈,至今令人难忘,记忆犹新。当年笔者被黄冈市防汛指挥部派驻浠水县,协助该县防汛指挥部处理防汛相关业务工作,从所经历的当年抗洪抢险和后来的长江干支堤除险加固工作的过程中,经常在反思"如再遇像1998年那样的大洪水,如何降低防守成本,提高防洪抢险的时效和安全保证率",现就这一问题从一个侧面提出一些个人想法。

1 '98抗洪回顾

浠水县委、县政府在1996发生溃口性险情之后,连续两年举全县之力,投入大量人力、财力、物力对境内干支堤防进行了全面加固,于1998将堤身平均加高了1 m多,宽度增加了1/3,堤后30 m内平台全线连通,堤身抗洪能力有了明显的增强。但由于该县堤防全线处于滩窄、基础多砂的特殊情况,且1998年汛期超警戒水位历时长(6月25日~9月12日),干支堤防先后发生158处险情(其中管涌178孔/68处、脱坡336 m/12处、裂缝1 785 m/13处、脓胞324 m^2/2处、散浸35.6万m^2/56处、浪坎224 m/3处以及水井3处、涵闸1处、穿堤管漏2处),为抢护这些险情先后出动劳力1.4万人次,解放军官兵460人,消耗砂石料5.3万m^3、麻袋3万条、编织袋86万多条、油布90床,汽车、拖拉机、挖掘机等各类机械850多台套,大小船只253艘,总吨位6.8万t。

被湖北省列为1998年重点险情的北永潭湾、永保支堤夜壶绊、永固支堤王家墩、望江山等9处严重管涌、漏洞、脱坡、裂缝等险情,发生突然,形势严峻,能及时抢护成功,除抢护方案制订得当和现场指挥负责人果断决策外,还得益于该县当年在组织加固堤防建设时,施工单位尚未撤退的几十台自卸汽车、拖拉机、挖掘机等装载运输设备。在抢护上述险情中运送的各类砂石料最少的一处有100多m^3,最多的1 000余m^3,历时短的两三个小时,长的近10个小时,特别是在抢护永固堤望江山、王家墩两处内平台脱坡险情时,边填筑边滑动,顶部已至堤脚,由于有大量机械抢运当地山上的渣料石,填筑强度得到保障,在短时间内,控制了险象,恢复原状;8月22日下午1点多,野鸡山泵站处堤内肩以下发生脱坡险情,裂缝宽达0.1~0.2 m,深至堤脚,下挫坎高0.2~0.3 m,土体充分饱和,有明流外溢,情况十分危险,当时急调20余台自卸拖拉机,采取从两头向中间自下而上相向包抄推进的方式,抢运滤水性较好的野鸡山上的渣料石,6个小时内就控制了边填边滑动的局面,凌晨填筑完成,脱坡处堤宽增加了近1倍,填筑渣料石800余m^3,使险情得到了有效的控制。上述几处险情抢护成功,主要是大量装载运输机械参与抢运渣料石，填筑强度得到了保障，赢得了抢护时间，如靠人力肩挑背扛，其后果是很难预料的。

由于浠水县地理位置特殊，境内除有长近40 km长江干堤外，还有巴水、浠水两支流及戴家洲（江心洲）圩堤，当年都下达了防守任务，以至于汛期首尾难顾，全县党政军民撇开所有工作齐上阵，全力以赴，时间短的也要个把月，长的两三个月，严重制约着该县社会进步和经济发展。尽管如此，1998年、1999年沿江地区仍渍涝严重，农业收成锐减，机关企事业单位为防汛投入几近倾其所有。无奈之下，浠水县委、县政府等不及长江干堤加固工作上马，1998年汛后水位尚未退落的情况下，提出“水退人不退，转题不下堤”的口号，对全县干支堤防再次进行全面加固建设的动员，随即开工。据不完全统计，自1996年汛后至1999年汛前（黄冈长江干堤加固工程上马于1999年底开始），该县连续3年靠群众集资、拆借、贷款等多种筹资方式完成土石方600万 m^3 余，加固接长涵闸5座。以至于多年后该县仍有堤防建设指挥部拖欠施工单位或分包人工程款的欠条未兑现，引起社会关注。如果没有连续3年的堤防除险加固，1998年、1999年两年大洪水无论如何是挺不过去的，堤防漫溃只是早晚的事。

应该说浠水县委、县政府在当时情况下，作出这一决策是非常明智的，是对人民极端负责任的表现。设想一下，在遭受洪灾重创的情况下，再次动员全县力量加固境内干支堤防，决策者的压力、群众的负担有多大。

由此想到，若再遇或超过1998年的大洪水，在抗洪保安的观念上，在制订防汛抗洪调度方案上，如何体现以人为本的时代特征，做到在确保安全的前提下，优化配置社会资源来节省人力，降低抗洪成本和风险，笔者主要从以下几个方面来解决超1998洪水时，抗洪抢险保安全的有关问题。

2　对策探讨

（1）针对目前城乡青壮年劳力大多远离家门外出打工，防洪抗灾劳力调动困难迟缓的现状，在防洪调度方案的制订上，应注重对所在地已有的运输装载设备、运载能力等进行登记，并对拥有者进行遇到大汛时将有可能调用或租用的防汛义务宣传，一旦有重大险情发生可及时联系得上，调得上来用得着，这样可减少抗洪时对人力的过度依赖，在关键时刻也避免了过去各级防汛领导为了多上劳力煞费苦心的现象发生。

（2）在防汛器材准备上除了保证必需的砂石料、袋类等物资外，应储备一定数量的柴油、汽油，可供拆卸安装组合的搭建临时桥梁、道路的钢构件或300 m左右的皮带运送机，用机械代替人工运送抢险器材，既可节约人力，又可缩短抢险时间，安全得到保障。

（3）对民垸圩堤应严格按防守水位控制，当超过不可防守水位时，主动放弃或扒开已建好的泄洪闸口，改变过去死防死守，不到溃口不收兵，最后落得个人困财乏等无谓的牺牲。

（4）在防汛经费筹集上应以现已实行征收的防汛费、河道维护费、灌溉水费等为基本来源，但在使用上，应当进行合理配置，它们大部分应当用于当年的工程运行、维修养护，但每年应拿出少部分进行积累（也可称做防洪公积金），以便在发生大水年份用于抢险机械设备、油料租购及防汛抢险的突击队员、民工生活补助，最大限度地减少有防汛任务单位和个人的经济负担；还可进行洪灾安全投保等。

（5）以县（市、区）人武部为单位，在汛前成建制地组建1～2支200～300人的抢险队，平时务工、务农、经商谋生计，一旦汛情需要时能在较短的时间内集中，带得出战得胜，这样即使在高水位时，每千米配以30～50人和必要的技术人员巡堤查险，一旦发现有较严重的险情，由所在（县、市）区抢险突击队负责抢护，这样可避免以往成千上万人上堤出现的窝工现象。

1998年洪水后，黄冈市长江干堤经过全面除险加固，堤防的面貌发生了前所未有的变化，抗洪能力有了显著的提高，4条支流的连江支堤除险加固工作正在进行中，如果以上各项措施能落实到位，今后我们战胜洪水的信心和底气将会倍增，投入的劳力、财力、物力及善后工作将会锐减，防汛抗洪安全保障会得到更大的提升。

长江堤防加固建设工程监理实践

湖北华傲水利水电工程咨询中心

（湖北华傲水利水电工程咨询中心　武汉　430070）

摘　要：湖北华傲水利水电工程咨询中心抓住国家投巨资加固长江堤防的历史机遇，通过建立和完善监理制度，加强监理人员培训，规范监理行为等措施，保证了监理工作质量，取得了良好的监理工作效果，赢得了各级领导和专家的高度评价与赞誉。

关键词：湖北；长江堤防；工程监理；质量控制

'98洪水后，国家投巨资加固长江堤防，湖北省长江堤防加固工程建设掀起史无前例的新高潮。湖北华傲水利水电工程咨询中心抓住了这个难得的历史机遇，以严格的内部管理、规范的工作行为，良好的企业形象，承接了湖北省长江堤防加固工程8个项目的建设监理业务，工程总投资达70多亿元，堤防长度近900 km，占湖北省堤防加固工程总长的60%以上。10年来，我们认真履行监理合同职责，通过建立和完善监理制度，加强监理人员培训，规范监理行为等措施，保证了监理工作质量，取得了良好的监理工作效果，赢得了各级领导和专家的高度评价与赞誉。

1　抓岗前培训，重提高

至2000年底，湖北省共有监理工程师670人，但大部分监理工程师都是在职的设计、科研、施工和行政人员，实际上能参与监理工作的监理工程师不到200人。针对这一实际情况，湖北华傲水利水电工程咨询中心采取了一系列的培训措施：一是积极参与省水利厅组织的湖北省水利工程建设监理培训。针对湖北省水利监理人员缺乏的现象，2000年9月湖北省水利厅组织举办了"湖北省水利工程建设监理培训班"，本单位积极组织监理人员参加培训班学习。二是主动承办了湖北省水利工程建设监理岗前培训班。为了进一步充实本单位监理人员和提高监理人员业务素质，在省水利厅建设处的支持下，本单位主动承办了2001~2003年度三个年度的在岗监理人员岗前培训班。培训内容包括《工程建设标准强制性条文》、《水利工程建设监理规定》、《建设工程质量管理条例》、《建设工程监理规范》等内容，通过举办培训班，增强了监理人员法制意识和责任感，为规范监理工作行为打下了基础。三是及时组织专项工程建设监理岗前培训活动。在湖北省长江堤防堤顶路面工程即将开工之际，本单位领导审时度势，提前安排人员参加公路部门的培训学习，研究公路工程质量评定标准和评定表格。2003年1月，在湖北省河道堤防建设管理局的大力支持下，本单位举办了"湖北省堤顶路面工程监理工作培训班"，邀请武汉大学刘志德教授和湖北省路桥公司刘定涛高级工程师授课，湖北省水利厅郭志高副厅长亲临培训班作动员讲话。通过公路工程培训学习，使监理人员了解了公路工程质量评定与水利工程质量评定的区别，熟悉了公路工程质量检测方法与要求，掌握了公路工程质量评定方法与评定表格填写方法。四是合理安排监理人员参与水利部组织的监理培训学习。为了适应工程建设监理制的发展，在不影响现场监理工作的前提下，本单位合理安排监理人员参加水利部组织的工程建设标准强制性条文宣贯培训、监理工程师考试培训、总监理工程师培训等培训班学习。通过培训，本单位有一大批人员取得监理工程师资格和总监理工程师资格。

通过以上的培训措施，壮大了本单位的监理队伍，提高了监理人员的工作能力和水平，增强了本单位和监理人员责任感和法律意识，为顺利完成长江堤防加固建设工程监理任务提供了技术保证。

2 抓技能竞赛，重学习

针对我国监理体制起步较晚，监理水平不高，监理人员素质偏低的现象，本单位围绕“尽快提高监理工作水平，完善监理工作程序，规范监理工作行为，树立良好监理服务工作形象”这一主题，采取的方法是“事前学、事中学、事后学”，采取的措施是搞监理人员技能竞赛，最终要求监理人员做到“写做的，做写的，写做了的”。一是组织编写监理规划、监理细则竞赛。大家都知道，监理规划和监理细则都是指导监理人员开展监理工作的指导性文件，属于事前控制范畴，其编写质量很大程度上决定监理工作成败。对此，本单位在工程开工前组织监理人员编写监理规划、监理细则竞赛，落实“写做的”，就是要将做的工作计划、要求写出来，以达到“事前学”的目的。二是组织监理人员考试。在监理工作过程中，要求监理人员加强学习（即“事中学”）是本单位的一贯要求，其学习内容包括本单位质量体系文件、管理制度、工程合同文件、技术条款、规程规范等，为检验学习效果，本单位采取集中考试的方法，对于考试不合格者，则采取辞退、待岗学习、强制培训等措施，其目的是提高监理人员工作技能。三是组织编写典型监理工作报告竞赛。本单位质量体系文件规定，工程完工后，监理人员必须在20 d内整理完成档案资料和监理报告的编写工作。同时，早在工程收尾阶段，本单位就组织各监理处进行编写监理工作报告竞赛，并集中组织对监理报告进行审查，对典型项目的监理报告汇编成册，作为内部存档学习资料，做到“事后学”。

通过以上措施，促使监理人员加强学习，掌握有关监理工作的法律法规，从实质上提高监理人员业务水平。

3 抓管理制度，重规范

俗话说“没有规矩，不成方圆”，要想从本质上规范监理工作行为，必须有切实可行的管理制度。一是制定制度。通过几年监理工作的摸索和经验积累，本单位已逐步建立了一套完整的管理制度，主要包括图纸会审、技术交底制度，施工组织设计审核制度，设备、材料和半成品质量检验制度，重要隐蔽工程、分部（分项）工程质量验收制度，关键工序质量控制制度，单位工程、单项工程中间验收制度，设计变更处理制度，工地例会、现场协调及会议纪要签发制度，施工备忘录签发制度，紧急情况处理制度，工程款支付签审制度，工程索赔签审制度，档案管理制度，监理工作日志制度，监理月报制度，安全管理工作制度等16项监理工作制度。二是落实制度。本单位将以上制度汇编成册，要求监理人员加强学习，并要求各现场管理机构将以上制度制牌上墙，在监理办公室进行布置；同时，我们将制度落实情况作为一项重要检查内容，由本单位工程技术部负责督促检查落实。三是采取处罚措施。除制定以上制度外，本单位还针对制度内容制定了职员工作管理办法和处罚措施，对于违反制度的采取责令整改、罚款、年终评比扣分等方式进行处罚。

4 抓监理工作质量检验，重落实

工程建设监理实行总监理工程师负责制，总监理工程师是监理单位派出现场监理机构的全权代表，工程业主授予总监理工程师的权力也是巨大的。但是在现实监理工作中，往往由于现场监理工作时间长、外界影响因素多、工程建设情况复杂，加上总监理工程师自身素质不高等原因，经常发生监理工作不到位、不按监理工作程序办事等问题。针对这一情况，本单位采取的对策是抓监理工作质量检验，并落实检验发现的问题。一是首次检验。俗话说“万事开头难”,本单位对开工准备工作非常重视,在新项目开工1个月后,本单位将组织对现场管理机构进行首次检查,检查的内容包括监理办公室是否按要求布置,监理规划、细则编写是否符合要求,开工审查是否严格,首批进场材料是否检测,项目划分是否报批,工地首次会议、设计交底会议是否签发会议纪要等。这种做法是从源头上把关,督促监理人员严格按规程规范要求的监理工作程序开展监理工作。二是每季度监理工作质量检验。根据本单位质量体系文件要求,质量保证部必须每季度组织对各现场监理机构进行一次检验,检验内容包括现场质量控制是否符合规范及设计要求,是否及时对单元工程质量等级进行复核评定,工程款支付签证是否符合合同要求,对工程进度滞后是否采取措施,是否及时对工程资料进行归档等。三是制定纠正和预防措施。在工作检验结束后,本单位质量保证部将组织对以上检验发现的问题进行统计分析,并制定纠正和预防措施,主要措施有:限期整改、组织验证,监理机构内部组织学习,对于共性问题,本单位将组织集中培训学习,以提高监理工作质量。

5 抓经验交流,重总结

虽然监理规范规定的监理工作程序、监理工作方法是统一的,但是由于工程的实际情况、现场组织管理制度、工作环境和监理工作范围不同,现场监理机构采取的具体方法和思路是不一样的。针对这一情况,本单位组织各现场监理机构进行经验交流,相互借鉴,加强工作总结,促使监理工作水平提高。一是组织相互参观学习。本单位在每年年终都要组织对各监理机构进行综合评比,除对先进监理机构进行奖励外,本单位还组织其他监理机构到先进监理机构进行参观学习,以达到相互学习和借鉴的目的。二是合理调配监理人员。由于本单位负责监理的堤防工程项目多,监理人员工作水平、能力参差不齐。对此,在监理过程中,我们有意识地调配监理人员,将工作能力强的监理人员调至检查发现出现问题多的监理处,传授好的工作经验,以达到共同提高的目的。三是组织经验交流会议。在湖北省堤防加固工程监理工作中,本单位每年都要举办1~2期经验交流会议,以监理处为单位组织经验交流材料。会上,各监理处相互传授好经验、好方法、好措施。通过经验交流,本单位已汇编出《湖北省长江干堤加固工程建设监理资料整理归档实施细则》,水利和水电两个版本的《监理规划》范本,常见专业工程的《监理实施细则》,土方填筑、混凝土、砌体等21个专业工程《质量控制要点》,《监理报告编写应注意的几个问题》,《验收准备工作应注意的几个问题》、《工程监理和施工档案整理应注意的几个问题》等实用性学习材料,这些材料都是在学习法律、法规和规程规范的基础上,结合工程实际归纳总结,具有很好的实用性,对提高监理人员工作水平大有好处。

6 监理工作成效

经过多年的努力,我们基本完成湖北省长江堤防加固工程监理工作,监理工程的所有单元工程全部合格,分部工程优良率达82%,单位工程优良率达到75%,阳新长江干堤、咸宁长江干堤、荆江大堤、黄广大堤、仙桃东荆河堤等5个项目通过了竣工验收,监理的堤防加固工程经过多个汛期的考验,尤其是在抵御类似于'98洪水的2002年洪水期间,没有发生一处险情,充分证明了本单位监理的工程质量全部达到设计指标。

武汉市江堤的设计理念

徐 平 李文峰 孙国荣

（湖北省水利水电勘测设计院 武汉 430070）

摘 要：武汉市江堤堤防总长346.60 km，城区堤段总长194.452 km，郊区堤段总长152.15 km。从设计的角度阐明了武汉市堤防在防洪总体规划方面，在新工艺、新材料、新技术的应用方面，在堤防与城市文化及人文环境、亲水环境的综合治理方面，以及其他设计方面等的设计理念，从这些设计可以展示水利工程在治水理念上与时俱进的发展变化。

关键词：防洪保护圈；新工艺；新材料；新技术；水环境；生态水利

1 武汉市江堤基本情况

武汉市地处长江中游的长江、汉江交汇处，是湖北省的省会，全省政治、经济、文化中心，属全国特大城市之一，是全国重要的工业基地和交通、通信枢纽。南北扼京广线之咽喉，东西锁长江、汉水之要塞。武汉市江堤总长346.60 km，其中长江干堤长208.47 km，汉江干堤长112.13 km，保护圈隔堤长26.00 km。武汉市江堤保护面积8 235.80 km^2，保护人口835.90万人，耕地32.902万hm^2，工农业总产值2 238亿元（根据2005年武汉市年鉴统计）。

武汉地区河流湖泊密布，围绕长江、汉江及众多支流，形成庞大发达的河湖水网，造就武汉地区四面环水、地势低洼的特有自然环境。但每年约有7 380亿m^{3}过境客水，使武汉辖区内的长江、汉江水面在汛期高出地面几米。城市安全常受洪水威胁，全赖堤防保障。武汉江堤是由支离民垸并联为堤的。历史形成的堤身隐患，沉积生成的复杂砂土二元结构基础，迎流顶冲、深泓逼岸造成的崩岸，老损严重和标准偏低的穿堤建筑物，仍使得武汉江堤段在汛期险象环生。

1998年长江发生了继1954年后又一次全流域性大洪水，全市共发生险情2 215个，其中包括丹水池溃口性险情和42处重大险情。

1998年汛后，通过近8年的努力，堤防工程建设投资近40亿元，工程建设已于2006年顺利通过水利部主持的竣工验收。如今的武汉市江堤基本消除堤防险情，为武汉市的安澜造就了一道坚固的“铜墙铁壁”。

2 设计理念

武汉市江堤因其历史久远、地理位置特殊、保护范围较广、堤线长及堤型复杂等，在设计方面考虑了其鲜明的地域特色。

2.1 防洪体系总体规划

由于江河及自然高地等的分隔，武汉市堤防防洪体系共由10个防洪保护区（含周边地市部分地域）构成。而根据保护区的重要性，保护区又分为城区及郊区保护区两部分。城区分为汉口、武昌、汉阳三个独立的防洪保护圈。郊区分为四邑公堤、长江汉南堤段、军山堤段及汉江右岸汉阳闸—谢八家堤段、东西湖区和谌家矶堤、长江武湖大堤、堵龙堤、柴泊湖堤段七个防洪保护圈。

城区堤段总长194.452 km。堤身加固长135.962 3 km，加固项目包括堤顶标高与宽度、堤坡、防浪台与压浸台、护坡、公路、填塘以及驳岸墙、防洪墙等；堤基处理长度69.27 km，非隐蔽工程堤基处理长度 17.835 km，其中垂直防渗 7.535 km、盖重 10.3 km。隐蔽工程堤基处理 51.435 km，护岸总长 20.3 km。穿堤建筑物 34 座。

郊区堤段总长 152.15 km。堤身加固长度 150.162 km；堤基处理总长 26.791 km，非隐蔽工程中堤基处理总长 17.891 km，隐蔽工程中垂直防渗长度 8.9 km；护岸总长 37.68 km；穿堤建筑物共 132 座。

统一防洪体系的划分，使得各防洪保护圈在统一的条件下又相对独立，为武汉市江堤的防汛及运行管理等带来了极大的方便。

2.2 堤防设计规范化、标准化

在 1998 年以前，堤防工程国家投入资金少，设计、施工等缺乏相应的规范。1998 年后，随着《堤防工程设计规范》(GB 50286—98)、《堤防工程施工规范》(SL 260—98)的实施，各级堤防有了自己相应的设计标准和建设标准。

在堤防设计过程中，对各级堤防堤顶宽度、边坡、内外平台宽度、植树种草等实行了统一标准。一般堤段堤顶宽度 1 级堤防 10.0～12.0 m，2 级 8.0～10.0 m，3 级 6.0～8.0 m；堤内、外边坡一般为 1∶3；外平台一般宽 50.0 m，内平台宽 30.0 m，垂高不大于 6.0 m。

按照设计标准实施后，一是使堤防形象得到了极大改观，二是给予堤防堤身一定的保护范围后，拆除了以前建在堤防堤身及平台上的各类建筑物，极大减少了人为活动引起的堤防隐患发生几率。

2.3 结合城区堤防特点，进行堤身断面优化

武汉城区堤防建设可谓寸土寸金，若按一般的土堤加固建设堤防，不仅土料来源匮乏，而且占地面积大，堤防管理不便，也影响城市景观和城市建设。在 1998 年后堤防建设加固工程中，武汉城区堤段土堤改防洪墙堤段总长达 10.25 km，这些堤段包括桥口区舵落口至东风纸厂堤段、江岸区六合沟至堤角部分堤段、武昌区月亮湾至交通部长江船舶设计院堤段以及汉阳区汽渡码头至杨泗港堤段等。土堤改防洪墙的方案实施后，为武汉市城区节约永久征地 49.2 hm^2，减少城区房屋拆迁近 50 万 m^2，减少了土料场临时征地，节约投资近亿元。另外，还解决了堤防防汛交通与城市主交通的结合问题，方便了武汉市城区堤防的防汛管理，与堤段周围城区建设紧密结合，改善了城市环境。

2.4 新技术、新工艺、新材料广泛应用于设计

2.4.1 防渗设计

在湖北省长江干堤整险加固的前期，湖北省水利水电勘测设计院曾在洪湖监利长江干堤做过“新技术、新工艺、新材料”的试验段研究，特别是在堤防防渗的“三新“技术上，较传统的防渗方法有了很大突破，通过对试验段的研究，湖北省堤防首次将垂直防渗技术用于堤防的堤基及堤身的渗控处理上。这些垂直防渗技术包括：多头小直径搅拌桩防渗墙、液压抓斗塑性防渗墙、剧槽超薄防渗墙、高压旋喷防渗墙和垂直铺塑等。

武汉市江堤共有 36 个堤段，堤型有土堤、防洪墙、驳岸墙等。据不完全统计，武汉市在 1998 年发生较大险情 188 处，其中由于堤基渗透破坏险情共 177 处，占较大险情的 94%。在设计过程中，根据各堤段的实际情况采取了不同的加固措施。在武昌市区堤、武青堤、八铺街堤采用高压旋喷墙进行基础防渗处理，在汉口沿江堤采用塑性混凝土防渗墙，在谌家矶堤段则采用搅拌桩成墙等，武汉市江堤各类防渗处理堤段总长 40.33 km。不同工法防渗墙设计指标见表 1。

表 1 各类防渗墙设计指标

墙体材料	墙厚(cm)	抗压强度 R90(MPa)	渗透系数(cm/s)	允许比降
水泥土搅拌桩防渗墙	>22	>1.0	$<(1\sim3)\times10^{-6}$	>60
高压旋喷防渗墙	>20	>2.0	$<(1\sim3)\times10^{-6}$	>80
塑性混凝土防渗墙	>25	>2.0	$<(1\sim3)\times10^{-6}$	>60

武汉市江堤防渗等主体工程于 2003 年汛

前完成,防渗工程在2003~2007年未出现过一例因渗漏引起的险情,堤防的抗洪能力得到了根本的提高。

垂直防渗墙在城区堤段的应用有着直接的经济、社会效益,与传统的盖重方案相比,大大减少了工程拆迁和征地,避免了城区移民,有着显著的经济效益。

2.4.2 护坡设计

根据武汉市江堤堤线长度长,既有城区堤防又有郊区堤防,既有长年两面挡水堤防又有长年不挡水堤防的特点,在堤身护坡的形式上采用了多种不同性质的材料。包括混凝土预制块护坡、干砌块石护坡、草皮护坡、植生块护坡、格宾网护坡等,既起到了良好的抗冲刷作用,也在一定程度上适应了不同堤段的需要。

2.4.3 驳岸及通道闸口

武昌市区江堤多为驳岸、防水墙两级结构,全线岸墙多处裂缝,风化剥蚀,且堤外无滩,长江深泓紧贴岸线,淘刷岸脚,危及堤防安全。设计分别采用新建桩基二级驳岸墙、原驳岸墙外表喷挂网混凝土、锚喷混凝土等方式进行处理,在不扰动原有驳岸基础前提下,达到了对原驳岸墙进行加固的目的。

武汉市城区堤段通道闸口多,在通道闸口的设计上,摒弃了惯用的叠梁加填土的临时防洪措施,采用钢闸门型式封堵闸口进行度汛,既美化了环境,又给管理运行操作带来方便。

2.5 设计理念在建设过程中的变化

在堤防的设计标准和规范中,堤防的基本要求是要满足防洪安全的需要,各项设计都是围绕防洪安全来进行的。随着社会的发展和人们对生态工程理念的提升,武汉市江堤的设计在人水和谐、水环境改造、堤防与水生态上作出了探讨性的设计,事实证明,这些探讨是成功的。

(1)城区堤防的加固设计结合了城市建设的发展综合设计。

在设计穿堤建筑物时,考虑到与城市环境协调一致,要求体现人文景观特色,做到一物一景的效果。在武汉经济开发区烂泥湖排水闸及泵站的工程设计中,设计并没有仅仅单方面考虑穿堤建筑物排水闸的设计,而是将泵站的设计、节制闸的设计都综合考虑了进来。在闸室与泵房的外观设计中,充分调查和考虑了泵站周边环境的发展规划,如今已建成的泵房彻底甩掉了旧式泵站的特点,与开发区的经济发展特点有机结合起来。

在堤防的管理设计中充分考虑到了武汉市江堤防汛及工程管理的未来发展需要。在打通所有的防汛通道外,在硬件设施上列入了防汛调度中心、防汛仓库、各堤段防汛哨所、防汛调度网络设备等。除此之外,根据武汉城区堤段的特点,由于许多防汛道路同时也是城区的交通干道,管理设计对公里碑、百米桩、障碍隔离桩、险工险段牌以及交通标志牌都作了大量细致、多样化的设计,这为省内其他堤段的管理设计提供了典范。

(2)城区堤防的加固设计中,在满足防洪功能的同时还兼顾生态、景观、人水和谐等社会因素。

武汉市江堤在城区堤段的河势中,南岸武昌段为冲岸,外滩狭窄甚至无滩,而北岸的汉口、汉阳为淤岸,外滩较宽。堤防加固前,由于历史原因,外滩存在大量民房、企业、工厂等,不利于行洪。且其房屋修建年代久远,破损不堪,影响市容。设计结合堤防建设进行城市环境改造与景观建设,拆除阻水建筑物,疏浚河道,吹填防浪台,以利于防洪,为改善该地区的环境状况,结合城市发展的新需要,构建亲水平台,为武汉市居民提供了一个休闲娱乐、旅游的新空间,不仅展示出武汉得天独厚的江城风貌,也向中外游客展示了水文化和不同时期治水理念的发展变化。迄今为止,武汉市利用江堤的外平台在汉口、汉阳、武昌已建成外滩17.75 km。

汉口江滩防洪及环境综合整治工程起于武汉客运港,止于后湖船厂,全长7.07 km,总面积122.38万m^2。

汉阳江滩下段工程起于晴川阁,止于杨泗港工业区下游端,长3.689 km,面积31.5万m^2。

武昌临江防洪及环境综合整治工程起于紫阳路,止于秦园路,全长6.99 km,总面积22.23

万 m^2，其特色体现在“观江”上，与上海外滩特色相近。

江滩工程先后获得了武汉市黄鹤奖、湖北省楚天杯奖、中国人居环境奖、水利部水土保持示范工程奖及中国质量最高奖——国家级鲁班奖。工程完成后，既提高了堤防的防洪能力，又改善了周边环境，提升了城市功能，成为武汉市新的名片，带动了旅游、房地产等相关行业的发展，该项目建成对保障防洪安全，提升城市整体形象，优化城市人居环境，控制血吸虫钉螺的传播，改善沿江地区投资环境，带动餐饮、娱乐、旅游等相关行业的发展发挥重要作用，据初步统计，年接待中外游客 1 500 万人，综合效益明显。国家各部委及国家领导人曾多次视察，对江滩建设给予了很高的评价，并高度赞扬江滩工程是防洪与环境相结合的典范工程。

3 结论与建议

(1)武汉市江堤经过了 2001 ~ 2007 年汛期的考验，未出现险情，减轻了防汛压力，说明处理措施在设计上是成功的。

(2)在设计中采用新技术、新工艺、新材料“三新”技术，不仅加固了堤防，而且有利于提高设计水平，起到了较好的社会效益和经济效益。

(3)将水利工程建设同城市环境治理结合起来，取得了良好的社会效益。武汉市江堤的设计和建设的完成，彰显了我国治水理念的逐步发展，水利工程正逐步由传统水利向生态型水利转变。

从咸宁长江干堤整险加固工程谈堤基加固设计

徐 平 廖先悟 彭 澜

（湖北省水利水电勘测设计院 武汉 430070）

摘 要：通过咸宁长江干堤整险加固工程设计实践，概述了堤基加固设计的过程、方法和方案选择。

关键词：堤基加固；渗透稳定分析；渗控设计；水平盖重

1 前言

长江堤防的绝大多数重大险情都属于堤基渗透稳定问题。而堤基渗透稳定出了问题对堤防所造成的破坏往往是毁灭性的。所以，在堤防加固工程中，堤基加固设计是最重要的内容之一。笔者通过咸宁长江干堤加固工程的设计工作，对堤基加固设计的方法、特点等逐步有了一些认识。

2 险情资料收集

加固工程的重点是围绕业已存在的险情开展的，所以首先必须重视收集堤基的险情资料。汛期的险情暴露是最直接的证据。1996 年、1998 年、1999 年 3 年大洪水，堤基的问题得到充分的暴露。笔者有幸参加了咸宁 1998 年、1999 年两年大洪水的抢险工作，对后来的设计工作大有帮助。地质勘探工作也应围绕着堤基的险情来开展，险工险段要重点勘探。

而对比咸宁长江干堤 1998 年和 1999 年两年几乎相同洪水条件下发生的险情，我们也可以清楚地看到由于在 1998 年冬实施了一些应急整险加固工程，在 1999 年汛期无论从险情的范围还是从险情的规模都得到明显的减小。凡是实施了加固措施的就得到改善，相反则仍然出险，说明整险加固的措施是有效的和有必要的。用动态的眼光认真地分析这些险情的变化过程也是设计者值得重视的方面。

3 渗透稳定分析

渗透稳定分析包括渗流计算和渗透稳定性判断两方面内容。

3.1 渗流计算

3.1.1 渗流计算的目的

渗流计算的目的就是弄清堤基内渗流场内的水头、坡降、渗流量等水力要素的分布，进而获得表层覆盖土所承受的渗透水压力和渗透出逸坡降的值，据此评价堤基渗透稳定状况，为渗流控制设计提供依据，并对经过渗流控制措施后的堤基作进一步渗流计算。对比前后计算成果，评价对堤基实施的渗流控制措施的效果。因此，对一些重要的险工险段和地层变化复杂的堤段，均应反复进行渗流计算，根据渗流计算来确定堤基加固的具体方案。

3.1.2 渗流计算方法简述

平面渗流问题的解析法，一般只适用于含水层几何形状较简单，且各土层为均质、各向同性土壤的情况。当水文地质条件比较复杂时（如含水层几何形状不规则、非均质、各向异性、边界复杂等），用解析法来求解变得相当困难。若将水文地质条件大量地简化来进行计算，所得结果又较粗糙。近年来，许多研究结果表明：对平面渗流问题，用有限单元法与电拟法计算得出的结果几乎是相同的。

现在堤基渗流场一般采用有限单元法按平面问题计算分析。咸宁干堤加固工程采用的计算程序是对渗流场用四边形八节点单元模式进行离散,对浸润线采用柔性网格法进行迭代调整,使之同时满足边界条件。线性方程组的求解,采用改进平方根法。

3.2 渗透稳定性判断

汛期随着外江水位的上涨,作用于堤基土体的渗透压力差逐渐增大。当渗透压力小于土体结构的抗渗强度时,土体处于相对稳定状态;反之则发生不同形式的变形甚至移动,即形成渗透破坏。因此,土体的渗透稳定性如何,取决于堤基内部土体的性质、结构和颗粒组成,同时也取决于外部水位等条件。通过有限元计算取得了土体内部渗流场的空间分布后,还需要进一步地判断土体的渗透稳定性。

在实际工程中,地基土的渗透稳定性主要采取两种方法判断,即安全坡降法和安全系数法。

3.2.1 安全坡降法

安全坡降法是《堤防工程设计规范》(GB 50286—98)推荐的方法。对于透水的覆盖层或盖重(包括半透水),根据渗流场的分布状态,通常是以覆盖层实际垂直渗透坡降 J 小于或等于其允许坡降 $J_{允}$ 为安全控制标准,即 $J \leqslant J_{允}$。

对于无黏性土的允许渗透坡降,以土的临界坡降除以安全系数1.5~2确定(流土型破坏取2.0;管涌型破坏取1.5)。《堤防工程设计规范》(GB50286—98)对于无黏性土,渗流出口无反滤层的情况,给出了允许渗透坡降的参考值,见表1。

表1 允许渗透坡降参考值

渗透变形型式	流土型			过渡型	管涌型	
	$Cu<3$	$3 \leqslant Cu \leqslant 5$	$Cu>5$		级配连续	级配不连续
允许坡降 $J_{允}$	0.25~0.35	0.35~0.5	0.5~0.8	0.25~0.4	0.15~0.25	0.10~0.15

咸宁长江干堤加固工程对于临界坡降和允许坡降综合了如下方法确定。

(1)公式计算法。采用公式 $J=(G_s-1)(1-n)$,式中 G_s 为土的颗粒密度与水的密度之比,n 为土的孔隙率(%)。

(2)现场试验法。我们在邱家湾、八把刀、老堵口险段分别做了现场野外渗透变形试验,从试验结果看,试样土的干容重普遍较低,破坏坡降值变化范围较大,一般在0.60~1.18。

(3)工程类比法。类比其他相似的工程来确定临界坡降值。

综合分析得出各土层的允许坡降取值为:黏土:0.55~0.65;粉质黏土:0.5~0.55;粉土:0.35~0.4;粉细砂:0.20~0.25。

3.2.2 安全系数法

工程中也习惯于用安全系数法。对于覆盖层为多层次的且系不透水或弱透水的土体,为防止渗透破坏,应满足下式要求:

$$k = \sum (h_i r_i')/\Delta h \geqslant K_{允}$$

土层渗透稳定的允许抗浮安全系数一般取值 $K_{允} \geqslant 1.5$。

4 渗控方案选择

4.1 基本方案选择

堤基发生了渗透变形险情,也经过渗透稳定分析确认,采取渗流控制措施加固就成为必须。渗控措施的基本原则是"前堵后排加盖重"。具体说有背水侧(堤后)土料盖重平台(包括填塘)、迎水侧(堤前)土料水平铺盖、减压井导渗沟、垂直防渗墙等方案。一般来讲,在外滩较窄的堤段,堤前铺盖效果不如堤后盖重的效果。总体来说,主要分为盖重和截渗两大类方案。

选择设计方案需考虑地质土层的成分和分布结构,在可行的方案中还要经过技术经济、工期、施工方法、工程实际进展情况、工程运行管理等比较,堤防工程周围经济发达、人口稠密,所以还要特别重视对周围环境的影响,要时刻想到并尽量照顾到群众的利益需要。下面仅就咸宁长江干堤加固工程谈谈是如何考虑的。

根据地质勘探资料揭示,咸宁长江干堤堤基普遍为二元结构,上部为相对弱透水的黏性土盖层(渗透系数 $10^{-7}\sim10^{-5}$ cm/s),下部为透水性好的砂、砂砾石层(渗透系数 10^{-3} cm/s)。仅局部堤段在堤基以下具有零星的黏性土隔水层与砂、砂砾石层相间分布的多元结构,但空间上不能构成较连续的防渗整体。而基岩的埋藏深度一般在 30 ~ 50 m。根据长江水利委员会长江科学院对渗控措施的专题研究报告:"当堤基为深厚的透水层(深度为 h_2)时,若堤基表层有覆盖层(相对不透水的),截渗墙深度 h_1 应大于 $0.8h_2$,堤基表层无覆盖层,截渗墙深度 h_1 应大于等于 $0.6h_2$,才能有效地改善堤基渗流分布"。这一结论与我们的计算分析结论是一致的。

咸宁长江干堤堤基正是属于前一种结构,如若采取防渗墙方案,不完全式截渗墙没有作用,即在技术上是不能成立的方案;将透水层全部截断的截渗墙达 35 ~ 55 m 深度,相比水平盖重方案显然投资巨大。防渗墙方案必须有专门机械设备和技术,质量控制要求高,稍有疏忽则可能破坏防渗墙的完整性;液压抓斗法施工效率低、工期长。相比之下,水平压重方案则施工工艺和设备简单,技术水平要求低,群众经验丰富,可分段、分期实施,进度快,质量易控制。咸宁市堤防沿线往往地势很低,建堤取土造成渊塘低洼地连片,所以使得沿堤形成人多水多、地少鱼贱的局面。汛期由于排水不通和地下水位的提高,往往形成内涝沼泽荒地,给生产、生活带来不便。吹填堤内洼地并用耕植层覆盖,可以改善当地的生活生产条件,对环境的影响是趋好的。实践证明,群众是非常欢迎退塘改田将地势填高的。而截渗墙方案对地势是没有改变的,同时,由于切断了地基的渗透通道,在枯水期影响了堤内水的外渗,抬高地下水位,对环境影响可能是趋坏的。现实情况比较表明,自从 1996 年以来,从已经填塘盖重堤段的情况来看,填塘盖重加固方案的效果是很好的。在类似于 1998 年的 1999 年大洪水中,凡是填塘盖重过的地方都没有再出险。

通过渗流计算分析,并综合上述关于施工条件、投资、工期、环境等因素的考虑,最后选择咸宁长江干堤堤基的基本渗控方案为:堤外水平填土防渗铺盖,堤内水平填土盖重(包括填塘),重点险段增设减压井措施。大部分采用堤外洲滩取土(一般为含粉砂性高的土)吹填的方法施工。

4.2 盖重渗控设计

堤后盖重的宽度、厚度和土的特性直接关系到渗控效果和工程投资,是盖重渗控设计需要确定的重要参数。

4.2.1 盖重宽度和厚度的设计原则

首先通过有限元计算出设计断面的渗流分布并以此核算堤后覆盖层的渗透稳定性,若覆盖层的渗透稳定性不满足安全性判定,则需要增加填土盖重;设置盖重后,在减小了上下游水头差的同时也增加了渗流阻力,提高了覆盖层下的渗压力,因此还需对盖重后的堤基再作渗透稳定性复核,适当调整盖重的宽度和厚度,直到设计方案既满足安全准则又满足经济可行的要求。

盖重的宽度还要考虑历史险情出现的位置和工程管理的范围,盖重的厚度还要考虑施工的方便,厚度太小不便于施工,厚度太大要分级设置等。

4.2.2 渗控设计举例

咸宁赤壁干堤八把刀堤段,桩号 337 +000 ~ 338 +800,段长 1.8 km。

(1)基本情况。设计堤顶高程 32.62 m,设计水位 31.12 m。堤外无滩被深切,堤内地表高程 22.0 ~ 22.8 m,地表岩性以粉质黏土为主。堤基黏性土层厚度变化大;下部为砂层,局部有黏土层透镜体,砂层顶板高程 10.0 ~ 21.9 m。从已有钻孔资料看,最深 -2.69 m 高程仍未见基岩。

1998 年汛期,距堤脚 40 ~ 145 m,共出现管涌险情78处165孔，说明该堤段堤基土体抗渗性差。以桩号337+850地质剖面为计算对象，经计算判定渗透稳定不满足要求，见表2。

表2　渗透计算成果（加固前）

项目	计算点距堤身内脚的距离(m)					
	0	50	100	150	200	300
渗透坡降 J	0.976	0.748	0.898	0.929	0.821	0.758
抗浮安全系数 k	0.953	1.243	1.036	1.001	1.133	1.227
出逸点高程(m)	25.18					
渗流量（m^3/(m·d)）	0.347 3					

（2）渗控设计。比较了水平盖重、水平盖重+减压井、不完全截断式垂直防渗墙、完全截断式垂直防渗墙等方案。

①完全截断式垂直防渗墙方案：堤基相对不透水层到砂岩层。截渗墙必须从堤顶进行，设计插入基岩0.5~1.0 m，这样截渗墙的深度就在36 m以上。平均每延米墙体工程量为36.5 m^3以上，每延米工程投资在11 680万元以上。防渗墙采用混凝土塑性防渗墙，墙厚30 cm，墙体填筑材料采用膨润土、水泥、砂石骨料拌和的塑性混凝土。采用液压抓斗法施工。渗透计算成果见表3。

表3　渗透计算成果（完全截断式垂直防渗墙方案）

项目	计算点距堤身内脚的距离(m)				
	0	50	100	150	200
渗透坡降 J	0.42	0.223	0.273	0.352	0.403
抗浮安全系数 k	2.216	4.175	3.407	2.644	2.309
出逸点高程(m)	24.97				
渗流量（m^3/(m·d)）	0.151				

②不完全截断式垂直防渗墙方案：将垂直防渗墙的深度减为25 m，深入砂层2.5 m，可截断上部土体中可能相对较强的渗透通道。渗透计算结果（见表4）表明，该方案技术上不可行，对堤基较远处几乎没有什么作用。

表4　渗透计算成果（不完全截断式垂直防渗墙方案）

项目	计算点距堤身内脚的距离(m)				
	0	50	100	150	200
渗透坡降 J	0.48	0.456	0.622	0.763	0.809
抗浮安全系数 k	1.936	2.038	1.495	1.219	1.419
出逸点高程(m)	25.28				
渗流量（m^3/(m·d)）	0.396				

③水平盖重方案一：堤内堤基填塘盖重总宽度为150 m，分为2级。依次为：宽50 m，高程27.15 m；宽100 m，高程26.00 m。本方案平均每延米土方量为358 m^3。根据渗透稳定分析，按此方案还不能满足渗透稳定安全要求，见表5。

④水平盖重方案二：堤内堤基填塘盖重总宽度为350 m，分为3级。依次为：宽50 m，高程27.15 m；宽100 m，高程26.00 m；内填塘宽度200 m，高程24.0 m。本方案平均每延米土方工程量为658 m^3。根据渗透稳定分析，还不能满足渗透稳定安全的要求，见表6。由于该方案土方工程量已经很大了，因此继续增加平台的宽度和高度已明显不合理。

⑤水平盖重+减压井方案：水平盖重设计同水平盖重方案一，并根据实际险情发生状况和渗透分析结果，同时在桩号337+250~338+300间，150 m平台脚处布置减压井。减压井间距10 m，孔深9~11 m，以钻至砂层4 m为度，直径30 cm，井内以粗砂充填。本方案平均每延米工程投资6 028.54元。通过渗流计算（见表7）表明，减压井有效地降低了井后的渗透水压力，是一种投资省、效果好的方案，但缺点是增加了减压井的管理维护工作。

（3）渗控设计方案选择。渗流计算结果和工程投资都反映水平盖重+减压井方案更经济可靠。并且在1998年汛后该堤段也已经大面积地实施了吹填工程。其可靠的效果在1999年汛期得到了很好的验证。所以，该堤段从地质、投资、施工实际情况等方面看，应该选择水平压重+减压井方案。

表 5　渗透计算成果(水平盖重方案一)

项目	计算点距堤身内脚的距离(m)							
	0	25	56	100	150	200	250	300
渗透坡降 J	0.226	0.019	0.218	0.064	0.987	0.942	0.875	0.836
抗浮安全系数 k	3.98	47.4	4.13	14.1	0.91	0.96	1.03	1.08
出逸点高程(m)	27.71							
渗流量(m^3/(m·d))	0.289 1							

表 6　渗透计算成果(水平盖重方案二)

项目	计算点距堤身内脚的距离(m)							
	0	50	100	150	200	250	300	350
渗透坡降 J	0.203	0.239	0.243	0.584	0.457	0.478	0.448	0.761
抗浮安全系数 k	4.59	3.89	3.827	1.592	2.036	1.939	2.078	1.222
出逸点高程(m)	28.17							
渗流量(m^3/(m·d))	0.286							

表 7　渗透计算成果(水平盖重 + 减压井方案)

项目	计算点距堤身内脚的距离(m)							
	0	25	56	100	150	200	250	300
渗透坡降 J	0.195	0.019	0.132	0.014	0.447	0.568	0.511	0.489
抗浮安全系数 k	4.62	47.4	6.82	64.3	2.01	1.58	1.76	1.84
出逸点高程(m)	27.71							
渗流量(m^3/(m·d))	0.443 5							

5　结语

(1)加固工程特别是堤基加固设计要紧紧围绕工程现状的险情进行。对渗透稳定性的判断不仅单纯靠计算手段,也有赖于设计者现场反复调查后,综合险情、地质等方面因素作出客观的评价。当计算分析不能符合实际时,应以实际情况为主要判断标准。渗控设计方案的选择除了要按传统的设计程序作技术经济比较外,还要充分兼顾到对工程管理、环境和群众利益更有利。

(2)相比一般的结构计算来讲,渗流计算及其渗透稳定分析具有更大的不唯一性。如何尽量减少干扰因素,使认识和判断更正确,是保证工程设计更安全、经济、合理的前提。这需要堤防管理、地勘、试验、设计等各方面共同努力。

(3)对于二元地基结构,垂直截渗墙一般要达到相对不透水层,即完全截断强透水层,才可能达到对堤基渗控的目的。堤后水平盖重方案宜选择渗透系数相对较大的透水土料。从咸宁长江干堤的地质结构来看,堤后水平盖重方案是更经济合理的方案。局部特殊地质条件堤段也可结合减压井渗控措施同时采用。

'98大汛10周年
——浅谈武汉堤防加固后效益与启示

段耀东　王晓晟　严红霞

（武汉市水利堤防工程建设管理中心　武汉　430022）

摘　要：概述了武汉市1998年大洪水后堤防加固建设的情况，分析了工程的效益，提出了调整治水思路，更好地适应现代水利发展要求的对策。

关键词：堤防；防洪；武汉

1998年长江大水是无情的，汛后，党中央、国务院及时做出的灾后重建、整治江湖、兴修水利的重大决策是有情的。一场无情的大水、一项有情的决策，带来了武汉水利千载难逢的发展机遇，带来了武汉长江堤防翻天覆地的变化，也带来了武汉长江治水的历史性跨越。4年的长江治水实践，武汉堤防建设呈现出大投入、大建设、大成效、大变化的特点。1998年长江大水后，国家投巨资整治长江堤防，以期基本解决长江防洪问题。武汉长江干堤隐蔽工程、非隐蔽工程建设投入39亿元，其中非隐蔽工程投资29亿元。其强度之大、额度之高前所未有。

自1999年开始建设的武汉堤防工程，严格执行"四制"，使工程质量、工期及投资得到有效控制，经过4年的紧张施工，大部分工程于2003年汛前基本完工。武汉堤防工程已建工程在三个年度中发挥了重要的防洪作用和显著的减灾效益。在2002年类似1996年和1998年洪水的秋季高水位期间，武汉堤防工程在长江中下游全线超警戒水位情况下，经受住了考验，未出现一处险情，得到了沿江两岸人民和有关领导的赞扬与肯定。

1　武汉堤防建设情况

武汉堤防工程由武汉市江堤整险加固工程（非隐蔽工程）和武汉市汉南至白庙段整治加固工程（非隐蔽工程）两个项目组成。主要建设内容为：堤基、堤身加固，锥探灌浆，新建防水墙，修筑混凝土路面、沥青路面，迎水面混凝土预制块护坡、干砌石护坡、草皮护坡，整险加固穿堤涵闸、泵站，堤防各类管理用房及防汛哨所等。

武汉堤防建设共划分为181个单位工程组织实施，其中武汉市江堤整险加固工程（非隐蔽工程）155个单位工程。实际完成整险加固堤防总长346.60 km，堤基加固长度33.185 km，堤身加固长度287.362 km，锥探灌浆128.684 km，修筑混凝土路面193.876 km、沥青路面52.473 km，迎水面混凝土预制块护坡246.81 km、干砌石护坡1.63 km、格宾网护坡3.60 km，加固、重建、封堵穿堤建筑物165座，闸内新建沉螺池5座，管理用房34 175.8 m^2，哨所哨亭151座。完成主要工程量为：土方开挖623.40万m^3，土方回填5 000.57万m^3，抛石12.41万m^3，各类混凝土85.33万m^3等。实际完成投资为244 490.67万元。武汉市汉南至白庙段整治加固工程（非隐蔽工程）26个单位工程，实际完成的主要建设内容为：堤身加高培厚堤段长89.894 km，锥探灌浆堤段长82.417 km，堤顶混凝土道路堤段长89.894 km，新建交通闸1座、拆除重建排水涵闸2座、封堵涵闸5座、加固涵闸11座、加固泵站3座、新建涵闸沉螺池 12 座,护岸长度 28.947 km,堤基加固堤段长 15.00 km,迎水面护坡堤段长干砌石为 13.853 km,浆砌石为 9.42 km,草皮为 11.696 km,混凝土预制块为 48.221 km,现浇混凝土为 6.608 km;背水面均为草皮护坡。完成的主要工程量为:土方开挖 83.55 万 m^3、土方回填1 686.32万 m^3、填塘土方 303.19 万 m^3、干砌石 14.18 万 m^3、浆砌石 9.76 万 m^3、混凝土预制块 10.81 万 m^3、现浇混凝土 3.04 万 m^3、水下抛石 10.72 万 m^3、堤顶公路混凝土 9.99 万 m^3、钢筋钢材 1 494.88 t。实际完成总投资 63 436.36 万元。

2 武汉堤防工程效益

1999 年汛期全市堤防发生险情 114 处,比 1998 年减少 2 101 处;投入抢险劳力 5 万多人,比 1998 年减少 15 万多人;消耗土石料、草袋、麻袋等物资均比 1998 年大幅度减少。以后每年汛期,已加固的所有堤段未发生较大险情,堤防防汛抗洪能力大为提高,充分发挥了减灾效益。穿堤建筑物通过加固改造后,挡水、排水能力增强,安全得以保障;建成的防汛公路为防汛抢险、城乡物资交流和缓解交通拥挤发挥了重要作用;堤防大面积种植防浪林、防护林,堤坡大面积种植草皮护坡,改善了堤容堤貌和周边环境;武汉长江干堤一改过去矮小单薄的旧貌,变成“一堤一路、两林护岸”的“水上长城”,武汉龙王庙等昔日的险工险点,变成了今日的亮点景点。中心城区结合江滩整治建设形成了独具魅力的沿江景观带。同时,堤防建设也带动了国民经济相关产业的发展,提供了众多的劳动就业渠道,改善了沿江一线的投资环境,促进了沿江地区的城乡建设、生产生活条件的改善、生态环境的改变和农业内部结构的调整。2002 年 6 月,朱镕基同志在视察长江干堤建设情况后欣慰地说,虽然长江干堤不是铜墙铁壁,但也稳如泰山。

武汉堤防工程是典型的基础设施工程和公益性水利工程,虽然堤防工程因其特殊的防洪作用能产生巨大的社会经济效益,但它本身不能作为企业生产经营性资产进行经营管理。堤防工程不仅保护各类企事业单位的生产、生活和财产安全,更保护着千家万户的生命财产安全。因此,堤防工程是典型的公益性工程,具有巨大的社会效益、经济效益和环境效益。堤防工程建设,使长江堤防成为巍然屹立的“水上长城”,增加了沿岸居民的安全感,沿江地区出现了社会稳定、人心安定的良好社会局面。堤防工程建设促进了沿江地区生产力的发展,为招商引资和扩大再生产提供了重要支撑;同时,工程的建设促进了沿江地区产业结构调整,促进了国土资源开发利用,提高了堤防保护区的土地利用价值;堤防工程建设,防止了血吸虫病的蔓延,减少了水质性污染,改善了生态环境,提高了居民生活质量,具有较好的生态环境效益。

工程建设的一些穿堤建筑物,如涵闸工程建设,有很多的金属结构工程和电器设备安装,对机电设备有一定需求量。工程建设对运输业的拉动效果明显。石料、水泥、钢材、黄砂等主要材料,从产地运到工地,既要走陆路,又要走水路,对公路运输和长江航运都有很大的拉动作用,还有对水泥、黄砂等建材工业企业劳动就业的影响等。

此外,工程建设中还要消耗柴油、汽油、水、电、气等能源产品,石料开采需要消耗大量的炸药,等等。所以,隐蔽工程建设投资拉动了建材、冶金、矿山、机械、电器、石油、化工、运输等众多相关产业的发展。

工程建设对劳动力需求量大,创造大量就业机会,虽然工程建设机械设备使用率高、科技含量高,但作为水利工程来讲,还是属于劳动密集型行业。工程建设对水利建筑施工企业劳动就业的影响最直接,也最大;同时,在工程实际施工过程中,由于受堤防特殊地形条件及周边自然环境的限制,施工企业有时是带着大量机械设备却派不上用场,不得不雇用大批民工。这种人工替代方案对施工企业来说增加成本,但给当地的农民却提供了打工挣钱的机会。

从 1998 年到 2002 年,国家共投入 30 多亿元水利资金进行武汉长江堤防建设，其投资强度为1998年以前50年的总和还要多，用这样大的资金投入工程，不仅仅是稳固了大堤，保护了人民的生命财产安全，还有效地扩大了内需，拉动了经济。

工程建设投资能直接、间接地对GDP产生影响，尤其是间接影响较大，工程建设发挥的防洪减灾效果，改善了投资环境，促进了生产发展，增加了人民收入，从而间接增加投资和消费支出。工程建设使用了大量的财政资金，同时工程建设拉动经济的发展，又能创造新的、更高的税金，来回报国家财政，为财政收入的增长作出了重大贡献。工程建设作为劳动密集型行业，其创造就业机会的效果比较显著。另外，由材料、设备采购而间接拉动其他行业对劳动力的需求。

3 武汉堤防工程的启示

武汉4年的堤防建设的实践表明，堤防建设的过程是一个思想不断解放、观念不断更新、管理不断加强、机制不断完善的过程，也是一场伟大的变革，更是江河治理的历史性跨越。通过认真回顾4年堤防建设工作，我们从中获得了一些有益的启示，也必将为今后的水利建设提供借鉴。

3.1 不断调整治水思路，才能更好地适应经济社会可持续发展的要求

思路决定出路。在过去多年的治水实践中，我们抓住不同时期的重点，进行了大规模的水利建设，为武汉经济和社会发展作出了巨大的贡献。大建设的历程，也是一个大反思的过程。过去的水利建设，往往着眼于"人定胜天"，考虑和防止水对人的伤害要多些，而考虑和防止人对水的伤害要少些，造成人水分割、人水对立的紧张局面；往往着眼于"头痛医头，脚痛医脚"，考虑眼前问题要多些，而考虑长远问题要少些，造成效益单一、低标准重复建设；往往着眼于水利工程本身，考虑技术问题要多些，考虑社会经济效益问题要少些，造成工程建管、运行困难。通过深刻反思，按照现代水利、可持续发展水利和社会经济发展的需要，国家重新调整并确立了人与自然、环境和谐共处和可持续发展的治水思路。在长江堤防建设中，既注重加高培厚长江干堤，防止水对人的伤害，又大力实施平垸行洪工程，防止人对水的伤害。彻底转变了大堤越高越好的狭隘观念，树立了因地制宜、疏堵结合、蓄泄兼筹、综合整治的科学态度。

在武汉长江堤防建设中，还融入了亲水、爱水意识。龙王庙和江滩修建了亲水平台，大汛时让路于水，退水时还地于民，实现了人水相亲、人水两利。龙王庙多年想建都建不了，大水一来就冲了"龙王庙"，成为武汉市的心腹大患。转变建设思路后，武汉市把堤防工程与城市建设有机结合，通过"扩展口门，改善河势，除险加固，综合治理"，不仅成为伏波安澜的防洪屏障，而且成为人们休闲观光的旅游景点。大型观景平台和巨幅浮雕，精美的汉白玉栏杆，典雅的华灯，成为江城"两江相汇、三镇鼎立、龟蛇锁江"壮美景观的点睛之笔。

此外，从水资源开发利用与保护的角度，注重了协调发展和可持续发展。在长江堤防建设中，把水资源的开发利用作为工程建设的核心，注重洪水资源的利用和开发，在工程设计时，就考虑了洪水资源的利用，完善了穿堤涵闸的排灌双重功能，力求使洪水更好地为工农业生产服务。

3.2 不断完善建管机制，才能更好地适应市场经济发展的要求

4年堤防建设的实践证明，有一个符合社会主义市场经济体制要求的新型建管机制，是大规模、高强度堤防建设取得成功的关键。4年来，我们严格按照市场经济的要求，大力实施项目法人责任制、招标投标制、建设监理制和合同管理制，项目法人和项目部取代了指挥部。同时创造性地提出并大力推行既符合我国国情、符合中国特色社会主义市场经济体制要求，又符合武汉市长江干堤建设实际的项目法人负责与地方行政首长负责相结合的建管体制，有效调动了堤防建设管理各方的积极性，确保了

堤防建设的进度、质量和效益,进而实现了堤防建设组织形式和建管体制的五大转变:在组织管理上,由传统的行政指挥、大包大揽模式向以“四制”为主,规范运作转变;在施工方式上,由人挑肩扛为主向机械化、专业化施工转变;在建设投入上,由群众投劳、集资为主向国家投入为主、地方配套转变;在质量管理上,由传统的检查方式向实施工程监理、全程质量监控转变;在工程技术上,由单纯依靠传统技术向发挥传统技术优势与推广应用新技术、新材料、新工艺相结合转变。

在过去的堤防建设中,以行政长官牵头,按行政区划组建工程建设指挥部。它的先天不足就是行政干预多,责任主体不明;技术力量不足,地方色彩过浓。“项目法人”和“项目部”取代“指挥部”后,明确了建设责任主体,建立了健全的组织机构、合理的人员结构、完善的规章制度,具体实施工程建设管理。特别是在招标投标上,通过建立招标公告制度、专家评标制度、综合评标制度、招标监督制度,优化标段划分,引来了一大批有实力的施工企业和先进技术,使其在较短时间内完成大规模的堤防建设任务成为可能。在建设监理上,通过引进市场机制,建立终身责任制,逐步建立和完善建设单位负责、施工单位保证、监理单位控制、政府部门监督的质量管理体系,保证了堤防工程建设质量。武汉堤防建设质量调查结果表明,单元工程、分部工程的优良率在 50% 以上,181 个单位工程优良率达到 53% 。

3.3 不断提高水利科技含量,才能更好地适应现代水利发展要求

“兵来将挡,水来土掩”,是沿袭了多少世纪的抵御洪水的方法。在长江堤防建设中,我们在继承祖先丰富治水经验的同时,大量运用了现代化的防洪技术和手段,科技成为堤防建设的有力武器。机械化施工和新技术、新材料、新工艺在长江堤防建设中的广泛运用,是铸就长江堤防“铜墙铁壁”、确保长江安澜的重要保证。

武汉长江堤防加固建设样板的武汉龙王庙工程,在高新技术的应用上也取得丰硕成果,其铰链沉排、渗漏监控技术可以说独步堤防新技术应用领域。

3.4 建立高素质水利人才队伍,才能更好地适应新时期大规模堤防建设的要求

培养人才,造就人才,更离不开社会实践。4 年的长江治水实践,为水利系统的职工施展才智、大显身手提供了一个大舞台,为水利系统职工丰富知识、增长才干提供了一个大课堂,为水利系统职工提高素质提供了一个大熔炉。一大批高素质的水利人才队伍在治水实践中得到锻炼和提高。

水利工程建设者和管理者在实践中施展才智。千年大计,质量第一,质量高于一切。这庄重的誓言已经成为每一个堤防建设者、管理者的座右铭。各参建单位把质量放在首位,用一流的队伍、一流的装备、一流的管理,打造一流的堤防。2002 年春节前后开工的 16 座穿堤建筑物工程,施工期适逢绵绵阴雨,主体建筑工程抢建后,没有合格的土料回填。为了抢在汛前完成回填任务,确保长江干堤安全度汛,施工单位不惜增加施工成本,采取工地搭棚、覆盖土场、远距离买土和回填土料掺白灰、水泥等办法,保证了回填质量,保证了按期完工。通过抽检,回填质量全部达到设计要求。而一大批建设者也通过治水实践,锻炼了自己的才干,丰富了自己的知识。

监理人员认真履行职责,坚持“三控制、两管理、一协调”,大力推行在武汉龙王庙建设中创造的“三个不放过”的监理原则,即“事故的原因没查清楚不放过,责任界线没分清楚不放过,处理质量问题的措施没落实不放过”,及时消除了堤防建设质量隐患,使堤防建设质量全部满足设计要求。同时涌现出一批刚正不阿、敢于负责的铁面监理。

项目法人单位和现场管理机构在工程建设中,严格执行基本建设程序,按照批准的工程设计进行施工,着重抓好了以下几个环节:一是认真做好项目实施的前期工作,通过公开招投标择优选择施工单位;二是积极做好协调工作,营

造良好的施工环境；三是定期和不定期地巡查施工现场，及时解决施工中存在的问题；四是督促监理单位严把质量关；五是严格合同管理，及时拨付工程进度款；六是及时组织相关工程验收。

武汉长江堤防工程建设所取得的巨大成果，证明国家将长江堤防建设列入国债建设项目重点的决策是英明的，充分显示出党中央、国务院的超凡能力，同时也增强了全国人民战胜任何经济困难的信心和决心。长江堤防建设工程是民心工程、德政工程。

洪湖监利长江干堤整险加固工程前后的险情分析

湖北省洪湖监利长江干堤整险加固工程建设管理办公室

（湖北省洪湖监利长江干堤整险加固工程建设管理办公室　洪湖　433200）

摘　要：1998 年大洪水后，湖北省洪湖监利 230 km 长江干堤进行了整险加固，通过 1998 年、1999 年、2002 年、2004 年及 2007 年水位、各类险情的对比分析，认为堤防防洪能力明显提高，工程效益显著。

关键词：长江堤防；整险加固；防洪；洪湖；监利

1　基本情况

洪湖监利长江干堤整险加固工程属国债资金建设的重点防洪工程，位于洪湖市及监利县境内，上起监利半路堤，下至洪湖胡家湾，全长 230 km（桩号 628 +000 ~ 398 +000），2 级堤防。其中，监利长江干堤长 96.45 km，洪湖长江干堤长 133.55 km。保护区内人口 118 万人，耕地 8.8 万 hm^2，防洪地位十分重要。

洪湖监利长江干堤在 1998 年以前，堤身低矮单薄，堤防抗洪能力较弱。1998 年汛后，国家投巨资对该堤防进行了大规模加培，至 2002 年，汛前堤身加培工程基本按设计标准完成，抗洪能力大为提高，工程效益显著。为了便于分析，现将 1998 年、1999 年、2002 年、2004 年及 2007 年汛期的水情、险情分别进行简要的比较。

2　水情情况

1998 年汛期长江发生全流域大洪水，荆州市长江河段共形成 8 次洪峰过程。监利站超设防水位时间 85 d，超警戒水位时间 76 d，超保证水位时间 39 d，最高洪峰水位 38.31 m（8 月 17 日 22 时）。洪湖螺山站超设防水位时间 84 d，超警戒水位时间 78 d，超保证水位时间 42 d，最高洪峰水位 34.95 m（8 月 20 日 20 时），超 1954 年最高水位 1.78 m。两站洪峰水位均创历史最高记录。

1999 年汛期长江再次发生大洪水，荆州市长江河段共形成 4 次洪峰过程。监利站超设防水位时间 41 d，超警戒水位时间 37 d，超保证水位时间 29 d，最高洪峰水位 38.30 m。洪湖螺山站超设防水位时间 44 d，超警戒水位时间 37 d，超保证水位时间 25 d，最高洪峰水位 34.60 m。

2002 年汛期，监利站超设防水位 20 d，超警戒水位 16 d，最高洪峰水位 37.15 m。洪湖螺山站超设防水位 19 d，超警戒水位 17 d，超保证水位 7 d，最高洪峰水位 33.83 m。

2004 年汛期，监利站超设防水位 13 d，最高洪峰水位 35.41 m。洪湖螺山站没有设防。

2007 年汛期，监利站超设防水位 20 d，超警戒水位 6 d，最高洪峰水位 35.85 m。洪湖螺山站超设防水位 10 d，最高洪峰水位 31.54 m，详见表 1。

表1 洪湖监利长江干堤历年汛期水位特征值汇总

序号	站名或项目	单位	年份				
			1998	1999	2002	2004	2007
	监利站						
1	设防水位	d	85	41	20	13	20
2	警戒水位	d	76	37	16		6
3	保证水位	d	39	29			
4	最高水位	m	38.31	38.30	37.15	35.41	35.85
	螺山站						
1	设防水位	d	84	44	19		10
2	警戒水位	d	78	37	17		
3	保证水位	d	42	25	7		
4	最高水位	m	34.95	34.60	33.83		31.54

3 险情情况

3.1 险情统计分析

1998年汛期洪湖监利长江干堤共出险790处,其中重点险情334处,特大险情22处。

1999年汛期洪湖监利长江干堤共出险133处,其中重点险情15处,无特大险情。

2002年汛期,洪湖监利长江干堤共出险25处,其中重点险情3处。

2004年汛期,洪湖监利长江干堤没有出险。

2007年汛期,洪湖监利长江干堤共出险4处,其中重点险情1处。详见表2及图1、图2。

表2 洪湖监利长江干堤历年汛期险情统计汇总

堤别	1998年	1999年	2002年	2004年	2007年
洪湖监利长江干堤	790	133	25		4
洪湖长江干堤	585	105	17		3
监利长江干堤	205	28	8		1
重点险情	334	15	3		1
洪湖长江干堤	236	11	2		
监利长江干堤	98	4	1		1

1999年、2002年、2004年、2007年洪湖监利长江干堤出险情况大大少于1998年。由此可见,洪湖监利长江干堤整险加固工程发挥出了重要作用,洪湖监利长江干堤抗洪能力有了明显提高。

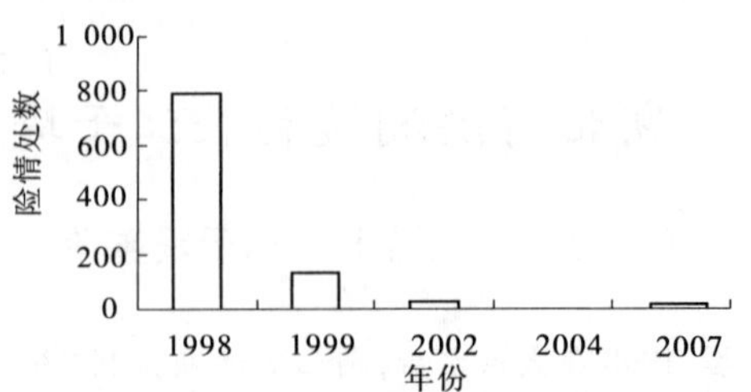

图1 洪湖监利长江干堤历年汛期险情统计柱状图

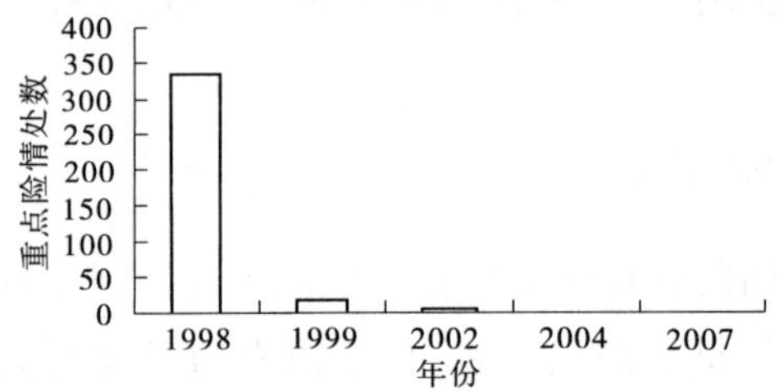

图2 洪湖监利长江干堤历年汛期重点险情柱状图

3.2 险情类别分析

从险情类别来看,洪湖监利长江干堤1998年汛期堤身单薄,千疮百孔,险象环生,岌岌可危。1998年汛后,国家投巨资全面加固、整险,1999年各类险情明显减少。

管涌险情1998年为156处,483个孔,直径多为5 cm以上,最大孔径1.8 m,且距堤脚多在200 m以内,距堤最近距离25 m;每一处管涌都非常危险,抢护时耗用大量人力、物力、财力。1999年只有11处,27个孔,且管涌直径均小于5 cm,出险位置距堤脚均大于200 m(除夹堤钻孔管涌外)。1999年汛期处理管涌险情时就十分从容。

与1998年比较,洪湖监利长江干堤堤身险情1999年大幅度减少。1998年清水漏洞301处,452个洞;1999年只有2处2个洞;1998年浑水漏洞4处,共5个洞,1999年没有;1998年散浸281处,长61 096 m,1999年只82处,长14 830 m;1998年脱坡险情4处,共292 m,1999年没有。

2002年管涌险情2处,2个孔,孔径分别为

5 mm、6 mm。散浸 19 处,长 2 920 m,闸门漏水 2 处,崩岸险情 2 处。

2007 年管涌险情 1 处,1 个孔,孔径为 6 cm,出险部位是距堤脚 230 m 的沼泽地中,位于监利蒋家垴(桩号 601 + 800)。散浸 1 处,50 m,跌窝 2 处。

2002 年洪湖监利长江干堤基本达到设计标准后,汛期险情比 1999 年再次大幅度减少。堤身加培的效益充分体现出来。

4　结论

洪湖监利长江干堤整险加固工程在历年防汛抗洪中发挥了重要作用,在高洪水位检验下,加固后的洪湖监利长江干堤险情处数明显减少,险情危险程度明显降低,防汛抢险费用明显降低,洪湖监利长江干堤抗洪能力有了明显提高,工程效益显著。

堤顶沥青混凝土路面施工方法与质量控制

王华强

（湖北水利水电职业技术学院　武汉　430070）

摘　要：简要介绍了长江干堤防汛公路，堤顶沥青混凝土施工与质量控制。

关键词：沥青公路；面层；施工；质量控制

武汉江堤整险加固堵龙堤干堤工程位于长江左岸，武汉市新洲区境内，下起举水河出口大埠街，上止于倒水河出口龙口闸，桩号238 + 577 ~ 267 + 825，全长29.248 km。在全长范围内为沥青混凝土公路。路面结构层为石灰土底基层，水泥稳定砂基层，沥青贯入式路面，沥青混凝土面层。本文主要介绍沥青混凝土面层施工质量控制。

按设计要求，沥青混凝土路面采用"下贯上拌"法进行施工。沥青面层宽6 m，厚度为10 cm，其中下部厚6 cm为贯入式沥青面层，上部厚4 cm，沥青混凝土面层为热铺热拌法施工。

1　组织机构

成立项目经理部，严密组织，加强管理，保证质量，每道工序、每个施工环节都应当配备专门人员负责，在这里尤其应当强调沥青混凝土路面施工中，施工经验对于工程质量的影响是很关键的，因此我们一贯强调施工和管理人员技能及经验的积累，而且在施工过程中决不随意调换施工骨干人员，以保证沥青混凝土路面施工的连续性与质量的可靠性。

2　原材料的质量控制

根据设计要求，对于沥青我们采用山东泰州的AH-70号重交通道路乳化沥青。购买地为湖北省公路局武昌道路油供应站，沥青运输采用保温罐密封运输至现场，温度保证到现场有140 ~ 150 ℃。沥青的检验按每100 t的批量进行送检。石料选用新洲采石场的优质细骨料。

3　沥青混合料的拌和

沥青路面上面层采用AM-13细粒式热拌沥青混合料，从附近沥青混凝土拌和站购买。

4　基层表面的清理与检查

4.1　清洁

施工前清扫路面基层表面，要达到干燥、清洁，无松散石料、灰尘。对局部被水泥等杂物污染并冲刷不掉的路面污染物应用机械将其凿除。

4.2　检查路面基层的高程和平整度

按《公路工程质量检验评定标准》（JTJ 071—98），路面基层的纵断面高程和平整度若不符合要求应制订处理方案。对局部缺陷（如严重离析、开裂等），应按规定修复补救。

5　试验段施工

在进行大规模施工之前，应当用施工所需采用的全部设备，按照技术规范要求，在严密的监督和质量控制下进行试铺，试铺段长度200 ~ 500 m，并通过试铺解决以下问题。

（1）确定各层沥青混合料的施工配合比。

（2）掌握摊铺机全部摊铺的施工技术。

（3）确定沥青层的调平方法。

（4）确定摊铺机的摊铺速度，使之与拌和

楼的生产能力相匹配。

(5)确定各层的松铺系数。

(6)确定压实机具的种类,组合方式,碾压方式、顺序、速度、遍数。

(7)拌和、运输、摊铺、碾压等工序连续施工的合理衔接与配合方式。

(8)掌握接缝的正确处理方法。

(9)确定每天合理作业长度,修改施工组织计划。

(10)沥青透层的施工方法、沥青的种类、喷洒方法、喷洒温度、合理的沥青用量等。

6 沥青混合料运输

混合料尽可能采用大吨位自卸汽车运输,运输车的数量根据生产能力、车速、运距等情况综合考虑、合理配置,并留有适量富余的备用。在运输过程中,应注意做好以下几点。

(1)为了确保摊铺温度,所有运料车应用篷布覆盖,用以保温、防雨、防污染,夏季运输时间短于0.5 h时,也可不加覆盖。

(2)运输车装料前必须将车箱清理干净,车箱底板及周壁要涂一薄层油水混合液(柴油:水<1:3),防止混合料粘连。

(3)拌和机向运料车卸料时,应每卸一斗混合料挪动一下汽车位置,以减少离析现象。

(4)自卸车车箱后挡板卡扣必须保持清洁,易于卡紧、开启,以防车辆在运输途中漏料,造成材料浪费和路面污染。

(5)倒车卸料时,要避免汽车撞击摊铺机,指定专人指挥车辆,在摊铺机前10~30 cm处停车,卸料过程中应挂空挡靠摊铺机推动前进。

(6)沥青混合料运到现场的温度不得低于130~150 ℃。已经结团或受雨淋的混合料不得摊铺。

(7)运输车在返回途中,料斗要落下,以免发生事故和余料漏污染路面。

(8)料车中残余混合料运离摊铺现场,在指定地点集中清除,当天施工产生的废料当天运出工地。

7 沥青混合料摊铺

(1)沥青摊铺采用摊铺机作业。沥青面层摊铺前。对现有路基洒布一道透层沥青。

(2)为确保沥青混凝土路面平整度、厚度达到设计要求,上面层摊铺采用走雪橇方式控制摊铺层厚度和平整度,摊铺机安装移动式自动找平基准装置。

(3)为减少施工横缝,应保证每层每天至少摊铺1.5 km。

(4)摊铺过程中,摊铺机以试铺确定的摊铺速度、振动、振捣频率匀速前进,严禁中途变速或停顿。

(5)每天开始摊铺前,熨平板必须预热,预热温度不得低于70 ℃。

(6)机械摊铺过程中,不得用人工反复修整。但在下列情况下,可用人工局部找补、更换混合料或人工摊铺:横断面不符合要求或摊铺带边缘局部缺料;构造物接头部位缺料。人工修整必须在现场主管人员专门指导下进行,认真调整,局部换料,仔细修补,同已铺混合料接顺,不留明显印迹和差异。如遇摊铺机本身原因导致严重缺陷,应立即停止摊铺。人工修整时,不允许站在热混合料上操作。

(7)摊铺好的沥青混合料在未经压实前,施工人员不得踩踏。

(8)摊铺遇雨时,应立即停止施工,并在雨后清除未压实成型的混合料。

(9)沥青混合料的松铺系数应根据实际的混合料类型、施工机械和施工工艺等由试铺、试压方法或根据以往实践经验确定。沥青混合料的松铺系数见表1。

表1 沥青混合料的松铺系数

种类	机械摊铺	人工摊铺
沥青混凝土混合料	1.15~1.35	1.25~1.50
沥青碎石混合料	1.15~1.30	1.20~1.45

8 沥青混合料的压实

(1)沥青混合料压实以试铺段确定的碾压

组合和速度,紧接摊铺后进行,分为初压、复压、终压3个阶段进行,一般高速公路沥青混凝土路面采用钢轮压路机和轮胎压路机联合作业完成压实工作。压路机的碾压速度应符合表2(要特别强调,砂性土大堤不能用振动压路机,以防大堤砂性土产生液化,破坏大堤的抗滑稳定性)。

表2 压路机碾压速度

(单位:km/h)

压路机类型	初压		复压		终压	
	适宜	最大	适宜	最大	适宜	最大
钢筒式压路机	1.5~2	3	2.5~3.5	5	2.5~3.5	5
轮胎压路机	—	—	3.5~4.5	8	4~6	8
振动压路机	1.5~2(静压)	5(静压)	4~5(振动)	4~5(振动)	2~3(静压)	5(静压)

(2)碾压分段进行,分段长度控制在30~50 m,即一段初压,一段复压,一段终压,段与段之间应设标志,并指定专人负责移动,便于司机辨认。

(3)初压采用2台双轮轻型钢轮压路机(≤8 t)在混合料摊铺后进行稳压,初压采用轻型钢筒式压路机碾压2遍,碾压速度2~3 km/h。应在混合料摊铺后较高温度下进行,并不得产生推移、发裂。初压后检查平整度、路拱,必要时予以适当停整。

(4)压路机应从外侧向中心碾压,相邻碾压带应重叠1/3~1/2轮宽。最后碾压路中心部分,压实全幅路宽为一遍。

(5)复压时宜采用重型的轮胎压路机,也可采用钢筒式12 t压路机。碾压遍数应经试压确定,不宜少于4~6遍。达到设计压实度要求,并无显著轮迹。碾压速度4.5~5.5 km/h。

(6)终压采用1台轻型双钢轮压路机和1台重型双钢轮压路机静压。每台压路机至少碾压一遍,碾压速度5~7 km/h。

(7)压路机起动、停止必须减速缓慢进行,不得急刹车。

(8)压路机加水时,应行驶到已复压的沥青混凝土路面边缘停放,加水后应就地来回碾压平整后再离开原位。

(9)相邻碾压应重叠1/3~1/2轮宽,压路机转向角度不得大于35°。

(10)初压后的沥青混凝土面层不得产生推移、开裂现象;复压后的沥青混凝土面层表面要求无明显轮迹;终压后要求表面平整、光洁、颜色均匀一致,无明显轮迹。

(11)对压路机无法压实的边缘及构造物接头处应采用小型压路机或振动夯压实。

(12)施工过程中禁止对路缘石及硬化土路肩造成污染,胶轮压路机碾压时需距路缘石边缘5 cm左右。

(13)当天碾压的沥青混合料面层应封闭交通,不得停放任何机械设备或车辆,不得散落矿料、油料等杂物。

9 接缝处理

由于采用整幅摊铺,因此无纵缝。中、下面层横向接缝采用斜接缝,上面层采用垂直的平接缝,施工缝做到紧密平顺。斜接缝的搭接长度为0.4~0.8 m,施工时冲洗,清扫干净,并洒黏层油。

开始摊铺时,量取已铺沥青路面的厚度乘以松铺系数,求得所铺路段接头处松铺厚度,决定熨平板的高度。横向接缝在相连的层次和相邻的行程间均应至少错开1 m。

沥青混合料面层雨天不施工。如在施工过程中遇雨,采取以下措施:

(1)现场立即停止摊铺,用油布等把摊铺机包括料斗部分全部覆盖;

(2)运输车及时盖上油布,并立即通知拌和车间停止拌和;

(3)已摊铺部分加紧碾压,尽快完成;

(4)雨过后,如摊铺机前地面干燥、无积水,摊铺机料斗内的沥青混合料温度能满足最低温度要求,可以把已运到工地的混合料铺完,是否继续拌和、摊铺,应根据气候情况研究决定。如果地面潮湿,储料内沥青混合料温度低于最低温度标准,则应丢弃。摊铺后未经碾压密实即遭雨淋的沥青混合料全部清除。

在施工缝及构筑物两端的连接处必须仔细操作,保证紧密、平顺。

10 检测

对于铺筑完成的路面由专人严格按照交通部颁发的标准《公路工程质量检验评定标准》(JTJ071—98)进行检测,主要包括以下几个方面内容。

(1)原材料的质量检查:包括沥青、精集料、细集料、填料。

(2)混合料的质量检查:油石比、矿料级配、稳定度、流值、空隙率、混合料出厂温度、运到现场温度、初压温度、碾压终了温度;混合料拌和均匀性。

(3)面层质量检查:厚度、平整度、宽度、高程、横坡度、压实度、偏位、摊铺的均匀性。沥青混凝土面层实测项目评定标准见表3。

(4)施工完的面层及时报验。

(5)不符合标准的部位,能够修补的要及时修补,无法补救的必须返工,决不含糊。

表3 沥青混凝土面层实测项目评定标准

项次	检查项目		规定值或允许偏差	检查方法和频率
1	压实度(%)		94(98*)	每200 m每车道1处
2	平整度	σ(mm) *IRI*(m/km)	2.5 4.2	平整度仪:全线每车道连续按100 m计算*IRI*或σ
		最大间隙	5	3 m直尺:每200 m测2处×10尺
3	弯沉值(0.01 mm)		≤竣工验收弯沉值	符合设计要求
4	抗滑	摩擦系数	符合设计要求	摆式仪:每200 m测1处 向力系数车:全线连接
		构造深度		砂铺法:每200 m测1处
5	厚度	代表值(mm)	总厚≤60时-5 总厚>60时-8%*H*	每200 m每车道测1点
		极值(mm)	总厚≤60时-10 总厚>60时-15%*H*	
6	中线平面偏位(mm)		20	经纬仪:每200 m测4点
7	纵断高程(mm)		±15	水准仪:每200 m测4断面
8	宽度(mm)	有侧石	±30	水准仪:每200 m测4处
		无侧石	不小于设计值	
9	横坡(%)		±0.5	尺量:每200 m测4断面

注:①表内压实度带*号者按试验路压实度为准。压实度比表列规定值低一个百分点的检查点应按其占总检查点数的百分率计算扣分值。

②表列厚度仅规定负允许偏差。其他公路的厚度代表值和极值允许偏差按总厚度计,当总厚度≤60 mm时,允许偏差分别为-5 mm和-10 mm;总厚度>60 mm时,允许偏差分别为总厚度的-8%和-15%。*H*为总厚度。

11 缺陷处理

常见沥青混凝土路面缺陷是多种多样的，从使用效果来看，主要表现在路面波浪、横缝跳车、密实度不够、局部推移、松散、隆起等，这些缺陷都是施工过程中造成的。路面波浪在施工过程中主要是由于摊铺机造成的，沥青混合料软弱或混合料温度组成的变化导致混合料劲度的不均匀也是其中因素之一。消除波浪的主要办法是调整好摊铺机的性能，同时要求沥青混合料要保持稳定的温度及级配。找平系统要处于良好状态，操作人员要随时检查，发现问题及时处理。横缝跳车主要是工艺上的问题，横缝在处理时要将已成型的路面切齐，并在接触面上浇洒黏层沥青。摊铺机在开铺前掌握好松铺系数，刚摊铺完人工及时修补。碾压时先横向碾压，再纵向碾压，经过这样处理一般不会出现横缝。密实度不够的主要原因是由油石比不准确、级配曲线中细料出线、压实遍数不够或压实机具偏轻造成的。局部推移、松散、隆起的主要原因是由基层软弱、油石比偏大、压路机起停速度太快等因素造成的。

12 结论

通过对材料、机械、施工方法和施工环境的严格控制，武汉市江堤整险加固工程，堵龙堤堤顶沥青混凝土公路经过5年的运行，路面完好，为今后堤顶沥青混凝土公路施工提供了宝贵的经验。

参考文献

[1] 中华人民共和国交通部.公路沥青路面施工技术规范(JTJ032—94)[S].北京：人民交通出版社，2004.

[2] 中华人民共和国交通部.公路沥青路面施工技术规范(JTGF40—2004)[S].北京：人民交通出版社，2004.

[3] 中华人民共和国交通部.公路工程质量检验评定标准(JTJ071—98)[S].北京：人民交通出版社，2003.

土石坝工程渗漏类型、原因分析及加固措施

杨录军[1] 桑 红[1] 徐 胜[2] 张明炎[3]

(1. 湖北省水利水电科学研究院 武汉 430070;2. 湖北省随州市白云湖水库管理处 随州 441300;3. 湖北省随州市水利水电建筑设计院 随州 441300)

摘 要:在对土石坝渗漏类型和原因进行分析的基础上,以工程实例介绍了相应的防渗加固处理措施。

关键词:土石坝;渗漏;垂直防渗;除险加固

土石坝是利用当地土、石材料建造,也是现代世界各国所普遍采用的一种坝型,占大坝总数的82.9%。在中国,土石坝数量占到总数的93%,且大多是在20世纪五六十年代建设完成的。由于历史的原因,并受当时技术经济条件的限制,大多数工程标准低、质量差,留下了隐患,经过多年运行,造成了大批的病险水库。

土石坝存在问题,除防洪标准偏低外,主要是工程质量问题,具体表现在坝体、坝基渗漏,坝坡变形和沉陷。其中变形和沉陷的产生,很多都是由于土石坝渗漏间接造成的,根据我国对241座大型水库发生的1 000件工程安全问题的统计,其中31.9%是由于渗漏引起的,在2 391座垮坝事故中有29%是由于渗透变形造成的。所以对土石坝进行除险加固,关键是防渗,分析各种渗漏原因并及时针对性地进行防渗加固是非常必要的。

1 土石坝渗漏的常见类型

按土石坝渗透破坏发生的部位,可分为坝身渗漏、坝基渗漏、绕坝渗漏以及由于土石坝附属建筑物如涵洞、涵管等间接渗漏,尤以坝身、坝基渗漏为主。

2 土石坝渗漏的原因分析

2.1 坝体渗漏破坏

坝体渗漏,因斜墙、心墙等防渗体裂缝,或者坝体施工质量等问题形成渗流的集中通道,导致散浸、管涌等问题的发生。

(1)心(斜)墙裂缝。土石坝防渗体开裂较常见,尤其是在薄心墙土坝中较普遍。产生原因是由于心(斜)墙与坝体其他部分的填筑土料不同,产生差异变形,导致心(斜)墙开裂,并在裂缝处产生集中渗漏,渗透水以很大的水力坡降冲刷心(斜)墙裂缝,并将防渗体土料带至下游坝体,使心(斜)墙丧失防渗作用。

(2)心墙土料粗颗粒含量高,或者施工碾压质量差。心墙土料渗透系数大原因是土料中黏粒成分含量不高,夹有较多的砂、砾石或碎石;施工碾压质量差表现为心墙碾压不密实,土料中原有的裂隙没有充分闭合,以上原因造成心墙的防渗功能下降,致使下游坝坡出现散浸现象。

(3)坝体因扩建加高,新老防渗体衔接处理不当。坝体因多次扩建,新老防渗体的衔接处理往往不严,造成隐患。特别是心墙坝加高时,对原有心墙很难采取补强措施。当蓄水位高以后,其防渗体承受的水力梯度明显加大,增加了被击穿的危险,有的将心墙改做斜墙,但因库内死水排干困难,使技术处理不严,造成漏水隐患。

(4)坝体浸润线抬高,下游反滤设施缺乏或者施工质量差。在已建的均质土坝中,常存在浸润线比设计计算的有所抬高,多数原因是设计时没有考虑土坝施工时是分层碾压的,因碾压使坝体形成许多水平层面,导致水平向渗

透系数大于垂直向渗透系数,产生各向异性渗流场的结果。在这种情况下如果由于下游反滤设施缺乏或者质量差将导致渗流出逸坡降较大,致使坝的下游坡面长期处于湿润状态而影响坝坡的稳定。

2.2 坝基渗漏

坝基渗漏通常是由于强透水性的坝基处理不当,或坝基未作防渗处理,或坝基防渗设施失效而产生的。

(1)铺盖裂缝破坏。铺盖裂缝一般是由于施工时防渗土料碾压不严,达不到所要求的容重或土体的含水量过大,固结时干缩而产生的裂缝;或大坝不均匀沉陷时铺盖被拉裂;或铺盖下部没有做好反滤层,水库蓄水后在高扬压力下被顶穿破坏;也有施工时就近取土,破坏了覆盖层作为天然铺盖的防渗作用。

(2)坝基处理不当。清基不彻底,筑坝前未将杂草、树根等清除干净,或者岩体风化层未清到较新鲜层面,因表部破碎岩石引起层面、接触面的渗水。

(3)心墙下截水墙与坝基接触冲刷破坏。截水墙与坝基的接触边界是最容易形成渗流通道的薄弱环节。在截水墙下游与坝基接触边界处设置反滤层失效,导致接触冲刷发生,坝体土料被带走,造成坝体严重破坏。

2.3 绕坝渗漏

绕坝渗漏出现在坝段两岸山体和坝段与两岸山坡接触带,包括山体岩石裂隙或透水土层的渗漏及沿坝头与两岸山坡接触面之间的渗漏。其产生的原因有:①两岸地质条件差,岩石风化破碎,节理裂隙发育,或有松散土层存在。②山体覆盖层单薄,或遭到破坏。③坝头与山坡接触处清基不彻底,留有杂物,或截水槽未伸入不透水层。

3 土石坝渗漏加固措施

对于土石坝,一般处理防渗的原则是"上堵下排"。上堵的措施有水平防渗与垂直防渗。水平防渗有黏土铺盖结合下排开挖导渗沟、减压井和水平盖重压渗等;垂直防渗有混凝土防渗墙、高压喷射灌浆防渗、劈裂灌浆防渗、冲抓套井回填黏土防渗及土工合成材料防渗等。

在土石坝防渗加固中,有的是坝基需要防渗加固的,有的是坝基和坝体都需要防渗加固的。在采取工程措施时,多采取垂直防渗措施。这是因为采取这一措施,一般不需要放空水库。反之,如果采取水平防渗措施,则必须放空水库,才能彻底进行。而水库长期蓄水后,总会有些淤积,给水平防渗处理带来一定的困难;在保持坝基渗透稳定和截渗方面,水平防渗也不如垂直防渗彻底。

3.1 垂直防渗措施

(1)混凝土防渗墙。混凝土防渗墙是病险水库防渗加固常用的一项措施。主要优点是可以适应各种不同材料的坝体和坝基的复杂水文工程地质条件。如处理坝体、坝基整体防渗,可从坝顶建造防渗墙,直达基岩,墙的两端与岸坡防渗设施或岸边基岩相连接,墙的底部可嵌入新鲜岩层或弱风化基岩内一定深度。如仅处理坝基防渗,其防渗墙上部应与坝体的防渗体相连接,并深入一定的深度。在处理中只要严格控制质量,是可以达到彻底截断渗透水流的目的。

在应用范围方面,开始用在新建水工建筑物基础上,后来推广到病险水库土石坝坝体和坝基的处理等各类不同领域的工程中,使用范围不断扩大。在混凝土防渗墙施工中,必须确保施工质量,尤其应注意两槽孔混凝土墙间连接问题,这是保证防渗的关键,在连接部位,从孔口到孔底的任一高度连接的墙厚必须达到设计厚度,而且混凝土墙间必须连接紧密,不能有夹泥层,以防渗透破坏。

(2)高压喷射灌浆防渗墙。高压喷射灌浆是利用钻机造孔,然后把带有喷头的灌浆管下至土层的预定位置,以高压把浆液或水从喷嘴中喷射出来,形成喷射流冲击土层,土粒从土体上剥落下来后,一部分细小土粒随着浆液冒出地面,其余部分与灌入的浆液混合掺拌,在土体中形成凝结体,借以达到加固地基和防渗的目的。它的优点是成孔保证率高，孔斜率容易控制，固壁特制泥浆不会盲目扩散，从而减少高压喷射的能量消耗，增加了浆液的渗透能力，提高成墙的效果，施工速度快。

(3)劈裂灌浆防渗。劈裂灌浆是运用坝体应力分布规律，用一定的灌浆压力，沿坝体轴线小主应力面有控制地劈开坝体，同时灌注合适的泥浆，并使浆坝互压，最后形成10～50 cm厚的铅直连续泥墙，可以起到防渗目的。同时泥浆使坝体湿化，增加坝体的密实度。劈裂灌浆防渗不仅起到防渗作用，也加固了坝体，可以就地取材，施工简便、投资省、工效高。

3.2 水平防渗措施

水平防渗分水平铺盖加固与排水减压。

3.2.1 水平铺盖加固

加固水平防渗铺盖，必须检查地区和坝址工程水文地质状况，这是做好防渗加固的先决条件。通过勘察，了解坝基砂砾石平面和空间的分布情况、层次性质、分布规律以及地下水动态特性与渗透途径等，以便针对不同的具体条件，可能发生的问题、性质和程度，以及已成的铺盖情况，确定加固铺盖的具体尺寸、范围，铺盖层下是否需要增设反滤层，是否有软弱基础需要处理。同时，还要调查加固铺盖土料的料源、数量、级配、最大干容重、最优含水量、渗透系数和允许坡降等。

在加固水平铺盖时，根据补做的详细勘探试验资料，做出覆盖冲积层的地质剖面图，进一步查明各层颗粒级配、渗透系数和允许渗透坡降等。一般来说，应满足的条件是：①铺盖下卧冲积层内渗透坡降，不能超过冲积层土沙的允许渗透坡降，达到地基渗透稳定；②通过铺盖的渗透坡降不能超过铺盖土的允许坡降，达到铺盖填土渗透稳定；③下游渗流出逸处的剩余水头，不至于产生渗透破坏，达到渗流出口渗透稳定；④渗流量小于允许损失量，达到渗流损失量最小。

为了满足上述4条的要求，正确的加固设计，主要是确定补强的长度、厚度、密实性及渗透性。

铺盖长度应保持一定的水平渗径，防止接触冲刷及内部管涌，并结合下游排水减压设施，使出逸坡降小于允许值。铺盖有效长度是随铺盖不透水性增加而减小，随铺盖厚度、坝基深度、坝基渗透性及水头的增加而增长。均质坝底为不透水轮廓，铺盖长度可适当减短。

铺盖厚度与密度应满足铺盖本身的渗透稳定的要求，而不至于被水头渗透力穿破。一般采用碾压施工时，铺盖前端厚度为0.5～1.0 m，末端与坝体接合处厚度为1/10～1/6水头，均质坝体可稍薄些。铺盖透水愈小，厚度愈大，防渗作用愈好。

铺盖加固应严格控制质量，尤其是控制接触部位的质量。铺盖与地基接触处，如地基透水性大、级配差的砂砾石层，则应加铺反滤层，以免水库蓄水后，加固的铺盖重复发生裂缝、塌坑等。在加固铺盖时，应采用碾压法施工。

3.2.2 排水减压

排水减压设施一般采用导渗沟、减压井及水平盖重压渗等设施。

在坝基表面有较薄的弱透水层或不透水层，且底下的透水层较浅时，宜采用排水沟截穿表层，用以控制渗流，也就是做导渗沟导渗。日常管理工作中需要防止导水沟淤堵，一旦发生淤堵情况或局部破坏，应及时清除和翻修。导渗沟的断面应满足正常排除渗水的要求，不足者，予以扩大。如发现有积水，应及时加以整修，使渗透水能够及时地排除。

如果表部不透水层较厚，而其下透水层深厚或含水层成层显著，应该采用减压井深入下部强透层导渗。对减压井主要是解决井内淤塞，起不到减压作用的问题，应及时冲水清理，但不要破坏井壁反滤层，以免失去反滤作用。

做导渗沟和减压井有困难时，可采用压渗措施。对水平压渗盖重设施的加固，如发现反滤层失效或压渗厚度不够，应及时翻修，满足设计厚度。

4 发生坝基渗漏的工程处理实例

1998年秋季长江流域遭遇近50年来罕见的特大洪水袭击，导致沿江多处堤段出现渗透变形而溃口。而国内那些已运行几十年的许多病险水库大坝安全问题亦日益突出,国家也因此给地方持续加大了对大、中型病险水库整治的投入力度。1998 年至今,湖北省水利水电科学研究院在湖北省内共完成对土石坝水库工程勘察设计几十座,其中工程地质与水文地质条件最复杂、最典型的要数位于枣阳市管辖的沙河流域中、上游中的沙河与吉河水库,沙河水库已于 2005 年全面完成除险加固工程,吉河水库亦已列入 2008 ~ 2009 年度加固计划。下面就以沙河水库为例进行简要的分析与评价。

4.1 工程概况

沙河水库位于湖北省枣阳市东北部,总库容7 050万 m^3,是沙河流域综合治理的骨干中型水利工程之一。大坝为均质土坝,坝顶长 1 577 m,最大坝高 23.3 m,坝顶平均高程 174.0 m,该水库大坝于 1958 年 12 月动工兴建,1959 年 5 月主体工程竣工并蓄水。

由于当时大坝在施工中河床段未清基,直接建在砂砾石地基上,筑坝处主河床宽达 1 200 m,均分布有强透水性的砂砾石层,上部以中粗砂为主,下部以砾石为主,其间逐渐过渡,其渗透系数为 10^{-2} ~ 10^{-1}cm/s,一般层厚 5 ~ 10 m,最大厚度 14.6 m。施工中在上游做黏性土水平铺盖防渗,即在顺水流方向 270 m 范围内铺盖厚 1.0 ~ 2.0 m 黏性土;下游坝脚做反滤排水压重平台,长 150 m,宽 60 m。

水库建成蓄水后不久,河床段下游坝脚外出现大量明流,坝身局部处出现过塌坑、沉陷等险情。1960 年汛期,河床段出现 5 处渗水,1961 年进行了导渗处理,次年渗漏量又有所增大,重新进行了导渗处理,其后在 1963 年与 1972 年又针对性地对新渗漏位置采取了反滤、导渗工程措施,但仍然不能从根本上解决大坝的正常运行安全问题。

2001 年 5 月,水库大坝经安全鉴定,核准为三类水库大坝。主要存在以下问题:①坝基渗漏严重,不能满足大坝的正常运行与防汛要求。②主河床段坝脚处反滤排水棱体存在细粒淘蚀和塌陷现象,其余坝段坝脚反滤排水设施差。

4.2 大坝渗透变形类型判别与分析

坝基的渗透变形形式多种多样,在渗透力的作用下,土体中的细颗粒(填料颗粒)沿着土体骨架颗粒间的孔道移动或被带出土体,形成管涌现象,它通常发生在砂类与砂砾石地层中。产生的原因是,随着汛期水位的升高,下游坝壳的渗透出逸比降增大,一旦超过其抗渗临界比降就会产生渗透变形问题。

沙河水库大坝各类岩土体差异明显,坝基因砂砾含量极高,均具有管涌式渗漏特征(见表1)。

表 1 坝基中粗砂层渗透变形类型判别与临界水力比降计算成果

钻孔	比重 G_s	孔隙率 n(%)	$\frac{100}{4(1-n)}$	d_{70} (mm)	d_{10} (mm)	d_f (mm)	P_c (%)	D_{20} (mm)	d_5 (mm)	渗透类型判别	管涌 J_{cr}
ZK3	2.65	0.405	42.0	3.20	0.070	0.443	36.8	0.23	0.061	管涌	0.34
ZK5	2.64	0.398	41.5	25.8	0.65	4.10	22.8	3.30	0.35	管涌	0.14
ZK7	2.63	0.395	41.3	46.6	0.092	2.07	26.4	0.51	0.070	管涌	0.18
ZK8	2.63	0.394	41.2	48.0	1.90	9.55	22.7	10.6	0.70	管涌	0.09
ZK10	2.68	0.485	48.5	3.20	0.04	0.358	29.0	0.076	0.02	管涌	0.26
ZK16	2.71	0.510	51.0	0.19	0.007	0.036	18.5	0.04	0.004	管涌	0.10
ZK17	2.69	0.475	47.6	8.5	0.007	0.244	43.6	0.055	0.003 5	管涌	0.07

注:①d_5 ~ d_{70} 分别为小于该粒径的含量占总土重 5% ~70% 的颗粒粒径(mm)。

②$d_f=\sqrt{d_{70}\times d_{10}}$,区分粗粒与细粒粒径的界限粒径。$P_c$ 为土的细粒颗粒含量,当 $P_c \geq \frac{100}{4(1-n)}$ 为流土型,当 $P_c < \frac{100}{4(1-n)}$ 为管涌型。

③管涌型 $J_{cr}=2.2(G_s-1)(1-n)^2 d_5/d_{20}$;流土型 $J_{cr}=(G_s-1)(1-n)$。

查室内颗分曲线求得,该中粗砂渗透变形判别主要为管涌型。由计算可知,其中粗砂管涌型临界水力比降 $J_{cr}=0.07\sim0.34$,平均为0.17,对管涌型安全系数取1.8(范围为1.5~2.0),因此坝基中的中粗砂的允许水力比降平均值为 $J_{允}=0.11$。

从各岩土层离地表埋深情况分析,大坝目前潜在的主要渗透变形形式有两种:第一是坝体填筑土直接坐落在中粗砂层上,其中粗砂具有强透水特性,库水长期通过坝基向下游入渗,与坝基接合部位的填土易被水流冲刷,极易导致接触冲刷破坏,表明坝基接合部位存在接触冲刷破坏隐患。第二是在坝脚至坝脚以外几十米的范围内,由于沙河水库地处沙带复杂区,地表覆盖为耕植土与第四系全新统冲洪积粉质黏土,局部位置较薄,而中粗砂层的渗透系数一般在 $10^{-2}\sim10^{-1}$cm/s,当地下水压力增大时也极易产生渗透变形,并形成管涌通道,危及大坝的安全。

4.3 加固处理依据

由于大坝坝线长、坝基的工程地质条件复杂多变、施工条件差、清基不彻底等多种因素,导致大坝在竣工后出现多次大的渗漏险情,而真正威胁大坝安全因素的是坝基广泛存在的砂砾石(上部为中粗砂)层,具有强渗透特性。经现场钻孔抽水试验获得该砂砾石层的渗透系数 $k=4.3\times10^{-2}$ cm/s,依据强透水层在坝基的空间分布进行渗流计算,结果表明当库水位在164.90 m时,砂砾石层渗漏量 $Q=0.169$ m^3/s,按大坝现状透水层分布厚度推求全年坝基渗漏量达400万~500万m^3,相当于一个小(2)型水库的正常库容。可见水库在正常运行时,渗漏量巨大,对于鄂北干旱地区来说十分可惜,同时也随时影响着大坝的安全运行。

4.4 防渗处理方案

根据沙河水库的实际工程条件,从适用条件、防渗效果、施工条件、成墙效果和对环境的影响及工程投资等方面综合比较,决定采用垂直防渗的方案,防渗墙深入基岩(砂岩)0.5 m。

4.5 加固处理效果

沙河水库已于2005年全面完成了除险加固,加固后的水库大坝已恢复正常蓄水运行,并经历近两年汛期高水位蓄水考验,大坝坝脚处原有较大面积的渗漏现象得到彻底改善,坝体浸润线水位恢复到正常设计要求内,大坝完全能够满足水库安全运行的要求。

5 结语

(1)由于土石坝工程情况复杂,机具、材料等具体条件的多变性,且各种土石坝渗漏加固方法有其局限性,因此对每一项具体工程的渗漏病害,都应进行仔细分析,找出各种渗漏原因,分析比较并合理选取加固处理措施,将使防渗处理措施发挥最大的效果。

(2)垂直防渗加固措施,在实际工程中的应用都取得了显著的防渗和加密效果。水平防渗结合下游排水减压导渗,虽然可以做到坝基渗透稳定,但仍有一定的渗漏水量损失。在处理时,是采用垂直防渗,还是采用水平防渗与排水相结合,应按技术可靠、经济合理的原则,根据防渗条件和要求,结合当地具体情况,通过方案比较,慎重研究确定。

参考文献

[1] 陈统新.水库土石坝工程渗漏的探讨[J].四川建材,2007(4).

[2] 马彬.土石坝渗漏破坏及防治措施[J].决策探索,2008(1).

[3] 张景秀.坝基防渗与灌浆技术[M].北京:中国水利水电出版社,2002.

[4] 杨月林.水工建筑物水泥灌浆施工技术[M].武汉:长江出版社,2004.

'98洪水后长江堤防堤身与堤基截渗施工技术回顾

钟汉华　桂剑平

（湖北水利水电职业技术学院　武汉　430070）

摘　要：1998年长江发生全流域性大洪水，长江中下游堤防累计出险7万多处，对堤防安全构成极大威胁，有的甚至导致堤防溃决。为了确保堤防工程的安全，汛后开展了大规模的堤身与堤基截渗处理，处理的主要施工方法有防渗墙、高喷灌浆、垂直铺塑、钢板桩等类。总结了堤身与堤基截渗处理方法。

关键词：防渗墙；高喷灌浆；垂直铺塑；钢板桩

1998年，长江发生全流域性大洪水，长江中下游堤防累计出险7万多处，其中以散浸、管涌居多，对堤防安全构成极大威胁，有的甚至导致堤防溃决。为了确保堤内人民生命财产安全，汛后开展了大规模的堤身与堤基截渗处理。堤身与堤基截渗处理的主要施工方法有防渗墙、高喷灌浆、垂直铺塑、钢板桩等类。

1　防渗墙技术

防渗墙是防渗处理措施中最为有效的一种。为了适应堤防建设的需要，各种薄防渗墙（小于30 cm）造墙设备纷纷研制出来，长江堤防堤身与堤基截渗工程施工中采用了这些新技术、新工艺、新材料，并不断改进提高，大大推动了工程的质量和进度。根据成墙方式的不同，防渗墙施工技术大体可分为深层搅拌法、置换法、挤压法等。

1.1　深层搅拌法

1.1.1　深层搅拌法成墙

深层搅拌法应用较为广泛，它是用搅拌机具将松散土层与注入的水泥浆一起搅拌，使土体固结成水泥土桩，桩与桩搭接形成水泥土防渗墙。搅拌机有单头、双头、三头、五头、六头之分，多头机具工效较高，更能保证墙体的完整性。

多头小直径桩截渗技术，运用特制的多头小直径深层搅拌桩机把水泥浆喷入土体并搅拌形成水泥土墙，用水泥土墙作为防渗墙达到截渗目的。水泥土的固化过程有以下物理化学反应：①水泥的水解和水化反应，减少了软土中的含水量，增加了颗粒之间的黏结力；②离子交换与团粒化反应，可以形成坚固的联合体；③硬凝反应，增加水泥土的强度和足够的水稳定性；④碳酸化反应，能进一步提高水泥土的强度。

使用多头小直径深层搅拌桩机通过主机的动力传动装置，带动主机上的多个并列的钻杆转动，并以一定的推进力使钻杆的钻头向土层推进到设计深度；然后再提升搅拌至孔口，在上述过程中，通过水泥浆泵将水泥浆由高压输浆管输进钻杆，经钻头喷入土体中，在钻进和提升的同时水泥浆与原土充分拌和。桩机纵移就位调平，多次重复上述过程形成一道防渗墙。

深层搅拌法可用于黏土、壤土、砂土及含砾（小于50 mm）不大于15%的砂砾土，其成墙厚度为10～30 cm，深度可达20 m，其优点是不需要锯槽工序，施工简便、快捷，造价较低。

1.1.2　TRD工法成墙

TRD（Trench Cutting Remixing Deep Wall）工法即锯槽搅拌连续成墙施工工艺，其施工机械由日本TRD工法株式会神户制钢所研制，主要应用于堤防地基防渗、深基坑施工防渗及支护工程。一般成墙深度为 10 ~ 50 m，厚度 40 ~ 80 cm，固化后墙体渗透系数达 10^{-8} ~ 10^{-7} cm/s。施工效率达 400 ~ 500 m^2/(台·d)。

TRD 工法是将链式切削器插入土层中，靠链式切削器的转动沿水平方向掘削前进，形成连续的沟槽，同时将固化灰浆从切削器的端部喷出，与土在原地搅拌混合，形成水泥土地下连续墙，其成槽、搅拌为连续作业，墙体完全连续，可不分段施工，避免了常规施工方法分槽段施工槽孔搭接处产生薄弱环节的缺点。

TRD 工法在堤防工程中主要适用于堤身填土不实、堤基相对透水层较厚的工程，采用 TRD 工法建造地下连续墙，可加固堤身、截断堤身和堤基相对透水层内的渗流。该工法主要适用地层为黏性土、砂壤土、砾质土、砂砾石等地层及其相互交错地层，适用范围较广。

1.1.3 SMW 工法成墙

SMW 工法(Soil Mixing Wall)由日本成幸工业株式会社于 1971 年开发成功，随后在世界各国推广。SMW 工法的基本原理是在水泥土深层搅拌桩中插入型钢，形成一种新颖的桩排式地下连续墙。水泥土搅拌桩有很高的止水性，可以充分发挥挡水作用，但强度不高；在插入型钢(H 型钢)之后，强度与刚度增大，可根据土、水压力的大小确定型钢的规格和强度，通过以上二者的复合作用，形成基坑挡土、防水的侧向支护结构，当其工作功能完成后可以取出型钢重复使用，这就大大地降低了工程造价。适用该技术的土层为砂土、壤土和黏土。其成墙厚度为 20 ~ 85 cm，成墙深度达 10 ~ 60 m。

1.2 置换法

置换法是利用机械在松散土层中开槽，并填充具有防渗能力的材料，从而形成一道连续的防渗墙。填充槽体的防渗材料品种较多，隐蔽工程应用的为塑性混凝土。开槽机具和方法有液压抓斗、射水法、锯槽法和气举(导管)反循环法等。置换法成墙质量好且成墙深度大，且与深搅法互为补充。

1.2.1 抓斗法成墙

抓斗法是利用改进的液压抓斗形成薄壁槽孔，并在施工形成的槽孔内灌注或铺设防渗材料，从而形成连续的防渗墙(刚性或柔性)。该技术适用于任何地层，且施工深度大，目前成墙厚度为 30 ~ 40 cm，墙体最大深度可达 30 ~ 40 m。其不足之处是易出现分叉现象。

黄州长孙堤(桩号:5 + 850 ~ 6 + 850)、监利姜家门堤段(桩号:547 + 000 ~ 548 + 000)实施的防渗墙是采用此法成墙，成墙深度 18 ~ 30 m，墙厚 30 cm。采用液压抓斗法造孔，槽孔抓取时一般使用膨润土或黏土泥浆护壁以防槽壁坍塌。造槽孔分Ⅰ、Ⅱ期工序，Ⅰ期槽孔成槽后，将接头管置入槽孔两端，依据初凝时间、浇筑混凝土的速度、气温等因素，确定起拔时间，全部拔出后形成接头子孔，等Ⅱ期槽孔浇筑时，混凝土嵌入Ⅰ期槽孔形成连续墙。成墙 28 d 后，渗透系数 $k < 10^{-7}$ cm/s，抗压强度 $P > 2.0$ MPa。

1.2.2 气举反循环成墙

气举反循环法是交通部门的一项专利技术，其技术先进、设备简单、开槽连续、质量可靠，是近年防渗墙施工的一项新技术，工效高、成墙连续，在隐蔽工程防渗墙施工中，将喷气管接在冲击器上，压缩的气体通过管路到达孔底，压缩气体挟带碎渣返回孔口，达到进尺的目的。地层适应性强，特别适用于砂层及砂卵石层。

液压抓斗地下连续墙施工时，有个别槽孔混凝土浇筑前或浇筑过程中因等待来料时间过长，泥浆中原本悬浮的细小砂粒慢慢沉淀下来，当混凝土浇筑至槽孔上部(墙顶向下 5 m 以上，下同)时，由于混凝土的冲击力减小、混凝土顶面沉淀物比重加大、上部混凝土的流动性随浇筑时间增加而变小等原因，而导致浇筑导管埋深过小，混凝土由原来的内部举升式变为覆盖式上升，结果有部分沉淀被包裹在混凝土中或被挤推至槽孔两端，造成质量缺陷。墙体浇筑过程中，虽采用潜水泵抽吸沉淀物，但效果不甚理想。

采用气举反循环清孔法，压缩空气经输气

管道进入空气扩散室，经进气孔与反循环泥浆管内泥浆混合且体积膨胀，在进气孔以上的泥浆管内（简称气浆混合室）产生比重较小的气、浆混合流，而泥浆管外的泥浆由于没有掺入空气，因此比重较大，这样混合室内外泥浆由于比重不同而产生压力差，在此压力差及气体膨胀产生的抬升作用下稠泥浆和沉渣按一定方式循环，从而达到清渣和换浆作用。反循环驱动压力随混合室的沉没深度增加而增加，沉没深度不大时，排出沉渣效率不高，沉没深度小于10 m时工作不正常，此时气举反循环应与其他循环方式（可增设真空泵）组合使用。当采用高压空气压缩机时可使沉没深度增加，从而使驱动压力增大，因此可以用于较深孔的清渣。

待液压抓斗成槽结束，端头洗刷（即刷壁，双序槽孔开挖时使用）和抓斗清孔完成后，开始下设反循环排浆管及输气管，其连接应确保不漏气，排浆管下端距孔底（沉渣顶面）20～30 cm，随后开启空压机供气，并向孔内补充优质泥浆，孔内吸取出的泥浆排放至沉淀池以备回收利用。清孔过程中，可缓慢来回移动排浆管（有起吊设备时），直至排出泥浆的各项性能指标满足要求后停止清孔。

1.2.3 射水法成墙

射水法是利用一种特制的成槽器具，以高压水作为动力，使地层形成冲蚀、剥落，并形成槽孔。在施工形成的槽孔内，浇筑混凝土或塑性混凝土，以及灌注各种柔性砂浆，或铺设防渗土工膜，从而形成一个完整的防渗墙（刚性或柔性）。

其工艺原理是通过压力水及成型器的共同作用切割地层并成型，然后回灌混凝土浇筑成墙。施工上可采用正、反两种循环法。正循环是利用槽孔中水土混合物回流将槽孔中泥砂带出地面，适用于土质、砂质地层，墙深一般不超过14 m；反循环是在正循环基础上增加1台砂砾泵，在造孔的同时，启动砂砾泵，利用砂砾泵将槽孔中的水、土、砂、砾混合物抽出槽孔，溢出的混合物经沉渣池沉淀后，泥浆水流回灰渣泵循环使用，反循环工艺适用于砂卵石层。

工艺流程是：放样对中→配制泥浆→造孔成槽固壁→清孔→混凝土浇筑。施工中分二序进行，先施工单号一序槽孔。待单号混凝土槽孔初凝后，再施工双号二序槽孔，双号二序孔清孔时需开启成型器侧向喷嘴，以清洗单序槽孔侧边黏土。

该技术的适用地层为黏土、亚黏土、淤泥、砂层，以及粒径小于20 mm、含砾量少的砂砾层。其建造深度主要受机械自身能力的限制，目前成墙厚度为22～45 cm，墙体的最大深度可达20～30 m。其不足之处是地层适应性较差，在砂砾石层中成槽有一定困难，施工质量受到施工水平的影响，易出现分叉现象。

1.2.4 锯槽法成墙

锯槽法（链锯法）是利用一种特制的切削刀具对地层进行切削，并形成槽孔，不同之处仅在于弃渣方式。在施工形成的槽体内灌注或铺设防渗材料，从而形成连续的防渗墙（刚性或柔性）。

锯槽机安装在现场铺设的两道钢轨上，可沿钢轨行驶。锯槽机工作时由液压缸产生运动，带动装有切削刀排的刀杆作上下往复运动，切削土体，向前移动。切削掉的土体落入槽孔底部，再由反循环排渣系统排出槽孔，使槽孔形成空腔。为防止槽孔坍塌，使用泥浆固壁，连续不断地成槽，从而形成一个规则连续的长方形槽。根据不同的工程设计和使用要求，还可安置不同长度、宽度的刀排，开出不同深度、宽度的槽孔。槽内可根据工程设计要求，充填不同的墙体材料，形成薄壁帷幕墙体。

该技术适用于黏土、粉质黏土及砂土，不适用于砂砾石层和老黏土。其成墙厚度为15～40 cm，成墙深度为10～40 m。该技术能够实现连续成槽与成墙，具有成槽质量好、墙体连续无分叉现象等优点，其不足之处是成墙深度相对较小。

1.3 挤压法

挤压法是通过设备将刀具或模具振动挤压到土体中，起拔时形成空间并同时注入浆液建造防渗墙。其最大特点是成墙效率高，振动切槽法和振动沉模法是最具代表性的方法。

1.3.1 振动切槽成墙

振动切槽法是用大功率振动器，将一个具有一定厚度和长度的切头切入到预定深度，再起出地面，在切入和起拔的同时，向已切成的槽内灌入设定的防渗材料，如水泥浆、水泥砂浆、混凝土、塑性混凝土等，从而形成防渗墙的技术。切成第一段槽后，在紧邻第一槽的位置再连续切第二段槽，为保持相邻槽的连续性，在切头和振管上设有导正和纠斜机械，相邻槽段间，还有0.3～0.4 m的重复切入段。形成单个槽段的时间只有10～20 min，远远小于浆液的初凝时间，槽段间不存在任何接缝，这些措施和特点使建成的地下连续墙完整、连续可靠。切槽法建墙的深度可达20 m，它适合于建厚10 cm左右的薄墙，依工程和地层的特点，也可建厚10～30 cm的防渗墙。选用不同的灌入材料可使墙体具有不同的技术指标，既可满足防渗和加固的要求，又可适当降低工程费用。

切槽法系利用振动挤入成槽，适用于可以挤入的松软地层，如标贯击数小于20的黏性土层、粉细砂层、砂层和薄层的砂卵石层。在挤密成槽的过程中，对槽两侧的地层有明显的挤密效果，其单侧的影响范围可达槽宽的3～5倍。

采用挤入成槽法，成槽后直接灌入防渗材料，不用泥浆护壁，减少了施工工序，其废渣、废浆也少，施工现场文明。

1.3.2 振动沉模成墙

振动沉模防渗板墙主要利用振动锤的强大垂直激振力，将空腹模板沉入土层，随即向空腹内注满浆液，当振动模板提升时，浆液在模板内产生连续振捣作用，在重力作用下，浆液从模板下端注入槽孔内，模板和浆液起到了护壁作用。它采用挤压土体成槽工艺，不但不释放土体应力，且能将两侧各30 cm左右土体挤压密实，提高抗渗能力。它采用两块模板联合施工工艺，通过特殊的构造，先沉入地层的模板成为后沉入地层模板的导向板，两块模板板板相扣，保证了各单板体在一个平面内紧密结合成墙。每块单板体施工从振动沉模到灌注完成一般在10 min左右，浆液初凝前可完成多个单板的施工。在相邻模板反复振动下，单板墙接头处的浆液在初凝之前能渗溶为一体，不仅不存在接缝问题，还使接缝处得到加厚，保证了整体板墙的连续性、完整性。本工艺主要用于砂、砂性土、黏性土、淤泥质土等地层中，墙厚8～25 cm，但成墙深度不能超过20 m。机械正常状态下，本工艺每日一套设备可造槽200～500 m^2，比其他混凝土防渗墙技术施工快，工程造价便宜。

较其他造槽地连墙而言，成墙浇筑合二为一，省去了护壁泥浆系统和接头处理，具有工效高、墙体连续可靠、造价低、无废浆、无污染、成墙原理简明、质检方法简便、设备较简单等优点。该技术适用土层、砂层、含卵石少的砂砾石层。

2 高喷灌浆技术

高喷法是利用能量高度集中的射流冲切掺搅地层，并将随之带入的浆液与土层中颗粒混合凝结，形成防渗固结体。高喷法分为单管、双管和三管法，其中双管和三管法适用于防渗工程。根据喷浆形式又可分为定喷、摆喷和旋喷。定喷适用于粉土和砂土，摆喷、旋喷适用于粉土、砂土、砾石和卵(碎)石地层。其优点是适用地层范围广，可在障碍物较多的地层施工，且施工机具较轻便，可避免施工干扰。

高压摆喷注浆加固堤防的机理是将带有特殊喷嘴的注浆管置入预定的处理深度，以高压力射流摆动喷射切割原始土体，使地层中小颗粒升扬置换压密，同时部分土与浆液搅拌混合，经过一定时间的凝结固化，在土体中形成一定强度的固结体。加固机理可用以下5个作用来概括：①高压喷射流冲击土体切割破坏土体结构作用。②浆液置换部分土体作用。③土粒与浆液混合搅拌作用。④浆液充填土体空隙、渗透固结作用。⑤土层压密作用。施工工序如下：

钻孔：采用工程地质岩芯钻机钻进成孔，钻机或喷射机组就位后，要求安放水平，钻杆保持垂直，保证其底盘水平、立轴竖直并与孔位中心对正。终孔后,用钻孔测斜仪测量钻孔斜度,确保钻孔偏斜率不超过1.5%。

下管喷射:在地面上进行水、气试喷后下管至设计深度,当高压主喷射管下至孔底时,调整喷射轴线方向呈折线型(折线的轴线与高喷灌浆钻孔的轴线的夹角为15°),及时按规定的配合比制备好水泥浆液,按确定的摆喷速度原地摆动喷管;输入水泥浆液、水和压缩空气,待泵压和风压升至设计规定值,试喷2 min,待孔口返浆正常(返浆比重大于1.2 g/cm^3),按确定的提升速度提升摆喷管,由下而上进行高压喷射注浆作业。

静压灌浆:当高喷灌浆到设计墙顶后,停止输送高压水、高压气;但搅拌机继续工作,同时将喷头提升到孔口,直至用浆液把钻孔充满为止。作业完成后再进行下一孔施工。

高喷灌浆技术适用范围较广,经过多年工程实践,不仅其成墙机理和设计的理论逐步走向成熟,而且利用这项技术解决和处理了许多工程问题。高喷灌浆具有施工速度快、固结体强度大、水泥灌浆不会造成环境和地下水污染,且耐久性较好,施工噪音较小等优点。

3 垂直铺塑技术

垂直铺塑是20世纪80年代初开始研制发展起来的一项新的防渗技术,经过10多年的发展和改进,该技术日臻成熟并广泛应用于水库、江河、湖泊堤坝的防渗加固工程。其基本原理是利用开槽机在需防渗的土体中垂直开出槽孔,然后在槽孔中铺设土工膜,从而形成防渗帷幕,达到防渗目的。

做垂直防渗用的土工合成材料一般为土工膜和复合土工膜。由于聚乙烯抗拉强度比聚氯乙烯高,耐老化,使用寿命较长,故近年来多采用聚乙烯土工膜。聚乙烯土工膜又称PE土工膜,PE与聚乙烯名称等效使用。PE土工膜属新型防渗材料,其性能明显优于其他材料。垂直铺塑防渗下膜有两种形式,一是重力沉膜法,二是膜杆铺设法。

(1)重力沉膜法。对于砂性较强的地质情况,造就槽孔后,由于其回淤的速度较快,槽孔底部高浓度浆液存量多,宜采用重力沉膜法。

(2)膜杆铺设法。对于一般的黏土、粉质黏土、粉砂地质情况,由于其回淤的速度较慢,泥浆固壁条件好,效果好,可采用膜杆铺设法。首先将土工膜卷在事先备好的膜杆上,然后由下膜器沉入槽孔中,在开槽机的牵引下铺设土工膜。在施工过程中,要经常不断地将膜杆上下活动,使其在槽孔中处于自由松弛状态,防止膜杆被淤埋或卡在槽中。

垂直铺塑防渗技术的应用应具备下列几个条件:①透水层深度一般在12 m以内,或通过努力,开槽深度可以达到16 m;②透水层中大于5 cm的土粒含量不超过10%(以重量计),其少量大石块的最大粒径不超过15 cm,或不超过开槽设备允许的尺寸;③透水层中的水位能满足泥浆固壁的要求;④当透水层底为岩石硬层时,对防渗要求不很严格;⑤透水层中流砂夹层或纯中粗砂段所占比例很少,能满足泥浆固壁的要求。

4 钢板桩防渗技术

钢板桩防渗墙的结构设计在这两个堤段上实施的钢板桩防渗工程,是将钢板桩打入堤基透水层下的相对不透水层中,拦截透水层的渗水,形成半封闭的防渗墙,从而起到堤基防渗作用。钢板桩间均以锁扣连接,有效地防止水流渗透。钢板桩用做施工围堰防渗较多,但用做堤防工程的基础防渗处理较少,1998年以前我国尚无这方面的应用先例。钢板桩插打的主要施工技术要求如下:①采用单根打入法插打钢板桩。相对桩长的垂直度允许偏差一般不得超过2%;钢板桩上部吊孔需进行处理,使之不漏水;桩顶高程允许偏差为+5 cm、-10 cm。②对距离堤坡及已有建筑物近的位置,单根钢板桩打桩持续时间应小于20 min,打桩的顺序首先从距建筑物最近点附近开始。

荆江大堤观音闸堤段(桩号740+342~741+285)和洪湖长江干堤燕窝堤段(桩号429+786~431+000)堤基实施钢板桩防渗。

钢板桩施工工序为：先开挖施工平台，安装施工墙架，再将20 m长的钢板桩按槽型钢板的套接顺序逐一打入地基，形成完整的钢板桩防渗墙。本工程钢板桩采用单根打入法施工，施工速度快，墙架高度相对较低，位于斜坡上的钢板桩需要二次打桩，必要时采用氧切割断钢板桩，打桩前需对钢板桩逐根检查，对锈蚀、变形的应及时调换，以减小板桩锁口阻力。为防止钢板桩倾斜，在一根桩打入后，把它与前一根焊牢，可避免先打入钢板桩被后打入的钢板桩带入土中，以保证钢板桩防渗墙达到设计效果。

采用钢板桩进行堤基防渗加固处理，具有处理深度大、防渗效果好、施工时对相邻建筑物影响小、施工速度快等优点，但工程总体造价较高。

参考文献

［1］ 马建华.适用于长江中下游干流堤防堤基垂直防渗的新技术［J］.水利水电技术，2001，32（3）：58-60.

［2］ 陆付民，李建林，郭永成.黄冈长江干堤防渗方法研究［J］.防灾减灾工程学报，2005，25（2）：169-172.

［3］ 张志杰.长江重要堤防隐蔽工程建设中的高新技术应用［J］.中国水利，2002（4）：34-35.

［4］ 匡建国.黄冈赤东段长江大堤超深薄壁防渗墙施工技术［J］.河北水利水电技术，2003（2）：24-25.

［5］ 张信，姚登友，王俊平.垂直防渗墙施工技术在长江堤防重建中的应用［J］.湖北水力发电，2005（4）：39-40.

［6］ 徐少军，易军，李明清.新技术新工艺新材料在湖北长江干堤基础处理中的应用［J］.中国水利，2002（12）：70-71.

GIS 技术在河道演变研究中的应用与发展

阮鹏高　何练民　何　娟

（湖北省水利水电科学研究院　武汉　430070）

摘　要：地理信息系统（Geographic Information Systems，简称 GIS）具有强大的海量空间信息分析能力，目前广泛应用于河道演变分析、岸线分析、河型定量分类等领域。在大量查阅国内文献资料的基础上，总结了地理信息系统在河道演变研究中的应用及研究现状，并阐述了其发展前景及趋势。

关键词：GIS；河道演变；应用

1　概述

地理信息系统（Geographic Information System，简称 GIS）是以采集、存储、管理、分析、显示和应用整个或部分地球表面与空间及和地理分布有关数据的计算机系统，是分析和处理海量地理数据的通用技术。作为传统科学与现代技术结合而成的一门跨学科、多方向的新兴边缘学科，它把地理学、测绘学、地图学、计算机科学、卫星遥感、管理信息系统、全球定位系统及各种应用对象、Internet、多媒体技术及虚拟现实技术等融为一体，广泛应用于水利、电力、交通、环境、石油、城市规划、灾害损失预测和军事等众多领域。

来水来沙作用于不同的边界条件，形成了不同的河道演变现象。河道演变主要研究水沙条件下河道形态及其变化规律，它是河道整治、航道维护、洪水预报、建库影响等防洪减灾措施的重要理论依据。河道演变是一门发展中的交叉学科，涉及河流泥沙动力学、河流地貌学、水文学等领域，研究范围涵盖了水沙运动、河道变迁、河床演变、河相关系、河型成因、河口地貌过程等各个方面。

20 世纪 90 年代末，随着 GIS 技术在水利领域应用的深入，基于 GIS 技术的河道演变研究逐步发展。传统的实地调查测量的方法缺乏宏观性和实时性，而且费时费钱，人工分析的手段亦难以顾及众多因素并进行大规模的快速综合分析。而 GIS 将现代计算机技术管理和强大空间数据查询分析及结果可视化结合在一起，并与 GPS、RS、Internet 等现代科学技术集成，综合利用遥感卫星影像数据、流域和河道实测数据及其他人文社会的相关资料，结合泥沙一维、二维数学模型及实体模型成果，对河道的动态特性进行分析和实时预报，形成河道快速评价、分析和决策的信息系统。

2　河道演变研究中的 GIS

2.1　空间数据的输入

在河道演变研究中空间数据一般指地形数据。空间数据的输入主要有两种方法：地形图数字化以及遥感解译矢量化。

现阶段，将野外观测的地形资料绘制成地形图仍是保存河道信息的基本手段，作为河道地形资料，地形图较易获取，成本也相对较低。同时在保证地形图测量精度的前提下，数字化地形图能较精细地反映河道地形形态特征，精度较高。地形图数字化以其低成本的资料获取、较高的生产效率和精度、现有设备的可用性及技术上易操作等特性成为河道演变研究中空间数据输入的首选方法。

遥感解译矢量化主要将遥感影像（航卫片

和 TM 图像)进行解译提取水深岸线等信息,再用 GIS 软件进行矢量图形编辑处理和栅格图像数据分析。遥感影像能对大范围区域获取同步、直观、长期、连续、动态、实时的信息,但同时它在反映地物特征时又具有表面性、间接性、多种信息的混合性和统计上的模糊性,解译工作技术性强,获取资料成本高。因此,在河道演变研究中,遥感解译矢量化数据输入方式适用于研究大范围区域的如河口海岸区域的演变分析;长时间系列的如河道变迁分析;宏观把握的如对演变特征(河型、河长、弯曲度、边滩发育程度、岸线稳定性等)定性定量的描述。另外,利用遥感图像解译后矢量化不仅可以得到水底地形,同时也可以在一定程度上定性定量地解译水中悬浮泥沙含量及分布,有利于区域演变趋势的分析和预测。

2.2 空间数据的分析与处理

在地形图数字化的基础上,对原始测点三角网插值,产生不规则三角网模型(TIN),然后设定采样间隔,把三角网模型栅格化为规则网格数字高程模型(DEM),并在此基础上进行空间数据的分析和处理。

(1)平面形态分析。通过 GIS 的空间叠加功能,将不同年份的河道地形进行叠加。通过 GIS 的量算功能,能准确得到河道河长、河宽、河湾曲率、洲滩面积及分布等河道特征值以及岸线、深泓线等特征线的摆动范围和大小,可以统计河道特征值的量化指标,分析河道、岸线及洲滩的平面形态改变,深泓及河道的年内年际变化等。

(2)断面分析。GIS 软件提供由 DEM 生成断面曲线的工具,可以沿指定任意直线、折线生成剖面图。如果在不同年份河道地形冲淤变化图上生成剖面图,即可以直接得到不同年份的河道剖面形态比较。在河道演变分析中,沿典型横断面、深泓、最深点连线生成剖面图,可以反映河槽形态变化、局部地区边滩深泓冲淤变化和摆动情况、河道沿程冲淤情况等。

(3)冲淤分析。通过 GIS 量算功能和叠加功能,将不同年份河道地形叠加运算生成河道地形冲淤变化图。从中可以直接提取河道整体冲淤量、冲淤面积、冲淤厚度、冲淤部位分布等信息。如果想得到所关心的河道局部部位的冲淤变化情况,只需在河道地形冲淤变化图中输入河道局部部位的范围坐标即可。GIS 的统计分析和制表绘图功能可以将提取到的这些数据进行统计计算并按照要求绘制成各类图表。

(4)影响分析。通过 GIS 的缓冲区分析,在河道内取排水口、桥墩、航道等工程附近建立缓冲区,可以对缓冲区内各个要素进行统计分析,研究工程实施与河道演变之间的相互影响。

2.3 分析结果的输出

(1)二维及三维地图的输出。GIS 数据处理及分析结果可以以地图的形式直观地输出。在 GIS 中可以生成等高线图、河道二维和三维模型、任意断面形态图、任意时段区域冲淤图、冲淤变化图、冲淤等值线图以及冲淤三维形态图等。

(2)数据库信息查询。通过鼠标或键盘在二维、三维河道模型中输入需要查询部位的空间坐标和查询目的,通过空间关系或其他的空间运算和统计,在系统中进行后台查询,这样就可以查询到相应信息。查询信息可以以数据或图表的形式输出。

(3)动态显示。在河道三维模型上,可以虚拟三维飞行,从不同角度展现三维河道形态,并能提供各种可视化功能,包括实时缩放、旋转、视点变换、漫游,调整飞行位置、高度、俯仰角等。结合水沙数学模型,还可以动态显示河道冲淤演变的过程。

3 应用及研究现状

3.1 河道演变分析

河道演变分析是河道演变研究的主要手段,通过对不同时期岸线、深泓、洲滩平面变化及冲淤变化的部位、程度进行对比,寻找河道演变规律,并综合河道水文泥沙、河床边界组成及历史演变情况分析河道演变机理,预测演变趋势。近 10 年来,经过前人的努力,结合 RS、GIS 技术,GIS 广泛应用于内河和河口地区的河道演变分析以及湖泊的冲淤分析中,基于 GIS 的河道演变分析方法逐步完善。

1999年,赵庚星等首次将GIS技术引进到河口演变分析中。通过目视解译从卫星照片上获得各时相的岸线解译图,用手扶数字化仪输入、编辑并处理形成黄河口图形库,在ARC/INFO支持下将不同时相解译图准确叠加,分析岸线空间变化,显示其空间变化图并自动统计出各时期的淤积和侵蚀面积。2001年,陈水森等在珠江口伶仃洋演变分析中,数据源同时采用卫星照片和实测地图,并将计算区域从空间上细分为"三滩两槽"。2002年,吴华林等在长江口拦门沙的演变分析中,首次采用Kriging插值技术建立了不同时期长江口DEM库输出等深线图和河口三维地形图,在ARC/INFO的支持下完成了岸线叠加显示、横纵断面剖面图和冲淤厚度分布图的自动生成以及冲淤量计算,分析了拦门沙的平面变化、拦门沙横断面南北槽及北港沿深泓纵剖面年际变化以及冲淤部位和冲淤量计算,是基于GIS的冲淤分析从定性研究到定量计算的进步。2004年,周建军等在闽江河口演变分析中,首次通过对水中悬浮泥沙的解译来判断水中悬浮泥沙的含量及分布,从而掌握泥沙输移规律。

GIS技术同时也应用于内河河道演变分析和湖泊冲淤分析中。张增发等在对长江镇扬河段河道演变分析中,利用Arcview和Mapinfo对不同时期河道地形图进行数字化生成DEM。在DEM的基础上,生成等高线、河道2D及3D模型,河道任意断面形态图,GRID运算产生任意时间段冲淤图、冲淤等值线、冲淤3D分布图等。通过对河道平面形态、典型断面以及冲淤量、冲淤部位的分析,研究长江镇扬段河道演变规律。高俊峰等在对洞庭湖冲淤变化及空间分布的研究中,在实测1:2.5万地形图扫描数字化的基础上,利用GIS数据处理和空间分析方法,分析洞庭湖24年来的冲淤规律,得到了洞庭湖冲淤量和冲淤区域的空间分布位置。在DEM的基础上得到了洞庭湖24年来的不同水位下湖盆容积的变化。

3.2 岸线资源分析

岸线分析是河道演变分析中的一部分,对不同时期岸线变化进行分析,判断岸线侵蚀淤积程度,从而确定岸线的稳定性。随着对岸线资源的重视,岸线分析从简单的侵淤规律分析和对岸线稳定性的评价展开为对岸线所处水域、岸线地质条件、岸线前水深条件及岸线稳定性的分析和评价,逐渐形成了基于GIS和遥感技术的岸线资源分析评价体系。

1996年,黄增等首次将GIS与遥感技术相结合,构建了基于遥感技术和GIS的岸线分析框架。主要方法为将不同时期的航片和地形图海图资料在目视解译海岸类型和判定岸线位置的基础上,结合计算机图像处理技术,在GIS支持下将地形图海图绘制的海岸线资料与遥感影像解译资料进行拟合配准,形成数据软件并绘制出海岸线变迁草图,最后对海岸线侵淤规律进行分析。同年,程久苗等借助遥感与GIS手段,对内河河道岸线——安徽省长江芜湖港岸线的侵淤规律进行了分析和评价。

2002年,王传胜等完成了武汉市长江干流岸线资源评价。1998～2004年,南京师范大学杨桂山、黄家柱等借助多时段遥感图运用GIS方法完成了江苏省长江岸线资源的评价研究;在江苏省长江岸线资源评价体系中,按长江江苏段不同河段特点,制定长江岸线类型(以岸前水域水深为依据)定量划分的标准。然后应用GIS的空间分析功能根据规则做buffer和overlay得出三种类型岸线,识别各类岸线并对岸线进行分类提取,对近50年来多时相水深数据进行岸线资源类型划分,构建长江岸线资源演变图谱,从而分析长江各段近50年的深水、中深水、浅水岸线资源的变化规律及其变化特点。

3.3 河型定量分类

由于河道形态并非理想标准的形态,河型分类依据多个几何形态特征指标综合判定。同时,特征指标也不是确定的常数,而随度量尺度的变化而变化,这些都给河型定量分类带来了难度,GIS的应用为该研究提供了有效手段。

针对具体问题,颜辉武、朱嘉伟等对基于 GIS 的河型定量分类进行了初步的尝试,得到了一些思路,但如何利用 GIS 技术完整系统地进行分类参数的量化、统计、分类、评价,还有待进一步研究。

1999 年薛重生等在《长江宜昌—大通河段河道 GIS 在长江防洪规划中的意义》中初步提出了基于 GIS 的河型定量分类构想,阐述了河道类型的分类参数与指标的量化方法。主要方法是在河流分类理论的指导下,对河道构型进行了概念性分类,制定了河型分类参数,在 ARC/INFO的支持下,获取河道几何形态指标的量化值,如河宽(B,km)、河道转折角(A)、河道弯曲度、河道宽长比值、河流节点数等。对输出数值结果结合遥感图像的河道平面形态特征和河道地貌类型的数值特征进行核对比较,然后运用综合分析方法进行分类。

2001 年颜辉武等运用河型定量分类方法对下荆江河道变迁进行研究。利用不同年代河道地形进行叠加,分析研究其曲率变化,从而找出其变迁规律。其中引入河道曲折系数这一参数,对各河湾不同时期的曲折系数及同一时期不同河湾的曲折系数进行了对比分析。

2005 年朱嘉伟等引入分形分维的概念,采用遥感和 GIS 相结合的方法,对黄河下游河道特征进行定量的分形分维研究。在 MapGIS 中对矢量化解译的河床滩地进行拓扑处理,直接获得滩地面积大小和数量,以不同步长分段测量河床主槽长度,测量获取不同度量尺度下河床主槽的长度,并计算得到分形弯曲度。文中量化了河床长度、河床弯曲度及河床浅滩面积三个分型指标,并利用分型指标对河道稳定程度进行了区分和分析。

3.4 GIS 可视化

随着 GIS 应用技术的发展,面对对象的 GIS 技术成为主流,它的重点是要将那些通常难于设想和接近的环境与事物,以动态、时空变换、多维可交互的形式直观地表现出来,借以提高对环境和事物的认知效果。

GIS 可视化技术包括三维地形显示、VR 仿真技术等在河道演变研究中得到了广泛的应用。如卞海红等开发的“引江济太”三维模拟系统,通过对不同格式的 DEM 数据进行预处理,实现地形的三维可视化和实时动态显示,地物在地形中的显示以及三维空间分析等功能。杜国明等在长时间尺度珠江口河网水下地形三维可视化研究中,应用 ArcGIS 创建 DEM,并应用 ArcScene 完成地形的三维显示。

水沙演进可视化,结合水沙数值模拟技术和动画技术制作动态地图来分析涉及时空变化的现象或概念。如张红梅等将 GIS 与泥沙数学模型集成,完成河段冲淤过程的动态模拟和三维动态显示。梁国亭等采用 Visual Basic 6.0 编程工具、Oracle 9.0 数据库和 GIS 软件开发了二维水沙数学模型模拟可视化系统。通过 FORTRAN90 动态库实现水力学、泥沙运动力学及河床演变学等数值计算,利用 GIS 和 Visual Basic 调用 Windows 的图形库等实现图形绘制并利用 Oracle 9.0 实现数据存储,采用 Visual Basic 调用 ActiveX 数据对象(ADO)实现数据库连接和数据读取更新来完成数学模型模拟结果可视化。

4 应用前景

4.1 GIS 与 CAD 结合

AutoCAD 广泛应用于水利系统的计算机辅助制图和设计,现阶段大部分图形和数据均为 CAD 数据集。同时 CAD 强大的图形处理能力、高精度的制图准确性和便捷的操作方式是 GIS 无法代替的。当前的发展趋势是 GIS 与 CAD 技术结合,充分发挥 CAD 的图形功能和 GIS 的属性功能。

CAD 与 GIS 的结合主要解决数据格式间的相互转化,使 CAD 的图形要素与其空间位置、拓扑关系和属性数据并行在 GIS 中存储与管理,并以其强大的图形处理能力参与 GIS 图形编辑中。前人在格式转化的实现上做了很多工作,何娟等从 DWG 格式图形文件中提取地形信息进行数据格式转换输入 GIS 软件内插形成 DEM。周小成等利用 ArcGIS 的 Geodatabase

数据模型,解决CAD数据转入GIS数据库中的逻辑组织、分层设计和属性设计等问题。现阶段基于GIS的河道演变研究中,GIS与CAD结合还仅仅局限于CAD为GIS提供空间数据,CAD参与GIS图形编辑相对较少。在长江航道局和武汉大学联合开发的"三峡航道三维可视化与分析系统"中,初步尝试将CAD参与到图形的编辑中,对于在航道图中以点状符号或其他线画符号表达的包括航标、水尺、跨江桥等这些GIS较难表达的航道地物借助CAD交互式建模和编辑功能作为补充。

4.2 3S集成

3S集成的基本思想是利用RS提供最新的图像信息,利用GPS提供图像信息中的"骨架"位置信息,利用GIS为图像处理、分析应用提供技术手段,共同为用户提供精确的信息。GIS强大的对图形的处理、管理和定向分析功能,结合遥感系统对遥感图像采集、图像处理和识别分类的功能,再加上全球定位系统对地表或空间的物体执行实时的精确定位,使GIS有更强的判断和决策能力。因此,GIS与RS、GPS的集成成为一种必然的趋势。目前,3S的集成主要表现为两两结合,即GIS与RS结合、GIS与GPS结合、GPS与RS结合。

在河口海岸等大尺度、大范围河道演变研究中,利用遥感技术可以获取同步、直观、长期、连续、动态、实时的信息,进行解译提取空间数据,再用GIS软件矢量图形编辑处理和栅格图像数据分析是GIS与RS技术结合在河道演变研究中的应用。而在河道演变研究中,GIS与GPS结合主要是利用GPS在野外采集数据,并运用其相应的数据后处理软件将采集的数据从GPS接收机的存储单元传输到计算机上,并进行相应的数据处理(如差分处理、坐标转换等)得到所需数据,最后将该数据转入GIS数据库。

现阶段3S集成还停留在基于数据的集成,三个部分相互独立,它们之间只是进行简单的数据交换。随着组件编程技术的出现,基于技术的集成方式逐步发展,利用同一开发环境开发RS、GPS及GIS模块进行集成是3S集成的主要发展方向。

4.3 可视化技术

三维GIS下的数字河道可视化及分析系统研究仍处于起步阶段。GIS的三维显示通常采用2.5维来表示,第三维数据的处理通常是将Z值当做属性常数,如DEM数据。由于数据结构的局限,2.5维GIS很难真正表达三维空间数据及随时间变化的空间数据,真三维数据结构成为GIS研究的热点。三维GIS不仅是数据信息输出媒体,而同时需要具有交互式查询功能,发展基于真三维数据结构可交互操作的三维GIS模型,可以提供一个动态环境,根据实时信息和反馈来显示与修正三维模型,并为进一步决策系统的发展奠定基础。基于河道演变研究的特点,在河道演变和水沙演进过程中时间序列是不可缺少的重要因素,因此在三维矢量数据结构的基础上进行时空四维数据结构的研究对河道演变过程和水沙演进过程进行模拟与预报也成为应用于河道演变研究可视化技术发展的一个新方向。

GIS与虚拟环境技术结合的虚拟GIS,是可视化技术发展的又一趋势。虚拟环境(Virtual Reality)技术是一种有效的模拟人在自然环境中视、听、动等行为的高级人机交互技术。它是靠计算机系统建立起来的一种仿真汉字环境,通过计算机把数据转换成图像、声音和触摸感受,从而为人们提供了一个逼真的模拟环境。虚拟GIS,将虚拟环境带入GIS,使用户在计算机上就能直观地观察真三维空间,并在虚拟环境中更加有效地管理、分析实体空间数据。

4.4 组件式GIS

随着计算机软件技术的发展,尤其是软件领域中组件技术的兴起,组件式GIS成为GIS技术发展的新潮流。组件式GIS是将复杂的GIS功能按照对象、功能、应用等层次分解为可交互操作和自我管理的组件。组件由一种特定的平台或语言开发,能够在其他的平台或语言中重复使用。一个复杂的应用系统能够简单地基于GIS软件组件而集成,程序代码片段可直接使用,无需重新编译,开发人员不需程序源码,组件不限于一种编程语言,这无疑在很大程度上方便了软件开发和升级,也增强了软件的可扩展性,为定制专业应用型 GIS 提供了便捷的工具,也为大型信息系统和决策系统的实现提供了可能。

现阶段,各单位根据实际需要,以河道演变研究为理论基础,将数据格式转换、岸线分析、冲淤分析、三维模拟等功能集成在一起,开发一些小型专业应用型组件式 GIS,如用于航道宏观分析决策的"CWA2000 水道演变分析系统",用于河道管理的"长江镇扬河段地理信息系统"等,为组件式 GIS 在河道演变研究中的应用迈出了第一步。将 RS、GPS、CAD、三维显示、虚拟环境、交互查询与 GIS 的空间分析功能更好地集成,开发能对各种类型数据进行有效管理、支撑多种分析和应用、能提供决策支持的应用模型是基于组件式 GIS 的河道演变研究的发展趋势。

5 结语

GIS 强大的空间数据管理和分析能力、空间数据显示和可视化能力以及海量数据处理能力大大提高了河道演变研究的准确度和效率,使河道演变研究从定性描述向定量化、可视化方向前进。同时 GIS 广泛的兼容性,使 GIS 能与 RS、GPS、CAD、虚拟环境、Internet 等技术集成,将河道演变研究的数据来源、分析方法、显示效果以及与其他学科的融合都提高到了一个新的高度。

随着 GIS 和计算机技术的发展,将河道演变与河流动力学模型、泥沙运动模型、洪水预报模型相结合来实现河道演变时变特征的动态模拟以及演变趋势预报,并结合前期多源数据处理技术和后期可视化技术开发防洪减灾专家决策系统成为 GIS 在河道演变研究中应用的趋势。

参考文献

[1] 张超,陈丙咸,邬伦. 地理信息系统[M]. 北京:高等教育出版社,1995.

[2] 高建新. GIS 近期发展趋势综述[J]. 测绘信息与工程,2003,10:15-18.

[3] 钱宁,张仁,周志德. 河床演变学[M]. 北京:科学出版社,1987.

[4] 卢晓东,刘旭. 卫星遥感技术在泥沙运动及岸滩稳定分析中的应用[J]. 电力勘测,2000,3:20-25.

[5] 赵庚星,张万清,李玉环,等. GIS 支持下的黄河口近期淤、蚀动态研究[J]. 地理科学,1999,10:442-445.

[6] 陈水森,邹春洋,黎夏. 珠江口伶仃洋滩槽变化及演变分析[J]. 国土资源遥感,2001(6):25-27.

[7] 吴华林,沈焕庭,茅志昌. 长江口南北港泥沙冲淤定量分析及河道演变[J]. 泥沙研究,2004(6):75-80.

[8] 周建军,陈刚,胡成,等. 闽江河口地区河道演变及其影响因素分析[J]. 海岸工程,2004(3):13-19.

[9] 张增发,李启顺,丁贤荣. GIS 支持下长江镇扬河段河床演变分析[J]. 人民长江,2001(9):39-40.

[10] 高俊峰,张琛,姜加虎,等. 洞庭湖的冲淤变化和空间分布[J]. 地理学报,2001(5):269-276.

[11] 钟瑚穗,过达. GIS 和水深遥感技术在海岸工程冲淤分析中的应用[J]. 水利水运科学研究,2000(3):43-48.

[12] 张鹰,王文,丁贤荣. GIS 在海岸工程规划设计中的应用[J]. 河海大学学报,1998(7):103-106.

[13] 吴华林,沈焕庭,胡辉,等. GIS 支持下的长江口拦门沙泥沙冲淤计算[J]. 海洋学报,2002(3):84-93.

[14] 李杰,恽才兴. 长江口外高桥电厂码头区冲淤变化定量分析[J]. 海洋工程,2001(5):34-38.

[15] 李茂田,于霞,陈中原. 40 年来长江九江河段河道演变及其趋势预测[J]. 地理科学,2004(2):76-82.

[16] 杨建新. DEM 技术在河床冲淤变化分析中的应用[J]. 人民珠江,2004(5):44-48.

[17] 李茂田,陈中原,薛元忠,等. 宝钢码头前沿沙体移动的 DEM 模拟[J]. 华东师范大学学报. 2005(5):72-77.

[18] 李茂田,陈中原. 长江九江段 40 年来河道演变的 DEM 研究[J]. 水科学进展,2004(5):330-335.

[19] 李鹏,杨世伦,杜景龙,等. 长江口外高桥新港区

岸段河槽冲淤 GIS 分析[J]. 地理与地理信息科学,2005(7):24-27.
[20] 肖志远,郭海晋,徐德龙,等. 城陵矶至螺山河段槽蓄量及冲淤变化计算[J]. 人民长江,2003(1):38-40.
[21] 黄增,张开宁. 秦皇岛市海岸线侵淤变化规律研究[J]. 河北地质学院学报,1996:136-143.
[22] 程久苗. 长江芜湖港岸线资源的遥感调查研究[J]. 国土资源遥感,1996,23-28.
[23] 王传胜,孙小伍,李建海. 基于 GIS 的内河岸线资源评价研究[J]. 自然资源学报,2002:195-111.
[24] 尹静秋. 基于 GIS 的长江江苏段岸线资源演变研究[D]. 南京:南京师范大学,2004.
[25] 马荣华,杨桂山,陈雯,等. 长江江苏段岸线资源评价因子的定量分析与综合评价[J]. 自然资源学报,2004(3):176-182.
[26] 黄家柱,闾国年. 数字长江河道实验中遥感技术应用研究[J]. 长江流域资源与环境,2002(1):40-42.
[27] 黄家柱. 遥感与地理信息系统技术在长江下游江岸稳定性评价中的应用[J]. 地理科学,1999(12):521-524.
[28] 薛重生,董玉森,李利平. 长江宜昌—大通河段河道 GIS 在长江防洪规划中的意义[J]. 地质科技情报. 1999(12):77-78.
[29] 颜辉武,马晨燕,祝国瑞. 基于数字地图的下荆江河道变迁研究[J]. 华东师范大学学报,2001(9):357-361.
[30] 朱嘉伟,赵云章,闫振鹏. 黄河下游河道分形分维特征研究[J]. 测绘科学,2005(10):28-31.
[31] 卞海红. 水利领域的三维可视化研究[D]. 南京:河海大学,2004.
[32] 杜国明,陈晓翔,吴超羽,等. 长时间尺度珠江口河网水下地形演变过程三维可视化实现及分析[J]. 水科学进展,2005(2):181-184.
[33] 张红梅,方彦军,李义天. 基于 GIS 技术的泥沙淤积分析系统研究[J]. 武汉大学学报,2003(4):40-43.
[34] 梁国亭,姜乃迁,赖瑞勋,等. 基于 GIS 的黄河下游二维水沙数学模型可视化构件设计[J]. 人民黄河,2005(3):47-48.
[35] 徐云和,陈红华,程朋根,等. DEM 数据的可视化[J]. 测绘工程,2003(2):38-40.
[36] 李云,范子武,吴时强,等. 大型行蓄洪区洪水演进数值模拟与三维可视化技术[J]. 水利学报,2005(10):1158-1164.
[37] 李天碧. 赣江数字航道构建研究[D]. 南京:河海大学,2004.
[38] 周宏伟,余旭. 基于 GIS 的水道演变分析系统的设计和实现[J]. 测绘工程,2003(6):27-29.
[39] 刘学,王兴奎,王光谦. 基于 GIS 与数学模型集成的泥沙过程可视化分析系统[J]. 水科学进展,2000(9):235-239.
[40] 眭海刚,张安民,万大斌,等. 三峡航道三维可视化与分析系统的设计与实现[J]. 人民长江,2005(11):8-12.
[41] 何娟,陈立,黄荣敏,等. DWG 图形文件直接生成 DEM 的方法和实现[J]. 计算机应用研究,2007(5).
[42] 周小成,焦道振. 基于 Geodatabase 的 CAD 数据到 GIS 的解决方案[J]. 四川测绘,2005(6):74-81.
[43] 熊士胜. 3S 技术在水利系统建设中的应用研究[D]. 乌鲁木齐:新疆农业大学,2002.
[44] 王海军,詹长根,张玉梅. 组件式 GIS 技术在河道信息系统中的应用[J]. 武汉大学学报,2004(2):59-62.
[45] 李矩海,颜昌平,万大斌. CWA2000 水道演变分析系统的设计与实现[J]. 海洋测绘,2002(7):30-34.
[46] 潘解生,李启顺. 长江镇扬河段地理信息系统的建立和应用[J]. 现代测绘,2004(10):32-34.
[47] 韩敏,刘慧,董杰. 大连市数字河道信息管理系统的开发研究[J]. 计算机应用研究,2005(1):181-183.
[48] 姜贤瑞,梅军亚. 河道地理信息管理系统的研制[J]. 人民长江,2002(11):43-44.
[49] 张正禄,莫登华,姜贤瑞. 河道地理信息系统的设计与实现[J]. 测绘工程,2003(12):19-22.
[50] 丁贤荣,王文,杨涛,等. 河道数字地形信息系统与长江镇扬河段 GIS 研制[J]. 河海大学学报,2001(7):116-119.
[51] 汤仲安,王新洲,王伟,等. 基于 GeoStar 的长江水文河道 GIS 研制与开发[J]. 人民长江,2003(6):26-28.
[52] 王海军,熊明. 跨平台集成开发方法在河道信息系统中的应用[J]. 长江科学院院报,2002(4):41-43.

低弹塑性混凝土防渗墙的试验研究与应用

何润芝　何丽娟

（湖北省水利水电科学研究院　武汉　430070）

摘　要：低弹塑性混凝土具有抗压强度较低，弹性模量较低，渗透系数较小的力学性能，很适合于水利工程中作为大坝基础的防渗墙。结合两个水利工程实例，在实验室采用掺加掺合料的方法及正交试验等方式对防渗墙低弹塑性混凝土进行综合试验，经过对配制的塑性混凝土力学性能进行分析，并且确定了防渗墙施工的配合比，经现场应用验证了施工的低弹塑性混凝土满足防渗墙设计要求。

关键词：低弹塑性混凝土；防渗墙；掺合料

1　前言

在我国，低弹塑性混凝土是在20世纪80年代后期才首次应用成功的，这种材料的特点是抗压强度较低，弹性模量较低，弹强比小，渗透系数较小，能克服常规（刚性）混凝土允许变形小、应力集中等缺陷，很适合于水利工程中作为大坝基础的防渗体。'98大洪水过后，低塑性混凝土防渗墙在湖北省堤防和水库整险加固工程中得到广泛的应用。目前，防渗墙的设计中，一般要求抗压强度 $R_{28} \leqslant 5$ MPa，弹性模量 $E_{28} \leqslant 2\ 200$ MPa，弹强比 E_{28}/R_{28} 为 500 ~ 700 MPa，渗透系数 $K \leqslant 1 \times 10^{-6}$ cm/s。

目前，配制低弹塑性混凝土主要采用掺加掺合料的方法，目前采用的掺合料一般有黏土、膨润土及粉煤灰，这些掺合料的掺入不仅可以提高混凝土的抗渗性，改善混凝土的和易性和流动性，还起到了减少水泥用量、降低成本的作用。

结合湖北省某水库大坝防渗墙的工程实例，采用外掺膨润土技术将水胶比、膨润土掺量和砂率作为三因素进行混凝土配合比正交试验，研究各因素对低弹塑性混凝土性能的影响，提出满足工程要求的混凝土配合比。结合湖北蕲春大同水库大坝防渗墙的工程实例，针对低弹塑性混凝土的特点，对混凝土的配合比及性能进行了研究，采用外掺膨润土、黏土、粉煤灰及土灰同掺的方法进行试验，研究各种外掺材料对低弹塑性混凝土的影响，提出满足工程要求的混凝土配合比。

2　工程实例

2.1　随州两河口低弹塑性混凝土试验

两河口水库位于湖北随州市两河口，其低弹塑性混凝土的设计指标见表1。

表1　防渗墙混凝土设计指标

指标	坍落度（cm）	扩散度（cm）	抗渗系数（cm/s）	弹性模量（MPa）	28 d 抗压强度（MPa）
设计值	18 ~ 22	34 ~ 40	$\leqslant 1 \times 10^{-6}$	1 300 ~ 2 200	2 ~ 5

2.1.1　原材料

水泥：湖北葛洲坝水泥厂的三峡牌普通硅酸盐32.5水泥。

骨料：湖北随州当地产粗砂，细度模数为3.4。石子为随州当地产10 ~ 20 mm碎石。

膨润土：湖北枣阳生产，物理性能试验结果见表2。

表2 膨润土物理性能试验结果

项目	颗粒(mm)			界限含水率(%)		
	>0.075	0.075~0.005	<0.005	液限 ω_L	塑限 ω_P	塑性指数 I_P
含量(%)	7.4	58.0	34.6	55	19	36

2.1.2 低弹塑性混凝土配合比基本参数的确定

水胶比是决定混凝土强度、抗渗性及耐久性的主要参数,根据设计指标,选用0.70、0.80、0.90三种水胶比进行混凝土抗压强度、渗透系数及弹性模量等指标的试验。

膨润土是以蒙脱石为主要成分的含水铝酸类,属无机非金属矿物,根据国内同类防渗墙的经验,试验选择45%、50%、55%的膨润土掺量进行试验。

砂率的变化会使骨料比表面积发生明显的变化,会给混凝土的和易性带来很大影响,试验中选用50%、60%和70%三种砂率进行不同水胶比及不同膨润土掺量的性能试验。

根据设计要求,坍落度控制在18~22 cm,进行混凝土试拌,其用水量控制在288~312 kg/m^3。

2.1.3 低弹塑性混凝土配合比的正交试验

根据确定的参数,按不同水胶比、膨润土掺量、砂率进行三因素、三水平的正交设计,采用L 3×L 3正交表,共9组配合比,其试验成果见表3。

表3 正交试验成果

编号	水胶比	砂率(%)	掺土率(%)	黏土混凝土材料用量(kg/m^3)					备注
				水	水泥	黏土	砂	石	
Ss-1	0.70	50	55	312	245	201	796	796	表中砂、石及黏土用量均为其干燥情况下的用量
Ss-2	0.80	60	55	308	173	212	874	583	
Ss-3	0.90	70	55	295	148	180	1 070	459	
Ss-4	0.70	60	50	308	220	220	841	561	
Ss-5	0.80	70	50	294	184	184	1 042	446	
Ss-6	0.90	50	50	290	161	161	769	769	
Ss-7	0.70	70	45	295	232	190	1 003	430	
Ss-8	0.80	50	45	293	201	165	745	745	
Ss-9	0.90	60	45	288	176	144	925	617	

2.1.4 塑性混凝土的性能指标测试结果

配制的塑性混凝土的力学性能检测数据见表4。

2.1.5 结果分析

根据对拌和情况及表4进行分析,可得出以下结论:

(1)表4中所配所有混凝土的力学性能均能满足设计要求,但就拌和情况来看,砂率在60%时和易性最好。

(2)掺土率相同的情况下,随着水胶比的增大,28 d抗压强度降低。

(3)掺土率相同的情况下,随着水胶比的增大,弹性模量降低。

(4)掺土率不变时,随着水胶比及砂率的增大,渗透系数增大。

2.1.6 现场应用情况

根据实验室对低弹塑性混凝土的配制情况以及两河口水库的施工水平,将混凝土现场施工的配合比定为Ss-4,现场浇筑情况表明,所选配合比和易性好,易于浇筑,但由于目前还处于施工初期,还有待现场取样对所选配合比是否合适进行验证。

表4 塑性混凝土力学性能试验结果

编号	28 d 抗压强度(MPa)	弹性模量(MPa)	抗渗系数(10^{-7}cm/s)
Ss-1	4.3	1 657	0.18
Ss-2	3.7	1 468	0.23
Ss-3	3.1	1 355	0.35
Ss-4	4.7	1 965	0.20
Ss-5	4.2	1 780	0.32
Ss-6	3.8	1 543	0.55
Ss-7	5.2	2 153	0.35
Ss-8	4.8	1 866	0.47
Ss-9	4.0	1 734	0.78

2.2 蕲春大同水库低弹塑性混凝土试验

蕲春大同水库位于湖北蕲春县,其防渗墙混凝土初步设计指标为:$R_2=1\sim3$ MPa,渗透系数 $K\leqslant1\times10^{-6}$ cm/s,弹性模量≤1 000 MPa。

2.2.1 原材料

水泥:湖北武穴田镇水泥厂的金塔牌普通硅酸盐 32.5 水泥。

骨料:砂为蕲春当地所产中砂,细度模数为 2.8。石子产地为武穴田镇,碎石粒径范围为 5~20 mm。

粉煤灰:Ⅰ级粉煤灰,产自湖北黄石。

膨润土:湖南澧县湘北膨润土厂生产,物理性能试验结果见表5。

黏土:蕲春大同水库当地高液限黏土。物理性能试验结果见表6。

减水剂:FDN-500I 缓凝高效减水剂,生产企业提供的掺量为胶凝材料用量的 0.7%。

2.2.2 试验方案

在实验室配制了塑性混凝土,试验中,保持用水量为 300 kg/m³ 左右、砂率为 0.60 不变,混凝土的配合比见表7。

表5 膨润土物理性能试验结果

项目	颗粒(mm)			界限含水率(%)		
	>0.075	0.075~0.005	<0.005	液限 ω_L	塑限 ω_P	塑性指数 I_P
含量(%)	11.4	67.2	21.4	95	40	55

表6 黏土物理性能试验结果

项目	颗粒(mm)			界限含水率(%)		
	>0.075	0.075~0.005	<0.005	液限 ω_L	塑限 ω_P	塑性指数 I_P
含量(%)	7.3	75.9	16.8	54	24	30

表7 塑性混凝土试验配合比

编号	水胶比	砂率(%)	塑性混凝土材料用量(kg/m³)							减水剂(%)	备注
			水	水泥用量(比例)	粉煤灰用量(比例)	膨润土用量(比例)	黏土用量(比例)	砂	石		
Sq-1	0.94	0.60	300	140(0.44)	38(0.12)	48(0.15)	92(0.29)	906	603	0.7	表中砂、石及胶凝材料用量均为其干燥情况下的用量
Sq-2	1.19	0.60	306	114(0.44)	0(0)	38(0.15)	105(0.41)	968	636	0.7	
Sq-3	0.94	0.60	301	113(0.35)	66(0.21)	0(0)	141(0.44)	908	604	0.7	
Sq-4	0.94	0.60	297	112(0.36)	65(0.21)	140(0.44)	0(0)	900	599	0.7	
Sq-5	0.89	0.60	302	100(0.29)	139(0.41)	40(0.12)	60(0.18)	907	605	0.7	
Sq-6	0.85	0.60	292	127(0.37)	134(0.39)	84(0.24)	0(0)	909	602	0.7	

注:"( )"中的数据表示各胶凝材料用量占胶凝材料总量的比例。

2.2.3 塑性混凝土的性能指标测试结果

配制的塑性混凝土的力学性能检测数据见表8。

表8 塑性混凝土力学性能试验结果

编号	坍落度(mm)	扩散度(mm)	28 d抗压强度(MPa)	弹性模量(MPa)	弹强比	抗渗系数(cm/s)
Sq-1	200	390	2.4	840	350	1.9×10^{-7}
Sq-2	190	390	1.8	1 000	556	3.0×10^{-7}
Sq-3	210	360	2.0	870	435	9.9×10^{-8}
Sq-4	195	350	1.9	750	395	4.1×10^{-8}
Sq-5	220	420	2.6	980	377	1.1×10^{-7}
Sq-6	220	400	3.0	920	307	8.6×10^{-8}

2.2.4 结果分析

(1)所配各组混凝土均能满足设计要求。

(2)Sq-6、Sq-5、Sq-1、Sq-2的水胶比分别为0.85、0.89、0.94、1.19,水胶比与28 d抗压强度的关系可由折线图1表示。

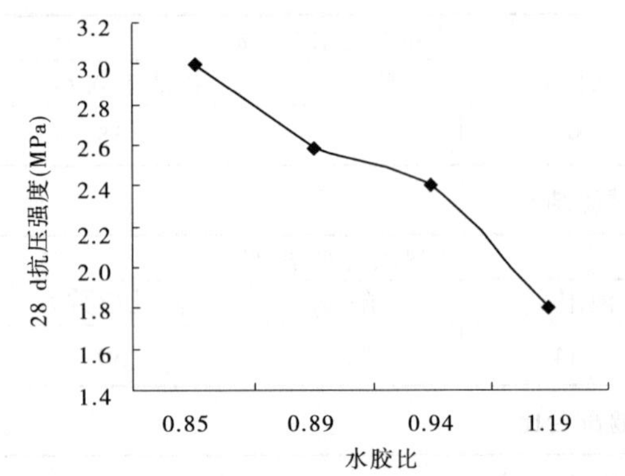

图1 混凝土水胶比与28 d抗压强度的关系

折线表明:随着水胶比的增大,塑性混凝土的强度呈下降趋势。

(3)对Sq-3与Sq-4的试验结果进行比较。结果表明:相同水灰比、相同砂率、水泥和粉煤灰占胶凝材料的比例相同的情形下,分别掺入同样比例(占总胶凝材料的比例)的膨润土及黏土,掺加膨润土所配混凝土与掺黏土所配混凝土的抗压强度基本相同,但比掺黏土所配混凝土的弹性模量稍低、弹强比稍低、渗透系数稍小。这主要是因为膨润土的液限及塑限指数均高于黏土,其黏性好于黏土所致。

(4)Sq-4与Sq-5的试验结果进行比较可得:在两组配合比用水量基本相同的情况下,Sq-5中膨润土与黏土用量和(100 kg/m^3)少于Sq-4中膨润土的用量(无黏土,140 kg/m^3),其水泥用量(112 kg/m^3)少于Sq-4中水泥用量(100 kg/m^3),但粉煤灰的用量(139 kg/m^3)比Sq-4(65 kg/m^3)中粉煤灰的用量多一倍多。膨润土与黏土用量和的减少会降低弹性模量以及提高抗渗性能,水泥用量的减少会减小混凝土强度,减小弹性模量以及降低抗渗性能,但Sq-4与Sq-5膨润土与黏土用量和及水泥用量的差别不大,故认为不是造成两者性能区别的主要因素;造成两者性能区别的主要因素是粉煤灰用量的不同,即虽然随着粉煤灰掺量的增加,混凝土的抗渗性能将会有一定提高,但当掺量增大到一定程度时,塑性混凝土的抗压强度和弹性模量会增大,抗渗系数反而降低。这是由于粉煤灰颗粒为表面光滑的球形颗粒,较大粒径的粉煤灰(>250 μm)形状不规则,其形态效应、活性效应、微集料效应三个效应是共存于一体且相互影响的结果。

2.2.5 低弹塑性混凝土现场应用情况

为使施工方便,所用掺合料选用膨润土及

粉煤灰两组，弃用了黏粒含量较低的黏土，根据初始设计指标和蕲春大同水库的施工情况，将施工配合比定为 Sq－6。但在施工前期，设计方更改了设计指标，即混凝土 $R_{28}=3\sim5$ MPa，渗透系数 $K\leqslant1\times10^{-6}$ cm/s，弹性模量 1 600～2 200 MPa。根据蕲春大同水库新的设计要求，实验室依据对初步设计试验的分析，按新的设计要求将胶凝材料用量重新进行了调整，提高了水泥用量，配制出了满足要求的用于现场施工的混凝土配合比，见表9，在实验室内对该混凝土进行标准养护，其力学性能测试结果见表10，均满足设计要求。

表9　现场施工的塑性混凝土配合比

编号	水胶比	砂率	塑性混凝土材料用量（kg/m^3）											减水剂（%）
			水	水泥		粉煤灰		膨润土		黏土		砂	石	
				用量	比例	用量	比例	用量	比例	用量	比例			
Sq	1.00	0.60	260	160	0.62	50	0.19	50	0.19	0	0	1 021	680	0.7

表10　现场施工的塑性混凝土力学性能试验结果

编号	坍落度（mm）	扩散度（mm）	28 d 抗压强度（MPa）	弹性模量（MPa）	弹强比	抗渗系数（cm/s）
Sq	185	380	5.3	2 200	415	3.5×10^{-7}

对施工现场的混凝土取样进行性能测试，其结果见表11。结果表明，所抽检的防渗墙混凝土28 d 抗压强度范围为3.2～5.3 MPa，弹性模量范围为1 700～2 100 MPa，渗透系数范围为$(1.4\sim3.3)\times10^{-7}$ cm/s，均能满足设计要求。

表11　混凝土力学试验结果

取样部位	28 d 抗压强度（MPa）	弹性模量（MPa）	抗渗系数（cm/s）
1#槽孔	3.7	—	1.9×10^{-7}
6#槽孔（0＋030～0＋036）	3.9	—	2.1×10^{-7}
8#槽孔（0＋042～0＋048）	3.2	—	—
10#槽孔（0＋054～0＋060）	4.7	—	1.5×10^{-7}
14#槽孔（0＋078～0＋084）	3.3	—	—
19#槽孔（0＋107.4～0＋112.3）	3.5	1 900	1.8×10^{-7}
27#槽孔（0＋146.6～0＋152.6）	4.6	2 100	3.2×10^{-7}
35#槽孔（0＋187.8～0＋193.8）	3.6	1 800	2.2×10^{-7}
36#槽孔（0＋197.5～0＋204.7）	3.6	1 900	2.8×10^{-7}
42#槽孔（0＋224.1～0＋229.6）	3.7	1 700	2.9×10^{-7}
50#槽孔（0＋267.0～0＋274.2）	3.1	1 700	—
59#槽孔	4.3	—	2.2×10^{-7}
63#槽孔	3.3	—	2.7×10^{-7}
67#槽孔	4.6	—	1.9×10^{-7}
73#槽孔	3.4	—	2.8×10^{-7}
76#槽孔	3.5	—	3.0×10^{-7}
81#槽孔	3.2	—	3.3×10^{-7}

注："—"表示该项目未检。

3 结语

经过对两个工程中的低弹塑性混凝土的分析研究，总结出以下几点经验：

(1)采用外掺膨润土、粉煤灰以及黏土掺合料的方法(无论掺合料是单掺还是同掺)均可以配制出满足设计要求的低弹塑性混凝土。高液限黏土或者膨润土能产生较好的黏性，适合作为掺合料配制低弹塑性混凝土。

(2)外掺掺合料配制的低弹塑性混凝土28 d抗压强度与水胶比有着一定关系，一般表现为水胶比大，强度小。

(3)采用外掺膨润土、粉煤灰以及黏土掺合料的方法(无论掺合料是单掺还是同掺)配制的低弹塑性混凝土渗透系数易满足 $K \leqslant 1 \times 10^{-6}$ cm/s 的要求。

参考文献

[1] 金婉香，章晓桦．掺膨润土塑性混凝土用于防渗墙的研究[J]．浙江水利科技，2003(1)：66-67.

[2] 丛蔼森．地下连续墙的设计施工与应用[M]．北京：中国水利水电出版社，2001.

[3] 钱觉时．粉煤灰特性与粉煤灰混凝土[M]．北京：科学出版社，2002.

黄冈水情信息化技术在防汛中的应用

王福喜

（湖北省黄冈市水文局　黄冈　438000）

摘　要：介绍了湖北省黄冈市水文局发展水情信息化技术的过程，以及在防汛实践中的应用情况，提出了进一步完善水文信息系统的途径。

关键词：水文；信息技术；防洪；黄冈

黄冈地处湖北东北部，历年来素为全省的暴雨中心，局部暴雨洪水灾害频繁，防汛抗灾任务重。长期来防汛抗旱工作一直遵循"以工程和非工程措施相结合、以防为主"的方针，目前全市水利基础设施和城市防洪工程标准还偏低，在现有工程状况下，如何实现从被动抗洪向主动科学防汛转变始终摆在防汛决策者的面前。在历年防汛实践中，非工程措施发挥着举足轻重的作用，其中水情防汛服务工作显得尤为重要，水情信息化的应用对防汛指挥具有十分关键的作用，没有水情信息，防汛抗旱调度指挥就无从谈起。

水情信息化是水文现代化的基础和重要标志，以水文信息化带动水文现代化，充分利用新技术对传统水文处理方式进行技术改造，包括计算机技术、现代通信技术、网络集成、遥感技术、地理信息系统（GIS）等，强化水文测报能力，提高水情信息采集的准确性和传输的时效性，延长洪水预报的预见期，提高预报精度，提高决策的科学性、主动性。水情信息化担当防汛急先锋的角色显得尤为突出，也是水文提高社会地位和知名度的重要举措。

水文信息化的发展应用提高了防汛抗洪决策的时效性、可靠性和科学性，特别是在1996年、1998年、1999年严峻的防汛抗洪中，黄冈水情信息技术不断灵活的应用，为领导决策指挥赢得了宝贵的时间，大大节省了防汛的人力和物力，最大限度地减少了灾害损失，保障了人民生命财产的安全，为历年的防汛抗洪胜利发挥了不可替代的关键作用，

1　水情信息通信和传输的发展历程

准确而快速的水情信息是做好水文情报预报工作的重要环节。新中国成立以来，各基层报汛站水雨情信息长期来是依靠邮电部门的通信线路，按照"水文情报预报拍报办法"的规定以电码形式进行传递，将水雨情拟成密码电文传到邮局，然后以电报的方式发出，距离短的则采用程控电话直接发报。20世纪90年代初全市逐步建立起无线电台报汛网，通过短波、超短波电台等无线通信手段进行口头传报。黄冈市水文局（以下简称市局）水情科收齐报文后又通过电台、电话和数据终端机人工敲入再传至湖北省水文局（以下简称省局），水情信息接收、处理、发送主要是靠人工完成。在传输中都存在周转环节多、效率低、易出错、受天气影响而安全性低等缺点，加之黄冈报汛站点多，任务重，严重制约了水情信息服务的时效和质量。

1996年在省局和黄冈市防汛抗旱办公室的大力支持下，建立起了省市两级 x.28 水情分组数据交换网，实现了省市水情信息的交互自动传递，第一次实现水雨情信息网络传输，初步建立起了水雨情信息自动传递、处理、存储、查询的功能模式。2003年又对其进行改造升级，

水情信息传输广域网进一步延伸,建成了省市ADSL传输水雨情软件系统,计算机网络技术的应用,缩短了省市级信息处理时间,提高了工作效率。但基层测站报汛方式和手段仍未有明显的改善,水情科仍采用手工输报的方式进行,报汛时效性偏低,水情信息服务水平还不高。

近年来,网络和数据库技术快速发展,信息网络化得到广泛的应用,2005年建立以实时水情数据库为平台、以Web技术为支撑的黄冈市水雨情信息网络查询系统,特别是水情信息编码实施和软件正式应用,建立起覆盖省、市、县三级的水雨情信息传输计算机网络系统,形成了水雨情信息的自动传输、处理、查询网络系统。系统的建成明显地减轻了水情人员劳动强度,大大缩短了传输处理时间,境内实时水文信息传递快捷,极大提高了水雨情信息服务的时效和质量。

2 水情信息化技术在防汛中的应用

计算机及网络技术的迅猛发展和实际应用,完全扭转了传统人工水情信息的处理方式,提高了水情服务的时效和质量,减轻了工作强度。在省局计算机室和水情科的指导下,从1996年配备的第一台专用计算机起,短短几年间,市局水情科经过不断努力,先后配合和自主编制完成了黄冈实时水情查询系统、内河洪水预报程序软件以及黄冈防汛水情信息系统等水情常用的业务系统。逐步建立起水情信息化发展的模式,较好地实现了水情信息传输网络化、查询自动化,为防汛决策中雨水情信息服务提供了有力的技术支持,取得了明显的经济效益和社会地位。

2.1 计算机网络及通信技术的应用

目前黄冈市水文局防汛传输网主要由两部分组成:一是已建立了以水情科为分中心的计算机广域网,通过光纤线路与省中心互相传输信息;另一部分则以水情编码软件和FTP传输方式相结合,分中心与基层测站信息传输的星形报汛网。报汛网络的建立为上下级相互间交换信息提供了工作平台,也为水文防汛打下了扎实的技术基础。

从2005年起,为了提高水情报汛质量,减轻分中心工作人员劳动强度,黄冈局建立了以水情科为中心,覆盖各市县水文站、防办、堤防、部分重点水库共24个水情信息传输节点,将汛期报汛任务分配到每个节点,信息到分中心后自动转发至省局。该网络系统的使用,实现了水情分中心与各报汛站水情信息的有效传递,信息传输的时效性显著提高,2005~2007年通过3年多的运行,25 min收报率从不足60%提高到98%,总差错率由1%减少到0.2%,时效性和报汛质量连年位居全省前列,为历史同期最好,也在市级水利系统中树立了报汛典范。

2.2 实时水情信息查询系统与数据库的应用

如何将采集到的水情信息直观地反映出来,是水情发挥作用的关键。1998年以Foxpro为数据库支持的第一代实时水情信息查询系统投入防汛应用,在当年抗洪调度中效益显著。该系统简单实用,可检索查询实时雨水情信息、水库及河道信息,但该软件为单机版,仅限于单纯的实时水情查询,且适用于单个部门应用,水情信息不能实现共享,数据备份管理功能也不够完善。

2002年黄冈市水文局又专门自主编制了黄冈防汛水情信息系统,建立了长江水位历史库、河道特征值库、历史典型年雨量数据库等,并与实时库相连,将查询、统计、分析功能进行了有机的连贯。原来统计分析水情会商资料至少需要1~2 h,系统应用后,半个小时内就可直接查询统计出所需数据,实现统计报表自动打印,明显提高了水情数据在防汛决策中的时效和服务水平。

2005年在省局计算机室的支持下,建立了sysbase实时标准网络数据库,并将查询系统改造为网络版,全部信息实现了共享,水情数据得到了广泛应用,基层测站也可以全面掌握全市最新水雨情动态情势,更好地为当地防汛提供决策支持。

查询系统和数据库的不断升级和应用,加快了水情网络化、信息化的建设步伐,也逐步实现了与现代技术的同步发展。

2.3 洪水预报系统的应用

水文预报是水文服务防汛工作中的关键，及时、准确的水情预报是衡量水文服务工作质量的重要标志，提高预报的精度和预见期是水文预报工作研究的方向。

1996 年黄冈市水文局曾用 FORTRAN 语言编写了 DOS 版本的白莲河水库洪水预报程序，在防汛调度决策中发挥了不可替代的作用，但由于系统软硬件版本较低、功能单一，已不能满足计算机技术及水情信息化的需要，不能适应现代水文情报预报及防汛指挥的要求。为了满足防汛工作对水文预报的要求，2002 年起黄冈市水文局结合实际，利用 VB 编程工具重新编制了黄冈内河洪水预报系统，通用性强、操作简便。可实时修订预报参数，根据分析需要随意调整预报方案。目前已完成了全市重点内河 3 个预报站、1 个水库站的洪水预报工作，基本上实现了实时作业预报计算机自动化，减轻了预报人员的工作量，提高了预报精度和时效。

以上这些水文信息技术应用在防汛抗旱上，有效地提高了防汛决策的实时性和科学性，增长了预见期，最大限度地减少了洪水灾害的损失，在 1995 年、1996 年、1998 年、1999 年洪涝灾害中，由于水文情报、预报准确和及时，大约减少灾害损失 5 亿元。

3 存在的主要问题

(1)信息采集站布设面广点少，建设规模及标准偏低。目前水情分中心建设仅限于省级以上报汛站，受经费投入的限制，其建设标准和水平还不高，基层水情信息传统人工测报手段还不能真正摆脱，满足不了现在防汛和社会发展的需要。

(2)系统软件功能还不完善，开发水平偏低，查询结果只能以数据和表格形式输出，未能实现查询结果的图表结合，不够直观清晰、方便快捷。

(3)水文情报预报人员的素质有待提高，尤其缺少既懂水文业务又掌握现代通信和计算机技术的复合型人才，测站对新技术、新设备的应用水平和维护管理能力也偏低。

(4)市局级缺少软件开发的经费支持，对水情人员的技能培训力度远远不够，不能适应现代水文的长期发展需要。

(5)报汛站缺乏现代化的采集传输设施和设备，报汛方式单一，主要以 ADSL 网络、电话为主，可靠性得不到保障，缺少紧急情况下备用预案，报汛时效和质量需进一步提高。

4 水情信息化发展趋势展望

水文作为防汛抗洪的一项基础性工作，必须适应现代防汛抗旱和社会发展的服务需要，建设目标是以水情信息化带动水文现代化，实现水情信息采集自动化、传输网络化、处理标准化。进一步完善水情业务系统，不断提高预报的精度，缩短作业预报时间，增长预见期。

(1)建立标准、实用、高效的水情信息采集、传输、处理的信息传输管理系统。以水情分中心建设为契机，实现实时完整的水情信息的自动收集、传送、处理和存储。

(2)抓住国家水利系统工程建设的有利机遇，积极创造条件，开展各种项目的预测分析，提高水情服务的领域；加快水情分中心和决策支持系统的建设；开展山洪灾害预警预报方法的研究；实施土壤墒情站和地下水观测站建设，积极研究拓宽水文服务的领域。

(3)建立水情防汛视频会商系统，实现省中心与市分中心之间图文声像的快速传递和异地会商，同时为召开视频会议、开展远程教育、实现网络培训提供基础条件。

(4)加快市级水情决策支持系统的建设。实现水雨情信息自动采集、实时传输、综合分析处理和决策支持等功能，快捷、灵活地提供雨情、水情、工情、旱情、背景资料、历史资料和动态资料等信息服务；提供专业分析、预测、预报、调度和电子会商等功能，以提高洪水预报的精度和预见期。

总之，加快水情信息化、现代化的建设步伐，必须抓紧以计算机技术应用为支撑、通信网络化为特点、水文预报理论技术的引进研究为基础,提供优质水情服务为目标的水雨情信息通信、处理、查询、预报和服务一体的建设工作,尽快实现信息采集自动化、传输网络化、处理标准化、分析专业化、管理规范化、服务多样化,以水情信息化真正带动水文现代化。

基于 SOA 的四湖流域防洪决策支持系统研究

黄少敏　刘新明　孟令胜　王治国

(湖北省水利水电科学研究院　武汉　430070)

摘　要:研究了基于 SOA(Service - Oriented Architecture,面向服务架构)的防洪决策支持系统的设计和实现。在系统设计过程中,把三层体系结构中的业务逻辑层设计成由多个 WebService(Web 服务)组成的中间层,利用 Web 服务组合来完成系统所需的功能,同时这些 Web 服务还能被企业的其他系统应用重用。基于 SOA 的架构设计的系统更易于升级和扩展,能减少企业成本和增加系统功能重用。

关键词:计算机软件;SOA;决策支持系统;防洪调度;WebService

1　引言

防洪减灾是水资源系统一个非常重要的研究领域,流域防洪决策支持系统是信息化技术在流域防洪减灾中的实际应用。流域防洪决策支持系统是一个庞大的、复杂的系统。流域防洪决策支持系统覆盖了遥感、遥测、地理信息系统、网络技术、数据库技术以及系统工程和运筹学等多种学科,是一交叉的研究课题。防洪调度决策得当与否,关键在于决策者能否利用现代科学技术,掌握各种信息,发挥其智能,直接参与防洪调度方案制订的全过程。

计算机技术的发展,给流域防洪决策支持系统的建设带来了巨大的变革。首先是基础水利信息采集已经实现自动化,并且数据也通过专网或公网实现了高度的共享;其次是集中应用模式变成了分布式应用模式。分布式应用不仅扩大了系统的使用范围,即系统使用用户的多样性,而且有利于各种信息的利用,避免了原来的信息孤岛现象。

本文就是在开发《湖北省四湖排水系统实时调度决策支持系统升级》项目过程中,利用新的计算机技术,即基于 SOA 的思想来搭建应用系统的。

2　架构的演化过程

软件体系结构是软件系统的高级抽象,体现了软件设计思想,反映了系统开发中最早的决策,明确了系统由哪儿部分组成,它们之间是如何交互的;进一步影响到资源的配置、团队的组织以及产品的质量。下面来回顾一下架构的演化过程。

2.1　结构编程方法

“结构程序设计方法”是由荷兰物理家 E. W. Dijkstra 提出的,是为了解决软件系统开发周期长,而开发出来的产品却是错误很多,难以维护和适应修改这些问题的。结构程序设计方法是一种面向过程的设计思想,它把程序定义为“数据结构 + 算法”。

2.2　面向对象

面向对象的方法是一种把面向对象的思想运用于软件开发过程中,指导开发活动的系统方法,简称 OO 方法,是建立在“对象”概念(对象、类和继承)基础上的方法学。对象是由数据和允许的操作组成的封装体,与客观实体有直接的对应关系。一个对象类定义了具有相似性质的一组对象,而继承性是对具有层次关系的类的属性和操作进行共享的一种方式。所谓面向对象就是基于对象概念，以对象为中心，以类和继承为构造机制，来认识、理解、刻画客观世界和设计、构建相应的软件系统。

2.3 面向构件

从抽象程度来看，面向对象技术已达到了类级重用，它以类为封装的单位。这样的重用粒度还太小，不足以解决异构互操作和效率更高的重用。构件将抽象的程度提到一个更高的层次，它是对一组类的组合进行封装，并代表完成一个或多个功能的特定服务，也为用户提供了多个接口。整个构件隐藏了具体的实现，只用接口提供服务。这样，在不同层次上，构件均可以将底层的多个逻辑组合成高层次上的粒度更大的新构件，甚至直接封装到一个系统，使模块的重用从代码级、对象级、架构级到系统级都可能实现。目前，软件市面上有3个代表性的构件技术标准分别是COM/DCOM、CORBA和EJB。

2.4 面向服务架构

SOA是一种架构模型，它可以根据需求通过网络对松散耦合的粗粒度应用组件进行分布式部署、组合和使用。

SOA的关键是"服务"的概念，Service - architecture. com将SOA定义为："本质上是服务的集合。服务间彼此通信，这种通信可能是简单的数据传送，也可能是两个或更多的服务协调进行某些活动。服务间需要某些方法进行连接。所谓服务就是精确定义、封装完善、独立于其他服务所处环境和状态的函数。"

SOA并不是一种现成的技术，而是一种架构和组织IT基础结构及业务功能的方法。SOA要求开发人员将应用设计为服务的集合。SOA要求开发人员跳出应用本身进行思考，考虑现有服务的重用，或思索他们的服务如何能够被其他项目重用。"单独的"、"独立的"、"封装完善的"服务所具有的一个关键的好处是，可以采用多种不同方法将它们组合成较大型的服务，由此来实现重用。

3 决策支持系统概述

决策支持系统（DSS）的概念最早是在20世纪70年代初由Scott Morton和Keen提出来的。DSS是信息系统（IS）经由电子数据处理（EDP）和管理信息系统（MIS）综合形成的一种新的形式。DSS被用来支持半结构化和非结构化决策，允许决策者直接干预，并能接受决策者的直观判断和经验的动态交互式计算机系统。一般来说，DSS由数据子系统、模型子系统和对话子系统等组成。模型单元的存在是DSS区别于以往其他信息系统的一个重要标志。

3.1 系统目标

《湖北省四湖排水系统实时调度决策支持系统升级》的开发，是在网络环境下实现对四湖流域排涝调度的决策支持。其目标为：

（1）能实时、完整地从荆州水情分中心获取有关信息；

（2）根据实测与预报的雨情和工情数据，预报各水文子区和入湖洪水过程；

（3）根据优化调度规则，实时提供多种方案的优化调度决策，为决策者提供建议；

（4）通过数据库和知识库查询，能快速、灵活地以图、文等方式，并基于GIS提供水、雨、工情的历史、实时、预报信息。

3.2 系统主要功能

整个系统划分为六大功能模块：

（1）数据管理。该功能为接收来自荆州市水情信息分中心的各类水雨情、工情和其他设施信息，对于荆州市水情信息分中心没有而系统所需的信息，则依靠各县、市、区水利部门，人工获得数据后手动输入，根据信息的不同性质和类别对数据进行预处理，经分类后存入数据库，供洪水预报模型、调度模型和模拟模型计算所用。

（2）预报调度管理。调度方案管理是四湖排水决策支持系统的核心子模块，它首先针对洪水预报管理模块中生成的洪水预报方案，结合实时、预报和历史的水雨情、工情信息和气象预报信息，以人机交互方式，设定或修改防洪工程设施的操作运行参数，进行调度优化模型、模拟模型的洪水水情的计算，据此拟定多个调度方案，再通过对各个方案进行可行性分析和洪灾损失的初步估算，对多个调度方案评价，推荐出最优调度方案，提交会商讨论和决策。

(3)会商。对洪水预报管理、调度方案管理生成的洪水预报方案、调度方案的结果进行重组和加工处理，为会商讨论提供全面、宏观、鲜明简洁的多种历史和实时水雨情、工情特征信息以及气象信息，为争取最优减灾方案和最大的减灾效果，准备由两种或多种方案组成的调度方案集，并为决策会商提供对各种方案的工程运行、水情、灾情等各方面的详细背景信息，如果决策者能够从方案集中选择其中某个合理可行、易于实施的方案，则付诸实施。否则必须对其中某个方案进行适当修改和调整或提出新的方案。

(4)查询。在数据库的支持下，系统以Web方式提供气象、实时水雨情、工情、洪水预报方案、调度方案以及各类基本信息的查询，信息查询响应速度快、表达形象直观、清晰简洁、图文并茂。

(5)报告。系统提供报告功能，将各种数据分类，选出最重要的信息制作成报表，以便参加决策会商人员对系统生成的数据信息、方案结果快速清晰的了解。

(6)系统管理。系统管理是为系统的正常运行提供管理功能。

4 系统设计与实现

4.1 逻辑设计

系统的逻辑架构分为三层，从上至下分别为表现层、业务逻辑层、数据层，见图1。概括来说，分层式设计可以达到如下目的：分散关注、松散耦合、逻辑复用、标准定义。

表现层(Presentation Layer)：用于显示数据和接收用户输入的数据，为用户提供一种交互式操作的界面。

业务逻辑层(Business Logic Layer)：业务逻辑层是系统架构中体现核心价值的部分。在本系统中业务逻辑层由登录服务、权限服务、模型服务、图形服务、报表服务、定时服务、日志服务、数据交换服务、文件管理服务和数据服务10个Web服务组成。本系统采用Web服务正是基于完好封装性、松散耦合性特征，Web服务是一种部署在Web上的对象，源于对象/组件技术，当每个Web服务实现发生变更的时候，调用者是不会感到这一点的。对于调用者来说，只要Web服务的调用界面不变，Web服务实现任何变更对他们来说都是透明的，甚至是当Web服务的实现平台从J2EE迁移到了.NET或者是相反的迁移流程，用户都可以对此一无所知。各服务间采用XML/SOAP消息交换协议来实现信息交换。

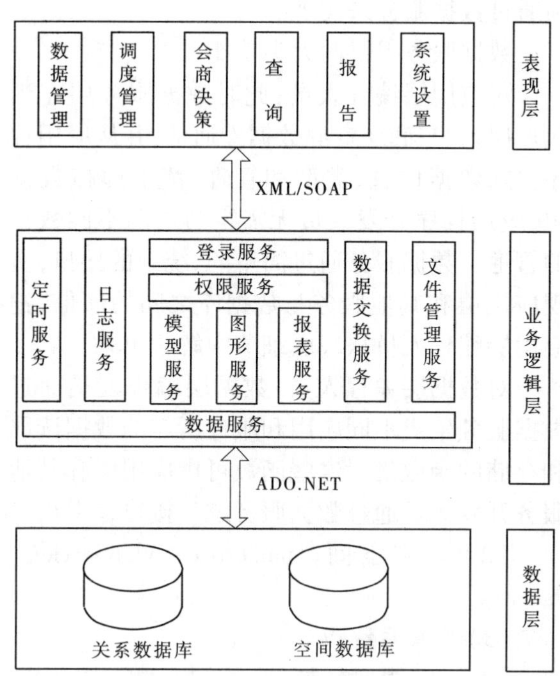

图1 系统逻辑架构图

数据层(Data Access Layer)：有时候也称为是持久层，其功能主要是负责数据库的访问，可以访问数据库系统、二进制文件、文本文档或是XML文档。

4.2 系统服务实现实例

本文用数据服务实现的例子为代表来说明系统的实现过程。

(1)数据服务概述。

数据服务是编写一个与数据库通信的Web服务，即系统中所有模块、函数和其他服务与数据库发生数据读取和存储的过程，都必须通过数据服务来实现。

数据服务提供两大类功能：

对应用层编程人员：此时数据服务层充当代理层，它与底层资源数据库通信，并从应用程序去除数据位置、类型和管理，留下虚拟数据源，应用程序开发人员无需重写访问不同数据的管道。数据服务通过简单的、统一的接口，实现应用层和其他服务与数据库之间的通信，把应用层编程人员从底层细节中解脱出来。

对数据层编程人员：数据层编程人员通过数据服务生成不同应用和服务所需的数据读取和存储的函数集。这些函数可供应用层和其他服务开发人员通过数据服务统一接口来引用。

(2)名字空间。namespace WebService_data{}

(3)继承关系：无。

(4)公共静态函数。public DataSet GetData_name_object(string API_name,object[] objectParam)

功能：数据服务对外的统一接口，通过引用函数集中的函数名和输入所需的参数值来完成应用层与其他服务的数据读取和存储数据等功能。

输入：API_name，函数名；objectParam，所需的参数值数组，数组由应用开发人员完成组合。

输出：成功则返回应用开发人员所需的数据集或包含一条值为"1"的数据记录的提示操作成功的数据集，否则返回错误提示信息数据集，数据集只包含一条数据，即错误提示信息："输入参数个数和设计的不相等"或"数据服务中没有你要求的函数！"或存储过程自定义的返回信息。

public string Function_Add(string function_name,string stringname,string pramNAME, string datatablename, string returnTYPE, string introduction)

功能：数据层开发人员添加函数集。

输入：function_name 函数名称，stringname 存储过程名称，pramNAME 参数名、大小、类型、输入、输出等组成的参数字串，datatablename 返回数据集中的数据表名，returnTYPE 函数返回值类型，introduction 函数功能介绍。

输出：成功则返回包含一条值为"1"的数据记录的提示操作成功的数据集，否则返回错误提示信息数据集，数据集只包含一条数据，为存储过程自定义的返回信息。

5　系统特点

5.1　松散耦合

松散耦合减少了在一个服务中修改代码也会要求在另外一个服务中修改代码的几率。这种高的松散耦合性带来系统开发和维护工作量的减小，系统易于升级和维护，系统的可靠性增加。

5.2　高扩展性

原有的系统或者新增的业务，都可以基于SOA架构把它封装成Web服务，很方便地在本系统之上扩展应用，同时减少完成软件开发生命周期所需的时间。

5.3　位置透明性

这种位置透明性把应用程序开发和部署分开，使得企业能灵活地把服务迁移到不同的服务器中，而不需要考虑那样会如何影响客户端应用程序，它也使得开发人员满足了业务可用性、符合服务级别和可伸缩性的要求。

5.4　平台独立性

SOA提供了一个能适应多类硬件、操作系统、中间件、语言和数据存储的抽象层。用Web服务可以把不同平台上开发的系统封装起来，原有业务能重新使用，而不用重新开发。

5.5　高重用性

在许多情况下，通过以松散耦合的方式公开业务服务，不同的企业应用也能够集成这些多样性服务组件来搭建新的应用系统，增加业务模块的重用性。

6　结论

基于SOA的防洪决策支持系统，通过Web服务的集合来实现系统的业务逻辑，使得系统易于管理和部署，减少系统的开发和维护工作量,提高了业务组件的高重用性,为防洪决策支持系统的应用带来了更大的空间和前景,减少不必要的重复开发带来的企业成本增加这类问题,提高了信息资源的高度共享性,也为企业信息化的快速发展提供了新的解决思路。

参考文献

[1] 郑人杰,殷人昆,陶永雷.实用软件工程[M]. 2版. 北京:清华大学出版社,1996.

[2] 崔晓波. SOA概览[EB/OL]. http://www.csai.cn.

[3] 面向对象技术概述,www.itisedu.com. 中科永联网.

大型湖泊防洪排涝方略探讨

黎国胜

（湖北水利水电职业技术学院　武汉　430070）

摘　要：针对平原湖区大型湖泊调度管理现实需要及其在防洪排涝中的作用，在分析湖泊现状及其作用的基础上，阐述了大型湖泊在平原湖区防洪排涝中的关键作用，探讨湖泊的防洪排涝调度及治理方略，提出大型湖泊应按平原水库型湖泊进行治理建设和管理，为湖泊调度和治理决策提供了依据。

关键词：大型湖泊；防洪；排涝；平原湖区

1　引言

平原湖区防洪排涝系统一般由湖泊、分蓄洪区、排水沟渠、排水闸及排涝泵站等既相对独立又相互关联的众多工程有机结合组成联合运用的整体系统，整个系统中工程众多，功能也有所不同，又相互联系、相互制约，但应以湖泊为中心，因为湖泊在防洪排涝中起骨干和关键作用，仅仅按一般湖泊进行建设和管理将降低湖泊的地位和作用，不利于湖泊治理建设和调度管理，应按平原水库型湖泊进行治理建设和管理，其洪水标准一般按 50 年一遇设计，按200～300年一遇校核，确定围堤加高整修高度，控制洪水并给大洪水以出路。平源湖区地势低洼，河网密布，沟渠纵横，圩垸众多，水高田低，因而决定了湖泊众多而分散，调度管理困难，但其规模大，对整体防洪排涝系统的调度运行有重要影响，有必要对大型湖泊在平原湖区防洪排涝中的作用和治理方略进行探讨，提高湖泊在平原湖区防洪排涝中的地位和作用，加大大型湖泊的建设管理力度，为湖泊调度管理和治理提供科学依据。

湖北省平原湖区是在长江、汉江两岸的冲淤积平原上发育而成的湖泊系统，平原湖区自然面积38 890 km^2，是湖北省粮棉油和淡水鱼的重要产地。平原湖区由于地面高程普遍低于江河洪水位，西承长江上游的川水，南纳洞庭湖洪水，北汇汉江洪水，东受鄱阳湖洪水顶托，每逢汛期外江洪水往往高出内垸地面几米乃至十几米，外洪内涝频繁而严重，历史上是长江和汉江的天然洪泛区，洪涝灾害频发，形成著名的"水袋子"，面临江河洪水和内涝的双重威胁，加之暴雨集中的 5～9 月，江河水位上涨，平原湖区积水受江河洪水顶托而不能自流，靠内垸河网湖泊调蓄和泵站提排。当超过其蓄排能力时，造成大面积农田涝灾，因此防洪排涝任务十分艰巨。

2　湖泊现状

湖北省湖泊众多，星罗棋布，素有"千湖之省"美称，湖泊主要分布在沿江平原湖区，江河、湖泊、渠网互通，水系较复杂，河港淤积，自然灾害频繁，血吸虫病流行，农业生产水平低下。20 世纪 50 年代初期，全省有面积 6.7 hm^2 以上湖泊 1 332 个，湖泊总面积 8 528.2 km^2，现面积 6.7 hm^2 以上的湖泊有 843 个，湖泊总面积为 2 983.5 km^2，面积接近或超过 100 km^2 的湖泊有 5 个。与 20 世纪 50 年代初期相比，湖泊总数减少 488 个，其中面积 333.3 hm^2 以上湖泊减少 197 个；湖泊面积减少 5 544.8 km^2，减少了 65%。

湖泊受外江水位涨落影响，大水时常连成

一片，大湖套小湖，母湖连子湖；枯水季节各自独立。加之洪水泛滥，泥沙冲淤及人工围湖垦殖等影响，湖泊沧桑易变，所以全省湖泊数量、面积和容积均极不稳定。湖泊分布范围，西起枝江，东至黄梅小湖口，北抵汉江碾盘山，以应城、钟祥为界，南与湖南省洞庭湖为界，包括武汉等 50 个县市区，自然面积 3.89 万 km^2，约占全省总面积的 21%。湖泊为汛期调蓄洪水、削减江河洪峰水位发挥了显著作用，并为滨湖大片农田灌溉及水产养殖等提供了可靠的水源，在平原湖区起着极其重要的作用。

3 湖泊治理

全省湖泊由于发育在江汉两岸冲淤积平原上，湖水很浅，有 70% 的湖泊水深不到 3 m，仅有 10 个湖泊最大水深达 5 m，如以平均水深计算，大部分湖泊从湖滨到湖心，深度差别小，湖底平缓，湖水位稍有升降，湖水面积随之发生明显的扩展或缩减，因而湖岸界线经常要上下移动，致使不少湖泊，在高水位时期一片汪洋，枯水季节，大面积洲滩出露，丰枯季节之间湖面积可相差几倍，甚至几十倍。

由于历史原因，1980 年以前对湖泊过度围垦，不仅使各湖泊面积普遍缩小，甚至不少中小湖泊消亡，从而降低了对洪水的调蓄能力。平原湖区在较大规模进行河渠改造及涵闸、排水泵站等工程建设的同时，又累计围垦湖泊面积 57.928 万 hm^2，由于对湖泊的过度围垦，不仅使各湖泊面积普遍缩小，甚至使不少中小湖泊消亡，降低了原有湖泊的调蓄能力，加剧了洪涝灾害发生，对鱼类、水禽和水生养殖等水产资源带来不利影响。

为根治水患和改善农业生产条件，20 世纪 50 年代大规模筑堤修坝，实现河湖分家；70～80 年代在加强防洪工程建设的同时兴建大批排水泵站及配套的河渠和涵闸及河湖调蓄相结合的排涝工程体系，新中国成立后在湖区修建了许多大型排水涵闸和大型电力排水泵站，其中电力排水泵站是在 20 世纪 60 年代末发展起来的。在逐步加高和整修堤防、疏通排水沟渠的基础上，抵御了历年较大的洪涝灾害，但防洪排涝标准仍然偏低，需进一步加强主要湖泊科学调度和管理，抵御更大的洪涝灾害。湖北省湖堤存在的主要问题有：部分堤段未达到设计标准；堤身单薄、标准低；堤上病险涵闸多，设计标准低、配套不全、病险严重，影响安全；湖堤迎水面护坡少，浪坎严重等。需要对湖堤进行整险加固，包括堤身按设计标准培厚、病险涵闸整治和护坡衬砌等。

4 湖泊作用及效益

平原湖区防洪排涝系统一般由湖泊、分蓄洪区、沟渠、排水闸及泵站等众多工程组成联合运用的整体系统，整个系统中工程众多，功能也有所不同，又相互联系、相互制约，但应以湖泊为中心，湖泊在防洪排涝中起骨干和关键作用，湖泊的分布和运行状况对整体防洪排涝系统影响很大，因为它调节了干渠入流的时程分布，调蓄而改变了入湖洪水过程，因而使干渠水位降低，减小了洪峰流量，洪峰出现时间推迟；而干渠水位又直接影响到排水闸及泵站的运行状况和两岸农田的防洪排涝条件，对整体防洪排涝系统调度影响较大。

一般湖泊具有防洪、滞洪、蓄水、抗旱、航运、水产等综合功能，是保护城市、油田、高速公路及湖区人民生命财产安全的重要屏障。湖北省境内洪涝灾害频繁，特别是地势平坦的中南部平原湖区，江河纵横，湖泊密布，洪涝灾害经常发生。洪涝灾害具有发生频繁、分布面广、历时较长、损失严重的特点，成为制约平原湖区经济社会发展的关键因素。洪涝灾害最集中、面积最大的区域是江汉平原。当洪水达到调度方案规定的水位，应及时向分洪围垸和分洪蓄洪区分洪，保证大堤的安全。湖泊分洪损失一般为主要湖泊内围垸及湖外分蓄洪区分洪的淹没损失。计算出单位面积分洪损失值，根据各分洪区容积曲线建立高程—分洪量—分洪损失关系曲线，根据不同湖泊内垸及湖外分蓄洪区的分洪水位及分洪量查算分洪损失。

湖泊的防汛费用一般与主要湖泊和干渠高

水位及持续时间有关,当湖泊和干渠水位超过设防水位后即要防汛,增加防汛费用和防汛负担。主要防汛费用为备品备料、劳动力及抢险救灾等费用,根据历年干渠和主要湖泊的防汛资料整理出设防、警戒和保证等各级水位相应的防汛费用,综合出湖渠水位与防汛费用的关系曲线,供计算时查用。

湖泊的效益为以湖泊为中心,对湖泊、分蓄洪区、沟渠、排水闸及排涝泵站等整体防洪排涝系统进行联合优化调度,使整体防洪排涝系统发挥最大作用,使湖泊和分蓄洪区发挥最大调蓄及分蓄洪作用,使排水闸站尽可能多地排泄洪水,从而达到使干渠水位降低,减小洪峰流量,减少分洪及洪涝损失,并减少防汛费用的目的,减少的洪涝损失及分洪损失和减少的防汛费用即为湖泊的防洪排涝效益。

5 防洪排涝调度

5.1 调度原则

(1)湖泊调度以水位为控制,以前期雨量及水雨工情为参考。

(2)排水闸能排尽排,但当排水流量较小时应开机提排。

(3)排涝泵站先排田,后排湖,但应把握时机及时排湖。

(4)流域实行分区防洪排涝,根据水雨工情实施分区调度。

(5)流域一级泵站应服从统排调度。

5.2 防洪调度和分蓄洪方案

(1)制订科学的洪水预报调度模型和方案,有效控制洪水。

(2)湖泊围堤内的湖面为蓄洪水域,湖泊内垸为分洪围垸,外垸及小湖泊设置为大型湖泊的备蓄区和分洪区,视水雨工情决定分洪围垸和分蓄洪区进行分洪。

(3)湖泊分级控制水位按设防水位、警戒水位、保证水位进行控制调度。

(4)当湖水位超过警戒水位,若下游水位较低时,可向下区下泄,缓解上游紧张局势。

(5)当湖泊水位接近保证水位,预报后续降雨较大时,则向湖泊内垸分洪。

(6)当以上措施仍不能稳定湖水位在保证水位时,运用备蓄区和分蓄洪区分洪。

(7)当采取以上综合统筹措施仍不能保证湖围堤安全时,研究决定具体应急保堤措施。

5.3 排涝调度

5.3.1 湖泊

(1)湖水位汛前控制水位按越冬水位,汛期限制蓄洪水位为警戒水位,设计蓄洪高水位为保证水位。

(2)湖水位超过保证水位,水位仍在继续上升时,一级泵站都应服从统排调度,投入流域排水,同时控制二级站开机,保证湖堤安全。

(3)当排水泵站站前水位稳定在起排水位以下,而湖水位超过起排水位时,应及时开启排水闸抢排湖水;当湖水位接近警戒水位,上游农田涝水仍未排出时,排田排湖兼顾;当上游农田排出或排水泵站站前水位下降到警戒水位以下时,全力排湖;当湖水位高于警戒水位、低于保证水位时,二级泵站停排。

(4)当湖水位超过起排水位时,或湖水位接近起排水位且预报近3日内有大到暴雨时,排水泵站开机排湖。

(5)当排水泵站全部开机,湖水位仍不能稳定在保证水位时,为保证湖围堤及下游安全,应向分洪围垸和分蓄洪区分洪。

5.3.2 涵闸

(1)排水闸能排尽排,当外江水位低于湖泊水位时,要利用排水闸抢排。

(2)当湖水位在警戒水位以下时,应及时开启排水闸抢排湖水。

(3)排水闸、河湖节制闸、防洪闸、船闸等要实行统一调度。

(4)当湖水位超过警戒水位时,排水闸应服从统一调度。

(5)沿江引水涵闸严禁灌溉水泄入排水渠,按引水灌溉的最高节制水位控制。汛期节制闸原则上关闭,上区节制闸随下区排水闸启闭而开启、关闭。当湖水位在设防水位以上时,引水涵闸原则上不引水,但确需引水时,应严格控制引水流量。

5.3.3 电排站

(1)当湖水位高于警戒水位,排水闸自排流量较小时,或气象预报近三日内有雨且外江水位呈上涨趋势时,泵站开机提排。

(2)湖水位在保证水位以下时,各电排站按分区调度方案排水。

(3)当湖水位接近保证水位,并预报湖水位将持续上涨时,一级电排站投入流域统排调度,统排期间视水雨工情控制二级站开机。

6 防洪排涝方略

平原湖区防洪排涝系统由湖渠闸站等众多工程组成,整体防洪排涝系统非常复杂,只要某一子系统变化就会对整个大系统带来影响,需要综合分析,制定整体防洪排涝方略。但应以湖泊为中心,因为湖泊的分布和运行状况对整体防洪排涝系统影响很大,它调节了干渠入流的时程分布,湖泊调蓄后改变了入湖洪水过程,因而使干渠水位降低,减小了洪峰流量,洪峰出现时间推迟。湖泊在防洪排涝中起骨干和关键作用,应按平原水库型湖泊进行治理建设和管理,其洪水标准一般按50年一遇设计,按200~300年一遇校核,确定围堤加高整修高度,控制洪水并给大洪水以出路。

6.1 加高整修围堤调蓄

湖堤存在的主要问题有:部分堤段未达到设计标准;堤身单薄、标准低;堤身建于软基上,沉陷严重;湖堤迎水面护坡少,浪坎严重。需对湖堤进行整险加固加高,湖堤建设以欠高堤段加高培厚、基础防渗、堤身隐患处理和穿堤建筑物及其与堤身结合部的加固等为重点,根据堤防的重要性和险情严重程度,按照轻重缓急,分步实施。包括堤身按设计标准培厚、护坡衬砌等,加高和整修堤防,以提高湖泊控制水位和调蓄洪水的能力,提高防洪排涝标准,同时又可增加排水涵闸的自排能力,抢排洪水出江。

6.2 退田还湖,增加调蓄能力

由于对湖泊的围垦过度,不仅使各湖泊面积普遍缩小,降低了原有湖泊的调蓄能力,加剧了洪涝灾害发生。实施退田还湖的目的是治理平原湖区水患,增大调蓄库容,提高调洪能力,同时发挥生态景观功能,调节气候,有效地发挥水体自然生态保护功能,增加娱乐旅游功能。将湖泊周围围垦的低洼农田进行退田还湖调蓄,将增加湖泊面积,增加湖泊调蓄能力。湖面扩大、水体连通后,整个防洪排涝调蓄能力大大增强,相当于增建了涵闸和泵站,还湖后有利于调蓄自然来水,减轻洪涝灾害,保证农业丰收,提高经济效益。

6.3 疏挖排水河渠泄洪

大部分排水河渠港道曲折,淤塞严重,水流不畅,必须进行疏挖,增加泄量,在现有围堤已加高加固的情况下,提高排水河渠泄洪能力是当务之急,按照“蓄泄兼顾、以泄为主”的方针,增加平原湖区排水河渠泄洪能力是解决大型湖泊防洪排涝问题的关键措施。排水河渠是湖泊的泄洪通道,疏挖扩挖排水河渠能加大泄洪流量,提高排水河渠泄洪能力,同时可增加排水闸的抢排能力,减轻洪涝灾害。

6.4 兴建整治涵闸自排

湖泊围堤配套的排水涵闸除发挥排水、泄洪作用外,对防止江水倒灌具有明显效果,外可抵御长江洪水倒灌,内可控制湖区水位,对围湖垦殖、水产养殖、内河航运,消灭钉螺等效益明显。排水涵闸既是平原湖区重要的防洪屏障,也是抢排入江的重要出口,还是引江水济湖、灌溉农田的重要入口,发挥了巨大的工程效益。但围堤上病险涵闸多,设计标准低、配套不全、病险严重,影响安全。需对病险涵闸整治加固,增加排水闸的抢排能力,发挥排水、泄洪等功能和作用,确保围堤安全。

6.5 兴建改造泵站提排

平原湖区在较大规模进行河渠改造及涵闸建设的同时,兴建了大批排水泵站,但现有泵站机电设备严重老化失修,工程设施配套不全,带病运行,效益没有得到充分发挥;加之降雨量时空分布不均,湖泊调蓄能力下降,外排能力不足,需要兴建部分排水泵站,增加外排能力;并对现有泵站进行更新改造,确保工程安全,提高泵站外排能力,减少沟渠积水,有效减免洪涝灾害对当地生态环境的破坏,为人民的生命财产安全提供有力的保障,促进当地社会稳定、农业增产和农村经济的繁荣,为平原湖区社会经济地位的提升提供有力的支撑。

6.6 加强分蓄洪区建设及管理

分蓄洪区是防洪体系的重要组成部分,是合理处理全局与局部关系、解决超额洪水、减轻洪涝灾害损失的有效工程措施。大型湖泊应按水库型湖泊进行治理和管理,对防御大洪水应有安全措施,要对分蓄洪区加强安全工程建设及管理,确保安全。充分发挥蓄滞洪区的防洪减灾作用,增加安全区和安全台数量,加高加固安全区围堤和安全台高程,兴建道路、桥梁、泄洪闸、安全设施和通信预警设施等,保证分蓄洪区的正常运用,并对分蓄洪区内的人口控制和产业结构实行严格管理,落实好分蓄洪的补偿措施,确保遇特大洪水后超额洪水分得进、损失小、有补偿。

6.7 优化防洪排涝调度方案

湖泊调度管理信息化建设还较落后,还存在认识不够到位、资金投入少、基础设施薄弱、应用水平较低、信息共享困难等问题。应加强主要湖泊科学调度和管理,抵御更大的洪涝灾害,实时制订洪水调度方案,提高洪水调度决策的支持能力和防洪调度的科学性,分析雨水工情的变化,提出应对突发事件的措施。洪水发生时,要坚持科学调度,充分发挥湖泊、围堤、涵闸、泵站、蓄滞洪区等水利工程设施的防洪减灾作用。

6.8 加强管护设施建设

湖泊管理体制尚未理顺,管理机制不够灵活;政策法规体系不够完善,规章制度不够健全;措施还不够有力,依法管理困难多;应建立统一的湖泊管理机构,加强对湖泊防洪排涝调度和管理,建立水文自动测报系统,为湖泊控制运用科学调度提供依据,建立洪水管理制度,编制主要湖泊及蓄滞洪区洪水风险图,建立和完善蓄滞洪区管理制度。按照重要性、防洪作用和运用几率对蓄滞洪区进行分类,完善蓄滞洪区运用补偿办法,提高湖泊调度管理水平。

7 结论

平原湖区防洪排涝系统影响因素多,非常复杂。本文从系统分析观点出发阐述了大型湖泊在平原湖区防洪排涝中的作用和效益,探讨了湖泊的防洪排涝调度及治理方略,为大型湖泊建设管理提供了依据。大型湖泊在防洪排涝中起骨干和关键作用,建议将大型湖泊纳入整体防洪排涝系统统一规划和调度管理,平原湖区应以大型湖泊为中心,按平原水库型湖泊进行治理建设和管理,其洪水标准一般按50年一遇设计,按200~300年一遇校核,确定围堤加高整修高度,控制洪水并给大洪水以出路,使湖泊和分蓄洪区发挥最大调蓄及分蓄洪作用,使整体防洪排涝系统发挥最大作用和效益。提高湖泊在平原湖区防洪排涝中的地位和作用,加大大型湖泊的建设管理力度,为湖泊调度管理和治理提供科学依据。

郧西县马鞍关水库"8·9"特大暴雨洪水频率分析

闫伟伟　关洪林　任茂昆

（湖北省水利水电科学研究院　武汉　430070）

摘　要：湖北省郧西县马鞍关水库于2007年8月9日发生了特大洪水，经过从雨量、洪水总量、洪峰流量及库水位四个方面的分析论证，基本确定了洪水规模，为决策机构采取相应措施提供了技术支持。

关键词：马鞍关水库；特大暴雨；频率分析；郧西

1　工程概况

1.1　概述

马鞍关水库位于湖北省郧西县马鞍镇下游，距郧西县城35.0 km，所在河流为汉江的二级支流渗峪河，坝址以上承雨面积105.4 km^2，是一座以发电为主，兼有防洪、灌溉和城镇供水等综合效益的中型水利工程。水库原设计防洪标准为50年一遇设计，200年一遇校核，2003年进行除险加固设计时防洪标准为50年一遇设计，500年一遇校核。

水库正常蓄水位357.50 m，死水位337.00 m，汛限水位为352.5 m，总库容1 730万m^3，兴利库容930万m^3。大坝为浆砌石双曲拱坝，现状坝顶高程为362.555 m，最大坝高42.00 m。

1.2　水文设计

本次水文计算设计暴雨参数选取以2002年版新《湖北省暴雨参数等值线图》为依据。

调洪演算是以现状溢洪道的实际泄流能力进行计算。溢洪道为坝顶表孔溢洪道，表孔为6孔，总净宽42.78 m，堰顶高程357.5 m，堰型为开敞式非真空实用堰。水库现状坝顶高程为362.555 m，表孔上部为工作桥，工作桥面厚0.5 m，表孔为闭合孔，孔顶高程为362.055 m。经分析，当水位为363.335 m以下时，表孔出流均为堰流。水位高于现状坝顶高程362.555 m时，坝顶溢流按宽顶堰计算，总泄流量为表孔出流与坝顶溢流量之和。

水文计算成果见表1。

表1　设计洪水及调洪成果

频率(%)	1 h设计面雨量(mm)	6 h设计面雨量(mm)	24 h设计面雨量(mm)	洪峰流量(m^3/s)	洪水总量(万m^3)	最大下泄量(m^3/s)	最高洪水位(m)
0.1	134.6	233.8	319.6	1 895.9	3 132.5	1 658.2	364.13
0.2	123.9	212.6	291.4	1 656.2	2 821.2	1 432.4	363.76
0.33	115.3	195.9	270.1	1 522.9	2 610.9	1 241.1	363.38
0.5	108.9	183.2	254.1	1 417.3	2 443.8	1 059.0	362.98
1	97.5	162.0	225.2	1 177.6	2 129.6	873.0	362.32
2	86.1	139.7	196.3	943.9	1 860.0	750.9	361.86

2 行洪过程及洪水推求

2.1 暴雨及水库行洪过程

2007年8月9日1:00~7:00,马鞍镇降水217.9 mm,坝址以上石塔河流域降雨232 mm。

水库水位从9日4:00起上涨,起涨水位354.4 m,5:30水位达到堰顶高程357.5 m,水库开始溢洪,6:30水位超过坝顶,6:50达到最高水位363.335 m,具体水位过程见表2。

2.2 根据实测水位资料推求洪水

本次收集了马鞍关水库"8·9"特大暴雨行洪过程记录资料,该资料详细记录了从降雨发生起数日的水库水位变化情况。根据此资料结合马鞍关水库的水位—库容—泄流量曲线可以确定出各时段的蓄水量和泄流量。

由实测水位并根据库容曲线和泄流关系曲线,可以推求其库容增减量和下泄洪水总量,从而可推求其来水总量。其计算过程和结果见表2。

表2 "8·9"特大暴雨洪水期间马鞍关水库入库洪水还原计算

时间	时段	水位(m)	库容(万 m^3)	增减(万 m^3)	下泄流量(m^3/s)	时段宽(h)	泄量(万 m^3)	来水量(万 m^3)
8月8日	8:00	354.7	934.0					
8月9日	0:00	354.3	906.0					
	4:00	354.4	913.0	7.0		4.00		7.0
	4:30	354.8	941.0	28.0		0.50		28.0
	5:00	355.7	1 003.3	62.3		0.50		62.3
	5:20	357.0	1 114.7	111.4		0.33		111.4
	5:30	357.5	1 160.0	45.3	0	0.17		45.3
	5:45	358.6	1 262.0	102.0	96.3	0.25	4.3	106.3
	5:50	359.0	1 300.0	38.0	151.5	0.08	3.7	41.7
	5:55	359.5	1 350.0	50.0	233.2	0.08	5.8	55.8
	6:10	360.5	1 440.0	90.0	428.4	0.25	29.8	119.8
	6:20	361.5	1 520.0	80.0	659.6	0.17	32.6	112.6
	6:30	362.555	1 683.3	163.3	937.4	0.17	47.9	211.2
	6:50	363.335	1 763.4	80.1	1 221.7	0.33	129.5	209.7
	7:10	363.1	1 746.9	-16.5	1 135.2	0.33	141.4	124.9
	7:35	362.555	1 683.3	-63.6	937.4	0.42	155.4	91.9
	7:50	362.0	1 610.0	-73.3	787.1	0.25	77.6	4.3
	9:00	360.2	1 416.0	-194.0	366.9	1.00	207.7	13.7
	10:00	361.5	1 520.0	104.0	659.6	1.00	184.8	288.8
	11:40	358.7	1 271.5	-248.5	110.1	1.67	313.3	64.8
	13:00	358.5	1 252.5	-19.0	82.5	1.33	46.2	27.2
	16:00	358.0	1 205.0	-47.5	29.2	3.00	60.3	12.8
	17:00	358.0	1 205.0	0	29.2	1.00	10.5	10.5
	21:00	357.95	1 200.5	-4.5	26.2	4.00	39.9	35.4

续表 2

时间	时段	水位(m)	库容（万 m^3）	增减（万 m^3）	下泄流量（m^3/s）	时段宽（h）	泄量（万 m^3）	来水量（万 m^3）
8月9日	22:00	357.92	1 197.8	-2.7	24.5	1.00	9.1	6.4
	23:30	357.88	1 194.2	-3.6	22.2	1.50	12.6	9.0
8月10日	0:00	357.85	1 191.5	-2.7	20.4	0.50	3.8	1.1
	1:00	357.83	1 189.7	-1.8	19.2	1.00	7.1	5.3
	2:00	357.82	1 188.8	-0.9	18.7	1.00	6.8	5.9
	3:00	357.82	1 188.8	0	18.7	1.00	6.7	6.7
	4:00	357.81	1 187.9	-0.9	18.1	1.00	6.6	5.7
	5:00	357.8	1 187.0	-0.9	17.5	1.00	6.4	5.5
	6:00	357.8	1 187.0	0	17.5	1.00	6.3	6.3
	7:00	357.78	1 185.2	-1.8	16.3	1.00	6.1	4.3
	12:00	357.75	1 182.5	-2.7	14.6	5.00	27.8	25.1
	15:00	357.73	1 180.7	-1.8	13.4	3.00	15.1	13.3
	17:00	357.71	1 178.9	-1.8	12.2	2.00	9.2	7.4
	21:00	357.7	1 178.0	-0.9	11.7	4.00	17.2	16.3
	23:00	357.69	1 177.1	-0.9	11.1	2.00	8.2	7.3
8月11日	3:00	357.68	1 176.2	-0.9	10.5	4.00	15.5	14.6
	6:00	357.67	1 175.3	-0.9	9.9	3.00	11.0	10.1
	8:30	357.66	1 174.4	-0.9	9.3	2.50	8.7	7.8
	16:00	357.66	1 174.4	0	9.3	7.50	25.2	25.2
	22:00	357.66	1 174.4	0	9.3	6.00	20.1	20.1
8月12日	8:00	357.65	1 173.5	-0.9	8.7	10.00	32.5	31.6
8月13日	8:00	357.65	1 173.5	0	8.7	24.00	75.6	75.6
	18:07	357.65	1 173.5	0	8.7	10.12	31.9	31.9
8月14日	8:00	357.62	1 170.8	-2.7	7.0	13.88	39.3	36.6
	18:00	357.61	1 169.9	-0.9	6.4	10.00	24.1	23.2
合计								2 188

由于局部观测时段宽过窄，根据来水总量按时段宽推求的各时点来水过程呈锯齿状，难以如实反映实际来洪过程，因此拟采用高切林法进行洪峰流量推求。

高切林公式如下：

$$q_m = Q_m\left(1 - \frac{V_{洪}}{W}\right)$$

式中：Q_m 为洪峰流量，m^3/s；q_m 为最大下泄流量，取 1 221.7 m^3/s，；$V_{洪}$ 为调洪库容，取 1 763.4 - 906 = 857.4（万 m^3）；W 为洪水总量，取 2 188 万 m^3。

由已知条件推出本次洪水洪峰流量 Q_m 为 2 009 m^3/s。考虑到高切林法的适用时段为整个一场洪水过程，适合估算一场洪水的峰值，洪峰流量值采用高切林法推算值。

根据实测水位资料推求本次洪水洪峰流量为2 009 m^3/s,洪水总量为2 188万m^3。

2.3 根据实测雨量资料推求洪水

根据雨量资料,采用《湖北省暴雨径流查算图表》(以下简称《图表》)提出的瞬时单位线法进行本次暴雨洪水过程的模拟。

本次雨型设计采用$\Delta t = 0.5$ h,$t_c = 6$ h,流域为蓄满产流,不扣初损,只扣稳损作为净雨过程,设计净雨过程见表3(降雨时段分配以当地气象站提供的资料为基础)。

表3 设计净雨过程

时段(h)	$H_{t设}$(mm)	净雨(mm)
0	0	0
0.5	16.00	15.12
1	64.50	63.62
1.5	64.70	63.82
2	1.00	0.12
2.5	1.40	0
3	1.30	0
3.5	1.00	0
4	62.40	61.52
4.5	1.10	0
5	1.00	0
5.5	1.00	0.12
6	1.10	0
合计	216.50	204.34

由暴雨推求的洪水洪峰流量为1 557.2 m^3/s,洪水总量为2 333.6万m^3。

3 "8·9"暴雨洪水频率分析

3.1 根据实测雨量分析频率

马鞍关水库流域内共有2个雨量观测点,其中马鞍镇雨量站位于渗峪河上,另一观测点位于石塔河上,可以基本控制流域雨情。流域平均面雨量见表4。

表4 流域平均面雨量计算

站名	各站控制面积(km^2)	面积权重系数	1:00~7:00雨量(mm)	面雨量(mm)
马鞍	53.0	0.50	217.9	
石塔河	52.4	0.50	232	
合计	105.4	1.00		225

由表4得到,本次暴雨流域平均面雨量为225.0 mm。整个暴雨发生时间接近6 h,按表1的设计面雨量成果,6 h时段500年一遇设计面雨量为212.6 mm,1 000年一遇设计面雨量为233.8 mm。由此分析,本次6 h暴雨频率为750年一遇。

3.2 根据实测库水位分析频率

由于表1中采用24 h雨型推算的设计洪水成果,两者不能直接相比较,本次按6 h雨型推算了设计洪水成果,对部分洪水进行调洪,调洪起调水位为354.3 m,泄流曲线亦按现状情况考虑,见表5。

表5 6 h设计洪水及调洪成果

频率(%)	洪峰流量(m^3/s)	24 h洪量(万m^3)	最高库水位(m)
0.1	1 989.2	2 424.4	363.99
0.2	1 818.8	2 202.5	363.68
0.3	1 517.6	2 062.3	363.10

从最高库水位分析,本次洪水形成的最高库水位为363.335 m,相应频率为400年一遇。

3.3 根据洪量分析频率

根据水位资料推求的洪水总量为2 188万m^3;根据雨量资料推求的洪水总量为2 333.6万m^3。两者相比较,洪水总量仅相差6.2%。水位资料中以下泄流量推求下泄洪量时,由于时段宽的不均和下泄流量的非线性,会出现误差,比实际值偏小。

从洪量分析,相应频率为750年一遇左右。

3.4 根据洪峰流量分析频率

根据实测水位资料推算的洪峰流量为2 009 m^3/s,根据实测雨量资料推求的洪峰流量为1 557.2 m^3/s,以此流量与表5相比,频率为1 000年一遇。

3.5 综合分析

根据水位资料推求的洪峰流量为2 009 m^3/s,洪水总量为2 188万 m^3;根据雨量资料推求的洪峰流量为 1 557.2m^3/s,洪水总量为2 333.6万 m^3。

由于水位资料和雨量资料均为观测资料,水位资料反映的是实际洪水发生过程,雨量资料反映的是实际暴雨发生过程。以此来解释两者推求的洪水差异:雨量资料反映的实际降雨总量准确,两种途径洪水总量相差较小说明了这一点;而实际暴雨过程更为集中,洪峰更为陡峻,由水位资料推算的洪峰流量反映了这一点。

由于雨量推算洪水是根据实测雨量及分布情况按瞬时单位线法用 6 h 雨型进行模拟,限于雨量测量的精度原因,未能完全反映实际暴雨发生过程。单位线时段采用0.5 h,很可能导致漏峰情况出现;水位观测时段为 5 min、10 min,所以观测到了峰值;而水位资料为现场实际观测而来,捕捉到了洪水发生的实际过程,更为可信。

综上所述,从雨量分析,频率为 750 年一遇;从洪量分析,频率为 750 年一遇;从洪峰流量分析,频率为 1 000 年一遇;从实际形成的库水位分析,频率为 400 年一遇。单考虑某一种因素得出洪水频率是不严谨的,如洪峰只考虑了峰值,没有考虑洪量,洪量仅考虑了整个的来水量,忽略了短期峰值的影响力。最终确定洪水频率应综合考虑雨量、洪量、洪峰流量和最高库水位。综合分析,“8·9”特大暴雨洪水为超水库校核标准洪水,频率在500 年一遇和1 000 年一遇之间。

参 考 文 献

[1] 中华人民共和国水利部. 水利水电工程设计洪水计算规范(SL 44—93)[S]. 北京:中国水利水电出版社,1993.

[2] 叶守泽. 水文水利计算[M]. 北京:中国水利水电出版社,2001.

采用3S技术保护湖泊资源

李瑞清　邸国辉　郭　辉　魏东银

(湖北省水利水电勘测设计院　武汉　430070)

摘　要:对湖北湖泊的变迁进行了分析,由于湖泊面积的缩小,降低了调蓄能力,引发水生态危机,提出了采用现代3S技术及时查明湖泊现状,保护和合理利用湖泊资源的建议。

关键词:湖泊变迁;3S技术;调蓄能力;退田还湖

1　湖泊的变迁

1.1　湖泊的变迁概况

我国东部平原湖区的长江中下游地区,湖泊面积由20世纪50年代初期的17 198 km^2,减少到2008年不足6 600 km^2,即2/3以上的湖泊面积消亡。

号称"千湖之省"的湖北省,在20世纪50年代初期,面积0.067 km^2以上的湖泊有1 332个,中水位时的总面积为8 528.2 km^2。其中,3.33 km^2以上的湖泊有322个,湖泊面积为7 640.6 km^2,相应容积为130.5亿m^3,有效调蓄容积为115.4亿m^3,可调蓄省内地表径流量的12.2%。至20世纪80年代初,面积0.067 km^2以上的湖泊有843个,湖泊总面积为2 983.5 km^2,仅为20世纪50年代初期的35%。其中,3.33 km^2以上的湖泊有125个,湖泊面积为2 519.7 km^2,相应容积为56.9亿m^3,有效调蓄容积为30.7亿m^3,仅为20世纪50年代初期的26.6%。20世纪80年代初湖泊的个数与20世纪50年代初期相比,减少了489个,湖泊面积减少了5 544.7 km^2。

我国长江中游地区湖泊的泥沙淤积问题也较突出。一般年淤积速率达3~37 mm/a。但湖北省的湖泊泥沙淤积情况至今没有系统研究。

1.2　人地关系紧张致使围湖垦殖日甚

长江中游水患日趋严重,人类砍伐上游森林、破坏中游河湖系统平衡是导致这一恶果的重要原因之一。这主要表现在:

(1)由于长江上游水土流失,荆江河道泥沙淤积、水位不断上升,汛期荆江水位高于荆北地面6~13 m,遂使上游洪水来量大、中下游河段泄流不畅而造成洪患。

(2)在平原湖区,由于大规模围湖垦殖和泥沙淤积,湖泊萎缩严重,减少了调蓄量,增加了长江的泄洪流量,加重了洪灾的威胁。

研究表明,大约距今4 000年前,江汉平原与洞庭湖区均为河湖交错的冲积平原,随着生产力的进步,长江高低洪水位的交替出现,人类从平原湖区的周边丘岗在低洪水位时进入湖区垦殖,高洪水位时退出,今天湖区不同历史时期文化遗址的存在与消失就是明证。南宋年间由于水车的出现,战争引起的人口南迁而进入湖区,开始了规模较大的垦殖,明代中叶出现第一个开发的高潮,清初发展迅速,到了清代中叶,垸田开辟出现了第二个高潮。20世纪50年代,出现了一个大规模围湖垦殖的局面,形成了自宋以来的第三个高潮。围湖垦殖使江汉平原和洞庭湖区湖泊面积锐减,江汉湖群数量已从20世纪初的1 066个减少到50年代的309个,湖泊面积则从8 330 km^2减少到50年代的

5 960 km^2 和 80 年代的2 983 km^2,20 世纪内整个江汉湖群面积减少了5 347 km^2,50 年代以来减少了2 977 km^2,调蓄量减少了 75 亿 m^3。江汉湖群湖泊数量、面积变化分别见图 1 和图 2。

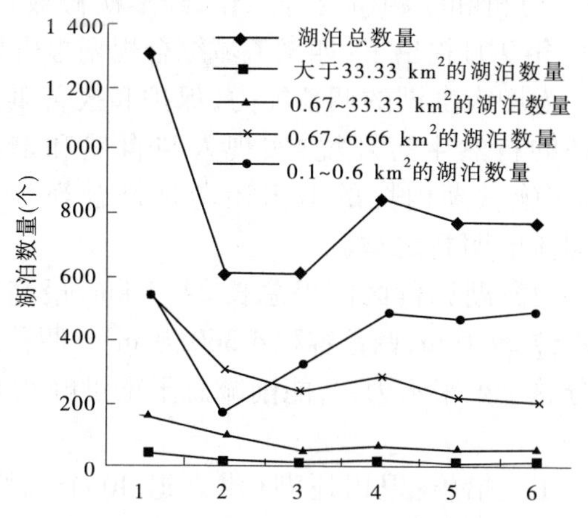

图 1　江汉湖群湖泊数量变化

注:图中 1、2、3、4、5、6 分别代表 20 世纪 50 年代、60 年代、70 年代、80 年代、90 年代和 2000 年。

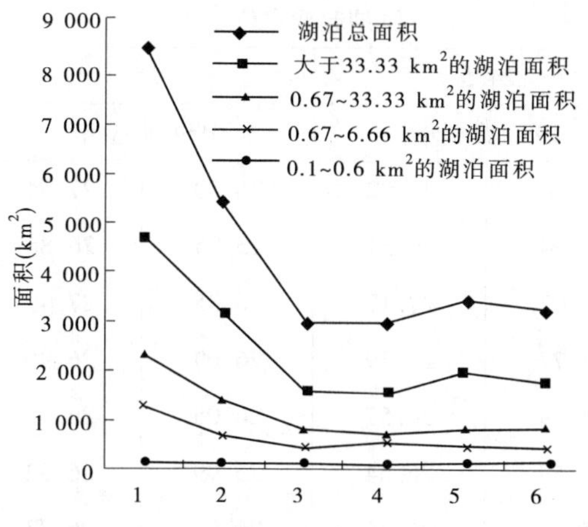

图 2　江汉湖群湖泊面积变化

注:图中 1、2、3、4、5、6 分别代表 20 世纪 50 年代、60 年代、70 年代、80 年代、90 年代和 2000 年。

1980 年以前,对湖泊不适度的围垦,使湖泊面积急剧缩小,降低了湖泊的调蓄能力,在一定程度上破坏了蓄泄平衡和生态环境,加剧了涝情。

如四湖流域 1980 年、1983 年、1991 年、1996 年、1998 年、2003 年总干渠和下内荆河出现防汛紧张状况,内垸渍涝成灾,其原因与洪湖面积的大幅减少和白露湖、三湖的消失有很大关系。

而 1980 年以后,大规模的城市建设、开发区建设致使城市区域的湖泊填占行为屡禁不绝。

近年来,湖泊保护问题引起了政府和社会的重视,江苏省对全省湖泊划定了控制线,武汉市也对湖泊水域线、绿化线、建设开发线进行了界定。

湖泊的变迁现在可采用 3S 技术(GPS、GIS、RS)进行研究,可迅速查明湖泊的面积、水深、界线等动态变化,为保护和合理利用全省湖泊资源提供依据。

2　退田还湖对防洪除涝的影响

2.1　四湖流域基本情况

四湖流域地处江汉平原腹地,南滨长江,北临汉江及东荆河,西北部与宜漳山区接壤,介于东经112°00′~114°00′,北纬 29°21′~30°00′。

四湖是长江中游一级支流内荆河流域,因境内原有四个大型湖泊(长湖、三湖、白露湖和洪湖)而得名。目前仅保留了长湖、洪湖两个湖泊。全流域总面积为 11 547. 5 km^2,其中内垸面积 10 375 km^2,洲滩面积 1 172. 5 km^2。

四湖流域历史上是长江、汉江的洪泛平原,流域处于江汉平原沉降带的低洼地区,地势相对平坦,河湖密布,垸田密集,是江汉平原有名的"水袋子"。

到 20 世纪 50 年代四湖流域有大中湖泊 128 个,总面积2 680 km^2,但目前仅有 38 个,面积为 733 km^2,减少了 72.6%。

洪湖是我国列入中国重要湿地名录的第 58 个湿地,现为省级湿地保护区。洪湖 1950 年面积 750 km^2,1965 年仍有面积 653 km^2,随着 20 世纪 70 年代初螺山电排渠和福田寺至小港总干渠的开挖,使得 1972 年时洪湖只剩下 426 km^2。目前围堤中的内垸增加到 42 个,占去湖面 111 km^2,其中非法围垸有 40 个,总面积达 94 km^2。

长湖20世纪50年代湖面面积143 km^2,至20世纪80年代为129.1 km^2,目前湖面面积为122.5 km^2,减少了14.3%。

白露湖原有面积85.4 km^2,容积8 000多万 m^3,目前仅剩4.2 km^2,也被开挖成精养鱼池,已失去调蓄功能。

三湖原由13个小湖泊组成,其中以龚家垸、赵家港、唐朱垸为最大,故名三湖。湖面面积88 km^2,相应容积9 622万 m^3,现全部开垦为农田。

在湖区治理中,不断围垦湖泊,缩小调蓄面积,降低调蓄能力,而又没有足够的外排出路,必然抬高湖泊、河渠水位进行蓄洪平衡,引起水位普遍抬高,导致灾情转移。

2.2　四湖流域退田还湖研究

四湖流域虽经多年治理,但仍然存在着内部河湖防洪标准不高、除涝能力不强、水环境恶化以及血吸虫病危害严重等突出问题,严重制约了湖北省粮食的高产稳产和当地社会经济的可持续发展。

2007年3月,由湖北省水利水电勘测设计院牵头,各参与单位进行了大量的测量、调研、监测、分析和专题研究等工作,经多次修改,于2007年9月提出了《四湖流域综合规划报告》。

为增大洪湖的调蓄能力,保护和改善洪湖湿地的自然生态环境,实现人与自然和谐相处,实施洪湖内垸的退田还湖是符合当今世界潮流的明智之举。

白露湖调蓄区围堤总长24.7 km,最高控制水位29.0 m,调蓄容积4 360万 m^3。调蓄区以分总干渠来水为主,能削减总干渠洪峰约80 m^3/s。

工程措施:退田还湖(洪湖退40个围垸,湖面427 km^2;白露湖22 km^2)、新建排水泵站、干渠疏挖等。经多方案防洪除涝蓄泄演算后得到最高水位成果见表1。

表1　洪湖排涝演算最高水位成果　　　　(单位:m)

方案	洪湖起调水位			
	24.5		25	
	1980典型年		1996典型年	
(1)现状情况	26.10	27.22	26.50	27.54
(2)1984年规划方案	25.54	26.51	25.95	26.86
(3)干渠疏挖方案	26.07	27.17	26.35	27.49
(4)干渠疏挖+洪湖退垸	25.77	26.59	26.09	26.96
(5)干渠疏挖+洪湖退垸+白露湖调蓄方案	25.79	26.57	26.05	26.92
(6)干渠疏挖+洪湖退垸+老新二站方案	25.59	26.54	25.99	26.92
(7)干渠疏挖+洪湖退垸+白露湖调蓄+高潭口二站方案	25.70	26.36	26.04	26.73
(8)干渠疏挖+洪湖退垸+老新二站+高潭口二站方案	25.52	26.32	25.98	26.73

从表1可见,当洪湖起调水位为25 m时,比较方案3和方案5,增加"洪湖退垸+白露湖调蓄"措施后,1996典型年洪湖水位由27.49 m下降到26.92 m,下降了0.57 m,效果显著。

方案(7)洪湖最高水位为26.73 m,洪湖退垸可增加调蓄容积28 785万 m^3,满足洪湖防洪要求。福田寺、刘渊闸、张金、习家口的控制点水位均略低于目标水位。该方案满足干渠防洪除涝整治目标水位要求。

由方案比较可知,退田还湖对四湖流域防洪除涝整治目标的实现具有关键作用。

3　3S技术在湖泊保护方面的应用

3.1　外缘控制线的界定

鉴于退田还湖涉及产业结构的调整、人口迁移等难题,故对现有的湖泊资源的保护愈加重要。

为了保护和合理利用全省现有的湖泊资源,建议通过制定水体的界线来控制对水域的开发,以达到保护和合理利用水体的目的。

以外缘控制线界定水体的界线,明确水域的范围。对于有堤防的湖泊等,蓝线通常以堤防为界;无堤防的河道、湖泊,其外缘控制线以历史最高水位或控制水位为水陆界线,通过水行政部门对其界线以界桩的方式予以明确。

界桩的坐标按照《地籍测量规范》测量,采用1954年北京坐标系或1980年西安坐标系。坐标误差应不大于±10 cm,可采用先进的GPS RTK方法加快测量进度。

绘制湖泊界址图,图上标示界桩并测绘湖泊周围的地形,为湖泊建立有法律效力的档案。

3.2 湖泊淤积测量

许多湖泊的水下地形图是十分陈旧的,为了研究湖泊淤积对调蓄能力的影响,每隔5~10年对全省湖泊进行一次水下地形测量是必要的,测图比例尺可选定为1:5 000。

采用先进的GPS方法和双频数字测深仪,可实现自动高精度测绘,可获得水下地形图和湖泊淤泥等值线图。进而可更新湖容曲线,为防汛规划和调度提供科学依据。

3.3 建立基于GIS湖泊信息管理与决策系统

四湖流域的防洪除涝的管理较复杂,为了提高汛期的指挥效率,建立基于GIS的湖泊信息管理与决策系统是十分必要的。

湖泊信息管理与决策系统主要由以下模块构成。

(1)遥感影像查询模块。采用最近时期的TM、SPOT、QuickBird等遥感影像,用GIS的叠置分析功能,可快速准确地进行非法侵占湖泊行为的稽查。

(2)湖泊信息查询模块。包括湖泊界址图的查询,湖泊水下地形图和湖泊淤泥等值线图的查询。

(3)汛情显示分析模块。包括查询时限控制、水情信息查询两个子模块,用户可以方便地选用该模块提供的功能将查询对象限定在某一时间内及相应的时间内对相关重要信息的浏览。

(4)汛情预测预警模块。其主要功能是对暴雨雨量的查询和洪水灾害的预测。

(5)水工程、工情管理模块。该模块主要是对水工程及其设施的管理。

(6)灾害分析和评估模块。包括洪涝灾害评估,对于给定的洪水位和淹没高度,直观地显示出淹没状态,计算出受灾范围和土地利用分类受灾的分析统计,查找受灾人员及潜在受灾人员的疏散地点。

(7)防汛决策模块。基于防汛预案数据库和汛情、工情、灾害分析结果,作出防汛决策。

(8)流域三维模型动态显示模块。根据DEM数据模型显示分析流域的三维全貌。

4 结论

由于人类的活动,湖泊面积不断减小,降低了调蓄能力,导致洪涝灾害日趋严重,并引发水生态危机,按照人与自然和谐相处的理念,退田还湖是符合当今世界潮流的明智之举。

采用现代3S技术能及时地查明湖泊的现状,有利于保护和合理利用湖泊资源,最大限度地减轻洪涝灾害的影响。

湖北省"平垸行洪、移民建镇"项目浅析

翁朝晖

(湖北省水利水电勘测设计院 武汉 430070)

摘 要:简要介绍了1998年大洪水后湖北省"平垸行洪、移民建镇"实施的情况及作用。

关键词:防洪;平垸行洪;移民建镇;湖北

1 湖北省"平垸行洪、移民建镇"基本情况

1998年长江流域发生了仅次于1954年的全流域大洪水,在中央的正确决策、数百万军民的严防死守下,取得了抗洪的全面胜利。但长江中下游洪灾损失仍然较大,中下游溃决圩垸1 975个,淹没耕地23.93万hm^2,受灾人口达232万人。汛后,党中央、国务院及时作出了根治水患、灾后重建的"封山植树、退耕还林,退田还湖、平垸行洪,以工代赈、移民建镇,加固干堤、疏浚河道"的重大决策,将"平垸行洪、退田还湖、移民建镇"作为增强长江中下游行洪能力、根治水患的重要措施之一。

"平垸行洪、移民建镇"采取退人不退耕的"单退"和既退人又退耕的"双退"两种方式。考虑到沿江及湖区人多地少和长江洪水的特点,大量移民带来的耕地需求和生活出路问题难以解决。因此,除对影响行洪的洲滩民垸坚决退人退耕外,对其他洲滩民垸有条件的采取退人不退耕的"单退"方式,遇一般洪水仍可进行农业生产,遇较大洪水时分蓄洪水或行洪。

1998年以前,湖北省境内分布在长江干流及主要连江支流河口附近的大小洲滩圩垸395个,主要湖泊湖垸104个,共计499个,土地面积2 199.3 km^2,共26.0万户、111.7万人,耕地面积14.31万hm^2,蓄水容积91.8亿m^3,累计垸堤堤长1 818.6 km(见表1)。

表1 湖北省长江中下游圩垸分类统计

河段	个数(个)	户数(万户)	人数(万人)	土地面积(km^2)	耕地面积(万hm^2)	蓄水容积(亿m^3)
长江干流	215	14.7	63.3	1 311.1	7.59	57.4
连江支流	180	6.2	25.6	520.0	2.99	20.7
湖泊	104	5.1	22.8	368.2	3.73	13.7
合计	499	26.0	111.7	2 199.3	14.31	91.8

1998年以来,按照国务院的统一部署,国家发展计划委员会分4批下达了湖北省移民建镇计划139 000户570 061人,国家投资22.6亿元。湖北省对沿江320个圩垸实施了移民建镇工作,其中属长江干流圩垸195个,主要支流河口圩垸102个,主要湖垸23个。320个圩垸土地面积1 290.7 km^2,耕地面积6.7万hm^2,蓄水量56.9亿m^3。属"单退"性质的圩垸217个,"双退"性质的圩垸103个。湖北省移民建镇实施情况统计详见表2。

为了进一步巩固移民建镇成果,切实提高江河行蓄洪能力,减轻长江干流防汛压力,有效减少防汛抢险的投入,加快平退圩垸的拆旧工作,避免出现移民返迁现象,彻底达到平垸行洪的目标。在"平垸行洪、移民建镇"工程实施后期,国家又部署了平垸行洪巩固工程。平垸行洪巩固工程,即对于"单退"圩垸,根据国家有关规划与规范的要求,建设必要的进退洪工程;对于"双退"圩垸,做好阻水堤坝的平退工作。

目前,湖北省平垸行洪巩固工程已实施完

成了 5 期,共实施巩固工程圩垸 230 个,包括"双退"刨堤圩垸 125 个、"单退"圩垸 105 个,其中建宽顶堰口门圩垸 74 个,建裹头圩垸 31 个,建进退洪闸圩垸 4 个,建退洪闸圩垸 32 个。

表 2 湖北省移民建镇实施情况统计

项目		1998 年	1999 年	2000 年	2001 年	合计
移民	户数(户)	50 000	30 000	30 000	29 000	139 000
	人数(人)	215 609	122 718	116 570	115 164	570 061
圩垸个数(个)	总计	139	82	64	35	320
	长江干流	113	43	30	9	195
	支流	26	37	18	21	102
	湖垸		2	16	5	23
平退性质	单退(个)			217		
	双退(个)			103		
土地面积(km^2)		1 290.7				
耕地面积(万 hm^2)		6.7				
蓄水量(亿 m^3)		56.9				

2 "平垸行洪、移民建镇"项目的防洪作用

2.1 减少平退圩垸居民洪患灾害

通过实施"平垸行洪、退田还湖",可从根本上解决经常受洪水威胁的洲滩民垸人民群众的防洪安全问题,直接减少了溃垸地区人民生命财产的损失。1998 年、1999 年长江连续发生了大洪水,1999 年监利、城陵矶水位分别达到 38.30 m、35.54 m,分别较 1998 年最高水位仅低 0.01 m、0.26 m。1998 年汛后及时实施的部分"平垸行洪、退田还湖、移民建镇"工程在 1999 年初见成效。1999 年湖北省溃决圩垸共 140 个,受灾人口 12.0 万人。在溃决的圩垸中有 41 个圩垸由于实施了移民建镇工程,其中 6.2 万人已搬至垸外,从而避免了洪水对这部分群众生命财产的威胁。

平退工程的实施可使"双退"堤垸内的群众不再存在洪灾损失,兴修了口门工程的"单退"圩垸,民垸运用只淹一季作物,损失大大减少,减轻了社会和政府的救灾负担。湖北省"平垸行洪、退田还湖、移民建镇"工程实施以来,有 13.9 万户、57 万人搬至安全的地区,告别了水患之苦,其生命财产安全得到了可靠的保障,取得了显著的经济效益和社会效益。

2.2 减轻平退圩垸堤防防洪压力

1998 年抗洪斗争的实践表明,长江防洪必须要有重点,应集中有限的力量,确保保护面积大、人口集中、有重要基础设施地区的防洪安全,如果不分重点地全部都保,则防汛力量分散,重点地区的防洪安全反而得不到有效的保护,一旦洪灾发生,将会造成巨大的损失。

1999 年汛前,湖北省制订了簰洲垸度汛方案,规定在水位达到 1998 年溃口水位时,转移人员,主动弃守,以节省人力、物力,确保重点地区的防洪安全。

湖北省"平垸行洪、移民建镇"项目实施后,由于平退圩垸内人员已经外迁,对这些圩垸可以不再"死守死保",可缩短防汛堤线约1 000 km,可大大减轻防汛压力、节省防汛抢险和水毁工程修复经费及精力。

2.3 降低外江高洪水位

"平垸行洪、退田还湖"的实施,通过增加蓄水量起到坦化洪水过程、降低高洪水水位等作用。江湖槽蓄量的改变可通过水深或水面面积的改变来实现,在实际防洪调度过程中,若通

过抬高水位来增加槽蓄量，将增加防洪负担，因此不可取；而扩大水面面积则是增加河湖槽蓄量的一种有效手段。具体实现即为“平垸行洪、退田还湖”，还天然河湖行洪面积。实测数据表明，圩垸的蓄洪运用会有效降低外江上下游河段水位。簰洲湾1998年8月1日20时溃口后，其下游50余km的汉口站，水位从22时的29.20 m开始下降，8月2日10时降至28.95 m，比预报的8月2日10时水位29.24 m低了0.29 m；8月9日16时，监利三洲垸扒口进洪，历时90 h，下游螺山站水位降低了0.2 m，持续时间近50 h。

资料分析表明，平退圩垸的运用可降低外江当时上下游河段水位。监利县的三洲联垸是2000年开始进行平退的“单退”圩垸，土地面积186.1 km^2。三洲联垸若在河段上下顺河势方向进行破口行洪，当行洪5 000 m^3/s时，可降低监利水位约0.3 m。利用南、北碾子故道区以及小河联垸分洪3 000 m^3/s，可降低沙市水位0.09 m。东荆河口的联合大垸是1999年实施的“单退”圩垸，土地面积75.6 km^2。当遇汉江大洪水，联合大垸运用后，最大可增加东荆河过流能力约3 000 m^3/s。

根据长江水利委员会长江勘测规划设计院《长江平垸行洪、退田还湖规划报告》，长江中游规划平退圩垸796处，平退面积25 681 m^2，平退圩垸蓄洪容积约124亿m^3，其中“单退”垸蓄洪容积108亿m^3，“双退”垸蓄洪容积16亿m^3。平退计划实施后，长江中游沙市至湖口沿程水位均降低，各区的分洪量也有所减少。对于1998年型洪水，“平退”后可降低沙市水位0.06 m、降低城陵矶水位0.15 m、降低汉口水位0.18 m。如遇1954年洪水，可减少长江中下游分洪水量约40亿m^3，城陵矶附近地区、汉口附近地区、湖口附近地区均可减少分洪量10亿~15亿m^3。由此可见，该项目的实施能在一定程度上缓解长江中下游的防洪压力。

“平垸行洪、移民建镇”工程的实施，促进了人水和谐。不仅有效地减少了有关地区遭受水患和用于防汛抢险的直接经济损失，从长远看，国家资金的投入，加快了农村基础设施的建设，改善了农民的生产生活环境，促进了农村产业结构的调整，使新的小城镇和经济区得以迅速形成，有利于经济的进一步发展。

3 积极开展平退圩垸调度研究

通过多年的努力，湖北省已形成以江河湖库为重点的防洪调度预案，但在民垸调度方面基本上是空白。国家防汛抗旱总指挥部文件国汛[1999]10号《关于印发长江洪水调度方案的通知》主要针对堤防及蓄滞洪区的调度，而对于民垸调度只提出“当控制水位接近分洪洪水位时，首先扒开洲滩民垸扩大行洪能力”及“当沙市站水位达到44.67 m（冻结吴淞高程），并预报继续上涨时，扒开荆江两岸干堤间洲滩民垸行洪”。该调度方案的指导思想是先用民垸行洪，再启用分洪区，但在民垸扒口的方式、扒口的顺序及扒口宽度等具体问题上操作性不强，对于各种方案下民垸扒口的效果无定量依据，因此从完善调度的角度来看，必须对该方案中民垸调度进一步完善。

民垸的防汛，在各地的防汛实践中，历来牵扯很多精力。过去提出“不失一垸”、“死保死守”，这在一般洪水年景，守一守可能就过去了，但在大洪水情况下，不惜代价，动用大量的人力、物力、财力，有的尽管保住了，但得不偿失，有的还是溃决了。通过近几年的防汛实践，广大干部逐步认识到死保死守民垸不是办法，是不科学的。但现在又有一种倾向，认为经过“平垸行洪、移民建镇”后，民垸在汛期不论洪水有多大，也不论各个圩垸抗洪能力怎么样，有洪水就要扒，这必然带来一些不必要的损失，同样存在问题。应根据各垸不同的情况及各河段的防洪状况，确定科学的控制运用水位，以减少洪灾损失和防汛投入。

湖北省有320个圩垸实施了“平垸行洪、退田还湖、移民建镇”工程，其中125个双退圩垸实施了刨堤，有105个圩垸进行了口门建设，这些工程的实施，为平退圩垸的调度创造了条件。

荆江是湖北省防汛的重中之重，也是民垸众多的河段。荆江河段主要民垸有南五洲、兴学垸、合作垸、北碾垸、南碾垸、小河联垸、新洲垸、丁家洲垸等9个，土地面积530 km²，可蓄水量26.0亿m³。荆江河段主要民垸蓄洪量较大，蓄洪或行洪运用对荆江河段防洪作用明显。1998年洪水以后，这9个主要民垸围堤均进行了加高加固，主要民垸自身的抗洪能力大大加强。因此，应先进行荆江河段主要民垸的调度研究。

另外东荆河尾闾几个民垸也相应进行了口门建设，由于几个民垸位于东荆河与长江交汇处，同时受到长江及汉江洪水影响，其扒口运用直接影响东荆河的过流。2003年、2005年汉江连续发生大洪水，东荆河下游均面临紧张的防洪形势。虽然东荆河洪水调度方案确定了民垸的调度原则，但针对最近几年洪水情况，仍需进一步细化。需根据长江及汉江洪水等级和组合的不同，分析主要民垸在不同洪水情况下运用后的防洪效果，提出不同洪水情况下运用方案、运用水位、运用顺序和运用时机等调度方案。

4 进一步落实三洲联垸等大型“单退”圩垸的安转工程建设

湖北省监利的三洲联垸、石首的小河联垸（张智垸、六合垸、永合垸）以及嘉鱼的合镇垸（簰洲湾）等3个大型民垸，总人口17.2万人，总面积415.2 km²，总蓄水容积25.3亿m³。这些圩垸形成历史悠久，面积大，人口众多，规划列为大型“单退”圩垸。这3个大型民垸运用后，可蓄纳20多亿m³的水量，可有效降低荆江河段洪峰水位，缓解长江干流的防汛压力。1998年三洲联垸及合镇垸溃口运用后，降低长江干流上游河段水位的作用十分明显。

对“单退”圩垸应实施“平垸行洪、移民建镇”方案。但由于这3个圩垸面积大，人口多，所处位置地形条件特殊，湖北省对这些圩垸“平垸行洪、移民建镇”的方式进行了充分的分析比较。认为若采取单一的将垸内居民全部外迁进行移民建镇安置方式，存在诸多问题，以石首小河联垸为例。

（1）投资巨大，移民生活安置困难。采取全部移民建镇方式，仅考虑永合垸内搬迁的人数将达28 872人，移民户数约为7 218户，以国家每户补助1.7万元计算，投资达12 270万元。而从实际操作来说，所需要的投入远远大于这个数。根据初步测算，整个投入将超过4亿元，投资巨大，地方政府及老百姓难以承担。

另一方面，近3万移民的生活安置存在困难。不考虑公共基础设施，仅宅基地一项就将占用土地近113 hm²，实际安置占地数将大大超过这个数，在本来就人多地少的条件下，要划出如此大量的土地来安置移民将十分困难。

（2）实施操作难度大，移民生产问题难以解决。移民安置的核心是生产安置，其目标是使移民尽快达到或超过原有生活水平，安置工作的好坏是实现移民能否“迁得出、稳得住、能发展、不返迁”的关键。

小河联垸地理位置特殊，南面有长江阻隔，北面为大垸农场，若要安置，只能安置圩上人民到大垸，由于移民安置点距小河联垸的距离超过20 km，大大超过了合理的耕种半径（5 km），且中间还需跨越长江故道，移民不可能舍弃其赖以生存的耕地，常年往返于居住点与耕种点，生产问题难以解决，生活、生产将十分困难。长此以往，移出去的群众将陆续搬回原住处。一旦要分洪运用时，垸内人口和财产的转移在没有基本转移设施的条件下无法得到保障，使得分洪决策难度加大，国家投巨资进行了移民建镇，却不能彻底达到平垸行洪的目的。

综上所述，大型“单退”圩垸采取单一移民建镇的方式存在着一些问题。分析认为对这3个大型“单退”民垸，可采取搬迁和在区内建安全区、安全台等安全设施相结合的方式进行安置。采取这种方式，既回避了长江中游人多地少、移民生活生产安置困难的矛盾，又可起到“平垸行洪、退田还湖”的作用。但采取这种方式建设的“单退”圩垸在大洪水能启用否，将取决于安全设施的完善程度。因此，为充分发挥这些大型“单退”圩垸的防洪作用，建议加强大型"单退"民垸的安全建设。

此外,三峡工程建设进展顺利,已于2006年汛后蓄水至156 m,较三峡工程初步设计安排的施工进程提前了1年进入初期运行期。按目前的三峡工程建设速度,2008年三峡工程可全部完建。三峡工程正常运行后,具有221.5亿m^3的防洪库容,届时湖北省长江防洪能力将有较大提高,尤其是荆江河段防洪形势将发生根本性的改善。可以预见,三峡工程建成后长江中下游蓄滞洪区运用几率将大大降低,一旦遇较大洪水,大型"单退"圩垸将首先运用。如调度适当,单纯运用大型"单退"圩垸就可能解决问题,其所起到的行蓄洪效果和防洪作用不容忽视。而大型"单退"圩垸已建设进退洪设施,相比大多数蓄滞洪区,其分洪运用条件相对成熟。如投入少量资金加强安全建设,对大型"单退"圩垸适时、适量运用以及运用后的生产生活恢复都将起到事半功倍的效果。

CFRP 布在渡槽加固设计中的应用

桂剑平

（湖北水利水电职业技术学院　武汉　430070）

摘　要：针对湖北省大中型灌区混凝土渡槽普遍存在老损率高、破坏严重、制约灌溉效益发挥的现象，以引丹灌区排子河渡槽为研究对象，通过大型有限元分析软件 ANSYS 分析探讨渡槽出现病险的原因。结果表明：将三维实体单元应用于渡槽的有限元分析中，可以最大限度地模拟原结构的实际受力情况。同时，介绍了 CFRP 布在渡槽加固中的应用。

关键词：渡槽；裂缝；有限元；CFRP 布；加固

据对全国 195 处大型灌区的 10 213 座渡槽调查统计，老化严重的达 2 882 座，失效的为 973 座，报废的达 683 座，需大修、部分重建和重建、改建的渡槽占总数的 45% 左右，而且随着运行时间的延伸，工程的老化问题日趋严重。针对湖北省大中型灌区混凝土渡槽普遍存在的老损率高，老损破坏严重这一普遍现象，本文以排子河渡槽为研究对象，对混凝土渡槽受力进行系统分析，针对其实际运行状况，探讨了 CFRP 布在渡槽加固中的应用。

1　工程概况

引丹灌区位于湖北省北部，是全国大型灌区之一，自然面积 2 980 km^2。灌区总耕地 17.1 万 hm^2，其中灌溉工程控制耕地面积 14 万 hm^2。

排子河渡槽是引丹灌区的一个关键性的大型建筑物，规划灌溉面积达 3.7 万 hm^2，在引丹灌区中具有重要地位。该渡槽于 1974 年 7 月建成，设计流量 35 m^3/s，加大过水流量 38 m^3/s。渡槽槽身为钢筋混凝土简支矩形槽，侧墙和底板为梁板结构。槽身高 4.25 m，宽 3.8 m，过水断面为 3 m×3.6 m。

2　渡槽病险情况概述

经过 30 多年的运用，排子河渡槽老化破损严重，造成过水能力下降，渗漏现象严重，水量损失巨大，灌溉水利用系数仅 0.37，灌溉保证率为 56%，严重影响工程效益的正常发挥，制约了灌区的可持续发展。经现场检测，渡槽病害主要体现以下两个方面。

2.1　槽身伸缩缝止水老化失效

排子河渡槽槽身伸缩缝共有 366 条，采用环氧树脂粘贴 U 形橡皮止水。根据现场实测，目前渡槽最大过流水深 1.6 m，流量为 20 m^3/s，灌溉面积只能达到 1.3 万 hm^2。

2.2　混凝土质量缺陷

混凝土质量缺陷表现在槽身混凝土表面有大量裂缝、碳化严重、钢筋裸露锈蚀严重，如图 1所示。

图 1　槽身露筋

（1）裂缝。槽身多处出现裂缝，裂缝最长为 2.5 m。经统计，裂缝开展度在 0.1 ~ 3 mm，其中80%的裂缝开展度大于《混凝土结构设计规范》的裂缝开展度允许值。

(2)碳化。经过长期的运行,混凝土表面碳化严重,碳化深度在6~46 mm。

(3)钢筋裸露锈蚀。钢筋裸露锈蚀发生在槽身各个部位,尤以侧墙为多,钢筋裸露达356处,并有不同程度的锈蚀。

3　建筑物病险产生的原因分析

3.1　止水失效

槽身止水长期暴露在大气中,自然老化。由于采用的止水橡皮伸缩率较低,施工方法不当,效果较差,且长期没有进行正常保养,从而导致止水失效。

3.2　混凝土质量缺陷

根据裂缝的分布及现场检测,经过综合分析,认为渡槽槽身裂缝产生的原因有下面几条:①施工原因。由于该渡槽施工期正处于"文革"时期,没有按设计要求进行施工,形成施工阶段的干缩裂缝、温度裂缝;还有部分裂缝是由于混凝土碳化严重,钢筋表面钝化膜中性化(由强碱中和变为盐),钢筋锈蚀膨胀,引起的混凝土裂缝。②设计原因。渡槽在设计的时候,由于计算模型选取不当,造成内力计算与结构实际受力相差较大,从而导致在开裂部位钢筋配置的数量不足,渡槽由于承载能力不够而开裂;同时,渡槽的侧墙墙体厚度偏薄,钢筋保护层厚度不足也是产生裂缝的原因之一。

4　渡槽的有限元分析

混凝土结构,构件开裂均有共同的力学原因,即在开裂部位由荷载产生的应力超过了渡槽本身混凝土所能承受的应力,见公式(1)。

$$\gamma_0 S \geqslant 0 \tag{1}$$

因此,渡槽开裂应从力学行为方面寻找失效点,并根据失效原因和程度采取相应的加固措施。

4.1　有限元计算模型的建立

对渡槽的结构分析采用大型有限元软件ANSYS进行。在有限元模型中,混凝土采用solid65单元,纵肋的钢筋采用link8单元,其他部位的钢筋采用体积配筋率分布于solid65单元中,即采用带筋的solid65单元。另外,为防止支座处应力集中,支座处增加一个弹性垫块,采用solid45模拟。对于弹性垫块,约束节点的竖向位移,为防止渡槽发生整体的刚体位移,约束刚性垫板极少数节点的横向位移。在建模过程中为减少计算时间,仅取纵向一半结构进行分析。整体有限元网格剖分模型见图2。

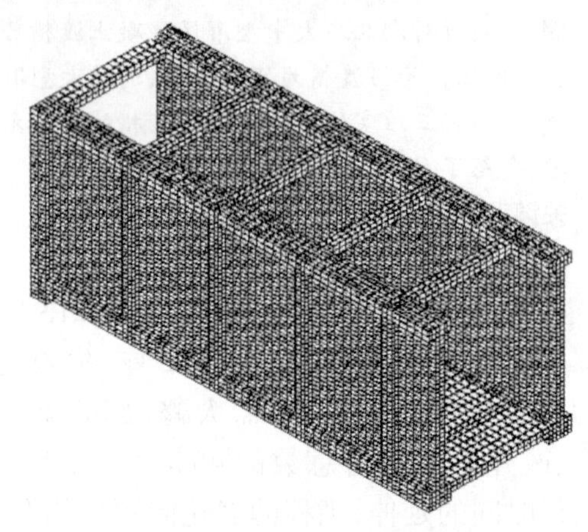

图2　渡槽整体有限元网格剖分模型

4.2　材料特性、荷载及计算工况的计算

渡槽材料特性参数主要根据现场检测及相应规范来确定。荷载仅考虑结构重力、水重、水压力及风压力。具体计算在此不再阐述。渡槽结构计算时,根据其实际运行条件,采用3种荷载组合。

工况1:渡槽结构自重+设计水位+人群荷载。

工况2:渡槽结构自重+校核水位+人群荷载。

工况3:渡槽结构自重+校核水位+风压力+人群荷载。

4.3　有限元分析结果

4.3.1　渡槽横向应力

图3为侧板与侧肋在3种工况下的竖向应力分布云图。从图中可以看到,3种工况下,最大竖向拉应力区域均在侧肋外部和侧板外侧,其中第3种工况时,最大值达到4.46 MPa,已经超过混凝土的抗拉强度值。由于边界条件的影响,靠近简支座处的侧板最大拉应力偏移至

靠近侧肋附近，不同于严格意义上的四边固支双向板。σ_y 沿槽长度方向不是常数，靠近支座后 σ_y 减小，不同于平面计算方法。

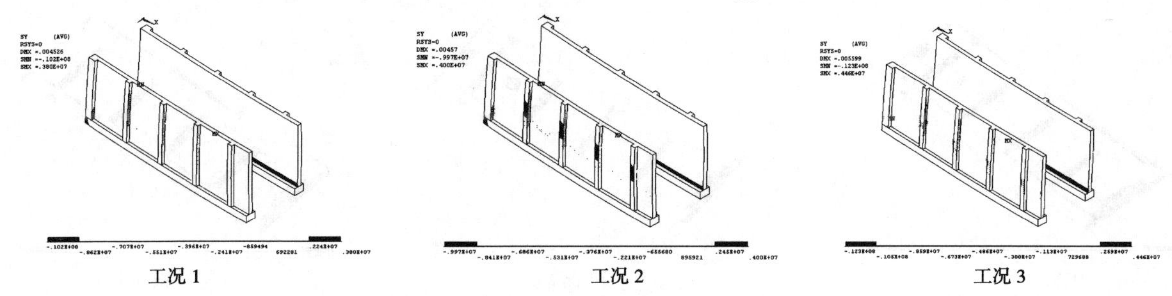

图 3　侧板与侧肋在工况 1、2、3 下的横向应力 σ_y 分布云图

图 4 为底板与底肋在 3 种工况下的横向应力分布云图。从图中可以看出，压应力区域主要在底板上方，最大压应力值出现在底肋与纵向大梁交界处下表面处。根据平面计算结果，此处负弯矩最大，与空间有限元分析结论一致。简支座附近的底板上下表面的拉压应力均小于其他区域，与平面分析略有不同。最大拉应力值出现在底板上部，为 3.23 MPa（工况 3），超过混凝土的抗拉强度值。

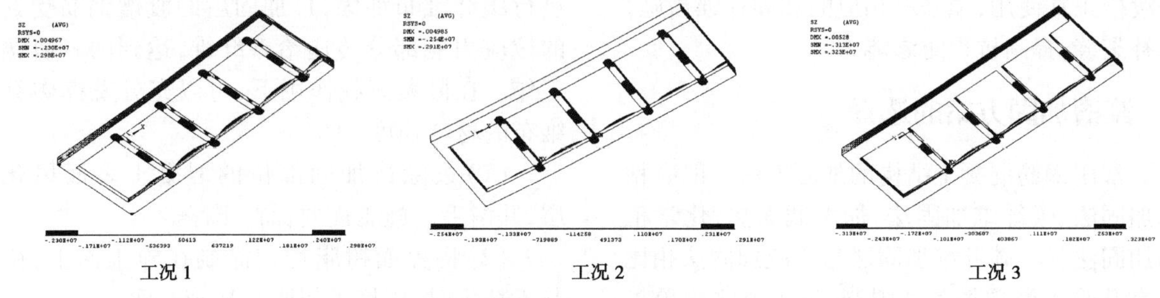

图 4　底板与底肋在工况 1、2、3 下的横向应力 σ_z 分布云图

4.3.2　渡槽纵向应力

图 5 为侧板、侧肋与底肋在 3 种工况下的纵向应力分布云图。可以看出，由于空间作用，侧板、侧肋与底肋形成整体受力体系，应力分布与一般梁的应力分布大致相似，即侧板、侧肋下部和底肋处于受拉状态，最大拉应力为 4.54 MPa（工况 3），而侧板上部区域为受压状态。另外，侧板截面同一高度的 σ_x 值不是常数，且 σ_x 的分布不符合平截面假定，但拉、压区的范围大致符合材料力学规律。

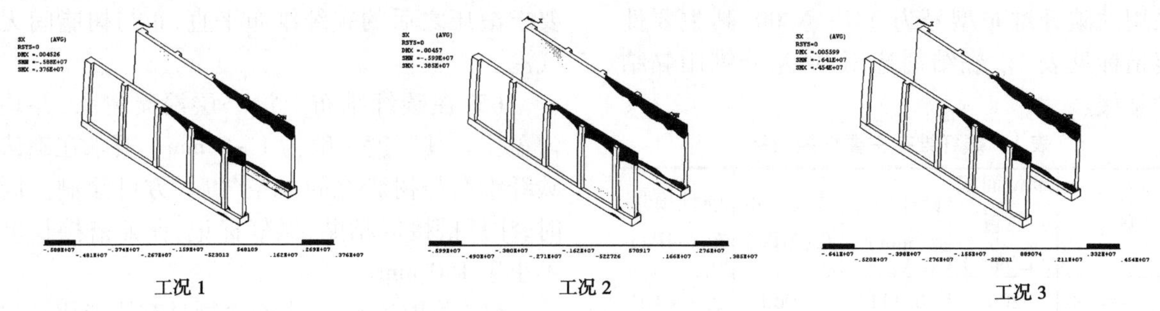

图 5　侧板与侧肋及底肋在工况 1、2、3 下的纵向应力 σ_x 分布云图

图 6 为底板与底肋在 3 种工况下的纵向应力分布云图。可以看出，底板、底肋大部分处于

受拉状态，为渡槽的整体受弯的受拉区域，与实际受力情形符合，其中最大拉应力值为4.03 MPa（工况3），超过混凝土抗拉强度。显然，底板、底肋为防渗抗裂的主要区域。

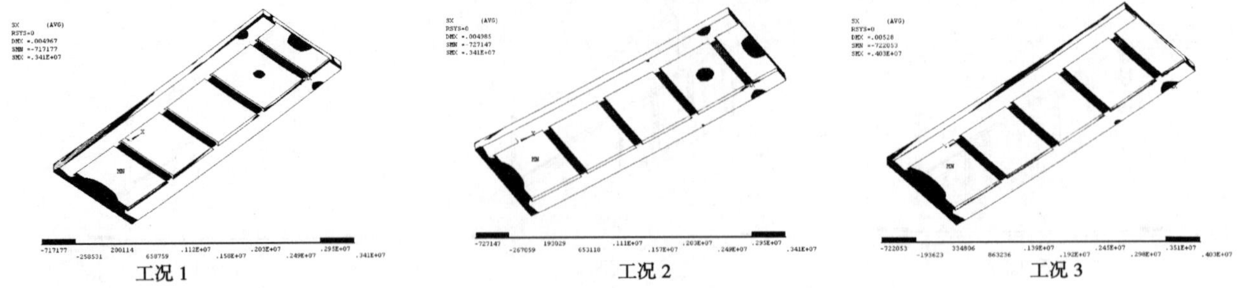

图6 底板与底肋在工况1、2、3下的纵向应力σ_x分布云图

4.3.3 渡槽有限元分析结果

根据有限元分析，底板和侧板跨中区域混凝拉应力超过其抗拉强度，混凝土开裂退出工作。根据现场检测，混凝土表面碳化严重，部分漏筋，出现裂缝，与有限元分析结果一致。为保证渡槽正常使用，须采取相应的加固补强措施，修补裂缝，提高抗裂防渗能力。

5 渡槽加固方案的选择

常用钢筋混凝土结构的加固方法一般有粘钢加固法、碳纤维加固法、加大截面法、化学植筋加固法等。碳纤维加固法与传统加固法相比具有几乎不受现场条件限制、施工方法简单等很多优点，并成为国际上混凝土结构加固技术的一个亮点。综上所述，结合本工程实际特点，排子河渡槽加固方案拟采用碳纤维布黏结加固法进行加固。具体加固设计在此不再阐述。

经计算采用对底板主、次梁采用2层碳纤维，其他部位采用1层碳纤维进行加固处理，所采用的碳纤维布型号为YC－N200，其主要性能指标见表1。黏结剂选用WSX纤维用黏结剂粘接。

表1 碳纤维布主要性能指标

型号	单位面积质量（g/cm^2）	设计厚度（mm）	抗拉强度f_{cf}（MPa）	弹性模量E_{cf}（MPa）
YC－N200	200	0.111	4 900	2.3×10^5

6 CFRP布加固的施工工艺

由于碳纤维布弹性模量与钢筋相近，故在施工时应停止渡槽输水，以减少渡槽中的钢筋及混凝土的变形，确保可以在部分卸载情况下进行碳纤维布加固，且加固后的渡槽钢筋受到的拉应力能部分传递给碳纤维，达到两者协调工作。在最大荷载作用下，可以充分发挥碳纤维布的材料强度。

（1）去除待加固部位的混凝土表面风化层，并凿毛。施工面要保持干净。

（2）将界面树脂均匀涂刷在施工面上，待其不粘手时，用修平树脂找平施工面。

（3）待修平树脂不粘手时，在施工基面上均匀涂刷浸渍树脂，其厚度为3～5 mm，要求树脂全部盖住施工基面。

（4）将碳纤维布拉紧展平，并铺在涂有浸渍树脂的基面上，然后用辊子滚压，排除布与树脂间的空气，并使浸渍树脂完全浸透碳纤维布。要求滚压之后的碳纤维布平直，布与树脂间无气泡。

（5）在碳纤维布上涂一层浸渍树脂，并均匀盖住。其厚度一般为1～2 mm。要求在确认碳纤维布与树脂之间无空气后，方可涂刷。同时，注意搭接区粘贴，做好标记，保证搭接长度不小于150 mm。

（6）养护7 d后，表面涂刷具有抗老化及耐腐蚀性能的防护层。

7 结语

排子河渡槽经过碳纤维布加固补强后,已投入使用,使用 3 年以来,运行情况良好,槽体结构无新的裂缝产生,也没有发现渗漏现象(见图 7)。加固效益非常明显。经过有限元模拟分析初步验证其强度和刚度得到了提高,可见碳纤维布加固渡槽这类过水水工建筑物,不仅加固效果良好,而且可以起到节水的效果,技术上也可行,经济效益显著。

图 7 渡槽底板采用碳纤维加固后的现状图

参考文献

[1] 雷声隆,姜开鹏. 全国大型灌区工程老化状况与对策[J]. 中国农村水利水电,1997(7):17-23.

[2] 宋力,张晓英,高玉琴,等. 引滦入唐工程某渡槽裂缝成因及对策分析[J]. 南水北调与水利科技,2007,5(1):85-86.

[3] 中华人民共和国行业标准. 水工混凝土结构设计规范(SL/T191—96)[S]. 北京:中国水利水电出版社,1997.

[4] 中华人民共和国国家标准. 混凝土结构加固技术规范(GB50367—2006)[S]. 北京:中国建筑工业出版社,2006.

[5] 王怀宾. 采用碳纤维等新材料加固引水渡槽工程实践[J]. 西北水电,2005(2):37-38.

[6] 中国工程建设标准化协会标准. 碳纤维片材加固混凝土结构技术规程(CECS146:2003)[S]. 北京:中国计划出版社,2003.